Die zivilrechtliche Verantwortlichkeit für Verstöße gegen die Ad-hoc-Publizitätspflicht gemäß § 15 WpHG

Europäische Hochschulschriften
Publications Universitaires Européennes
European University Studies

Reihe II
Rechtswissenschaft

Série II Series II
Droit
Law

Bd./Vol. 4256

PETER LANG
Frankfurt am Main · Berlin · Bern · Bruxelles · New York · Oxford · Wien

Oliver Mörsdorf

Die zivilrechtliche Verantwortlichkeit für Verstöße gegen die Ad-hoc-Publizitätspflicht gemäß § 15 WpHG

PETER LANG
Europäischer Verlag der Wissenschaften

Bibliografische Information Der Deutschen Bibliothek
Die Deutsche Bibliothek verzeichnet diese Publikation in der Deutschen Nationalbibliografie; detaillierte bibliografische Daten sind im Internet über <http://dnb.ddb.de> abrufbar.

Zugl.: Köln, Univ., Diss., 2004

D 38
ISSN 0531-7312
ISBN 3-631-53674-7

www.peterlang.de

Meiner Mutter

Vorwort

Diese Arbeit lag im Sommersemester 2004 der Rechtswissenschaftlichen Fakultät der Universität zu Köln als Dissertation vor. Aktuelle Literatur konnte bis zum Frühjahr 2004 berücksichtigt werden.

Mein ganz besonderer Dank gilt zunächst meinem Doktorvater, Herrn Prof. Dr. Hanns Prütting, ohne dessen intensive Betreuung und Förderung das Promotionsvorhaben nicht in der gegebenen Zeit zu bewältigen gewesen wäre. Mein herzlicher Dank gilt ferner Herrn Prof. Dr. Klaus Berger L.LM für die kurzfristige Übernahme des Zweitgutachtens.

Hervorzuheben ist daneben die tatkräftige Unterstützung meiner Freunde Katharina und Dr. Harald Flemming bei der Erstellung des Manuskripts. Darüber hinaus möchte ich auch meinen Kollegen bei der Anwaltssozietät Linklaters Oppenhoff & Rädler, Herrn Hans-Ulrich Wilsing und Herrn Dr. Georg Maier-Reimer, für die vielen in Diskussionen geäußerten Anregungen danken, welche in die Arbeit einflossen.

Von ganzem Herzen danke ich schließlich meiner Mutter, die mir mein Studium erst ermöglicht hat und die mich stets in meinem Promotionsvorhaben bestärkt hat.

Köln, im Februar 2005 *Oliver Mörsdorf*

Inhaltsverzeichnis

Erster Teil: Einführung

A. Problemstellung

Ende der neunziger Jahre des letzten Jahrhunderts kam es an den deutschen und internationalen Aktienmärkten zu starken Kursrückgängen nach vorübergehenden, völlig überzogenen Kurssteigerungen als Folge einer allgemeinen Euphorie an den Aktienmärkten. Betroffen von dieser Entwicklung war in Deutschland insbesondere der Neue Markt, ein erst im Jahre 1997 eingeführtes und mittlerweile nicht mehr existierendes Handelssegment der Frankfurter Wertpapierbörse. Die Aktien zahlreicher der in diesem Handelssegment gelisteten Unternehmen verzeichneten Kursverluste von zwischenzeitlich 90 % gegenüber ihren schwindelerregenden Höchstständen. Einige der Unternehmen mussten bereits Insolvenz anmelden.[1] Die gesamte Entwicklung lässt sich beispielhaft für den Neuen Markt an der Entwicklung des NEMAX All Share – Index ablesen: Nach einem stetigen Anstieg von 1000 Indexpunkten am 1.1.1998 auf 8559 Indexpunkte am 10.3.2000 setzte ein Kursverfall auf 1000 Indexpunkte Ende 2001 ein.[2]

Als paradoxe und im Hinblick auf die Funktionsfähigkeit des Kapitalmarktes beunruhigende Folge dieser dramatischen Kurseinbrüche sind Vermögensverluste gerade derjenigen breiten Bevölkerungsschichten zu verzeichnen, welche in dem vorangegangenen Jahrzehnt die Aktie als Form der privaten Kapitalanlage für sich entdeckt hatten, nachdem diese Anlageform jahrzehntelang ein Schattendasein gefristet hatte. Dies war zunächst darauf zurückzuführen, dass in der Zeit unmittelbar nach dem zweiten Weltkrieg die langfristige Kapitalanlage als solche nur eine untergeordnete Rolle spielte. Der hohe Nachholbedarf im Konsumbereich schlug sich in einer geringen Sparquote der Privathaushalte nieder und selbst gespartes Einkommen wurde lediglich zum mittelfristigen Erwerb höherwertiger Konsumgüter aufgewandt.[3] Zwar nahm die Bereitschaft zur langfristigen Kapitalanlage in den Folgejahren mit steigendem Durchschnittseinkommen der Privathaushalte zu,[4] doch schlug sich dies nicht in einer Kapitalzufuhr für die Aktiengesellschaften nieder. Dies ist im Wesentlichen auf zwei

---

1 Teamwork Information Management, Micrologica, Infomatec. Vgl. Möllers/Leisch, WM 2001, 1648.

2 Claussen, BB 2002, 105, der zu Recht für den nachfolgenden, weitergehenden Kurseinbruch die Ereignisse des 11.9.2001 verantwortlich macht.

3 Assmann in: Assmann/Schütze, § 1 Rn. 9.

4 Das verfügbare Einkommen der Privathaushalte betrug im Jahre 1950 65,4 Mrd. DM und im Jahre 1977 77,1 Mrd. DM. Quelle: Statistische Beihefte der Deutschen Bundesbank, August 1978, Reihe 4, saisonbedingte Wirtschaftszahlen, zitiert bei: Schwark, Anlegerschutz, S. 3, FN 12.

Gründe zurückzuführen: Zum einen kam es durch den nur allmählichen Anstieg des Durchschnittseinkommens zunächst zu einer einseitigen Bevorzugung risikoarmer Anlageformen. Nutznießer dieser Entwicklung waren insbesondere die Banken, welche über einen Zuwachs des Einlagengeschäfts ihrer Funktion als Kapitalsammelstellen für die Transformation von kurzfristigen Einlagen in langfristige Anlagen gerecht werden konnten.[5] Zum anderen war aber auch für die potentiellen Anleger von Risikokapital, welche sich in zunehmendem Maße aus dem Mittelstand rekrutierten, die Aktiengesellschaft nicht die erste Wahl. Verantwortlich hierfür waren einerseits die mit dem Börsenhandel verbundenen hohen Transaktionskosten beim Erwerb der Anlage, andererseits die steuerliche Begünstigung von Kapitalgesellschaften gegenüber Formen einer direkten unternehmerischen Beteiligung. Besonders aus letzterem Grund erwarben Anleger daher bevorzugt Beteiligungen an geschlossenen Immobilienfonds und Publikumskommanditgesellschaften, mit denen sich so manches steuerliche Abschreibungsmodell realisieren ließ.[6] Der wachsende Vermögenszufluß in diesen sogenannten „grauen Kapitalmarkt" und die Unerfahrenheit der sich dort betätigenden Anleger führte dann auch zu Missbräuchen, für welche das damalige Recht zunächst in Ermangelung der Instrumentarien des geregelten Kapitalmarktes keine Lösungen bereithielt. So fehlte es insbesondere an einer Haftung für fehlerhafte und irreführende Prospekte, wie sie §§ 44, 45 BörsG in Form der börsenrechtlichen Prospekthaftung vorsehen. Zwar ist es der Rechtsprechung nach und nach gelungen, die insoweit vorhandenen Schutzlücken zu schließen, wobei insbesondere die Schaffung des Rechtsinstituts der allgemeinen zivilrechtlichen Prospekthaftung hervorzuheben ist.[7] Unterdessen begann indes die Bedeutungslosigkeit der Aktiengesellschaft und des geregelten Kapitalmarkts für die Anlegeentscheidung der Privathaushalte negative volkswirtschaftliche Folgen zu zeitigen. Hatten sich die bestehenden Aktiengesellschaften zu Beginn der Nachkriegszeit noch weitgehend durch inneres Wachstum finanzieren können, so forderte die Globalisierung der Weltwirtschaft in der Folgezeit in zunehmendem Maße eine Kapitalzufuhr von außen. Die Präferenz der Anleger zugunsten anderer Anlageformen führte in diesem Zusammenhang zu einem chronischen Eigenkapitalmangel der meisten Aktiengesellschaften bis weit in die achtziger Jahre des letzten Jahrhunderts hinein, was zu der verbreiteten Klage über die „Krise der AG" führte.[8] Umso erstaunlicher erscheint angesichts dieser Ausgangslage der rasche Bedeutungszuwachs, welchen die Aktie als Kapitalanlage in den Folgejahren erfahren hat, und für den gleich mehrere Gründe verantwortlich waren:

---

5 Assmann, Prospekthaftung, S. 71.

6 Vgl. zu dieser Entwicklung Assmann, Prospekthaftung, S. 75 ff.

7 BGHZ 71, 284; vgl. zu diesem Rechtsinstitut ferner: Köndgen, AG 1983, 85 ff, 120 ff.

8 Assmann, Prospekthaftung, S. 72, der in diesem Zusammenhang vor allem das mit der sinkenden Eigenkapitalquote einhergehende höhere Insolvenzrisiko herausstellt.

Zunächst ist ganz allgemein eine Bedeutungszunahme der Kapitalmärkte für den Bereich der Altersvorsorge zu verzeichnen, nachdem die demographische Entwicklung in den meisten westlichen Industrieländern die Deckung des gesamten Lebensbedarfs im Alter über ein Umlagesystem zunehmend als unmöglich erscheinen lässt. Darüber hinaus haben weitere Faktoren unmittelbar zu einer höheren Attraktivität gerade der Aktie als Anlageform beigetragen. Zu nennen sind in diesem Zusammenhang zum einen die Privatisierung ehemaliger Staatsunternehmen und deren Umwandlung in Aktiengesellschaften und zum anderen die Entwicklung neuer Technologien vor allem im Bereich der Telekommunikations-, Informations- und Biotechnologie, welche in kurzer Zeit hohe Gewinne für Kapitalanleger in Aussicht stellten. Zugleich wurde die damit steigende Investitionsbereitschaft in diesem Bereich durch die Erleichterung des Börsenzugangs für junge und innovative Unternehmen in Richtung auf die Aktiengesellschaft als Unternehmensform kanalisiert. Bestes Beispiel für diese Entwicklung war der Erfolg des Neuen Marktes als spezielles Handelssegment der Frankfurter Wertpapierbörse zur Förderung der Eigenkapitalzufuhr für junge Unternehmen im Bereich neuer Technologien. Schließlich trug auch der Gesetzgeber durch den sukzessiven Abbau der steuerlichen Benachteiligung der Kapitalgesellschaften zu dem sich abzeichnenden Aktienboom bei.[9]

Die Begleiterscheinungen dieses Aktienbooms und vor allem dessen jähes Ende im Jahre 2000 offenbarten indes, dass gerade im Bereich des geregelten Kapitalmarktes noch manches bisher unbekannte bzw. ungelöste Rechtsproblem schlummerte, während das Augenmerk von Rechtsprechung und Literatur bis dato vor allem dem Schließen von Schutzlücken im Bereich des „grauen Kapitalmarkts" gegolten hatte. Besonders eklatant zeigte sich dies an der fehlenden rechtlichen Durchdringung des zivilrechtlichen Anlegerschutzes im Bereich des Sekundärmarktes, also dem Börsenhandel mit bereits begebenen Wertpapieren. Während die Anleger bei der Erstemission von Wertpapieren bzw. deren erstmaligem öffentlichen Angebot über die Börse hinreichend durch das Rechtsinstitut der börsenrechtlichen Prospekthaftung vor Fehlinformationen im Emissionsprospekt der emittierenden Unternehmen geschützt werden, stellte sich nunmehr verstärkt die Frage einer vergleichbaren Haftung für Kursverluste der Anleger im Rahmen der täglichen Börsenumsatzgeschäfte, sofern diese ebenfalls auf ein fehlerhaftes Publizitätsverhalten der Unternehmen zurückzuführen waren. In den Mittelpunkt des rechtlichen Interesses sind in diesem Zusammenhang inhaltlich fehlerhafte Ad-hoc-Meldungen der Unternehmen gerückt, durch welche die wahre Unternehmenslage für die Anleger verschleiert wurde. Nach § 15 WpHG muss jeder Emittent von an der Börse zugelassenen Wertpapieren gewisse in

---

[9] So wurde die Möglichkeit von Verlustzuweisungen durch Beteiligung an sog. „Abschreibungsgesellschaften" durch die Neufassung es § 15 Abs. 2 EStG deutlich eingeschränkt. Vgl. zu dieser Neuregelung Dankmeyer, DB 1984, 365 ff.

seinem Geschäftsbereich eingetretene Tatsachen, die geeignet sind, den Börsenkurs zu beeinflussen, unverzüglich veröffentlichen (Ad-hoc-Publizität). Während die Ad-hoc-Publizität ursprünglich gerade zu einer Verbesserung der Transparenz auf dem Wertpapiermarkt beitragen sollte, und als solche in den Jahren nach ihrer Einführung ein Schattendasein fristete,[10] haben derartige Meldungen in der Folgezeit zunehmend die Funktion von Marketinginstrumenten übernommen, die mehr reißerischen Anpreisungen denn Informationen glichen und deren Inhalt oftmals der Wahrheit nicht entsprach.[11] Die damit einhergehenden Kursverluste der Anleger ließen vielerorts die Forderung nach einer zivilrechtlichen Haftung der betroffenen Unternehmen und ihrer maßgeblich verantwortlichen Organmitglieder für die Kursverluste aufkommen – was vor dem Hintergrund von Medienberichten über einen geradezu provokativ ausschweifenden Lebensstil diverser Gründervorstände nur allzu begreiflich erscheinen mag.

B. Der Fall „Infomatec"

Inzwischen hat das vorstehend dargestellte Problem auch mehrfach die Gerichte beschäftigt. Berühmtheit hat in diesem Zusammenhang vor allem das mittlerweile in der Berufungsinstanz aufgehobene Urteil der 3. Zivilkammer des LG Augsburg vom 24.9.2001 in Sachen „Infomatec" erlangt, das in den Medien – wohl verfrüht – als erster Fall gefeiert wurde, in welchem ein deutsches Gericht einem Anleger Schadenersatz wegen fehlerhafter Ad-hoc-Meldungen zugesprochen hat.[12] Bei dem diesem und weiteren Urteilen zugrunde liegenden Sachverhalt handelt es sich geradezu um einen Paradefall für die vorstehend dargestellten Missstände an den Aktienmärkten in Zusammenhang mit fehlerhaften Ad-hoc-Meldungen.

Die Infomatec AG befasste sich mit der Entwicklung und dem Vertrieb von Software, insbesondere ihres selbstentwickelten Betriebssystems JNT (Java Network Technology), welches in Kombination mit (fremdhergestellten) Surfstations einen TV-gestützten Internet Zugang ermöglichen sollte. Zwischen 1998 und 2000 veröffentlichte die Infomatec AG ca. 50 auffällig gestaltete Ad-hoc-Meldungen, in welchen u.a. der Eingang diverser Großaufträge über die von dem Unternehmen vertriebenen Surfstations einschließlich der dazugehörigen JNT-Lizenzen vermeldet wurde.

---

[10] Vgl. Kümpel in: Assmann/Schneider, § 15 Rn. 11, der die Vorgängernorm des § 15 WpHG (§44 a BörsG) rückblickend als „totes Recht" bezeichnet.

[11] Vgl. dazu BAWe-Jahresbericht 2000, S. 27.

[12] LG Augsburg (3. Zivilkammer), WM 2001, 1944 –„Infomatec II"-.

Bei den vermeldeten Großaufträgen handelte es sich indes in Wahrheit lediglich um unverbindliche Absichtserklärungen und Zielvorgaben der jeweiligen Kunden der Infomatec AG, was diese im Hinblick auf einige der angeblichen Großaufträge auch nachträglich durch weitere Ad-hoc-Meldungen richtig stellte. Nachdem der Kurs der Infomatec-Aktie bis Anfang 2000 gestiegen war, sank er danach stetig. Die Kursrückgänge führten schließlich zu einer Serie von Klagen enttäuschter Anleger vor verschiedenen Gerichten. Die Klagen waren sowohl gegen das Unternehmen selbst als auch gegen die für die Veröffentlichung der Ad-hoc-Meldungen verantwortlichen Vorstandsmitglieder gerichtet, bei welchen es sich zugleich um die Gründer und größten Einzelaktionäre der Infomatec AG handelte.

Ohne bereits an dieser Stelle auf den Entscheidungsinhalt der bis jetzt ergangenen Urteile eingehen zu wollen, macht der vorstehend geschilderte Sachverhalt doch in besonderem Ausmaß die Schwierigkeiten deutlich, mit welchen sich die Gerichte angesichts des bis zum Inkrafttreten des 4. Finanzmarktförderungsgesetzes nur unzureichend geregelten zivilrechtlichen Anlegerschutz im Bereich des Sekundärmarkts konfrontiert sahen. Dies wird nicht zuletzt aus der Tatsache ersichtlich, dass die anderen mit dem Fall „Infomatec“ betrauten Gerichte in ihren jeweiligen Parallelverfahren zu anderen Ergebnissen gelangt sind als die 3. Zivilkammer des LG Augsburg. So haben schon erstinstanzlich sowohl das LG München I[13] als auch die 6. Zivilkammer des LG Augsburg (!)[14] jeweils einen Schadenersatzanspruch der Anleger abgelehnt. Zwischenzeitlich ist auch die stattgebende Entscheidung der 3. Zivilkammer des LG Augsburg auf die Berufung der Beklagten durch das OLG München aufgehoben worden.[15] Die unterschiedliche Bewertung des Falls Infomatec durch die Gerichte können nicht allein mit den zwischen den einzelnen Verfahren bestehenden Unterschieden im tatsächlichen Bereich, insbesondere im Hinblick auf das Anlageverhalten der jeweiligen Kläger, erklärt werden. Sie ist vielmehr Ausdruck der offensichtlichen Diskrepanz zwischen dem Fehlen maßgeblicher Anspruchsgrundlagen einerseits und der Notwendigkeit einer zivilrechtlichen Haftung in derartigen Fällen andererseits.

---

[13] LG München I, WM 2001, 1948 –„Infomatec I“-.

[14] LG Augsburg (6. Zivilkammer), BB 2002, 1230 –„Infomatec IV“-.

[15] OLG München, ZIP 2002, 1989 –„Infomatec II“-.

C. Kritik an der Unzulänglichkeit der gesetzlichen Regelung und Schaffung einer Anspruchsgrundlage durch den Gesetzgeber im Rahmen des Vierten Finanzmarktförderungsgesetzes

Inzwischen sind sowohl die zitierten Urteile als auch die Reformbedürftigkeit des Anlegerschutzes im Allgemeinen Gegenstand zahlreicher Abhandlungen in der Literatur gewesen. Zuvor hatte bereits die von der Bundesregierung eingesetzte Regierungskommission „Corporate Governance – Unternehmensführung – Unternehmenskontrolle – Modernisierung des Aktienrechts" (nachfolgend: Corporate Governance-Kommission) in ihrem Abschlußbericht vom 20. Juli 2001 einen konkreten Vorschlag zur Ausgestaltung eines Haftungstatbestandes für kapitalmarktbezogene Fehlinformationen gemacht.[16] Ferner war der Fragenkomplex in einem weiteren Zusammenhang auch Thema des 64. Deutschen Juristentages in Berlin.[17]

Parallel zu dieser Diskussion ist auch der Gesetzgeber im Rahmen des zum 1.7.2002 in Kraft getretenen Vierten Finanzmarktförderungsgesetzes aktiv geworden.[18] Mit den neu in das Wertpapierhandelsgesetz eingefügten §§ 37 b, c WpHG wurde erstmals eine Haftung der Emittenten von Wertpapieren wegen Verstößen gegen die Ad-hoc-Publizitätspflicht gesetzlich geregelt. Andere Teilaspekte der juristischen Diskussion, wie insbesondere die Frage einer Haftung der Organmitglieder sowie die prozessuale Durchsetzung von Anlegeransprüchen sind dagegen nach wie vor ungeklärt. Die vorliegende Arbeit nimmt die Teilregelung durch den Gesetzgeber zum Anlass, das Gesamtproblem der zivilrechtlichen Verantwortlichkeit für Verstöße gegen die Ad-hoc-Publizitätspflicht einer näheren Betrachtung zu unterziehen.

D. Weiterer Gang der Untersuchung

Im zweiten Teil der Arbeit soll als Anknüpfungspunkt für eine zivilrechtliche Haftung zunächst das Rechtsinstitut der Ad-hoc-Publizität einer näheren Betrachtung unterzogen werden. Untersucht werden in diesem Zusammenhang Begriff, Entwicklung und Schutzziele des übergeordneten Prinzips eines kapitalmarktrechtlichen Anlegerschutzes und die Stellung der Ad-hoc-Publizität im System der kapitalmarktrechtlichen Publizitätspflichten im Allgemeinen. Es folgt eine Darstellung des Inhalts der Ad-hoc-Publizität nach § 15 WpHG im

---

[16] Bericht der Regierungskommission, Rn. 182 ff.

[17] Vgl. dazu das kapitalmarktrechliche Teilgutachten von Fleischer (Gutachten F) und dort insbesondere F 96 ff.

[18] Gesetz zur weiteren Fortentwicklung des Finanzplatzes Deutschland, (Viertes Finanzmarktförderungsgesetz), BGBl. I 2002, 2010 ff.

Einzelnen. Abschließend werden mögliche Sanktionen bei Verstößen gegen § 15 WpHG außerhalb des Zivilrechts erörtert.

Der dritte Teil der Arbeit bildet die Überleitung zu der Fragestellung nach einer zivilrechtlichen Verantwortlichkeit des Emittenten und seiner Organmitglieder bei Verstößen gegen die Ad-hoc-Publizitätspflicht. Unabhängig von der diesbezüglichen Rechtslage in Deutschland erfolgt in diesem Zusammenhang zunächst eine allgemeine Auseinandersetzung mit Notwendigkeit, Zielen und konkreter Ausgestaltung einer zivilrechtlichen Haftung in diesem Bereich.

Diesen allgemeinen Ausführungen schließt sich im vierten Teil der Arbeit eine Betrachtung der zivilrechtlichen Verantwortlichkeit für Verstöße gegen die Pflicht zur Anlegerinformation auf dem Sekundärmarkt in den USA an, welcher sich aufgrund der langjährigen kapitalmarktrechtlichen Tradition in diesem Land auch für das deutsche Recht wertvolle Anregungen entnehmen lassen.

Der fünfte Teil der Arbeit ist der Untersuchung der Fragestellung gewidmet, inwieweit nach deutschem Recht bereits vor der Einführung der §§ 37 b, c WpHG durch das Vierte Finanzmarktförderungsgesetz Haftungstatbestände für eine zivilrechtliche Haftung des Emittenten und der Organmitglieder zur Verfügung standen. Unter Auseinandersetzung mit der Rechtsprechung – insbesondere in Sachen Infomatec - werden die in diesem Zusammenhang im bisherigen deutschen Recht bestehenden Schutzlücken aufgezeigt.

Dem schließt sich im sechsten Teil der Arbeit eine Untersuchung der Haftungsfrage nach Inkrafttreten des Vierten Finanzmarktförderungsgesetzes an. Den Kernpunkt der Betrachtung bildet in diesem Zusammenhang die Haftung des Emittenten nach den neu geschaffenen §§ 37 b, c WpHG.

Der siebte Teil der Arbeit ist speziell der oftmals vernachlässigten Frage nach den Rechtsfolgen einer zivilrechtlichen Verantwortlichkeit wegen Verstößen gegen die Ad-hoc-Publizitätspflicht gewidmet. Im Fokus stehen hier vor allen Dingen Fragen des Schadens und der Kausalität.

Der achte Teil der Arbeit befasst sich mit der im Hinblick auf die breite Streuung von Anlegerschäden besonders interessanten Frage nach einer kollektiven Anspruchsdurchsetzung im Prozess. Hier soll zunächst der Frage nachgegangen werden, welche Instrumentarien das deutsche Prozessrecht in diesem Zusammenhang zur Verfügung stellt. Es folgt schließlich eine Auseinandersetzung mit den hierzu vorgeschlagenen Reformmodellen.

Zweiter Teil: Die Ad-hoc-Publizität als Anknüpfungspunkt einer zivilrechtlichen Haftung

Nach § 15 Abs. 1 S. 1 WpHG muss der Emittent von Wertpapieren, die zum Handel an einer inländischen Börse zugelassen sind, unverzüglich jede neue Tatsache veröffentlichen, die in seinem Geschäftsbereich eingetreten und nicht öffentlich bekannt ist, wenn sie wegen ihrer Auswirkung auf die Vermögens- oder Finanzlage oder auf den allgemeinen Geschäftsverlauf des Emittenten geeignet ist, den Börsenpreis nicht unerheblich zu beeinflussen oder im Falle von Schuldverschreibungen die Fähigkeit des Emittenten, seinen Verpflichtungen nachzukommen, beeinträchtigen kann.

Die Vorschrift regelt eine von mehreren kapitalmarktrechtlichen Publizitätsformen, welche die Information der Anleger über die auf dem geregelten Kapitalmarkt gehandelten Wertpapiere sicherstellen sollen. Im Folgenden soll vor einer Behandlung des spezifischen Regelungsgehalts dieser Vorschrift zunächst das System der kapitalmarktrechtlichen Unternehmenspublizität und die Stellung der Ad-hoc-Publizität in diesem System einer näheren Betrachtung unterzogen werden.

A. Das Rechtsinstitut der kapitalmarktrechtlichen Unter- nehmenspublizität als Bestandteil des kapitalmarktrechtlichen Anlegerschutzes

Die kapitalmarktrechtliche Unternehmenspublizität dient der vollständigen und korrekten Information des Kapitalmarktes über die Vermögens-, Finanz- und Ertragslage der Unternehmen zur Gewährleistung informierter Anlageentscheidungen auf Seiten potentieller Kapitalanleger. Die kapitalmarktrechtliche Unternehmenspublizität stellt sich damit als besondere Ausprägung eines übergeordneten kapitalmarktrechtlichen Anlegerschutzprinzips dar. Die grundlegende Kenntnis des Inhalts, der Entwicklung und der normativen Ziele dieses Prinzips stellen eine unumgängliche Voraussetzung für das Verständnis der aus ihm hergeleiteten kapitalmarktrechtlichen Unternehmenspublizität dar. Der folgende Abschnitt ist daher der Entwicklung des kapitalmarktrechtlichen Anlegerschutzes in Deutschland und der Funktion der Unternehmenspublizität innerhalb dieses Rechtsgebiets gewidmet.

I. Begriff und Inhalt des kapitalmarktrechtlichen Anleger- schutzprinzips

1. Der Kapitalanleger als zu schützendes Subjekt

Der Begriff „Anlegerschutz“ oder präziser „Kapitalanlegerschutz“ ist ein wirtschafts- und rechtspolitisches Prinzip, das heute in der geltenden Rechtsordnung der meisten westlichen Industriestaaten fest verankert ist. Die Anleger von Kapital, insbesondere die große Zahl der kleinen und mittleren Anleger, sollen danach vor Betrug, Irreführung und Übervorteilung geschützt werden.[19] Als Kapitalanleger im Sinne dieses Schutzprinzips werden dabei diejenigen Investoren definiert, die mit dem Einsatz ihres Kapitals nicht die Rolle einer aktiven Mitunternehmerschaft, sondern lediglich die Rolle eines an der Unternehmensleitung nicht beteiligten Finanziers erstreben und die gerade in dieser Rolle eines besonderen Schutzes bedürfen.[20]

2. Ex-ante-Anlegerschutz durch Kapitalmarktrecht

Der Kapitalanleger sieht sich im Zusammenhang mit der Werterhaltung oder -steigerung seiner Anlage zahlreichen Risiken ausgesetzt.[21] Zu nennen ist zum einen das Risiko der Fremdverwaltung durch ein Management, auf dessen Geschäftsführung der Anleger keinen oder nur einen geringen Einfluss hat.[22] Geschützt wird der Kapitalanleger in diesem Zusammenhang durch das Organisationsrecht des jeweiligen Verbandes, dessen Mitglied er durch seine Anlageentscheidung geworden ist (Verbandsschutz). Es handelt sich hierbei um die klassische Aufgabe des Gesellschaftsrechts.

Neben diesem ex-post-Anlegerschutz[23] im Rahmen des Gesellschaftsrechts bedarf der Anleger aber auch des Schutzes im Zusammenhang mit einem weiteren Risiko, welches sich - im Vorfeld des Erwerbs einer gesellschaftsrechtlichen Verbandsmitgliedschaft - in der Anlageentscheidung selbst manifestiert. Es handelt sich dabei um das Risiko von Vermögensverlusten infolge der fehlerhaften Einschätzung der Risiken und Ertragsaussichten einer bestimmten Kapitalanlage.[24] Der Kapitalmarkt ist von einer Informationsasymetrie zwischen den Unternehmen und den Kapitalanlegern geprägt, d.h. den Kapitalanlegern fehlen Informationen über die Vermögens- und Ertragslage der Unternehmen, welche diesen selbst zur Verfügung stehen. Zwar ist eine derartige Informationsasymetrie ein allgemeines Charakteristikum von Märkten, welches sich u.a. auch auf den Gütermärkten beobachten lässt.[25] Gleichwohl tritt das Problem auf dem Kapitalmarkt in verschärfter Form auf. Handelsobjekt des Kapitalmarktes sind

---

19 Hopt in Gehrke/Steiner, Stichwort Anlegerschutz, Sp. 114.

20 Vgl. zum Begriff des Kapitalanlegers auch unter rechtsvergleichenden Gesichtspunkten: Schwark, Anlegerschutz, S. 1 – 10.

21 Eine detaillierte Beschreibung der einzelnen Risiken und ihrem Verhältnis zueinander liefern: Mühlbert, S. 117 ff.; Schwark, Anlegerschutz, S. 11f.

22 Schwark, a.a.O.

23 Begriff: Mühlbert, S. 117.

24 Schwark, a.a.O.

25 Zum allgemeinen Problem der Informationsasymetrie vgl. Schäfer/Ott, S. 461 ff.

nämlich keine Waren, die man anfassen und auf ihre Beschaffenheit überprüfen kann, sondern lediglich diskontierte Hoffnungen und abgezinste Versprechen im Hinblick auf zukünftige Erträge.[26] Es handelt sich bei den auf dem Kapitalmarkt gehandelten Anlagen nicht um Such- oder Erfahrungsgüter, sondern um Vertrauensgüter.[27] Der Anleger ist mithin auf dem Kapitalmarkt in verstärktem Maße auf die ausreichende und korrekte Information der Unternehmen angewiesen.

In Anbetracht des vorstehend dargelegten Informationsrisikos darf sich ein wirksamer Anlegerschutz folglich nicht allein auf den erst zu einem späteren Zeitpunkt zum Tragen kommenden Verbandsschutz beschränken. Vielmehr bedarf es zur Gewährleistung einer informierten Transaktionsentscheidung des Anlegers eines besonderen Marktschutzes. Die Gewährleistung und Ausgestaltung dieses Marktschutzes ist spezifische Aufgabe des Kapitalmarktrechts, welches sich im Laufe des letzten Jahrhunderts zunächst in den USA und in den letzten Jahrzehnten in zunehmendem Maße auch in Europa als eigenständiges, vom Gesellschaftsrecht unabhängiges Rechtsgebiet zu etablieren beginnt. Im Folgenden soll ein kurzer Überblick über den diesbezüglichen Entwicklungstand auf internationaler und nationaler Ebene gegeben werden.

II. Entwicklung des Kapitalmarktrechts auf internationaler und nationaler Ebene

1. Vorbildfunktion des US-amerikanischen Kapitalmarktrechts

Die USA gelten gemeinhin als Mutterland des Kapitalmarktrechts.[28] Dies ist zum einen auf die lange Kapitalmarkttradition in diesem Land zurückzuführen, wo dem Kapitalmarkt von jeher eine höhere Bedeutung in Bereichen zukam, welche in Europa traditionell von anderen Institutionen wahrgenommen wurden. Zu nennen sind dabei insbesondere der gesamte Bereich der Sozialversicherung und hier insbesondere die Altersvorsorge. *Wiedemann* bemerkt in diesem Zusammenhang treffend, die ethische Kraft und juristische Energie, mit der Amerika den Investorenschutz seit der Jahrhundertwende betreibe, lasse sich mit dem Einsatz vergleichen, den Deutschland der Sozialversicherung und dem Sozialrecht widmete – beide auch insofern vergleichbar, als die jeweilige Gesetzgebung im Ausland häufige Nachfolgeregelungen fand.[29] Die große gesellschaftliche Bedeutung des Kapitalmarkts in den USA führte dann auch früh zu einer umfassenden, gesetzlichen Regelung des gesamten Handels mit Wertpapieren,

---

[26] Fleischer, Gutachten zum 64. DJT, F 23.

[27] Fleischer, a.a.O.; vgl. allgemein zur Abgrenzung von Such-, Erfahrungs- und Vertrauensgütern: Schäfer/Ott, S. 465 f.

[28] Gehrt, S. 97.

[29] Wiedemann, S. 482.

den sogenannten *securities regulations.*[30] Der Begriff *security* umfasst dabei – anders als das deutsche Begriffsäquivalent des „Wertpapiers“ praktisch jedwede handelbare Form der Kapitalanlage.

Unmittelbarer Auslöser für die gesetzliche Regelung des Kapitalmarktrechts in den USA waren der Börsenkrach von 1929 und die durch dieses Ereignis offenbar gewordene Krisenanfälligkeit des Kapitalmarkts.[31] Im Gegensatz zum Gesellschaftsrecht, für welches in den USA die Gesetzgebungszuständigkeit bei den Einzelstaaten liegt, konnte die gesetzliche Regelung des Wertpapierhandels bundeseinheitlich erfolgen. Standort der gesetzlichen Regelung sind der Securities Act von 1933 (SA) und der Securities Exchange Act von 1934 (SEA). Die Aufteilung der gesetzlichen Regelung in zwei Gesetze dokumentiert dabei die Aufteilung nach Teilmärkten für den Wertpapierhandel, welche das gesamte US-amerikanische Kapitalmarktrecht durchzieht. Der Securities Act von 1933 hat die Regelung des Primärmarkts zum Inhalt. Unter dem Primärmarkt versteht man den kapitalmarktrechtlichen Teilmarkt, auf dem die Kapitalnachfrage der Emittenten und das Kapitalangebot der Anleger unmittelbar aufeinander treffen. Dies ist im Zusammenhang mit dem erstmaligen öffentlichen Vertrieb (Emission) von Wertpapieren durch den Emittenten der Fall. Dagegen regelt der Securities Exchange Act von 1934 den Wertpapierhandel auf dem Sekundärmarkt als dem Teilmarkt, auf welchem sich der Handel mit bereits begebenen Wertpapieren vollzieht. Im Gegensatz zur direkten Anlagebeziehung zwischen den Emittenten und Anlegern auf dem Primärmarkt ist der Sekundärmarkt geprägt durch das Fehlen solcher direkter Beziehungen. Marktteilnehmer des Sekundärmarkts sind vielmehr die Anleger untereinander. Gleichwohl hängen die beiden kapitalmarktrechtlichen Teilmärkte eng miteinander zusammen, da die Möglichkeit jederzeitiger Veräußerung der Wertpapiere durch die Anleger auf dem Sekundärmarkt eine wesentliche Voraussetzung für die Kapitalbeschaffung der Emittenten auf dem Primärmarkt darstellt.[32] Überwacht wird die Einhaltung der Vorschriften nach beiden Gesetzen durch die mit dem SEA errichtete Securities Exchange Commission (SEC).

2. Entwicklung des Kapitalmarktrechts in Deutschland

Anders als in den USA sind in Deutschland die Kapitalanleger als zu schützender Personenkreis erst in den siebziger Jahren des vorigen Jahrhunderts in den Fokus des juristischen Interesses gerückt. Zwar gab es auch schon zuvor Rechtsnormen, welche de facto einen Schutz der Kapitalanleger bewirkten. Zu

---

30 Einen guten Überblick über die Entwicklung der US-amerikanischen *securities regulations* liefert: Assmann, Prospekthaftung, S. 93 ff.

31 Assmann, Prospekthaftung, S. 92.

32 Fleischer, Reformgutachten zum 64. DJT, F 94 m.w.N.

nennen sind in diesem Zusammenhang die börsenrechtliche Prospekthaftung und insbesondere die Mitwirkungs- und Teilhaberechte der Anleger im Rahmen des auf die jeweilige Anlageform anwendbaren Gesellschaftsrechts. Den genannten Vorschriften bzw. ihrer Funktionszuweisung durch Rechtsprechung und Literatur lag indes keine einheitliche Vorstellung der Kapitalanleger als besonders zu schützender Personenkreis zugrunde. Vielmehr wurden die Kapitalanleger lediglich in ihrer jeweiligen Stellung als Benutzer der Einrichtung „Börse" bzw. in Bezug auf die Mitgliedschaft in einem bestimmten gesellschaftsrechtlichen Verband geschützt.[33] Diese Betrachtungsweise änderte sich erst, nachdem das Aufkommen verbreiteter Missstände im Bereich des „grauen Kapitalmarktes" aufgezeigt hatte, dass bestimmte Probleme im Bereich des Anlegerschutzes unabhängig vom jeweiligen gesellschaftsrechtlichen Verband bzw. von der Art des in Anspruch genommenen Kapitalmarkts auftreten.[34] In der Folgezeit wurde auch in Deutschland dem Schutz des Kapitalanlegers in seiner besonderen Rolle eine größere Bedeutung beigemessen.[35] Dies manifestierte sich einerseits in einer rechtsformübergreifenden Weiterentwicklung des Gesellschaftsrechts hin zu einem Sonderrecht für Kapitalanleger innerhalb verschiedener Gesellschaftsformen. Wesentliche Impulse lieferte dabei die Rechtsprechung im Zusammenhang mit den aufgekommenen Missständen am „grauen Kapitalmarkt" mit der Entwicklung der Rechtsfigur der Publikumspersonengesellschaft.[36] In jüngster Zeit sind auch die Vorschriften des Aktienrechts verstärkt unter kapitalanlegerschützenden Kriterien untersucht worden[37] und es ist bereits die Rede von einem eigenständigen „Börsengesellschaftsrecht".[38]

Neben dieser Fortentwicklung des Verbandsrechts wurde nun aber auch dem Schutz des Anlegers im Rahmen seiner Anlageentscheidung verstärkte Auf-

---

33 Assmann in: Assmann/Schütze, § 1 Rn. 5 ff.

34 Vgl. zu den Missständen am grauen Kapitalmarkt und den Lösungsansätzen in Gesetzgebung und Rechtsprechung: Assmann, Prospekthaftung, S. 74 ff.

35 So erschienen in den siebziger Jahren die ersten monographischen Abhandlungen, die sich des Anlegerschutzes als übergreifendem Thema annahmen. Zu nennen sind in diesem Zusammenhang insbesondere die Monographien von Hopt (Kapitalmarktrecht im Recht der Banken, München 1975) und Schwark (Anlegerschutz durch Wirtschaftsrecht, München 1979). Darüber hinaus war der Anlegerschutz – speziell am grauen Kapitalmarkt – auch Thema der wirtschaftsrechtlichen Abteilung des 51. Deutschen Juristentages in Stuttgart im Jahre 1976, vgl. dazu das Reformgutachten von Hopt.

36 Das Recht der Personengesellschaften wurde dabei sukzessive im Wege einer kapitalmarktorientierten Vertragsauslegung von Gesellschaftsverträgen den Bestimmungen des Aktienrechts angenähert. Vgl. zu dieser Entwicklung mit umfangreichen Nachweisen aus der Rechtsprechung: Stimpel in: FS Fischer, S. 771 ff.

37 Zu Reformansätzen in dieser Richtung vgl. Assmann in: Großkommentar zum AktG, Einl. Rn. 400 ff.; Mühlbert, S. 116 ff.

38 Fleischer, Gutachten zum 64. DJT, F 20 f.

merksamkeit zuteil, und es entwickelten sich Ansätze eines Kapitalmarktrechts. Zwar kann man von dem deutschen Kapitalmarktrecht im Gegensatz zu der Rechtslage in den USA bis heute noch nicht von einem klar abgegrenzten Rechtsgebiet mit eigener Kodifikation sprechen. Vielmehr stellt sich das Kapitalmarktrecht in Deutschland nach wie vor als ausgesprochene Querschnittsmaterie dar.[39] Gleichwohl beginnen sich auch in Deutschland in zunehmendem Masse allgemeine Leitlinien für den Schutz des Anlegers auf dem Kapitalmarkt herauszuschälen. Pionierarbeit leistete hier einmal mehr der BGH mit der Entwicklung einer aus dem Rechtsinstitut der *culpa in contrahendo* hergeleiteten allgemeinen zivilrechtlichen Prospekthaftung.[40] Dagegen erfolgte die Fortentwicklung des Kapitalmarktrechts im Bereich des geregelten Kapitalmarktes in erster Linie in Form der Umsetzung EG-rechtlicher Vorgaben, für welche ihrerseits insbesondere im Hinblick auf die Ausgestaltung einer gesetzlichen Unternehmenspublizität das US-amerikanische Kapitalmarktrecht Pate stand.

III. Normative Ziele eines kapitalmarktrechtlichen Anlegerschutzes

Zur Legitimation eines kapitalmarktrechtlichen Anlegerschutzes lassen sich im Wesentlichen zwei unterschiedliche normative Ziele herausstellen: der Schutz des einzelnen Anlegers einerseits und der Schutz der Funktionsfähigkeit des Kapitalmarktes andererseits.[41]

1. Individualschutz

Nächstliegender Grund für die Verwirklichung des Anlegerschutzprinzips ist der Schutz des individuellen Anlegers vor der Verwirklichung der vorstehend aufgezeigten Risiken und der damit einhergehenden Vermögensverluste im Zusammenhang mit der von ihm getätigten Kapitalanlage. Das Vermögen des Anlegers wird als individuelles Rechtsgut geschützt. Die Schutzwürdigkeit des einzelnen Anlegers folgt in diesem Zusammenhang mithin sozialfürsorgerischen oder anderen gesellschaftspolitischen Erwägungen wie etwa dem des Verbraucherschutzes.

2. Schutz der Funktionsfähigkeit des Kapitalmarktes

In neuerer Zeit ist jedoch mit dem Schutz der Funktionsfähigkeit des Kapitalmarkts ein weiterer Schutzaspekt neben den Schutz des individuellen Anlegers getreten und hat diesen in jüngster Zeit sogar teilweise verdrängt.

---

[39] Fleischer, a.a.O.

[40] Siehe FN 7.

[41] Hopt, Kapitalanlegerschutz, S. 334 ff.

a) Die Lehre von der ökonomischen Analyse des Rechts

Der kapitalmarktrechtliche Funktionenschutz geht zurück auf die sog. ökonomische Analyse des Rechts (engl. *Law-and-Economics*-Bewegung) welche ihren Ursprung in den USA hat und seit den siebziger Jahren des letzten Jahrhunderts auch in Deutschland Befürworter gefunden hat.[42] Ausgangspunkt der ökonomischen Analyse des Rechts ist die zentrale wirtschaftswissenschaftliche Frage, wie eine Gesellschaft ihre knappen Mittel (Ressourcen) so einsetzt, dass ein möglichst hoher Grad an Bedürfnisbefriedigung erzielt wird.[43] In dem Masse, in dem dies gelingt, ist eine Wirtschaft effizient; andernfalls verschwendet sie ihre Mittel.[44] Die ökonomische Analyse des Rechts bezieht diese wirtschaftswissenschaftliche Erkenntnis auf die Sichtweise von Normen der Rechtsordnung, indem bei der Rechtsanwendung zur Erhaltung und Steigerung der volkswirtschaftlichen Wohlfahrt dem ökonomisch effizientesten Ergebnis zum Durchbruch verholfen werden soll.

b) Bedeutung des Kapitalmarktes für die optimale Allokation der Ressource Kapital

Wesentliches volkswirtschaftliches Ziel ist die optimale Allokation der knappen Ressourcen Arbeit und Kapital, d.h. die vorhandenen Ressourcen sollen jeweils der den größten volkswirtschaftlichen Nutzen bringenden Verwendung zugeführt werden. Gewährleistet wird die optimale Allokation in marktwirtschaftlichen Systemen durch Märkte, genauer gesagt, durch den Prozess der Preisbildung auf diesen Märkten, auf welchen Angebot und Nachfrage der jeweiligen Marktteilnehmer durch die Herausbildung von Gleichgewichtspreisen stets aufs Neue zusammengeführt werden. Marktpreise haben somit für die Allokation knapper volkswirtschaftlicher Ressourcen eine Lenkungsfunktion inne. Auf dem Kapitalmarkt sorgen die Markt- bzw. Börsenpreise dafür, dass das vorhandene Kapital der Anleger fortwährend von weniger Erfolg versprechenden Anlagen zu attraktiveren Anlagen wandert. Dieser Vorgang setzt indes auf dem Kapitalmarkt ebenso wie auf anderen Märkten eine störungsfreie Preisbildung voraus. Kann diese nicht gewährleistet werden, können die Preise ihre Lenkungsfunktion nicht wahrnehmen. Es kommt dann neben den damit einhergehenden Vermögensverlusten individueller Anleger zugleich auch zu einer Beeinträchtigung der Effizienz des Kapitalmarktes und dadurch zu einer Fehlallokation der volkswirtschaftlichen Ressource Kapital.

---

42 Vgl. Posner, Economic Analysis of Law, insbes. S. 1ff., 79 ff.; für das deutsche Recht: Schäfer/Ott, Ökonomische Analyse des Zivilrechts, insbes. S. 1 – 109.

43 Schäfer/Ott, S. 1.

44 Schäfer/Ott, a.a.O.

c) Beeinträchtigung der allokativen Effizienz und der institutionellen Effizienz

Durch fehlerhaft zustande gekommene Preise auf dem Kapitalmarkt wird die Kapitalmarkteffizienz auf zweierlei Weise beeinträchtigt. Zum einen kommt es unmittelbar im Hinblick auf die konkret zu diesem Preis abgewickelten Transaktionen zu einer Fehlallokation des Kapitals der betroffenen Anleger. Betroffen ist in diesem Zusammenhang unmittelbar die sog. allokative Effizienz des Kapitalmarktes.[45] Eine durch Fehlinformation oder gar betrügerische Manipulationen bewirkte Beeinträchtigung der Preisbildung auf dem Kapitalmarkt wirkt sich aber auch noch in anderer Weise auf dessen Funktionsfähigkeit aus, indem die damit einhergehenden Vermögensschäden mittelfristig zu einem Vertrauensverlust des Anlegerpublikums führen. Als Folge eines solchen Vertrauensverlustes besteht wiederum die Gefahr einer Abwanderung der enttäuschten Anleger vom Kapitalmarkt, wodurch dieser seiner Allokationsfunktion nicht mehr gerecht werden kann. Betroffen ist in diesem Zusammenhang die sogenannte institutionelle Effizienz des Kapitalmarktes.[46] Das Ziel einer Stärkung des Anlegervertrauens wird daher in der gesetzgeberischen Begründung der meisten modernen kapitalmarktrechtlichen Gesetze in besonderem Maße herausgestellt.

3. Die Gewichtung der normativen Ziele

a) Zieldualismus des internationalen und europäischen Kapitalmarktrechts

Das internationale und europäische Kapitalmarktrecht ist von einem weitgehenden Zieldualismus der beiden vorstehend dargestellten Leitmotive für einen kapitalmarktrechtlichen Anlegerschutz geprägt.[47] So basieren die US-amerikanischen *Securities Regulations* grundsätzlich auf dem Schutz des einzelnen Anlegers vor Betrug und Fehlinformationen und sind damit wesentlich von dem Gedanken des Anleger- und Verbraucherschutzes beherrscht.[48] Dieser stark individualschützende Charakter des amerikanischen Kapitalmarktrechts basiert wie bereits die ganze Gesetzgebung an sich auf dem Fehlen eines Sozialstaatsgedankens und damit einhergehend auf dem Fehlen eines Netzes sozialer Sicherheit.[49] Zugleich ist in den USA aber auch der Funktionenschutz als normati-

---

45 Assmann, Prospekthaftung, S. 25.

46 Assmann, a.a.O., S. 26.

47 Fleischer, Reformgutachten zum 64. DJT, F 24 ff., mit Nachweisen für die Verankerung der normativen Ziele in unterschiedlichen europäischen und außereuropäischen Jurisdiktionen und im Europarecht.

48 Wiedemann, S. 482; Gruson/Wiegmann, AG 1995, 173 (174).

49 Wiedemann, a.a.O.

ves Ziel anerkannt.[50] So haben insbesondere die Wertpapieraufsichtsbehörde SEC und die Gerichte wiederholt auch die Bedeutung der kapitalmarktrechtlichen Vorschriften für die Funktionsfähigkeit des Kapitalmarktes hervorgehoben.[51] Der gleiche Zieldualismus kapitalmarktrechtlicher Ziele lässt sich auch in den diesbezüglichen Regelungen zahlreicher europäischer Staaten ausmachen. Nach Sec. 3 des britischen Financial Services and Markets Act gehören sowohl *„consumer protection"* als auch *„market confidence"* zu den gesetzlichen Leitzielen. Gleichermaßen will Art. 1 des schweizerischen Bundesgesetzes über die Börse und den Effektenhandel für die Anleger Transparenz und Gleichbehandlung sicherstellen und die Funktionsfähigkeit der Effektenmärkte gewährleisten. Schließlich sind auch die zur Integration eines europäischen Kapitalmarktes ergangenen Richtlinien in zunehmendem Maße von den beiden vorgenannten normativen Zielen geprägt. Während die Börsenzulassungsprospektrichtlinie von 1980[52] und die Zwischenberichtsrichtlinie von 1982[53] noch hauptsächlich auf den Schutz des individuellen Anlegers abstellten, stehen Individualschutz und Funktionenschutz sowohl in der Insiderrichtlinie von 1988[54] als auch in der aus Emissionsprospektrichtlinie von 1989[55] bereits gleichberechtigt nebeneinander. In den Erwägungsgründen der Wertpapierdienstleistungsrichtlinie ist nunmehr sogar ausdrücklich von der „doppelten Zielrichtung des Anlegerschutzes und der Gewährleistung eines reibungslosen Funktionierens der Kapitalmärkte" die Rede.

b) Der Streit um die Zielsetzung des Kapitalmarktrechts in Deutschland

aa) Gesetzgeberische Fokussierung auf Funktionenschutz in Teilbereichen des deutschen Kapitalmarktrechts

Im Gegensatz zu dieser dualistischen Zielkonzeption des internationalen Kapitalmarktrechts stellt sich die Gewichtung der Ziele für einen kapitalmarktrechtlichen Anlegerschutz in Deutschland anders dar: Während der verbandsrechtliche Anlegerschutz wegen dessen Verwurzelung im Gesellschaftsrecht in erster Linie durch den traditionellen Gedanken des Individualschutzes geprägt ist, weist das Kapitalmarktrecht als relativ neue Rechtsmaterie eine zunehmend stärkere Orientierung an dem rechtökonomisch fundierten Funktionenschutzgedanken auf.

---

[50] Wiedemann, a.a.O.; Gruson/Wiegmann, a.a.O.

[51] Report of Special Study of Securities Markets, SEC (1963), hier zitiert bei: Wiedemann, S. 482; Chris-Craft Industries, Inc. v. Bangor Punta Corporation, 480 F. 2nd 341 (1973).

[52] Vgl. Richtlinie 80/390/EWG vom 17.3.1980, ABlEG Nr. L 100 vom 17.4.1980, S. 1.

[53] Vgl.Richtlinie 82/121/EWG vom 15.2.1982, ABlEG Nr. L 48 vom 20.2.1982, S. 26.

[54] Vgl. Richtlinie 89/592/EWG vom 13.11.1989, ABlEG Nr. L 334 vom 18.11.1989, S. 30.

[55] Vgl. Richtlinie 89/298/EWG vom 17.4.1989, ABlEG Nr. L 124 vom 5.5.1989, S. 8.

Schwark[56] konstatierte in diesem Zusammenhang bereits im Jahre 1979 eine „weitgehende Kapitalmarktferne der zivil- und gesellschaftsrechtlichen Regelungen auf der einen Seite und eine isoliert öffentlich-rechtliche Sicht von Kapitalsammelstellen und Markteinrichtungen auf der anderen Seite". In der Folgezeit war eine Verfestigung des von *Schwark* konstatierten Phänomens zu beobachten. So lassen einige neuere kapitalmarktrechtliche Regelungen – selbst dann, wenn sie der Umsetzung europäischer Richtlinien dienten - eine ausschließliche Orientierung am Gedanken des Funktionenschutzes unter völliger Ausblendung des Individualschutzgedankens erkennen.

bb) Die Doktrin der Untrennbarkeit von Funktionenschutz und Individualschutz nach Hopt

Dagegen hat *Hopt* bereits frühzeitig eine Untrennbarkeit der beiden Ziele Funktionenschutz und Individualschutz behauptet[57] und diese Behauptung später im Zusammenhang mit der Schaffung des Wertpapierhandelsgesetzes bekräftigt.[58] Danach soll es sich bei den beiden normativen Zielen des Kapitalanlegerschutzes lediglich um zwei Seiten derselben Medaille handeln. Der Schutz der Funktionsfähigkeit des Kapitalmarktes sei ohne das Vertrauen der Anleger nicht zu gewährleisten. Der Gesetzgeber könne nicht einerseits um das Vertrauen der Anleger werben und andererseits den anlegerschützenden Charakter seiner kapitalmarktrechtlichen Regelung insgesamt in Frage stellen.

cc) Auswirkungen der Diskussion

Die zunächst eher abstrakt anmutende Debatte um den von *Hopt* behaupteten Zieldualismus von Funktionenschutz und Individualschutz hat in jüngster Zeit gerade im Zusammenhang mit der juristischen Diskussion um eine zivilrechtliche Verantwortlichkeit wegen fehlerhafter Ad-hoc-Meldungen Aktualität erlangt. Bildet doch die Frage nach dem individualschützenden Charakter von Normen den Dreh- und Angelpunkt für deren Einordnung als Schutzgesetz im Rahmen des § 823 Abs. 2 BGB. Kernpunkt der Auseinandersetzung war in diesem Zusammenhang wiederholt der Schutzgesetzcharakter des § 88 BörsG a.F (Kursbetrug, nunmehr geregelt in § 20 a WpHG) und des § 15 WpHG (Pflicht zur Ad-hoc-Publizität). Während nach h.M. in Anlehnung an die Gesetzesmaterialien keiner der genannten Vorschriften ein individualschützender Charakter zukommt,[59] wird dies von anderen Stimmen für § 88 BörsG[60] und teilweise so-

---

56 Schwark, Anlegerschutz, S. 13.

57 Hopt, Kapitalanlegerschutz, S. 334.

58 Hopt, ZHR 159 (1995), 135 (158).

59 Vgl. nur für beide Vorschriften BVerfG, ZIP 2002, 1986 (1987 ff.) –„Met@box" -; OLG München, ZIP 2002, 1989 (1991) – „Infomatec II" – jeweils m.w.N.

gar – trotz des eindeutigen Haftungsausschlusses in Abs. 6 der Vorschrift – für § 15 WpHG[61] bejaht.

dd) Stellungnahme

Aus den vorstehenden Ausführungen ist ersichtlich, dass die Frage nach dem Verhältnis der beiden normativen Ziele des Kapitalmarktrechts eng mit der Frage nach dem Schutzgesetzcharakter einzelner kapitalmarktrechtlicher Normen im Zusammenhang mit einer zivilrechtlichen Haftung verknüpft ist und vorwiegend in diesem Zusammenhang problematisiert wird. Gleichwohl gebietet der grundsätzliche Charakter der Fragestellung eine Klärung der Frage in unmittelbarem Zusammenhang mit der Erörterung der beiden normativen Ziele für das Kapitalmarktrechts als solchen.

Der Auffassung von *Hopt* ist dabei insoweit beizupflichten, als der Schutz der Funktionsfähigkeit des Kapitalmarktes gerade die informierte Anlageentscheidung der Kapitalanleger voraussetzt. Nur durch die Gewährleistung einer korrekten Preisbildung auf dem Kapitalmarkt können die optimale Allokation der Ressource Kapital und das dafür so notwendige Anlegervertrauen hergestellt werden. In diesem Zusammenhang kann in der Tat nicht geleugnet werden, dass auch von ihrer Intention her rein am Schutz des Kapitalmarktes ausgerichtete Normen den einzelnen Kapitalanlegern eine gewisse faktische Schutzposition einräumen. Fraglich ist jedoch, ob es sich bei dieser Schutzposition tatsächlich um einen Individualschutz nach deutschem Rechtsverständnis handelt.

(1) Ausgangspunkt: Das subjektive Recht im Rahmen der deutschen Rechtsordnung

Ausgangspunkt kann dabei ausschließlich der Begriff des Individualschutzes im Rahmen derjenigen deutschen Rechtsnormen sein, welche an sein Vorliegen eine verstärkte Rechtsposition des Einzelnen knüpfen. Neben der bereits erwähnten zivilrechtlichen Haftungsnorm des § 823 Abs. 2 BGB sind in diesem Zusammenhang für das öffentliche Recht der Bereich der Staatshaftung gem. Art. 34 GG i.V.m. § 839 BGB sowie die Klagebefugnis im verwaltungsgerichtlichen Verfahren gemäß § 42 Abs, 2 VwGO als Beispiele zu nennen. So setzen § 823 Abs. 2 BGB und § 839 BGB ein „Gesetz, das den Schutz eines anderen bezweckt“, bzw. eine „einem Dritten gegenüber obliegende Amtspflicht“ voraus. Nach § 42 Abs. 2 VwGO können verwaltungsgerichtliche Gestaltungsklagen nur

---

[60] LG Augsburg (3. Zivilkammer), WM 2001, 1944 (1945) –„Infomatec II“-; Möllers/Leisch, Anmerkung zu OLG München, ZIP 2002, 1989 (1996 f.); Rodewald/Siems, BB 2001, 2437 (2439); Pluskat, Finanz Betrieb 2002, 235 (238 ff.).

[61] Gehrt, S. 200 ff.; v. Klitzing, S. 222 ff.; Pluskat, a.a.O:

dann erhoben werden, wenn der Kläger geltend macht, durch das in Frage stehende Verwaltungshandeln in „seinen Rechten“ verletzt zu sein.

Voraussetzung des den fraglichen Normen zugrunde liegenden Individualschutzes ist mithin die Existenz einer Rechtsvorschrift, welche gerade dem Einzelnen ein Recht auf ihre Befolgung einräumt. Insbesondere im öffentlichen Recht,[62] teilweise aber auch im Zivilrecht[63] wird ein derartiger Rechtsschutz gemeinhin mit dem Terminus des subjektiven Rechts bezeichnet. Das subjektive Recht ist ein Rechtsbegriff der allgemeinen Rechtslehre, welcher seinen Ausgangspunkt in dem ideengeschichtlichen Prozess der Begründung einer materiellen Stellung des Einzelnen nahm.[64] Die Gewährleistung subjektiver Rechte wird dabei als eine der Grundbedingungen eines freiheitlichen, demokratischen, sozialen und rechtsstaatlich orientierten Staatswesens angesehen.[65] Aus diesem Grunde hat das subjektive Recht nach Erlass des Grundgesetzes eine weitere Aufwertung erfahren und findet seinen besonderen Ausdruck in den Grundrechten.[66]

Auch die Definitionen dafür, was genau unter einer so umschriebenen Rechtsposition zu verstehen ist, weisen rechtsgebietsübergreifend große Ähnlichkeiten auf. Nach der sogenannten Schutznormtheorie im öffentlichen Rechts versteht man unter einem Recht i.S. der Klagebefugnis des § 42 Abs. 2 VwGO jedes von der Rechtsordnung als schutzwürdig anerkannte Interesse. Es soll dafür allein darauf ankommen, ob die in Frage stehende Rechtsnorm nicht (nur) den Interessen der Allgemeinheit, sondern – zumindest auch – den Individualinteressen des Klägers zu dienen bestimmt ist.[67] Eine ähnliche Definition lässt sich auch der Rechtsprechung des BGH hinsichtlich der Qualifizierung eines Gesetzes als Schutzgesetz im Rahmen des § 823 Abs. 2 BGB entnehmen. Danach soll es für die Annahme eines Schutzgesetzes nicht genügen, dass die in Frage stehende Norm nach ihrem Inhalt und Zweck die Belange eines anderen fördert. Vielmehr soll es darauf ankommen, dass der Inhalt der Norm nach dem Willen des Gesetzgebers einem gezielten Individualschutz dient und gegen eine näher bestimmte Art der Schädigung gerichtet ist.[68] Um keine subjektiven Rechte soll es sich dagegen handeln, wenn sich die faktische Schutzposition des einzelnen im Rahmen einer Rechtsnorm lediglich als bloßer Rechtsreflex darstellt.[69]

---

62 Vgl. Kopp/Schenke, § 42 Rn. 78, Schmittt Glaeser, S. 104, jeweils m.w.N.

63 Vgl. Fezer, JZ 1986, 817 (824).

64 Scherzberg, DVBl. 1988, 129 f.

65 Maurer, S. 153.

66 Maurer, a.a.O.

67 BVerfGE 27, 297/307; BVerwGE 3, 362 f.; Kopp/Schenke, § 42, Rn. 83

68 BGHZ 84, 312 (314), ähnlich: BGHZ 100, 13 (15).

69 Für das öffentliche Recht: OVG Münster, MDR 1965, 162; Kopp/Schenke, § 42, Rn. 87; für das Zivilrecht: BGHZ 100, 13 (14 f.).

(2) Qualifizierung der von Hopt herausgearbeiteten Schutzposition als subjektives Recht?

Es ist nunmehr im Hinblick auf diese Kriterien zu fragen, ob die von *Hopt* herausgearbeitete Schutzposition, welche Kapitalanlegern auch im Rahmen des kapitalmarktrechtlichen Funktionenschutzes zuteil wird, ein subjektives Recht oder einen bloßen Rechtsreflex darstellt.

(a) Schutz des einzelnen Kapitalanlegers als wohlfahrtsökonomisch legitimiertes Zwischenziel

Naheliegend wäre es, zur Bildung von Vergleichsgruppen auf den inzwischen reichhaltigen Fundus gerichtlicher Entscheidungen zur Abgrenzung eines zielgerichteten Individualschutzes von reinen Schutzreflexen zurückzugreifen. Dabei wird indes schnell die Unergiebigkeit derartiger Bemühungen für die Beurteilung der von *Hopt* herausgestellten Schutzposition einzelner Anleger im Rahmen des kapitalmarktrechtlichen Funktionenschutzes deutlich. Die bisherige Judikatur hatte sich einzig mit der Frage zu beschäftigen, ob eine Rechtsnorm, welche nach ihrem gesetzgeberischen Endziel Gemeinwohlinteressen dient, daneben zugleich den Schutz einer abgrenzbaren Gruppe innerhalb der geschützten Allgemeinheit bezweckt. Beispielhaft ist in diesem Zusammenhang die Entscheidung des BGH zum Schutzgesetzcharakter von § 267 StGB (Urkundenfälschung).[70] Zwar räumt der BGH zunächst ein, dass die Vorschrift neben dem Schutz anderer Interessen auch einen Vermögensschutz bewirke, indem sie dazu beitrage, den Gebrauch gefälschter Urkunden, und damit in vielen Fällen auch den Eintritt von Vermögensschäden zu verhindern. Dieser Schutz sei jedoch so schwach und undeutlich, dass nicht angenommen werden könne, dass § 267 StGB direkt auch auf den Schutz von Vermögensinteressen der beim Gebrauchmachen gefälschter Urkunden getäuschten Personen ausgerichtet sei.[71] Eine ähnliche Abgrenzung zwischen subjektiven Rechten und bloßen Rechtsreflexen findet sich in der umfangreichen verwaltungsgerichtlichen Judikatur zum baurechtlichen Nachbarschutz.[72] Auch hier geht es letztlich um die Frage, ob sich den konkreten baurechtlichen Normen neben einem Schutz der Allgemeinheit auch ein gezielter Schutz eines abgrenzbaren Personenkreises innerhalb der Allgemeinheit als gesetzgeberisches Endziel entnehmen lässt.

Überträgt man die Leitlinien der vorgenannten Judikatur auf die Schutzposition der Kapitalanleger im Rahmen des kapitalmarktrechtlichen Funktionenschutzes, so wird man nach diesen Kriterien einen Individualschutz schon deshalb vernei-

---

70 BGHZ 100, 13.

71 BGH a.a.O. S. 16 f.

72 Einen guten Überblick geben in diesem Zusammenhang Kopp/Schenke, § 42, Rn. 96 ff.

nen müssen, weil es sich bei dem Schutz des einzelnen Kapitalanlegers jedenfalls nicht um ein gesetzgeberisches Endziel handelt. Wie bereits erwähnt,[73] beruht der Funktionenschutzgedanke im Kapitalmarktrecht auf der Zielsetzung, über den Schutz der Institution Kapitalmarkt die Erhaltung und Steigerung der volkswirtschaftlichen Wohlfahrt zu gewährleisten. Von der Steigerung der Wohlfahrt sollen letztlich alle Bürger profitieren. Ein besonderer Schutz für Kapitalanleger im Zusammenhang mit diesen allgemeinen Wohlfahrtsverlusten ließe sich damit genauso wenig vertreten wie etwa ein besonderer Schutz solcher Bevölkerungsgruppen, welche von allgemeinen Wohlfahrtsverlusten in besonderem Masse betroffen sind.

Aus dieser Feststellung folgt aber zunächst nur, dass die bisherige Judikatur zur Abgrenzung subjektiver Rechte von bloßen Rechtsreflexen die von *Hopt* herausgearbeitete Schutzposition von Kapitalanlegern im Rahmen des kapitalmarktrechtlichen Funktionenschutzes nicht ausreichend erfasst. Während sich die genannten Urteile einzig mit der Frage nach der Abgrenzung gesetzgeberischer Endziele befassen, ist die von *Hopt* bezeichnete Schutzposition auf einer weiter vorgelagerten Ebene anzusiedeln. Dem Gesetzgeber geht es im Rahmen rein funktionsschützender Normen im Kapitalmarktrecht ersichtlich nicht um den Schutz des einzelnen Kapitalanlegers neben dem Schutz der allgemeinen Wohlfahrt. Vielmehr stellt der Schutz der Kapitalanleger eine notwendige Voraussetzung für die Gewährleistung eines unter wohlfahrtsökonomischen Gesichtspunkten effizienten Kapitalmarktes dar. *Hopt* hat die von ihm herausgearbeitete Schutzposition daher zutreffend als „Zwischenziel“ bezeichnet. Ob dem Schutz einzelner Personen als Zwischenziel im Rahmen wohlfahrtsökonomisch legitimierter Rechtsnormen der Rang eines subjektiven Rechts zukommt, ist soweit ersichtlich noch nicht Gegenstand einer wissenschaftlichen Auseinandersetzung gewesen. Gleichwohl dürfte es sich bei dieser Frage um den eigentlichen Kern des Streites über die Untrennbarkeit von Funktionenschutz und Individualschutz handeln.

(b) Keine Gewährleistung subjektiver Rechte aus wohlfahrtsökonomisch legitimierten Schutzpositionen

Die Frage, ob allein wohlfahrtsökonomisch legitimierten Schutzpositionen per se ein individualschützender Charakter zukommt, ist eng verknüpft mit dem nach dem Eindringen der *Law-and-Economy*-Bewegung in Deutschland in den siebziger Jahren des letzten Jahrhunderts geführten Streit um die Legitimität der Berücksichtigung wohlfahrtsökonomischer Kriterien bei der Auslegung von Rechtsnormen im Allgemeinen. Nach der traditionellen, an rechtsethischen Verteilungskriterien ausgerichteten Dogmatik und Methodenlehre sollte die Berück-

---

[73] Siehe vorstehend unter: Zweiter Teil, A. III. 2.

sichtigung ökonomischer Kriterien bei der Rechtsauslegung einen Verstoß gegen Grundsätze der Verteilungs- und Ausgleichgerechtigkeit darstellen.[74] Beklagt wurde insbesondere der Verlust der Rechtskategorie des subjektiven Rechts.[75] Dagegen betonten die Vertreter der ökonomischen Analyse des Rechts, dass die Steigerung ökonomischer Effizienz das Wohl der Gesamtheit am besten fördere.[76] Für bestimmte Bereiche des Rechts wie insbesondere dem des Wirtschaftsrechts ist dies auch mittlerweile anerkannt.

Kernpunkt des Streites ist daher heute daher nicht mehr die Frage nach der grundsätzlichen Legitimität der Berücksichtigung ökonomischer Kriterien bei der Auslegung von Rechtsnormen im Allgemeinen, sondern vielmehr die Frage nach deren Legalität im Hinblick auf den Gesetzeszweck der einzelnen Rechtsnorm.[77] Es sollen insoweit die allgemeinen Auslegungsregeln gelten. Danach ist eine Rechtsnorm nach wohlfahrtsökonomischen Kriterien auszulegen, wenn der Gesetzgeber bei ihrer Schaffung eine dementsprechende Zielsetzung verfolgt hat.[78]

Selbst wenn aber heutzutage ökonomische Zielsetzungen in abgrenzbaren Teilbereichen des Rechts, wie insbesondere im Wirtschaftsrecht, durchaus anerkannt sind, so macht die heftige Debatte um die grundsätzliche Legitimität wohlfahrtsökonomischer Zielsetzungen im Recht[79] doch deutlich, dass die deutsche Rechtsdogmatik sehr wohl zwischen rechtsethisch und wohlfahrtsökonomisch legitimierten Schutzpositionen unterscheidet. Dabei weist gerade die in diesem Zusammenhang geäußerte Klage über den Verlust der Rechtskategorie des subjektiven Rechts darauf hin, dass unter einem subjektiven Recht in Deutschland nach wie vor allein der Schutz der einzelnen Person unter rechtsethischen Gesichtspunkten verstanden wird. Dies wird auch anhand der ideengeschichtlichen Ausgangsposition der Rechtsfigur des subjektiven Rechts in der humanistischen

---

74 Horn, AcP 176 (1976), 307 (321 f., 332 f.); Fezer, JZ 1986, 817 ff.

75 Fezer, a.a.O, S. 824.

76 Schäfer/Ott, S 1, 6 f.

77 Eidenmüller, S. 451 ff.; Grundmann, RabelsZ 61 (1997), 423 (432 f.).

78 Eidenmüller a.a.O.; Grundmann, a.a.O. Über die Frage, bei welchen Regelungsbereichen des deutschen Rechts von einer ökonomischen Zielsetzung auszugehen ist, gehen die Meinungen indes nach wie vor auseinander. Als zu weitgehend dürften dabei Versuche zu werten sein, weiten Teilen des Zivilrechts (so Schäfer/Ott, S. 10 f.) oder das gesamte Rechtsinstitut des Vertrauensschutzes (Loges, S. 133 ff.) eine wohlfahrtsökonomische Zielsetzung zu unterstellen. Vielmehr ist gerade bei alten, nicht durch Europarecht überformten Rechtsnormen in diesem Zusammenhang eher Zurückhaltung geboten. A.A. Grundmann, a.a.O. der bei fehlender positiver gesetzgeberischer Wertung rechtsethische und wohlfahrtökonomische Kriterien bei der Auslegung im Sinne eines von ihm entwickelten Konfliktlösungsmodells in Einklang bringen möchte.

79 Grundmann, a.a.O., spricht in diesem Zusammenhang von einem Glaubenskrieg.

Rechtslehre des 16. Jahrhunderts deutlich, welche die Emanzipierung des Individuums gegenüber staatlicher Willkür forderte. Das subjektive Recht anerkennt den einzelnen Menschen als Rechtssubjekt und bringt damit die verfassungsrechtlich garantierte Würde und Persönlichkeit des Menschen zum Ausdruck.[80] Für eine Beschränkung des subjektiven Rechts auf rechtsethisch legitimierte Schutzpositionen spricht auch, dass im öffentlichen Recht gerade die Grundrechte als subjektive Rechte par excellence angesehen werden, welche häufig auch ihren Niederschlag in einfachgesetzlichen Schutzpositionen finden (sog. norminterne Wirkung der Grundrechte).[81] Zwar ist anerkannt, dass der Gesetzgeber im Rahmen solcher einfachgesetzlichen Schutzpositionen auch über das Mindestmaß des Grundrechtsschutzes hinausgehen kann.[82] Dabei handelt es sich jedoch lediglich um eine quantitative Erweiterung eines in qualitativer Hinsicht rechtsethisch intendierten Individualschutzes. An diesem rechtsethischen Grundverständnis des subjektiven Rechts hat sich durch die prinzipielle Anerkennung rechtsökonomisch fundierter Schutzpositionen für abgrenzbare Teilbereiche des Rechts nichts geändert. Vielmehr ist es gerade nicht legitim, derartige ökonomisch legitimierte Schutzpositionen nunmehr ihrerseits zu subjektiven Rechten umzufunktionieren und ihnen dadurch einen individualschützenden Charakter zuzuerkennen.

Nach alldem lassen sich allein aus dem kapitalmarktrechtlichen Funktionenschutz keine subjektiven Rechte einzelner Anleger herleiten, dessen einziges rechtsethische Ziel die Erhaltung und Steigerung der volkswirtschaftlichen Wohlfahrt durch die Gewährleistung eines leistungsfähigen Kapitalmarkts. Geschützt wird auf dieser Ebene aber nur die Allgemeinheit. Die von *Hopt* herausgearbeitete, vorgelagerte Schutzposition zugunsten einzelner Kapitalanleger im Rahmen des kapitalmarktrechtlichen Funktionenschutzes zielt dagegen nicht auf den Schutz gerade dieser Personen aus rechtsethischen Gesichtspunkten. Vielmehr handelt es sich bei dem Schutz der Kapitalanleger lediglich um ein wohlfahrtökonomisch legitimiertes Zwischenziel zur Gewährleistung eines effizienten Kapitalmarktes. Dieser Schutzposition kommt nicht der Charakter eines subjektiven Rechts und damit keine per se individualschützende Wirkung zu. Vielmehr müsste ein solcher Individualschutz als weiteres gesetzgeberisches Hauptziel ergänzend neben das Ziel des Funktionenschutzes treten.

Dies ist für weite Teilbereiche des Kapitalmarktrechtes auch in Deutschland unbestreitbar der Fall. Zu nennen sind in diesem Zusammenhang die Vorschriften über die Jahresabschlusspublizität (§ 325 HGB), die Straftatbestände der §§ 399, 400 AktG sowie die die börsenrechtliche und allgemein- zivilrechtliche Pros-

---

80 Maurer, S. 153.

81 Maurer, a.a.O., S. 153, 158 ff. ; Kopp/Schenke, § 42 Rn. 83; Schmitt Glaeser, S. 101 f.

82 Schmitt Glaeser, a.a.O.

pekthaftung. Bei vielen dieser Vorschriften lässt sich der individualschützender Charakter schon den Gesetzesmaterialien entnehmen. Selbst wenn ein solch eindeutiger Hinweis fehlt, sprechen oftmals weitere Umstände im Rahmen der Gesetzesentstehung für einen Individualschutz. So sind viele der vorbezeichneten Normen in einer Zeit entstanden, in welcher man dem Gesetzgeber kaum wohlfahrtsökonomische Zielsetzungen wird unterstellen können. Andere, jüngere Normen erfolgten in Umsetzung europarechtlicher Vorgaben, welche ihrerseits einen Individualschutz ausdrücklich vorsehen.

Problematisch wird die Annahme eines Individualschutzes jedoch bei solchen Vorschriften, für die der Gesetzgeber, sei es aus grundsätzlichen oder fiskalischen Erwägungen heraus, einen Individualschutz klar abgelehnt hat. Dies galt bisher insbesondere für den Anlegerschutz im Bereich des Sekundärmarktes. Hier im Sinne der Hopt'schen Untrennbarkeitslehre einen automatischen Zieldualismus unterstellen zu wollen, ist nicht ohne Friktionen mit der Rechtskategorie des subjektiven Rechts möglich und daher abzulehnen. In Anbetracht der hohen Bedeutung, welche einer zivilrechtlichen Haftung für die Gewährleistung eines effektiven Anlegerschutzes auch im wohlfahrtsökonomischen Sinne zukommt, lag hier für lange Zeit das wahre Dilemma des Anlegerschutzes in Deutschland begründet. Der Gesetzgeber hat diesem Dilemma nunmehr durch die Einführung der speziellen Haftungstatbestände der §§ 37 b, c WpHG zumindest in Teilbereichen abgeholfen.

IV. Die Unternehmenspublizität als Kernpunkt eines kapitalmarktrechtlichen Anlegerschutzes

1. Begriff

Nach diesen grundsätzlichen Betrachtungen über den Begriff, die historische Entwicklung und die normativen Ziele eines kapitalmarktrechtlichen Anlegerschutzes, soll nunmehr das Rechtsinstitut der Unternehmenspublizität als Mittel zur Erreichung der vorgenannten normativen Ziele einer näheren Betrachtung unterzogen werden. Die ausreichende und korrekte Information der Anleger wird in allen entwickelten Kapitalmärkten neben der Bekämpfung betrügerischer und manipulativer Praktiken auf dem Kapitalmarkt durch ein gesetzliches System umfassender unternehmensbezogener Publizitätspflichten sichergestellt. Unter Unternehmenspublizität versteht man die gesetzliche Verpflichtung der Unternehmen zu einer umfassenden Unterrichtung des Kapitalmarktes über Umstände, welche Rückschlüsse auf die zukünftigen Ertragsaussichten des Unternehmens und damit die Werthaltigkeit der betreffenden Kapitalanlage zulassen.

2. Ökonomische Erwägungen

Ihre ökonomische Grundlage findet ein System gesetzlicher Unternehmenspublizität in der Theorie von der Informationseffizienz der Kapitalmärkte (*efficient capital market hypothesis*). Die Theorie ist ein Produkt des Teils der US-amerikanischen Kapitalmarktforschung, der sich mit der Vorhersehbarkeit von Börsenpreisen befasst.[83] Ihr Ausgangspunkt ist die Feststellung, dass auf dem organisierten Kapitalmarkt der Preis eines jeden einzelnen Wertpapiers vollständig die über dieses Wertpapier zur Verfügung stehenden Informationen verkörpert, indem ein kleiner Teil der Kapitalanleger neue Informationen auswertet und dadurch eine Preisanpassung bewirkt. Wertpapiere werden daher bei vollständiger Information stets zu ihrem „richtigen" Preis gehandelt.[84] Die schnelle Aufnahme von Informationen durch den Markt bedeutet zwar, dass die große Mehrheit der Anleger keine Profite dadurch erzielen kann, dass sie ihre Anlagestrategie auf die unterschiedliche Verfügbarkeit von Informationen ausrichtet. Auch diese Anleger profitieren aber von der schnellen Auswertung der zur Verfügung stehenden Informationen durch andere Marktteilnehmer und der dadurch bewirkten schnellen Preisanpassung.

Um eine korrekte Preisbildung auf dem Kapitalmarkt zu gewährleisten, muss aber sichergestellt werden, dass der Kapitalmarkt fortwährend mit den relevanten Informationen über die Unternehmen versorgt wird. Da die Unternehmen die erforderlichen Informationen nicht in jedem Falle freiwillig zur Verfügung stellen werden, lässt sich dies nur in Form einer gesetzlich zwingenden Unternehmenspublizität erreichen.[85]

3. Unternehmenspublizität in den USA und Deutschland

a) USA

Vorbildfunktion für das europäische Kapitalmarktrecht fällt in diesem Zusammenhang einmal mehr den US-amerikanischen *securities regulations* zu, deren Kernstück die Unternehmenspublizität darstellt (*disclosure philosophy*).[86] Wäh-

---

[83] v. Klitzing, S. 13 ff. Zur geschichtlichen Entwicklung vgl. Stout, 87 Mich L.Rev. (1988) 613, 619.

[84] V. Klitzing, a.a.O.

[85] Zur Kritik in den USA siehe aber im folgenden Abschnitt FN 87.

[86] Im Hinblick auf die Vorbildfunktion des US-amerikanischen *disclosure philosphy* soll aber gleichwohl nicht unerwähnt bleiben, dass gerade in den USA die Erforderlichkeit zwingender Publizitätsvorschriften zur Beseitigung der Informationsasymetrie unter rechtsökonomischen Gesichtspunkten teilweise bezweifelt worden ist. (Vgl. zu dieser rechtsökonomischen Legitimationsdiskussion: von Klitzing, S. 8 – 26 m.w.N.) Zum Teil wird die Auffassung vertreten, dass ein Optimum an Informationen im Verhältnis zwi-

rend der Securities Act von 1933 (SA) eine Prospektpublizität im Zusammenhang mit der Emission vom Wertpapieren vorsieht, enthält der Securities Exchange Act von 1934 (SEA) einen umfassenden Katalog von Publizitätspflichten zur laufenden Information der Kapitalanleger auf dem Sekundärmarkt.

aa) Publizität auf dem Primärmarkt nach dem Securities Act von 1933

Die Neuemission von Wertpapieren ist in den USA an ein kompliziertes Registrierungs- und Vertriebssystem geknüpft, welches in Sec.5 SA seine zentrale gesetzliche Regelung findet. Nach dieser Vorschrift erfordert der Vertrieb von Wertpapieren durch den an einer Neuaufnahme von Kapital am Kapitalmarkt interessierten Emittenten (*issuer*) bzw. durch die von ihm mit dem Vertrieb der Wertpapiere betrauten Wertpapierhändler (*underwriter*) die vorherige Registrierung dieser Wertpapiere durch den Emittenten bei der SEC und die Aushändigung eines Prospekts an die Anleger. Die Registrierung erfolgt auf der Grundlage von zuvor durch den Emittenten einzureichenden umfangreichen Registrierungsunterlagen (*registration statement*), deren wesentlicher Inhalt auch in dem an die Anleger auszuhändigenden Prospekt enthalten sein muss, Sec.10 (I) SA. Ergänzt wird die Emissionspublizität durch spezielle Haftungstatbestände im Rahmen des SA, deren wichtigsten Sec.11 SA darstellt. Nach dieser Vorschrift haften der Emittent und seine wichtigsten Organmitglieder den Anlegern bei falschen oder unvollständigen Angaben im *registration statement* oder im Prospekt auf Rückerstattung des Erwerbspreises gegen Aushändigung der Wertpapiere.

bb) Publizität auf dem Sekundärmarkt nach dem Securities Exchange Act von 1934

Während die Vorschriften des SA nur die Publizitätspflichten im Zusammenhang mit der Neuemission von Wertpapieren regeln, erfasst der SEA den gesamten weiteren Handel mit diesen Wertpapieren. Nach Sec.12(a) SEA erfordert der Handel von Wertpapieren an einer amerikanischen Börse eine Registrierung dieser Wertpapiere bei der SEC und bei der betreffenden Börse. Dies gilt auch

---

schen Unternehmen und Anlegern auch durch das freie Spiel der Marktkräfte erreicht werden könne. Da auch die Information selbst ein handelbares Gut darstelle, könnte die Zurverfügungstellung von Information zwischen den Unternehmen und den Anlegern vertraglich ausgehandelt werden. Nach einer weiteren Auffassung soll gerade die Informationseffizienz des Kapitalmarkts zwingende Publizitätsvorschriften überflüssig machen, indem auch nicht öffentlich bekannte Tatsachen über das Phänomen des Insiderhandels in die Preisbildung auf dem Kapitalmarkt einfließen (sog. Theorie von der strengen Informationseffizienz). Angesichts des begrenzten Themas der vorliegenden Arbeit muss eine weitere Auseinandersetzung mit der rechtsökonomischen Legitimationsdiskussion in den USA an dieser Stelle allerdings unterbleiben.

dann, wenn diese Wertpapiere bereits nach dem SA im Rahmen ihrer Neuemission registriert wurden. Während aber nach dem SA jedes einzelne Papier registriert werden muss, erfasst Sec.12 SEA die gesamte Kategorie (*class*) von Wertpapieren, so dass für den Handel mit zusätzlichen Wertpapieren derselben Kategorie, etwa im Rahmen einer Kapitalerhöhung, kein neuer Antrag erforderlich ist.

Des Weiteren sieht Sec.13 SEA die Ergänzung der Registrierungsunterlagen durch eine periodische Berichterstattung des Emittenten über dessen Vermögens- und Ertragslage vor. Obwohl die Berichterstattung der fortlaufenden Unterrichtung der Anleger dient, werden die Berichte nicht an die Öffentlichkeit weitergeleitet, sondern liegen in den Büros der SEC zur Einsichtnahme durch die Anleger aus. Einzureichen ist zunächst ein Jahresbericht (*annual report*, Sec.13(a) SEA), welcher durch vierteljährliche Zwischenberichte zu ergänzen ist (*quarterly reports*, Sec.13(b) SEA). Im Falle besonderer Ereignisse müssen darüber hinaus innerhalb von maximal 15 Tagen nach dem Eintreten des Ereignisses sogenannte *current reports* eingereicht werden (Sec. 13(c) SEA). Die Ereignisse, bei welchen eine derartige außerordentliche Berichterstattung erfolgen muss, sind in einem speziellen Katalog (Form 8 K) aufgezählt. Es handelt sich dabei im Wesentlichen um einen Wechsel in der Kontrolle des Emittenten, den Rücktritt von Organmitgliedern, den Wechsel des Wirtschaftsprüfers sowie den Erwerb bzw. die Veräußerung von Unternehmen mitsamt den Jahresabschlüssen dieser Unternehmen.

4. Das System der Unternehmenspublizität in Deutschland

Das System der kapitalmarktrechtlichen Informationspflichten in Deutschland lässt sich in zwei Bereiche aufgliedern. Im Bereich des Primärmarktes, also im Zusammenhang mit Neu-Emissionen bzw. der erstmaligen Zulassung von Wertpapieren zum Börsenhandel wird die Information der Anleger durch den Börsenprospekt sichergestellt. Nach der Börseneinführung stellen die Regelpublizität einerseits und die Ad-hoc-Publizität andererseits die Informationsquellen dar, auf die sich das Anlegerpublikum auf dem Sekundärmarkt stützen kann.

a) Börsenprospekt als Informationsquelle bei Neu-Emissionen bzw. Zulassung von Wertpapieren zum Börsenhandel

Die Zulassung von Wertpapieren zum Handel in einem der beiden gesetzlich geregelten Marktsegmente der Börse ist an die Erstellung und Veröffentlichung eines Prospekts als zentraler Informationsquelle für die Anleger geknüpft. Für das Marktsegment des Amtlichen Marktes ergibt sich diese Verpflichtung aus § 30 Abs. 3 Nr. 2. BörsG. Der Inhalt dieses Prospekts ist in der auf Grundlage von § 32 Abs. 1 Nr. 2, 3 erlassenen Börsenzulassungsverordnung (BörsZulVO) umfassend geregelt. Die Zulassung zum Marktsegment des Geregelten Marktes setzt nach § 51 Abs. 1 Nr. 2 BörsG die Veröffentlichung eines Unternehmensberichtes voraus. Unabhängig von einer Börseneinführung erstreckt der in Umsetzung der EG-Emissionsprospektrichtlinie erlassene und am 1.5.1987 in Kraft getretene § 1 Verkaufsprospektgesetz (VerkProspG) die Prospektpflicht auch auf die außerbörsliche Emission neuer Wertpapiere und schließt damit eine bis zu diesem Zeitpunkt bestehende Lücke im Anlegerschutz.

Bei falschen oder unvollständigen Angaben im Prospekt haftet der Emittent den Anlegern, die auf Basis des Prospekts die neu emittierten bzw. zugelassenen Wertpapiere erworben haben, im Rahmen der in §§ 44 ff. BörsG bzw. § 13 VerkprospG geregelten börsenrechtlichen Prospekthaftung auf Schadenersatz.

b) Regelpublizität und Ad-hoc-Publizität als Publikumsinformation auf dem Sekundärmarkt nach der Börsenzulassung von Wertpapieren

Auch nach der Börsenzulassung von Wertpapieren sind die Anleger für den Handel mit diesen Wertpapieren auf fortlaufende Informationen über den Vermögens- und Finanzstatus der Emittenten angewiesen. Aus der Börsenzulassung von Wertpapieren folgen für die Emittenten daher im Bereich des Sekundärmarkts weitere Informationspflichten, nämlich die Regelpublizität und die Ad-hoc-Publizität.

aa) Regelpublizität

(1) Jahresabschlusspublizität

Die Jahresabschlusspublizität von Wertpapieremittenten ist in § 325 Abs. 2 S. 1 i.V.m. § 267 Abs. 3 S. 2 HGB geregelt. Danach müssen Kapitalgesellschaften, deren Wertpapiere an einem organisierten Markt gehandelt werden, den Jahresabschluss, welcher nach § 264 Abs. 1 S. 1 HGB aus Bilanz und Gewinn- und Verlustrechnung besteht, sowie den sog. Lagebericht (§ 289 Abs. 1 HGB) spätestens zwölf Monate nach dem Bilanzstichtag im Bundesanzeiger bekanntmachen und diese Bekanntmachung unter Beifügung der bezeichneten Unterlagen zum Handelsregister einreichen. Ursprünglich diente die Jahresabschlusspublizität entsprechend ihrer gesellschaftsrechtlichen Herkunft einzig der Information der aktuellen Aktionäre und Gläubiger des Emittenten. Spätestens durch ihre Bezugnahme in §§ 40 Abs. 1 Nr. 3, 54 S. 1 BörsG, 65 BörszulVO, wonach die Emittenten dem Anlegerpublikum als Folgepflicht aus der Börsenzulassung Jahresabschluss und Lagebericht zur Verfügung stellen müssen, hat die Jahresabschlusspublizität indes einen kapitalmarktrechtlichen Einschlag erhalten.

(2) Zwischenberichtspublizität

Die Jahresabschlusspublizität bietet in erster Linie eine Retrospektive zu dem abgeschlossenen Geschäftsjahr, geht indes nicht auf zukünftige Entwicklungen bei dem Emittenten ein. Dieses Aktualisierungsdefizit wird für den Amtlichen Markt durch die Zwischenberichtspublizität nach § 41 BörsG (ursprüngl. § 44 b BörsG a.F.) reduziert, welche durch das Börsenzulassungsgesetz von 1986 in Umsetzung der EG-Zwischenberichtsrichtlinie aus dem Jahre 1982 eingeführt wurde. Die Vorschrift verpflichtet den Emittenten von im Amtlichen Markt zugelassenen Wertpapieren zu einer mindestens halbjährlichen Berichterstattung. Auch im Marktsegment des Geregelten Marktes unterliegen die Emittenten teilweise einer Zwischenberichtspflicht. Dies ergibt sich aus § 54 S. 2 BörsG, wonach die einzelnen Börsen im Rahmen ihrer Börsenordnungen weitere Unterrichtungspflichten des Emittenten vorsehen können. Die Frankfurter Wertpapierbörse hat von dieser Möglichkeit Gebrauch gemacht, und die Emittenten von im Geregelten Markt zugelassenen Wertpapieren zur Veröffentlichung eines Zwischenberichts verpflichtet (§ 71 S. 1 BörsO FWB).[87]

bb) Ergänzung der Regelpublizität durch die Ad-hoc-Publizität

Die Rechtsquellen der Regelpublizität stehen den Anlegern nur zu bestimmten Stichtagen zur Verfügung. Eine zeitnahe Information der Anleger über die Finanz-- Vermögens- und Ertragslage der Emittenten wird durch die Regelpublizität allein somit nicht gewährleistet. Diese Funktion wird vielmehr von der Adhoc-Publizität nach § 15 WpHG übernommen, die den Anlegern auch den Zugang zu Informationen über wichtige Unternehmensereignisse zwischen den Stichtagen der Regelpublizität ermöglicht. Tatsachen, die später Gegenstand der Regelpublizität werden, sind danach unverzüglich vorab (= ad hoc) zu veröffentlichen.

---

[87] Nach der jüngsten Reform der Börsenordnung der Frankfurter Wertpapierbörse vom 1.1.2003 sind die Emittenten nunmehr sogar zur vierteljährlichen Berichterstattung (Quartalsberichte) verpflichtet sind, sofern die betreffenden Wertpapiere in dem durch die Reform neu geschaffenen Marktsegment „Prime Standard" gelistet sind. Das Marktsegment „Prime Standard" wurde neben dem Marktsegment „General Standard" als Untersegment im Bereich der beiden gesetzlichen Marktsegmente des Amtlichen Marktes und des Geregelten Marktes eingerichtet und überlagert diese Marktsegmente dadurch. Nach den Vorstellungen der Börse ist der „General Standard" auf kleinere und mittlere Unternehmen ausgerichtet, welche vorwiegend nationale Investoren ansprechen. Demgegenüber gelten für den „Prime Standard" erhöhte, internationalen Standards entsprechende Transparenzpflichten, um den Emittenten den Zugang zum internationalen Kapitalmarkt zu erleichtern. Einen guten Überblick zu diesem Thema liefert: Schlitt, AG 2003, 57.

B. Die Ad-hoc-Publizität nach deutschem Recht gemäß § 15 WpHG

I. Der gesetzgeberische Weg zur Ad-hoc-Publizität gemäß § 15 WpHG

Die Entwicklung des § 15 WpHG in seiner heutigen Fassung hat sich in mehreren Schritten vollzogen und folgte im Wesentlichen europarechtlichen Vorgaben.

1. EG-Börsenzulassungsrichtlinie und Umsetzung in § 44 a BörsG a.F.

Ihren Ursprung hat die Ad-hoc-Publizität in der EG-Börsenzulassungsrichtlinie vom 5.3.1979,[88] welche für die Emittenten von an der Börse zugelassenen Wertpapieren als Folgepflicht der Börsenzulassung auch eine Verpflichtung zur außerordentlichen Berichterstattung vorsah. Motiv für die Einführung dieser neuen Form der Unternehmenspublizität war die Verstärkung der Kapitalmarkttransparenz zur Gewährleistung der Funktionsfähigkeit des Kapitalmarktes. Die Umsetzung der Richtlinie in deutsches Recht erfolgte erst im Zuge des am 1.5.1987 in Kraft getretenen Börsenzulassungsgesetzes durch die Einführung des § 44 a BörsG a.F. Die Vorschrift spielte jedoch in der Praxis nur eine untergeordnete Rolle.[89] Während ihres ganzen knapp achtjährigen Bestehens wurden augenscheinlich lediglich 6 Ad-hoc-Meldungen veröffentlicht.[90] Dies lag zum einen am Fehlen einer der US-amerikanischen SEC vergleichbaren Aufsichtsbehörde, welche die Einhaltung der Vorschrift hätte überwachen können, sowie an den nur ungenügenden Sanktionsmöglichkeiten.[91] Als weitere Ursache dürfte das in Deutschland in Ermangelung einer Kapitalmarkttradition zu diesem Zeitpunkt noch unterentwickelte Publizitätsbewusstsein der Unternehmen zu werten sein.[92]

2. EG-Insiderrichtlinie und Überführung der Ad-hoc-Publizität in das Wertpapierhandelsgesetz durch das Zweite Finanzmarkt- förderungsgesetz

Einen weiteren Schritt für die Entwicklung der Ad-hoc-Publizität stellt die am 13.11.1989 verabschiedete EG-Insiderrichtlinie dar, durch welche nach langem Ringen und einer über viele Jahre währenden ablehnenden Haltung Deutschlands ein Insiderhandelsverbot gemeinschaftsrechtlich festgeschrieben wurde.[93]

---

88 Richtlinie 79/279/EWG vom 5.3.1979, ABlEG Nr. L 66 vom 16.3.1979, S. 21 ff.

89 Hopt, ZHR 159 (1995), 135 (147); Schwark, BörsG, § 44 a, Rn. 1.

90 Hopt, a.a.O.

91 Gehrt, S. 27.

92 Gehrt, a.a.O.

93 Richtlinie 89/592/EWG, ABlEG Nr. L 334 vom 18.11.1989, S. 30 ff.

Den Bezug zur bereits durch die Börsenzulassungsrichtlinie eingeführten Ad-hoc-Publizität stellt dabei Art. 7 der Richtlinie her, indem er diese in ein Regelungssystem zur Prävention des Insiderhandels einbindet und dieser damit neben der Gewährleistung von Markttransparenz ein weiteres legislatorisches Ziel zur Seite stellt. Die Umsetzung der Richtlinie in das deutsche Recht erfolgte abermals verspätet durch das am 1.1.1995 in Kraft getretene Zweite Finanzmarktförderungsgesetz, in welchem weite Teile des bis dato bestehenden deutschen Kapitalmarktrechts neu gestaltet wurden.[94] Kernpunkt der umfangreichen gesetzlichen Neuregelung war die Schaffung des Wertpapierhandelsgesetzes als zentralem Ort kapitalmarktrechtlicher Regelungen.[95] In materieller Hinsicht enthielt das WpHG zunächst das neue Insiderhandelsverbot. Um die durch die Insiderrichtlinie hervorgehobene Bedeutung der Ad-hoc-Publizität für die Prävention gegen den Insiderhandel herauszustellen, wurde aber auch die bereits in § 44 a BörsG geregelte Ad-hoc-Publizität in das WpHG überführt, wo diese heute in § 15 WpHG im direkten Kontext zum Insiderhandelsverbot geregelt ist. Zugleich wurden die Sanktionen für Verstöße gegen die Ad-hoc-Publizität durch eine drastische Erhöhung des Bußgeldrahmens verschärft.[96] Schließlich wurde in Umsetzung weiterer EG-Richtlinien mit dem Bundesaufsichtsamt für den Wertpapierhandel (BAWe, heute aufgegangen in der Bundesanstalt für Finanzdienstleistungsaufsicht, BaFin) auch in Deutschland eine Aufsichtsbehörde zur Durchsetzung kapitalmarktrechtlicher Vorschriften eingerichtet. Sämtliche dieser Maßnahmen haben in der Folgezeit zu einer sprunghaften Bedeutungszunahme der Ad-hoc-Publizität geführt. Allein im ersten Jahr nach dem Inkrafttreten des Zweiten Finanzmarktförderungsgesetzes wurden 991 und im zweiten Jahr bereits 1024 Ad-hoc-Meldungen von inländischen Emittenten herausgegeben.[97]

II. Funktionen der Ad-hoc-Publizität

1. Förderung der Transparenz auf dem Kapitalmarkt durch Ergänzung der kapitalmarktrechtlichen Publizität

In gleicher Weise wir ihre Vorgängerregelung in § 44 a BörsG a.F. dient die Ad-hoc-Publizität nach § 15 WpHG zunächst dazu, durch Abbau von Informationsasymetrien die Transparenz auf dem Kapitalmarkt zu fördern und dadurch eine korrekte Preisbildung zu gewährleisten. Die Ad-hoc-Publizität verinnerlicht da-

---

[94] Gesetz über den Wertpapierhandel und zur Änderung börsenrechtlicher und wertpapierrechtlicher Vorschriften (Zweites Finanzmarktförderungsgesetz), BGBl 1994, 1749.

[95] Hopt, ZHR 159 (1995), 135 (163) bezeichnet das WpHG sogar als „Grundgesetz des Kapitalmarkts".

[96] Im Zuge des 2. Finanzmarktförderungsgesetzes wurde der Bußgeldrahmen von 100.000 DM auf drei Millionen DM erhöht.

[97] BAWe-Jahresbericht 1996, S. 46.

mit das allgemeine Ziel des bestehenden kapitalmarktrechtlichen Publizitätssystems und ergänzt als dessen Bestandteil die Regelpublizität auf dem Sekundärmarkt.

2. Prävention von Insiderhandel

Zugleich dient die Ad-hoc-Publizität seit der Umsetzung der EG-Insiderhandelsrichtlinie durch das 2. Finanzmarktförderungsgesetz auch der Prävention von Insiderhandel, was insbesondere aus der rechtssystematischen Stellung des § 15 WpHG im unmittelbaren Anschluss an das Insiderhandelsverbot der §§ 12 ff. WpHG deutlich wird. Unter Insiderhandel versteht man den Wertpapierhandel unter Ausnutzung von emittentenbezogenen Informationen durch Personen, welche diese Informationen aufgrund eines besonderen Näheverhältnisses zu dem Emittenten erworben haben. Insiderhandel tritt typischerweise dann auf, wenn die Veröffentlichung der Information kurz bevor steht, da zu diesem Zeitpunkt der Kreis potentieller Insider groß und der Gewinn für den einzelnen Insider kalkulierbar ist.[98] Durch die aus § 15 WpHG folgende Verpflichtung des Emittenten, potentiell kursbeeinflussende Einzeltatsachen bereits unverzüglich nach deren Eintritt zu veröffentlichen, wird dagegen der Zeitraum, in welchem es zu Insiderhandel auf der Grundlage dieser Tatsachen kommen kann, stark verkürzt.

III. Die Regelung der Ad-hoc-Publizität in § 15 WpHG im Einzelnen

Im Folgenden sollen nunmehr die Voraussetzungen für eine Publizitätspflicht nach § 15 WpHG im Einzelnen dargestellt werden. Zentral steht dabei die Frage nach den Voraussetzungen einer publizitätspflichtigen Tatsache i.S.d. § 15 Abs. 1 S. 1 WpHG, welche in den wichtigsten Punkten von jeher heftig umstritten und bis heute nicht vollständig geklärt ist. Angesichts des Themas dieser Arbeit – der zivilrechtlichen Haftung im Zusammenhang mit Ad-hoc-Meldungen - kann eine erschöpfende Behandlung der Ad-hoc-Publizität als solcher hier jedoch nicht erfolgen. Zwar kann auch für die Klärung der Haftungsfrage nicht gänzlich auf eine kurze Darstellung der Voraussetzungen des § 15 Abs. 1 S. 1 WpHG verzichtet werden, da jedenfalls eine Haftung wegen unterlassener Ad-hoc-Meldungen – insbesondere nach § 37 b WpHG - an das Bestehen einer Publizitätspflicht nach § 15 Abs. 1 S. 1 WpHG anknüpft. Soweit sich hier aber im Zusammenhang mit der zivilrechtlichen Haftung keine weitergehenden Fragen stellen, als jene, die bereits Gegenstand der wissenschaftlichen Diskussion im Hinblick auf die Ad-hoc-Publizität als solche sind, wird sich diese Arbeit auf eine kurze Darstellung der wichtigsten Streitfragen beschränken. Spezielle Prob-

---

[98] Fürhoff, S.125.

leme der zivilrechtlichen Haftung werden dagegen ausführlich in den weiteren Kapiteln der Arbeit behandelt.

1. Adressaten der Norm

Adressaten des § 15 Abs. 1 S. 1 WpHG sind alle Emittenten von Wertpapieren, die zum Handel an einer inländischen Börse zugelassen sind.

Der § 15 WpHG zugrunde liegende Wertpapierbegriff ist in § 2 Abs. 1 WpHG definiert. Wertpapiere im Sinne des WpHG sind danach Aktien, Zertifikate, die Aktien vertreten, Schuldverschreibungen, Genuß- und Optionsscheine sowie andere Wertpapiere, die mit Aktien oder Schuldverschreibungen vergleichbar sind. Erfasst von der Veröffentlichungspflicht nach § 15 Abs. 1 S. 1 WpHG sind alle Wertpapiere, die zum Amtlichen und Geregelten Markt einer inländischen Börse zugelassen sind.[99] Nicht erfasst sind dagegen die in den Freiverkehr der inländischen Börsen einbezogenen Wertpapiere. Diese Ausnahme wird teilweise begrüßt, da sie der Erhaltung der internationalen Wettbewerbsfähigkeit der deutschen Wertpapierbörsen diene.[100] Angesichts der Tatsache, dass die Einbeziehung in den Freiverkehr keiner Zustimmung des Emittenten bedürfe und oftmals nur einer erleichterten Handelsmöglichkeit diene, stehe andernfalls zu befürchten, dass die Emittenten einer Einbeziehung ihrer Wertpapiere in den Freiverkehr wegen der für sie nicht akzeptablen Ad-hoc-Publizität künftig widersprechen könnten. Ein beachtlicher Teil der Literatur kritisiert dagegen zu Recht die Inkonsequenz des Gesetzgebers, die im Freiverkehr gehandelten Wertpapiere einerseits nach § 12 Abs. 1 S. 1 Nr. 1 WpHG dem Insiderhandelsverbot zu unterstellen und anderseits die der Prävention von Insiderhandel dienende Ad-hoc-Publizität hierauf nicht zu erstrecken.[101]

2. Publizitätspflichtige Tatsache

Die nach § 15 Abs. 1 S. 1 WpHG zu veröffentlichende Tatsache entspricht zunächst in vielen Elementen der § 13 Abs. 1 WpHG definierten Insidertatsache.

---

99 Dasselbe galt auch für die am Neuen Markt der Frankfurter Wertpapierbörse zugelassenen Wertpapiere. Zwar handelte es sich beim Neuen Markt um einen Bestandteil des privatrechtlich geregelten Freiverkehrs, für welchen die Verpflichtung aus § 15 Abs. 1 S. 1 WpHG nicht gilt. Der Handel von Wertpapieren am Neuen Markt war indes an deren vorherige Zulassung zum Geregelten Markt geknüpft. Da § 15 Abs. 1 S. 1 WpHG an die „Zulassung" als solche anknüpft, galt die Vorschrift mithin auch für den Neuen Markt. Die Vorschrift II Ziff. 7.2.12 im Regelwerk des Neuen Marktes, der die Verpflichtung zur Ad-hoc-Publizität explizit anordnete, hatte insoweit nur eine klarstellende Funktion.

100 Kümpel in: Assmann/Schneider, § 15 Rn. 31.

101 Gehrt, S. 117 ff.; Geibel in: Schäfer, § 15 WpHG, Rn. 21; Schäfer in: Dreyling/Schäfer, Rn. 344; v. Klitzing, S. 65 f.

So muss es sich um eine nicht öffentlich bekannte Tatsache handeln, die geeignet ist, im Falle ihres öffentlichen Bekanntwerdens den Kurs eines Wertpapiers erheblich zu beeinflussen. Bei aller grundsätzlichen Zusammengehörigkeit unterscheiden sich Insidertatsache und die nach § 15 WpHG zu veröffentlichende Tatsache jedoch erheblich in einzelnen Tatbestandsmerkmalen. Während sich die Insidertatsache nur auf den Emittenten „beziehen" muss, fordert § 15 Abs. 1 S. 1 WpHG, dass die Tatsache „im Tätigkeitsbereich des Emittenten eingetreten" sein muss. Ferner muss die Eignung der Tatsache zur erheblichen Kursbeeinflussung nach § 15 WpHG auf deren Auswirkungen auf die Vermögens oder Finanzlage bzw. auf den allgemeinen Geschäftsverlauf des Emittenten beruhen, während derartige Auswirkungen für das Vorliegen einer Insidertatsache nicht erforderlich sind. Die in § 15 WpHG statuierte Veröffentlichungspflicht zur Prävention von Insiderhandel ist daher an engere Voraussetzungen geknüpft als das in § 14 WpHG geregelte Insiderhandelsverbot selbst. Im Folgenden sollen nunmehr die einzelnen Voraussetzungen einer nach § 15 WpHG zu veröffentlichenden Tatsache dargestellt werden.

a) Tatsache

aa) Begriff

Für den Begriff der Tatsache in § 15 Abs. 1 S. 1 WpHG gibt es keine gesetzliche Definition. Aus der Gesetzesbegründung zum Begriff der Insidertatsache nach § 13 WpHG ergibt sich aber, dass Werturteile, wie etwa Meinungsäußerungen, Rechtsauffassungen wie Auffassungen persönlicher Art, sowie subjektive Wertungen, die bloße Meinungen ausdrücken, keine Tatsachen sein sollen.[102] Dies legt zunächst nahe, dass subjektive Bewertungen jedweder Art nicht in den Anwendungsbereich des § 15 WpHG fallen sollen. Andererseits können gerade subjektive Bewertungen aus berufener Quelle, wie zB. Ertragsprognosen durch den Vorstand des Emittenten, vom Markt als eigene Tatsachen gewertet werden, denen darüber hinaus ein erhebliches Kursbeeinflussungspotential zukommt. Eine Tatsache ist in diesem Zusammenhang nicht der Inhalt der Wertung, Prognose etc. sondern die Tatsache, dass eine bestimmte Person von der Richtigkeit ihres Inhalts ausgeht. Im Rahmen des Tatsachenbegriffs, wie er zB. dem Strafrecht und dem HGB zugrunde liegt, ist die Existenz dieser sog. „inneren Tatsachen" von jeher anerkannt.[103] Nach h.M. fallen subjektive Bewertungen daher trotz der insoweit missverständlichen Gesetzesbegründung unter den Tatsachen-

---

[102] Begründung des Regierungsentwurfs, BT-Drucks. 12 / 6679, S. 64.

[103] BGH St 15, 24 (26) (Täuschung über Zahlungswilligkeit); Tröndle/Fischer, § 263, Rn. 7; Cramer in: Schönke/Schröder, § 263, Rn. 10.

begriff des § 15 Abs. 1 S. 1 WpHG, sofern sie mit äußeren Erscheinungen in Beziehung treten.[104]

bb) Erforderlicher Realisierungsgrad

(1) Problem

Im Sinne der notwendigen Abgrenzung einer publizitätspflichtigen Tatsache von einer reinen Insidertatsache ist des Weiteren anerkannt, dass die Tatsache einen gewissen Realisierungsgrad erreicht haben muss, um den Börsenkurs wegen ihrer Auswirkungen auf die Vermögens- oder Finanzlage bzw. oder auf den allgemeinen Geschäftsverlauf des Emittenten potentiell zu beeinflussen. Dieser Aussage liegt die tatsächliche Feststellung zugrunde, dass die meisten für den Emittenten und dessen Bewertung bedeutsamen Ereignisse nicht punktuell auftreten, sondern häufig eine Vielzahl von Entwicklungsschritten durchlaufen, an deren Ende ein bestimmtes Ereignis rechtsverbindlich und unumkehrbar feststeht.

Zu nennen sind hier zum einen mehrstufige Entscheidungsprozesse über die Durchführung potentiell kursbeeinflussender Maßnahmen beim Emittenten. Ausgangspunkt derartiger Maßnahmen ist in der Regel die Planung durch eine unternehmensinterne Fachabteilung ggf. unter Hinzuziehung unternehmensexterner Berater, ehe der Vorstand über die Maßnahme berät und beschließt. Auch dann ist die Rechtswirksamkeit der Maßnahme aber in vielen Fällen nach Gesetz oder Satzung an die Zustimmung weiterer gesellschaftsinterner Gremien, wie Aufsichtsrat oder Hauptversammlung geknüpft und bedarf zudem häufig noch einer kartellrechtlichen Genehmigung oder der Eintragung der Maßnahme in das Handelsregister.

Auch unabhängig von der rechtswirksamen Beschlussfassung über Maßnahmen beim Emittenten steht in vielen Fällen der Eintritt eines bestimmten kursrelevanten Sachverhalts noch nicht fest, weil der Eintritt des Sachverhalts noch durch Gegenmaßnahmen verhindert werden kann. So ist der Erfolg einer gesellschaftsintern beschlossenen Entwicklung eines innovativen Produkts zB. davon abhängig, wie der Markt auf dieses Produkt reagieren wird, und ob Konkurrenten ggf. ein ähnliches oder höherwertiges Produkt entwickeln werden. Als negativer Sachverhalt kann eine drohende Insolvenz des Emittenten häufig im Vorfeld noch dadurch abgewendet werden, dass mit einem zahlungskräftigen Investor eine Einigung über dessen Eintritt als Großaktionär und die Bereitstellung der für die Zahlungsfähigkeit erforderlichen Finanzmittel eine Einigung erzielt wird.

---

104 Fürhoff, S. 157; Gehrt, S. 126; Geibel in: Schäfer, § 15 WpHG; Kümpel in: Assmann/Schneider, § 15, Rn. 44; Rn. 27; a.A. wohl Heidmeier, AG 1992, 110 (114 f.).

(2) Behandlung in der Literatur

Die dargestellten Beispiele machen deutlich, dass im Rahmen eines fortlaufenden Entwicklungsprozesses entschieden werden muss, ab welchem der einzelnen Entwicklungsschritte bereits eine publizitätspflichtige Tatsache i.S.d. § 15 Abs. 1 S. 1 WpHG vorliegt. Hierfür haben sich in der Literatur zwei Grundströmungen herausgebildet.

(a) Enger Tatsachenbegriff

Nach wohl h.M. soll eine Publizitätspflicht nach § 15 Abs. 1 S. 1 WpHG innerhalb mehrstufiger Entwicklungsprozesse erst zu einem möglichst späten Zeitpunkt in Betracht kommen, in welchem der endgültigen Realisierung eines kursrelevanten Sachverhalts nichts mehr im Wege steht. Planungen und Konzepte sollen dagegen nicht unter den Tatsachenbegriff des § 15 WpHG fallen[105] Die Zugrundlegung eines derart engen Tatsachenbegriffs lehnt sich an die Gesetzesbegründung zum Zweiten Finanzmarktförderungsgesetz an, wonach Ereignisse, deren Konsequenzen noch nicht feststehen, weil die Wirksamkeit noch durch andere Umstände aufgehoben werden kann oder noch wirksame Gegenmaßnahmen möglich sind, keine Tatsachen darstellen, die Auswirkungen auf die Vermögens-, Finanz- und Ertragslage oder den allgemeinen Geschäftsverlauf des Emittenten haben.[106] Unternehmen sollen insbesondere nicht gezwungen werden, erarbeitete Wettbewerbsvorteile an die Konkurrenz preiszugeben oder für jeden Entwicklungsprozess im Unternehmen einen Befreiungsantrag stellen zu müssen.[107]

Aus dieser Erwägung wird gefolgert, dass bei mehrstufigen Entscheidungsprozessen innerhalb des Unternehmens nicht bereits die Entscheidung des Vorstands, sondern erst die Zustimmung des Aufsichtsrats publizitätspflichtig sein soll.[108] Eine verfrühte Publizität präjudiziere faktisch die Entscheidung der weiteren Gremien und stelle sich damit als Eingriff in die Unternehmensverfassung dar.[109] Darüber hinaus soll auch im Falle eines abgeschlossenen gesellschaftsinternen Entscheidungsverfahrens über eine zu ergreifende Maßnahme eine Veröffentlichungspflicht nach § 15 WpHG nicht in Betracht kommen, wenn der Rea-

---

105 Cahn, ZHR 162 (1998), 1 (21 ff.); Happ, JZ 1994, 240 (242 f.); Heidmeier, AG 1992, 110 (114 f.); Hopt, ZHR 159 (1995), 135 (152); Pellens/Füllbier, DB 1994, 1381 (1384).

106 Begründung des Regierungsentwurfs, BT-Drucks. 12 / 6679, S. 48.

107 Begründung des Regierungsentwurfs, BT-Drucks. 12 / 6679, S. 48.

108 Siehe die in FN. 105 genannten Autoren, alle a.a.O.

109 Happ, a.a.O.

lisierung der Maßnahme noch Hindernisse entgegenstehen bzw. gegen die Verwirklichung eines Sachverhalts noch Gegenmaßnahmen möglich sind.[110]

(b) Weiter Tatsachenbegriff

Die Gegenauffassung lehnt dagegen eine Einschränkung der aus § 15 WpHG folgenden Veröffentlichungspflicht zugunsten normfremder Wertungskriterien, die einer frühzeitigen Veröffentlichung entgegenstehen, ab. [111] Stelle man für den Zeitpunkt der Veröffentlichungspflicht zugunsten derartiger Kriterien auf die Unumkehrbarkeit der Tatsache ab, so werde die Ad-hoc-Publizität zu weit nach hinten verlagert und könne ihre Funktion der Gewährleistung von Kapitalmarkttransparenz nicht mehr erfüllen.[112] Zudem wird geltend gemacht, die Berücksichtigung von einer Veröffentlichungspflicht entgegenstehenden Wertungskriterien bereits bei der Auslegung des Begriffs „Tatsache" im Grundtatbestand des § 15 Abs. 1 S. 1 WpHG führe zu einem Leerlaufen der in § 15 Abs. 1 S. 5 WpHG geregelten Möglichkeit einer Befreiung von der Veröffentlichungspflicht.[113]

Zugrundegelegt wird daher ein weiter Tatsachenbegriff im Rahmen des § 15 WpHG. Unabhängig von einer Veröffentlichung entgegenstehenden Wertungskriterien soll es für die Frage nach dem erforderlichen Realisierungsgrad lediglich auf die Wahrscheinlichkeit potentieller Auswirkungen einer Einzeltatsache auf die Vermögens- oder Finanzlage oder auf den allgemeinen Geschäftsverlauf des Emittenten ankommen.[114]

(3) Stellungnahme

Im Zusammenhang mit der vorstehend dargestellten Diskussion verwundert zunächst, dass sie im Zusammenhang mit der Frage nach dem Vorliegen einer „Tatsache" geführt wird. Nach dem normalen Wortlautverständnis des Begriffs „Tatsache" stellt bereits jede einzelne Stufe innerhalb eines mehrstufigen Entwicklungsprozesses für sich genommen eine Tatsache dar, so dass der Begriff der „Tatsache" als Abgrenzungskriterium für die Frage nach dem erforderlichen

---

110 Heidmeier, a.a.O.; Hopt, a.a.O.

111 Burgard, ZHR 162 (1998), 51 (57); Fürhoff, S. 184; Gehrt, S.125 f.; Hirte in: Hadding/Hopt/Schimanski, S. 47 (91); Kiem/Kotthoff, DB 1995, 1999 (2000); Schander/Lucas, DB 1997, 2109 (2110).

112 Burgard, a.a.O.; Gehrt, a.a.O.; Hirte, a.a.O:

113 Kiem/Kotthoff, DB 1995, 1999 (2000); kritisch gegenüber diesem Argument dagegen Gehrt, a.a.O.

114 Gehrt, a.a.O: Schander/Lucas, a.a.O.

Realisierungsgrad eines Sachverhalts nicht geeignet ist.[115] Unabhängig davon erscheint aber auch die Einschränkung des Anwendungsbereichs des § 15 WpHG anhand von nicht-kapitalmarktorientierten Wertungskriterien als solche problematisch. Liegt doch der h.M. letztlich ein normativer Begriff der Tatsache" im Rahmen des § 15 Abs. 1 S. 1 WpHG zugrunde, in welchem neben dem Interesse des Kapitalmarktes an frühzeitiger Information auch andere Wertungskriterien Eingang finden, welche für eine Aufschiebung der Veröffentlichung sprechen.[116] Zweck der Ad-hoc-Publizität ist aber zunächst allein die frühzeitige Information des Kapitalmarktes über neue Entwicklungen beim Emittenten, welche neben der Gewährleistung von Transparenz auch der Vermeidung von Insiderkriminalität dient. Richtig ist zwar, dass auch § 15 WpHG - wie jede Rechtsnorm – das Ergebnis eines gesetzgeberischen Abwägungsprozesses darstellt. Eine Auslegung, nach der das Informationsinteresse des Kapitalmarktes immer bereits dann zurücktritt, wenn gegenläufige Interessen betroffen sind, würde jedoch gerade nicht das Ergebnis eines solchen Abwägungsprozesses widerspiegeln, sondern diesen vielmehr einseitig zugunsten der einer Veröffentlichung entgegenstehenden Interessen verhindern und dadurch den Zeitraum möglichen Insiderhandels in einem Maße ausdehnen, welches die Präventionsfunktion des § 15 Abs. 1 S. 1 WpHG faktisch außer Kraft setzt.

Das gilt zum einen im Hinblick auf die von der h.M. ins Feld geführten gesellschaftsrechtlichen Erwägungen, wie etwa der Befürchtung einer Präjudizierung von erforderlichen Gremienbeschlüssen. Zum einen handelt es sich hier lediglich um rein faktische Auswirkungen im Einzelfall, die nichts an der nach wie vor gegebenen rechtlichen Entscheidungszuständigkeit der betreffenden Gremien ändert. Ein rechtlicher Wertungswiderspruch zwischen Gesellschafts- und Kapitalmarktrecht liegt damit schon überhaupt nicht vor. Darüber hinaus würde aber auch dann, wenn man in der faktischen Präjudizierung von Gremienentscheidungen einen Wertungswiderspruch zu einer frühzeitigen Veröffentlichung nach § 15 WpHG sehen wollte, nichts dafür sprechen, diesen Wertungswiderspruch automatisch zugunsten des Gesellschaftsrechts zu entscheiden. Vielmehr würde ein Zuwarten mit der Veröffentlichung bis zur endgültigen Rechtswirksamkeit einer beschlossenen Maßnahme den Sinn der Ad-hoc-Publizität als Vorab-Information konterkarieren, zumal zu diesem Zeitpunkt die Information der Öffentlichkeit regelmäßig bereits über die Medien erfolgt sein dürfte. Soll für die Ad-hoc-Publizität überhaupt noch ein sinnvoller Anwendungsbereich verbleiben, ist § 15 WpHG daher als gegenüber der gesellschaftsrechtlichen Unternehmensverfassung vorrangige Spezialvorschrift zu betrachten, nach welcher

---

115 So auch Schäfer in: Dreyling/Schäfer, Rn. 376, 443; Fürhoff, S. 159.

116 Dies erkennt auch Schäfer, a.a.O., Rn. 443, der in diesem Zusammenhang fordert, die Frage nach dem Vorliegen der Tatbestandsmekrmale des § 15 Abs. 1 WpHG und eine etwaige Abwägung mit gegenläufigen Interessen dogmatisch zu trennen.

faktische Beeinträchtigungen der Unternehmensverfassung zugunsten der rechtzeitigen Information des Marktes hinzunehmen sind.

Dasselbe gilt auch für die geltend gemachten Geheimhaltungsinteressen des Emittenten. Würde solchen Interessen im Rahmen der Veröffentlichungspflicht nach § 15 WpHG Rechnung getragen, käme immer erst eine Veröffentlichung zu einem spätest möglichen Zeitpunkt in Betracht. Davon ist ebenfalls in der Regel nicht auszugehen. Sollten im Einzelfall Interessen des Emittenten tatsächlich in einem außergewöhnlichen Maße betroffen sein, kommt vielmehr eine Befreiung nach § 15 Abs. 1 S. 5 WpHG in Betracht. Im Rahmen dieser Vorschrift mit dem ihr innewohnenden Prinzip der Interessenabwägung können die Interessen des Emittenten im Einzelfall besser berücksichtigt werden, als im Rahmen einer normativen Auslegung des Tatbestandsmerkmals „Tatsache" i.S.d. § 15 Abs. 1 S. 1 WpHG.

Für die Frage nach dem erforderlichen Realisierungsgrad einer Tatsache i.S.d. § 15 Abs. 1 S. 1 WpHG ist mithin allein auf das Informationsinteresse des Kapitalmarktes abzustellen. Ausschlaggebend ist allein, ob eine Einzeltatsache im Rahmen eines mehrstufigen Entwicklungs- oder Entscheidungsprozesses bereits die übrigen Voraussetzungen des § 15 Abs. 1 S. 1 WpHG erfüllt, also insbesondere, ob die Tatsache bereits potentielle Auswirkungen auf die Vermögens- oder Finanzlage oder auf den allgemeinen Geschäftsverlauf des Emittenten hat. Diese Voraussetzung ist häufig schon in einem frühen Stadium eines fortlaufenden Entwicklungsprozesses gegeben. So hat in vielen Fällen bereits die Entscheidung des Vorstands des Emittenten über eine Maßnahme potentielle Auswirkungen auf die Vermögens- und Finanzlage des Emittenten, da mit einer gegenläufigen Entscheidung des Aufsichtsrats in der Regel nicht zu rechnen ist. Auch die drohende Insolvenz eines Unternehmens lässt bereits erhebliche bilanzielle Auswirkungen und entsprechende Kursreaktionen befürchten. Eine Veröffentlichung muss dann bereits zu diesem Zeitpunkt erfolgen.

b) Nicht öffentlich bekannt

Die Veröffentlichungspflicht des § 15 Abs. 1 S. 1 WpHG erstreckt sich nur auf Tatsachen, die noch nicht öffentlich bekannt sind. Die Frage, welchen Verbreitungsgrad eine Tatsache erreicht haben muss, um öffentlich bekannt zu sein, ist dabei umstritten.

aa) Bekanntheit unter den professionellen Marktteilnehmern (Bereichsöffentlichkeit)

Nach einer Auffassung soll es genügen, dass die Tatsache unter den professionellen Marktteilnehmern verbreitet ist.[117] Begründet wird dies zum einen mit den Gesetzesmaterialien zu § 15 WpHG, wo die Information der sog. Bereichsöffentlichkeit als ausreichend angesehen wird.[118] Zudem schreibe § 15 Abs. 3 WpHG nur die Veröffentlichung in einem überregionalen Börsenpflichtblatt oder über ein elektronisch betriebenes Informationssystem vor, dass bei den professionellen Marktteilnehmern weit verbreitet ist.[119]

bb) Bekanntheit bei einer „breiten Öffentlichkeit"

Nach der Gegenauffassung soll eine Tatsache dagegen nur dann als öffentlich bekannt einzustufen sein, wenn sie einer „breiten Öffentlichkeit" bekannt ist.[120] Diese Auffassung lehnt sich an die § 15 WpHG zugrunde liegende EG-Börsenzulassungsrichtlinie an, nach welcher die Herstellung einer „breiten Öffentlichkeit" bezweckt wird.[121] Die ausschließliche Information der Bereichsöffentlichkeit verlagere die Gewinne aus Insidergeschäften lediglich auf eine nachgelagerte Schicht von Marktteilnehmern, die über entsprechende Informationssysteme verfügten, um auf neue Informationen schnellstmöglich zu reagieren.[122] Schließlich wird geltend gemacht, der Gesetzgeber habe den Streit nunmehr dadurch zugunsten der Information einer breiten Öffentlichkeit entschieden, dass der persönliche Anwendungsbereich der neu geschaffenen Haftungstatbestände der §§ 37 b, c WpHG uneingeschränkt „Dritte" umfasse.[123] Eine Inkongruenz zwischen dem Kreis der Publizitätsadressaten und der Haftenden sei in diesem Zusammenhang wertungswidersprüchlich.

cc) Stellungnahme

Der Auffassung, wonach es für die öffentliche Bekanntheit der Tatsache lediglich auf die Kenntnis der Bereichsöffentlichkeit ankommt, ist beizupflichten, da sich die diesbezügliche Beschränkung der Informationspflicht sowohl aus dem nach § 15 Abs. 3 WpHG angeordneten Veröffentlichungsmodus als auch anhand

---

117 Kümpel in: Assmann/Schneider, § 15, Rn. 43; Geibel in: Schäfer, § 15 WpHG, Rn. 46; v. Klitzing, S. 98 f.

118 Begründung des Regierungsentwurfs, BT-Drucks. 12 / 6679, S. 48.

119 Kümpel, a.a.O.

120 Assmann, AG 1994, 237 (252); Hopt, ZHR 159 (1995), 135 (153 f.); Gehrt, S. 134 f.

121 ABl. EG Nr. L 66 vom 16.3.1979, S. 30, Schema C Ziffer 5.a).

122 Assmann, a.a.O., S. 242.

123 Rössner/Bolkart, ZIP 2002, 1471 (1473).

der in den Gesetzesmaterialien zum Ausdruck gebrachten gesetzgeberischen Intention eindeutig ergibt. Die im Rahmen der EG-Börsenzulassungsrichtlinie vorgesehene weitergehende Informationspflicht kann demgegenüber im Rahmen der Auslegung nicht mehr zur Geltung kommen.[124] Für die Unterrichtung einer breiten Öffentlichkeit besteht aber auch aus rechtspolitischer Sicht kein Bedürfnis. Funktionen der Ad-hoc-Publizität sind zum einen die Gewährleistung einer korrekten Preisbildung am Kapitalmarkt durch Erhöhung der Transparenz und zum anderen die Prävention von Insiderhandel. Für die Gewährleistung korrekter Preise am Kapitalmarkt genügt nach der *efficient capital market hypothesis* bereits die Kenntnis einiger weniger informierter Marktteilnehmer, über deren Transaktionen neue Informationen innerhalb kürzester Zeit Eingang in die Börsenpreise finden.[125] Die Information einer breiten Öffentlichkeit ist damit gerade nicht erforderlich. Dasselbe gilt auch im Hinblick auf das legislative Ziel der Prävention von Insiderhandel. Zwar ist die in diesem Zusammenhang geäußerte Feststellung, durch eine Information der Bereichsöffentlichkeit würden Insidergewinne lediglich auf die nachgelagerte Schicht informierter Marktteilnehmer verlagert, zutreffend. Auch ist die daran anschließende Frage durchaus berechtigt, ob es nicht aufgrund dieser Gewinnverlagerung von einer privilegierten Anlegergruppe auf eine andere zu ähnlichen Vertrauensverlusten beim breiten Anlegerpublikum kommen könnte wie bei einer Duldung von Insiderhandel. Gemeinsam ist beiden Konstellationen immerhin, dass kurzfristige Gewinne im Rahmen erforderlicher Kursanpassungen faktisch nur einem begrenzten Anlegerkreis möglich sind. In diesem Zusammenhang sind jedoch Insider und die der Bereichsöffentlichkeit zuzurechnenden professionellen Marktteilnehmer nicht miteinander vergleichbar. Im Gegensatz zu Insidern, die ihren Wissensvorsprung ohne eigenen Aufwand aufgrund ihrer Stellung beim Emittenten erwerben, investieren professionelle Marktteilnehmer Geldmittel und Know-How in die schnellstmögliche Informationsaufnahme und –verarbeitung und üben auf diese Weise eine wichtige Funktion im Rahmen des Preisbildungsprozesses am Kapitalmarkt aus. Daher ist es nicht zu beanstanden, diesen Marktteilnehmern Gewinne im Rahmen des Preisanpassungsprozesses zuzubilligen, die andere Marktteilnehmer aufgrund ihrer fehlenden zeitlichen und finanziellen Investitionsbereitschaft ohnehin nicht realisieren könnten. Vielmehr profitieren diese anderen Marktteilnehmer von der schnellstmöglichen Preisanpassung, indem sie vor Wertpapiertransaktionen zu fehlerhaft zustande gekommenen Börsenkursen geschützt werden. Der Schutz dieser „Dritten" im Rahmen der §§ 37 b, c WpHG steht damit auch keinesfalls in einem Wertungswiderspruch zu dem engeren

[124] Anders dagegen Möllers, ZGR 1997, 334 (359), der die beiden Nummern des § 15 Abs. 3 WpHG richtlinienkonform in der Weise auslegen möchte, dass nicht alternativ, sondern kumulativ die Ad-hoc-Mitteilung in einem überregionalen Börsenpflichtblatt und dem elektronisch betriebenen Informationssystem veröffentlicht werden muss.

[125] Siehe dazu bereits vorstehend unter: Zweiter Teil, A. IV. 2.

Adressatenkreis von Ad-hoc-Meldungen. Er ist vielmehr die logische Folge des in § 15 WpHG angelegten Auseinanderfallens von geschütztem Personenkreis und Adressatenkreis für Ad-hoc-Meldungen.

c) Ausgrenzung allgemeiner Marktdaten

§ 15 Abs. 1 S. 1 WpHG erfordert des Weiteren, dass die Tatsache im Tätigkeitsbereich des Emittenten eingetreten ist. Dieses Tatbestandsmerkmal fehlt bei der Definition der Insidertatsache nach § 13 Abs. 1 WpHG, welche sich lediglich auf den Emittenten „beziehen" muss. Das Abstellen auf den Eintritt der Tatsache im Tätigkeitsbereich des Emittenten in § 15 Abs. 1 S. 1 WpHG dient der Klarstellung, dass der Emittent nicht zur Veröffentlichung allgemeiner Marktdaten verpflichtet ist, die ihre Ursache nicht in der unternehmerischen Sphäre des Emittenten finden. Typisches Beispiel für solche allgemeinen Marktdaten ist zB. das Ordervolumen aus dem Kommissionsgeschäft der Banken.[126] Zwar spiegelt sich in einer Veränderung des Ordervolumens im Hinblick auf ein bestimmtes Wertpapier eine veränderte Nachfrage nach diesem Wertpapier wider, welcher ein erhebliches Kursbeeinflussungspotential zukommt. Die Veränderung der Nachfrage nach den Wertpapieren des Emittenten an sich ist aber nicht der unternehmerischen Tätigkeit des Emittenten zuzuordnen und muss daher von diesem im Falle der Kenntniserlangung auch nicht veröffentlicht werden.

Ein Sonderproblem in diesem Zusammenhang ist die Frage einer Veröffentlichungspflicht nach § 15 Abs. 1 S. 1 WpHG im Zusammenhang mit öffentlichen Übernahmeangeboten einer Bietergesellschaft gegenüber den freistehenden Aktionären einer Zielgesellschaft. Eine Publizitätspflicht der Bietergesellschaft im Hinblick auf die Entscheidung zur Abgabe eines Angebots ist nunmehr in § 10 Abs. 1 des zum 1.1.2002 in Kraft getretenen Wertpapiererwerbs- und Übernahmegesetzes (WpÜG) ausdrücklich geregelt. Eine zusätzliche Veröffentlichungspflicht nach § 15 WpHG kommt daneben – wie § 10 Abs. 6 WpÜG klarstellt – nicht in Betracht. Fraglich ist aber nach wie vor, inwieweit die Zielgesellschaft eine Veröffentlichungspflicht nach § 15 Abs. 1 S. 1 WpHG trifft, wenn sie Kenntnis von einem bevorstehenden Übernahmeangebot erlangt. Im Hinblick auf die beachtliche Kursrelevanz von Übernahmeangeboten liegt die frühzeitige Kenntnis eines derartigen Angebots im Interesse der gegenwärtigen Aktionäre der Zielgesellschaft. Im Falle eines sog. feindlichen Übernahmeangebots (*hostile take-over*) kommt eine Veröffentlichungspflicht der Zielgesellschaft in der Regel schon aus praktischen Gründen nicht in Betracht, da diese von dem bevorstehenden Angebot nicht vor der Veröffentlichung des Angebots durch die Bietergesellschaft nach § 10 Abs. 1 WpÜG erfahren wird.[127] Jedenfalls ist die Tat-

[126] Kümpel in: Assmann/Schneider, § 15, Rn. 41.

[127] Fürhoff, S. 166; Kümpel in: Assmann/Schneider, § 15, Rn. 44 a.

sache eines feindlichen Übernahmevorhabens allein durch die Bietergesellschaft initiiert und daher nach h.M. nicht im Tätigkeitsbereich des Emittenten eingetreten.[128] Anders stellt sich die Sache dagegen im Zusammenhang mit einem freundlichen Übernahmeangebot unter Beteiligung des Vorstands der Zielgesellschaft (*friendly take-over*) dar. Hier soll nach wohl h.M. auch die Zielgesellschaft jedenfalls dann eine Veröffentlichungspflicht nach § 15 WpHG treffen, sofern bei dieser im Hinblick auf das bevorstehende Übernahmeangebot Entscheidungen gefällt werden.[129]

d) Auswirkungen auf die Vermögens- oder Finanzlage des Emittenten

aa) Bedeutung

Der Eintritt der neuen, nicht öffentlich bekannten Tatsache muss nach § 15 Abs. 1 S. 1 WpHG zusätzlich geeignet sein, Auswirkungen auf die Vermögens- oder Finanzlage oder den allgemeinen Geschäftsverlauf des Emittenten zu haben. Hierin liegt ein weiterer Unterschied zwischen einer Insidertatsache nach § 13 Abs. 1 WpHG und einer nach § 15 Abs. 1 S. 1 WpHG zu veröffentlichenden Tatsache. Während es für das Vorliegen einer Insidertatsache bereits ausreicht, dass der neuen, noch nicht veröffentlichten Tatsache ein erhebliches Kursbeeinflussungspotential zukommt, muss sich dieses Kursbeeinflussungspotential für eine veröffentlichungspflichtige Tatsache gerade aus den Auswirkungen der Tatsache auf die Vermögens- oder Finanzlage bzw. aus dem allgemeinen Geschäftsverlauf des Emittenten ergeben. Ergibt sich das erhebliche Kursbeeinflussungspotential dagegen aus anderen Ursachen, kommt eine Veröffentlichungspflicht nach § 15 Abs. 1 S. 1 WpHG nicht in Betracht. Als Beispiel aus der Praxis wird hier im Zusammenhang mit Anleiheemissionen vor allem die vorzeitige Sonderkündigung genannt, wenn die Schuldverschreibungen wegen eines niedrigen Kapitalmarktzinssatzes deutlich über pari an der Börse gehandelt werden.[130] Das erhebliche Kursbeeinflussungspotential einer solchen Maßnahme ergibt sich hier nicht aus der - unveränderten - Vermögens- oder Finanzlage des Emittenten und auch nicht aus seinem allgemeinen Geschäftsverlauf. Der Börsenpreis verändert sich vielmehr allein wegen der bevorstehenden Rückzahlung der Anleihe zum Nennwert.[131]

---

[128] Geibel in: Geibel/Süssmann, § 10, Rn. 115; Kümpel, a.a.O.; Schander/Lucas, DB 1997, 2109 (2112).

[129] Fürhoff, S. 168; Hopt, ZHR 159, 1995, 135 (153); Schander/Lucas, a.a.O. Noch weitergehend Gehrt, S. 140, der auch die Entgegennahme eines Angebots als solche bereits einem „erweiterten Tätigkeitskreis" des Emittenten zuordnen möchte. A.A. Assmann, AG 1994, 237 (253); Geibel in: Geibel/Süssmann, § 10, Rn. 116.

[130] Vgl. Kümpel in: Assmann/Schneider, § 15, Rn. 57 a.

[131] Kümpel, a.a.O.

bb) Vermögens- oder Finanzlage des Emittenten

Die ursprüngliche Fassung der Vorschrift hatte noch kumulativ Auswirkungen auf die Vermögens- *u n d* Finanzlage gefordert. Tatsachen, die nur Auswirkungen auf die Finanzlage hatten, wie zB. die Kündigung einer Kreditlinie, mussten somit nicht veröffentlicht werden. Der Gesetzgeber hat diese Lücke mit dem Austausch des Bindewortes „und" gegen das Bindewort „oder" inzwischen geschlossen. Nach der aktuellen Fassung genügt es nunmehr, dass die Tatsache alternativ Auswirkungen entweder auf die Vermögenslage oder Finanzlage hat. Daneben kommen weiterhin auch Auswirkungen auf den allgemeinen Geschäftsverlauf des Emittenten in Betracht.

Für die Auslegung der Tatbestandsmerkmale kann nach den Gesetzesmaterialien auf die aus dem Bilanzrecht in §§ 264 HGB ff. bekannten Begriffe zurückgegriffen werden.[132] Nach § 264 Abs. 2 HGB hat der Jahresabschluss ein den tatsächlichen Verhältnissen der Gesellschaft entsprechendes Bild der Vermögens-, Finanz- und Ertragslage der Kapitalgesellschaft zu vermitteln. Aus dem fehlenden Verweis auf die Ertragslage in § 15 Abs. 1 S. 1 WpHG könnte geschlossen werden, dass Auswirkungen auf die Ertragslage nach dieser Vorschrift nicht erfasst werden sollen.[133] Nach der zutreffenden h.M. ist dies aber nicht der Fall, da faktisch Vermögens- und Finanzlage einerseits und Ertragslage andererseits nicht voneinander zu trennen sind.[134] Veränderungen der Ertragslage haben vielmehr immer auch Veränderungen der Vermögens- bzw. Finanzlage zur Folge, was sich rein buchführungstechnisch schon daraus ergibt, dass das Gewinn- und Verlustkonto lediglich ein Unterkonto des Eigenkapitalkontos einer Bilanz darstellt.[135]

Ausweislich der Gesetzesmaterialien soll eine Auswirkung auf die Vermögens- oder Finanzlage bzw. auf den allgemeinen Geschäftsverlauf des Emittenten immer dann vorliegen, wenn nach den Grundsätzen ordnungsgemäßer Buchführung ein Buchungsvorgang ausgelöst wird.[136] Nach dem im Bilanzrecht geltenden Realisationsprinzip (§ 252 Abs. 1 Nr. 4 HGB) darf ein Vorgang, wie zB. der Ertrag aus einem konkreten Geschäft, erst dann verbucht werden, wenn er sich endgültig realisiert hat. Aus dem Abstellen der Gesetzesmaterialien auf das Erfordernis eines Buchungsvorgangs ist daher vereinzelt geschlossen worden, eine Publizitätspflicht entstehe erst dann, wenn sich bereits konkrete Auswirkungen

---

[132] Bericht des Finanzausschusses des Deutschen Bundestages, BT-Drucks. 12 / 7918, S. 179.

[133] Pellens/Füllbier, DB 1994, 1384 (1388, FN. 38).

[134] Gehrt, S. 144; Kümpel in: Assmann/Schneider, § 15 WpHG, Rn. 59.

[135] Gehrt, a.a.O.

[136] Bericht des Finanzausschusses des Deutschen Bundestages, a.a.O.

auf die Vermögens- oder Finanzlage des Emittenten ergeben haben.[137] Nach h.M. ist § 15 Abs. 1 S. 1 WpHG dagegen im Hinblick auf den erforderlichen Realisierungsgrad prospektiv zu interpretieren.[138] Es soll ausreichend sein, dass die Tatsache geeignet ist, künftig Auswirkungen auf die Vermögens- oder Finanzlage des Emittenten zu entfalten[139] bzw. dass nach den Grundsätzen ordnungsgemäßer Buchführung ein Buchungsvorgang absehbar vorzunehmen ist.[140] Begründet wird dies mit der Erwägung, dass andernfalls nur gänzlich in der Vergangenheit liegende Sachverhalte ad-hoc-publizitätspflichtig seien.[141]

cc) Auswirkungen auf den allgemeinen Geschäftsverlauf

Veröffentlichungspflichtig sind ferner Tatsachen, die Auswirkungen auf den allgemeinen Geschäftsverlauf des Emittenten haben. Eine Auswirkung auf den allgemeinen Geschäftsverlauf soll sich nach den Gesetzesmaterialien für solche Tatsachen ergeben, die nach den Grundsätzen einer ordnungsgemäßen Berichterstattung eine Angabepflicht im Lagebericht nach § 289 HGB erforderlich machen.[142] Im Lagebericht sind gemäß § 289 Abs. 1 HGB der Geschäftsverlauf und die Lage der Gesellschaft so darzulegen, dass ein den tatsächlichen Verhältnissen entsprechendes Bild von der gesamten Lage der Gesellschaft vermittelt wird. Die Berichtspflicht nach § 289 HGB geht dabei über das in § 252 Abs. 1 Nr. 4 HGB verankerte bilanzielle Realisationsprinzip hinaus, indem auch solche Vorgänge von besonderer Bedeutung aufzunehmen sind, die nach dem Schluss des Geschäftsjahres eingetreten sind. Erfasst sind daher vor allem solche Tatsachen, die aufgrund des bilanziellen Realisationsprinzips in der aktuellen Bilanz noch keinen Eingang finden dürfen und für die auch in absehbarer Zeit noch kein bilanzieller Buchungsvorgang vorzunehmen sein wird.[143]

---

137 Heidmeier, AG 1992, 110 (112).

138 Fürhoff/Wölk, WM 1997, 449 (453).

139 Kümpel in: Assmann/Schneider, § 15, Rn. 57 b; Dreyling/Schäfer, Rn. 97; Fürhoff, S. 171.

140 Gehrt, S. 145.

141 Kümpel, a.a.O.; Dreyling/Schäfer, a.a.O.; Fürhoff, a.a.O.; Gehrt, a.a.O.

142 Bericht des Finanzausschusses des deutschen Bundestags, a.a.O.

143 Die Frage des erforderlichen Realisierungsgrades einer solchen Tatsache wird mehrheitlich immer noch im Rahmen des Tatsachenbegriffs diskutiert und zudem mit normativen Elementen wie dem Spannungsverhältnis zu den Grundsätzen der Unternehmensverfassung und dem Geheimhaltungsinteresse des Emittenten vermengt. Siehe dazu vorstehend unter: 2.a) bb).

e) Eignung zur erheblichen Kursbeeinflussung

aa) Ex-ante-Prognose

Die Tatsache muss ferner geeignet sein, den Börsenpreis der Wertpapiere erheblich zu beeinflussen. Unstreitig ist in diesem Zusammenhang, dass die Beurteilung des Kursbeeinflussungspotentials eine ex-ante Prognose erforderlich macht.[144] Einer später tatsächlich eingetretenen Kursveränderung wird aber gleichwohl eine Indizwirkung zugesprochen.[145]

bb) Erheblichkeitsschwelle

Schwierigkeiten begegnet aber die Festlegung der Grenze, ab welcher eine im Einzelfall zu erwartende Kursveränderung als erheblich einzustufen ist. In der Literatur werden zu dieser Frage unterschiedliche Ansichten vertreten.

(1) Diskussionsstand in der Literatur

Teilweise wird gefordert, auf das Merkmal der Eignung zu einer erheblichen Kursbeeinflussung ganz zu verzichten. Dies wird mit der Erwägung begründet, dass sich Rechtssicherheit nur dadurch herstellen lasse, dass die Einräumung eines Ermessensspielraums an den Emittenten vermieden werde.[146]

In Anlehnung an die Gesetzesmaterialien[147] möchte eine andere Auffassung als Anhaltspunkt für die Bestimmung der Erheblichkeit die Schwellenwerte heranziehen, die nach den Geschäftsbedingungen an den deutschen Wertpapierbörsen einen Kursmakler verpflichten, die erwarteten Kursschwankungen mit Plus- oder Minuszeichen zu kennzeichnen.[148] Nach § 8 Abs. 1 der Bedingungen für Geschäfte an der Frankfurter Wertpapierbörse[149] muss ein Makler, wenn er aufgrund der vorliegenden Aufträge feststellt, dass der Preis für Aktien um mehr als 5 % von dem zuletzt notierten Preis bzw. der zuletzt genannten Taxe abweicht, die erwarteten Kursveränderungen mit einem Plus bzw. Minus anzuzeigen. In Anlehnung an diese Regelung soll auch die Erheblichkeitsschwelle für die potentielle Kursbeeinflussung im Rahmen des § 15 Abs. 1 S. 1 WpHG für Aktien bei 5 % und für festverzinsliche Wertpapiere bei 1,5 % anzusiedeln sein.

---

144 Assmann in: Assmann/Schneider, § 13, Rn. 65 b; Fürhoff, S. 184 f.

145 Asmann, a.a.O. m.w.N.

146 Pellens/Füllbier, DB 1994, 1381 (1387 f.).

147 Begründung des Regierungsentwurfs, BT-Drucks. 12 / 6679, S. 47.

148 Assmann, AG 1994, 196 (244); Hopt, ZHR 159 (1995), 135 (154 f.).

149 Bedingungen für Geschäfte an der Frankfurter Wertpapierbörse vom 1. Januar 1983, veröffentlicht im Amtlichen Kursblatt der Frankfurter Wertpapierbörse vom 28. Dez. 1983.

Nach einer weiteren Auffassung soll für jedes Wertpapier durch das BaWe (heute BaFin) eine eigene Volatilitätsgrenze errechnet und veröffentlicht werden, bei deren Überschreitung die potentielle Kursveränderung als erheblich gelten soll.[150]

Die wohl h.M. möchte schließlich im Rahmen einer funktionsbezogenen Auslegung des Tatbestandsmerkmals der „Eignung zur erheblichen Kursbeeinflussung" darauf abstellen, ob die im Falle des Bekanntwerdens einer Tatsache zu erwartende Kursveränderung einen rationalen Investor in Ansehung der üblichen Transaktionskosten zu einem Erwerb bzw. einer Veräußerung des fraglichen Wertpapiers veranlassen würde.[151]

(2) Stellungnahme

Dem teilweise vertretenen gänzlichen Verzicht auf das Tatbestandsmerkmal der „Eignung zur erheblichen Kursbeeinflussung" wird zu Recht der Gesetzeswortlaut des § 15 Abs. 1 S. 1 WpHG entgegengehalten, welcher das Vorliegen einer zu veröffentlichenden Tatsache explizit an das Kursbeeinflussungspotential dieser Tatsache knüpft und somit einer einschränkenden Auslegung Grenzen setzt.[152] Da § 15 Abs. 1 S. 1 WpHG auch die Grundlage für strafrechtliche Sanktionen darstellt, kommt auch eine Analogie bzw. eine teleologische Reduktion der Vorschrift wegen Art. 103 GG nicht in Betracht. Schließlich würde durch einen Verzicht auf das Tatbestandsmerkmal der „Eignung zur erheblichen Kursbeeinflussung" im Rahmen des § 15 Abs. 1 S. 1 WpHG eine merkwürdige Diskrepanz zwischen per se kursbeeinflussenden Insidertatsachen und ad-hoc-publizitätspflichtigen Tatsachen entstehen, welche dem Charakter der Ad-hoc-Publizität als Präventivmaßnahme gegen Insiderhandel nicht gerecht würde.[153]

Abzulehnen ist ferner die Zugrundelegung allgemeiner oder für jedes Wertpapier einzeln errechneter Volatilitätsgrenzen. Zwar ergibt sich dies nicht bereits, wie *Fürhoff*[154] meint, aus der Unergiebigkeit derartiger Werte für die Prognoseentscheidung des Emittenten im Einzelfall. Eine solche Sichtweise vermischt vielmehr in unzulässiger Weise die Frage nach dem Blickwinkel für die Beurteilung der Kurserheblichkeit als solcher mit der Frage nach der erforderlichen Erheblichkeitsschwelle. Die Zugrundelegung fester allgemeiner Volatilitätsgren-

---

150 Loesche, WM 1998, 1849 (1852 f.).

151 Kümpel in: Assmann/Schneider, § 15, Rn. 69; Gruson/Wiegmann, AG 1995, 173 (180); 69; Führhoff, S. 19 ff; Gehrt, S. 160 ff.

152 Schäfer in: Dreyling/Schäfer, Rn. 412; Führhoff, S. 185.

153 So zu Recht Fürhoff, S. 186.

154 Fürhoff, S. 187 ff.

zen stellt sich indes als starres System dar, das den Charakter des einzelnen Wertpapiers zu wenig berücksichtigt, während die fortlaufende Berechnung von Volatilitätsgrenzen für jedes einzelne Wertpapier durch das BaWE bzw. die BaFin einen unverhältnismäßigen Aufwand im Hinblick auf die begrenzte Zahl tatsächlicher Verstöße bedeuten würde.[155] Eine flexible Bestimmung der Erheblichkeitsschwelle für den Einzelfall ohne einen gleichzeitig unverhältnismäßig hohen Aufwand im Hinblick auf die Ermittlung maßgeblicher Vergleichswerte kann daher nur erreicht werden, wenn dafür mit der h.M. auf das potentielle Anlageverhalten eines rationalen Investors im Einzelfall abgestellt wird.

3. Rechtsfolge

Liegen die Voraussetzungen für eine Veröffentlichungspflicht nach § 15 Abs. 1 S. 1 WpHG vor, so hat der Emittent die Tatsache unverzüglich in der nach § 15 Abs. 2 bis 4 WpHG bezeichneten Weise zu veröffentlichen.

a) Richtiger Veröffentlichungszeitpunkt.

Die Veröffentlichung muss nach § 15 Abs. 1 S. 1 WpHG unverzüglich erfolgen. Unverzüglich bedeutet nach der in § 121 BGB enthaltenen Legaldefinition „ohne schuldhaftes Zögern". Der Emittent muss die Tatsache daher nicht um jeden Preis sofort veröffentlichen, sondern es wird ihm die Möglichkeit eingeräumt, die fragliche Tatsache zuvor auf ihre potentiellen Auswirkungen auf die Vermögens- oder Finanzlage bzw. den allgemeinen Geschäftsverlauf des Emittenten und auf ein daraus resultierendes erhebliches Kursbeeinflussungspotential zu analysieren.[156]

b) Veröffentlichungsverfahren gemäß § 15 Abs. 2 bis 4 WpHG

aa) Geeignetes Medium

Gemäß § 15 Abs. 3 WpHG ist die Veröffentlichung in mindestens einem überregionalen Börsenpflichtblatt oder über ein elektronisch verbreitetes Informationsverbreitungssystem, das bei Kreditinstituten, nach § 53 Abs. 1 S. 1 KWG tätigen Unternehmen, die ihren Sitz im Inland haben und an einer inländischen Börse zur Teilnahme am Handel zugelassen sind, und Versicherungsunternehmen weit verbreitet ist, in deutscher Sprache vorzunehmen. Als elektronisch betriebenes Informationsverbreitungssystem kommen zB. die Terminals von Reu-

---

155 Den hohen Aufwand der Festlegung bestimmter Volatilitätsgrenzen für jedes einzelne Wertpapier betont auch Fürhoff, S. 189.

156 Gehrt, S. 170.

ters, VWD oder Bloomberg in Betracht.[157] Nicht ausreichend soll dagegen das Einstellen der Information auf der Webside des Emittenten im Internet sein, da in diesem Fall keine aktive Verbreitung, sondern lediglich ein passives Zurverfügungstellen gegeben sei.[158]

bb) Inhalt

Zu veröffentlichen ist die Tatsache, wobei der durch das Vierte Finanzmarktförderungsgesetz neu eingefügte § 15 Abs. 1 S. 2 WpHG nunmehr vorschreibt, dass die in der Veröffentlichung verwendeten Kennzahlen im Geschäftsverkehr üblich sein müssen und einen Vergleich mit den zuletzt verwendeten Kennzahlen ermöglichen müssen. Die Vorschrift steht in gedanklicher Nähe zum bilanzrechtlichen Stetigkeitsprinzip[159] und soll nach den Gesetzesmaterialien insbesondere verhindern, dass Emittenten durch den Gebrauch von Fantasiekennzahlen oder den Wechsel der von ihnen benutzten Kennzahlen negative Entwicklungen zu verschleiern suchen.[160]

Die Veröffentlichung muss nach § 15 Abs. 3 S. 1 HS 1 WpHG grundsätzlich in deutscher Sprache erfolgen. Einem Emittenten mit Sitz im Inland wird jedoch nach dem – ebenfalls durch das Vierte Finanzmarktförderungsgesetz eingeführten - § 15 Abs. 3 S. 1 HS 2 WpHG ermöglicht, die Veröffentlichung zusätzlich in englischer Sprache vorzunehmen. Ziel der Vorschrift ist nach den Gesetzesmaterialien die Informationslage auch im Hinblick auf internationale Anlegerkreise zu verbessern.

cc) Ergänzende Mitteilungspflichten

Nach § 15 Abs. 2 S. 1 WpHG hat der Emittent die zu veröffentlichende Tatsache vor ihrer Veröffentlichung der Geschäftsführung der Börsen, an denen die Wertpapiere zugelassen sind sowie der BAFin mitzuteilen. Die Mitteilung an die Börsengeschäftsführung soll diese in die Lage versetzen, vor der Veröffentlichung über eine eventuelle Kursaussetzung zu entscheiden (§ 15 Abs. 2 S. 3 WpHG). Während der Handelszeiten ist dafür mindestens ein Zeitraum 30 Mi-

---

[157] Schäfer in: Dreyling/Schäfer, Rn. 477.

[158] Schäfer, a.a.O. Gerade in der Veröffentlichung über das Internet oder vorzugsweise im Videotext der öffentlich-rechtlichen Fernsehanstalten sieht dagegen Möllers, ZGR 1997, 334 (359) die beste Möglichkeit, nicht nur die „Bereichsöffentlichkeit", sondern auch eine „breite Öffentlichkeit" zu erreichen. Siehe zu dieser Fragestellung bereits vorstehend unter: Zweiter Teil, B. III. 2. c).

[159] Fleischer, NJW 2002, 2977 (2978).

[160] Begründung des Regierungsentwurfs, BT-Drucks. 14 / 8017, S. 87.

nuten einzuplanen.[161] Die BAFin benötigt die Information dagegen zur Überwachung der Einhaltung der Ad-hoc-Publizität durch die Emittenten.[162]

Nach der Veröffentlichung müssen die Emittenten sodann die veröffentlichte Meldung unverzüglich den Börsen und der BAFin übersenden (§ 15 Abs. 4 WpHG). Bei der Veröffentlichung in einem Börsenpflichtblatt geschieht dies durch Versendung einer Kopie, bei der Veröffentlichung über ein elektronisches Informationssystem durch Zusendung eines Bildschirmausdrucks.[163]

4. Befreiung von der Veröffentlichungspflicht

a) Allgemeines

Nach § 15 Abs. 1 S. 5 WpHG kann die BAFin den Emittenten auf Antrag von der Pflicht zur Veröffentlichung befreien, wenn die Veröffentlichung der Tatsache geeignet ist, den Interessen des Emittenten zu schaden. Bei der Befreiung nach § 15 Abs. 1 S. 5 WpHG handelt es sich um einen Verwaltungsakt. Neben dem Antrag des Emittenten muss auf der Tatbestandseite der Norm nur die potentielle Schädigung der berechtigten Interessen des Emittenten vorliegen. Bei den „berechtigten Interessen des Emittenten" handelt es sich um einen unbestimmten Rechtsbegriff. Ein Beurteilungsspielraum der BAFin (bzw. des BAWe) besteht indes nach h.M. in Anbetracht der strengen Voraussetzungen, die BVerfG und BVerwG an das Vorliegen eines Beurteilungsspielraums knüpfen, nicht.[164] Die Entscheidung der BAFin ist daher im Hinblick auf die Feststellung des „berechtigten Interesses" voll gerichtlich überprüfbar.

Nach h.M. sind dabei die einer Veröffentlichung entgegenstehenden Interessen des Emittenten gegen das Informationsinteresse des Kapitalmarktes abzuwägen.[165] Die mit der erforderlichen Abwägung verbundene Einschränkung des Rechts des Emittenten auf Befreiung von der Veröffentlichungspflicht ist Ausdruck dafür, dass die Ad-hoc-Publizität nach ihrer gesetzgeberischen Intention der Integrität der Preisbildung am Kapitalmarkt dient.[166] Eine Befreiung von der Veröffentlichungspflicht führt dazu, dass während des Befreiungszeitraums an

---

161 BAWe/Deutsche Börse AG, S. 40, 45.

162 Begründung des Regierungsentwurfs, BT-Drucks. 12 / 6679, S. 49.

163 Fürhoff, S. 197.

164 Geibel in: Schäfer, § 15 WpHG, Rn. 114 f.; Kümpel in: Assmann/Schneider, § 15, Rn. 94 f.; a.A. Gehrt, S. 167.

165 Fürhoff, S. 202 f.; Geibel, a.a.O.,Rn. 114; Hopt, ZHR 159 (1995), 135 (157); Kümpel, a.a.O., Rn. 79 f.; a.A. aber Hirte in: Hadding/Hopt/Schimanski, S. 45 (50).

166 So zu Recht Kümpel in: Assman/Schneider, § 15, Rn. 79; vgl. Bericht des Finanzausschusses des Deutschen Bundestages, BT-Drucks. 12 / 7918, S. 96, 102.

der Börse zu fehlerhaft zustande gekommenen Kursen gehandelt wird, d.h. dass die Interessen der Kapitalanleger dadurch beeinträchtigt werden, dass diese „zu teuer kaufen" bzw. „zu billig verkaufen".[167] Nur wenn die Interessen des Emittenten im Einzelfall gegenüber den Interessen der Kapitalanleger als schutzwürdiger einzustufen sind, kommt daher eine Befreiung in Betracht.

Die umstrittene Frage, ob dem BAWe (heute: der BAFin) über den soeben geschilderten Abwägungsprozess im Rahmen der Auslegung des unbestimmten Tatbestandsmerkmals „berechtigte Interessen des Emittenten" hinaus ein Ermessen eingeräumt ist, ist in Anbetracht des klaren Wortlauts der Vorschrift („kann") wohl zu bejahen.[168]

b) Sonderfall Sanierung

Befreiungsanträge nach § 15 Abs. 1 S. 5 WpHG werden erfahrungsgemäß häufig in Fällen gestellt, in denen der Emittent zur Abwendung einer drohenden Insolvenz ein Sanierungskonzept umsetzen will, dessen Realisierung durch eine frühzeitige Veröffentlichung gefährdet wäre. Es drohen hier insbesondere vorzeitige Kreditkündigungen oder Vollstreckungsmaßnahmen sonstiger Gläubiger. In der Regel wird daher ein berechtigtes Interesse des Emittenten an einem ungestörten Ablauf von Sondierungsgesprächen mit der Hausbank oder anderen Kreditgebern zu bejahen sein. Wenn auch ein generelles Sanierungsprivileg wegen der Erforderlichkeit einer Einzelfallprüfung abzulehnen ist,[169] läuft doch die Behandlung derartiger Fälle in der Praxis auf die Zuerkennung eines faktischen Sanierungsprivilegs hinaus, da für das BAWe (heute: die BAFin) angesichts der Eilbedürftigkeit der Entscheidung oftmals keine Möglichkeit bestehen wird, die Realisierbarkeit eines schlüssigen Sanierungskonzepts zu überprüfen, so dass es sich weitgehend auf die Angaben des Emittenten verlassen muss.[170]

---

[167] Kümpel, a.a.O.

[168] Ebenso Führhoff, S. 203; Gehrt, S. 167 f.; v. Klitzing, S. 171 ff.; a.A. Cahn, WM 1998, 272 (274); Kümpel, a.a.O., Rn. 80.

[169] Ebenso: Fürhoff, S. 204, Gehrt, S. 166.

[170] So zutreffend: Kümpel in: Assmann/Schneider, § 15 Rn. 392; Fürhoff/Wölk, WM 1997, 449 (458).

5. Sanktionen außerhalb des Zivilrechts

a) Sanktionstatbestände

aa) Bußgeldtatbestände unter Anknüpfung an Verletzungen der Veröffentlichungs- bzw. Mitteilungspflichten nach § 15 WpHG

Ordnungswidrig handelt nach § 39 Abs. 2 Nr. 2 a WpHG, wer entgegen § 15 Abs. 1 S. 1 WpHG eine Veröffentlichung nicht, nicht richtig, nicht vollständig, nicht in der vorgeschriebenen Form oder nicht rechtzeitig macht. Nach § 39 Abs. 2 Nr. 1 b WpHG stellt auch ein entsprechender Verstoß gegen die Mitteilungspflichten des § 15 Abs. 2 S.1 WpHG eine Ordnungswidrigkeit dar. Vorausgesetzt sind jeweils Vorsatz oder Leichtfertigkeit des Handelnden. Die Ordnungswidrigkeit kann nach § 39 Abs. 4 WpHG im Falle eines Verstoßes gegen die Veröffentlichungspflicht mit einer Geldbuße bis zu eineinhalb Millionen Euro und im Falle des Verstoßes gegen die Mitteilungspflichten mit einer Geldbuße bis zu zweihunderttausend Euro geahndet werden. Zuständige Behörde im Sinne des § 36 Abs. 1 Nr. 1 OWiG ist die BAFin.

bb) Verstoß gegen das Verbot der Kurs- und Marktpreismanipulation nach § 20 a WpHG

In Betracht kommt auch ein Verstoß gegen das Verbot der Kurs- und Marktpreismanipulation nach § 20 a WpHG. Bei dieser Vorschrift handelt es sich um die umfassend reformierte Nachfolgevorschrift des ehemals in § 88 BörsG geregelten Straftatbestands des Kursbetruges.

Sanktionierte Manipulationstechniken waren zum einen die Fehlinformation des Marktes durch Falschmeldungen bzw. unterlassene Veröffentlichungen entgegen einer Rechtsvorschrift und zum anderen sonstige auf Täuschung berechnete Mittel. Hierunter fielen insbesondere Transaktionen, die über die tatsächliche Geschäftslage im Hinblick auf ein Wertpapier täuschen, wie zB. die Kursbeeinflussung durch Geschäfte mit identischen Vertragspartnern (*wash sales*) oder Geschäfte, bei denen Aufträge und Gegenaufträge aufeinander abgestimmt sind (*matched orders*). Hinsichtlich falscher oder unterlassener Ad-hoc-Meldungen war hingegen einzig die Manipulation durch Fehlinformation des Marktes einschlägig. Subjektive Voraussetzung für eine Strafbarkeit war neben dem Vorsatz im Hinblick auf die Täuschungshandlung bzw. das pflichtwidrige Unterlassen der Information die Absicht des Handelnden, den Kurs- oder Marktpreis eines Wertpapiers oder sonstigen Finanzmarktinstruments zu beeinflussen.

Die Neuregelung der Materie in § 20 a WpHG durch das vierte Finanzmarktförderungsgesetz hat sowohl auf tatbestandlicher Seite als auch im Hinblick auf die

Rechtsfolgen umfangreiche Neuerungen gebracht. Für die hier einzig interessierende Manipulation durch Fehlinformation des Marktes stellt sich die Rechtslage nunmehr wie folgt dar:

Sanktioniert werden wie schon zuvor in § 88 BörsG unrichtige Angaben über bewertungserhebliche Umstände bzw. das Verschweigen derartiger Umstände entgegen einer Rechtsvorschrift. Erfasst sind damit nach wie vor sowohl falsche als auch entgegen § 15 Abs. 1 S. 1 WpHG nicht (rechtzeitig) veröffentlichte Ad-hoc-Meldungen. Weiterhin erforderlich ist auch der Vorsatz des Handelnden im Hinblick auf die Täuschung des Marktes. Nicht mehr unbedingte Voraussetzung für eine Ahndung ist dagegen eine Kursbeeinflussungsabsicht des Handelnden. Vielmehr ist die Rechtsfolge eines Verstoßes gegen das Verbot der Kurs- und Marktpreismanipulation nunmehr in zwei unterschiedlichen Tatbeständen geregelt.
Kommt es infolge der Fehlinformation nicht zu einer Beeinflussung des Börsenkurses, kann der Verstoß gegen § 20 a WpHG nur als Ordnungswidrigkeit nach § 39 Abs. 1 Nr. 1 WpHG geahndet werden. Das maximal zu verhängende Bußgeld beträgt nach § 39 Abs. 4 WpHG eineinhalb Millionen Euro. Da die Fehlinformation des Marktes durch falsche bzw. unterlassene Ad-hoc-Meldungen gleichzeitig auch den Bußgeldtatbestand des § 39 Abs. 2 Nr. 2 a WpHG verwirklicht, welcher ebenfalls mit eineinhalb Millionen Euro geahndet werden kann, bringt der Verstoß gegen das Verbot der Kurs- und Marktpreismanipulation insoweit keine Neuerungen.

Kommt es dagegen zu einer Beeinflussungen des Börsenkurses, und liegt bezüglich dieser Kursbeeinflussung mindestens bedingter Vorsatz vor, so verwirklicht der Handelnde den ebenfalls neu geschaffenen Straftatbestand des § 38 Abs. 1 Nr. 4 WpHG und kann mit Freiheitsstrafe bis zu fünf Jahren oder Geldstrafe zu bestraft werden.

b) Sanktionsadressaten

Sanktionsadressaten im Rahmen des Rechts der Ordnungswidrigkeiten und des Strafrechts sind in erster Linie die für den Emittenten handelnden natürlichen Personen, in der Regel also die Vorstandsmitglieder. Gegen sie können daher nach § 39 Abs. 4 WpHG Bußgelder festgesetzt werden und sie sind nach § 38 Abs. 1 Nr. 4 WpHG zu bestrafen. Der Emittent ist dagegen als juristische Person grundsätzlich weder handlungsfähig noch schuldfähig. Dieser Grundsatz gilt aber uneingeschränkt nur im Strafrecht und damit im konkreten Fall für eine Bestrafung nach § 38 Abs. 1 Nr. 4 i.V.m. § 20 a WpHG. Im Rahmen des Rechts der Ordnungswidrigkeiten erlaubt dagegen § 30 Abs. 1 Nr. 1 OWiG die Festsetzung einer Geldbuße auch gegen juristische Personen im Falle der Begehung einer Straftat oder Ordnungswidrigkeit durch ein vertretungsberechtigtes Organ.

Im Falle einer Ordnungswidrigkeit bestimmt sich das Höchstmaß der Geldbuße nach dem für die Ordnungswidrigkeit angedrohten Höchstmaß der Geldbuße. Auch gegen den Emittenten kann damit nach § 30 Abs. 1 Nr. 1 OWiG i.V.m. § 39 Abs. 4 WpHG ein Bußgeld von bis zu eineinhalb Millionen Euro festgesetzt werden.

Dritter Teil: Die zivilrechtliche Haftung im Zusammenhang mit Verstößen gegen kapitalmarktrechtliche Publizitätsvorschriften unter ökonomischen Gesichtpunkten.

Im Anschluss an die Ausführungen zu der in § 15 WpHG geregelten Ad-hoc-Publizität als solcher soll nunmehr der Frage nachgegangen werden, inwieweit Verstöße gegen die Ad-hoc-Publizitätspflicht auch eine zivilrechtliche Haftung des Emittenten bzw. seiner Organmitglieder nach sich ziehen. Gerade diese Fragestellung ist angesichts der jüngsten Vorgänge am Neuen Markt in den Fokus der juristischen Diskussion um eine Verstärkung des Anlegerschutzes in Deutschland gerückt. Bevor jedoch näher auf die diesbezügliche Rechtslage in Deutschland nach altem und neuem Recht eingegangen wird, soll im Rahmen dieses Teils der Arbeit zunächst ganz allgemein die zivilrechtliche Haftung für Verstöße gegen kapitalmarktrechtliche Publizitätspflichten unter rechtspolitischen und ökonomischen Aspekten untersucht werden. Zentral steht dabei die Frage nach den ökonomischen Funktionen einer zivilrechtlichen Haftung zur Prävention von Anlegerschäden und den daraus zu ziehenden Schlüssen im Hinblick auf die konkrete Ausgestaltung von Haftungsnormen.

A. Erforderlichkeit einer zivilrechtlichen Haftung zur Prävention von Anlegerschäden

Eine zivilrechtliche Haftung im Zusammenhang mit Verstößen gegen die Ad-hoc-Publizitätspflicht könnte insbesondere unter präventiven Gesichtspunkten geboten sein, indem die Emittenten bzw. ihre Organmitglieder angesichts einer drohenden Inanspruchnahme durch geschädigte Anleger zu einer ordentlichen Erfüllung der ihnen obliegenden Publizitätspflichten angehalten werden. Gerade im Bereich des Kapitalmarktrechts wird daher dem Gedanken der Prävention in Verbindung mit Schadensersatzansprüchen eine besondere Bedeutung beigemessen.[171] Dies mag zunächst verwundern, da für die Schadensprävention eher das Strafrecht berufen scheint, während das Haftungsrecht dem Ausgleich von Schäden dient. Ein besonderes Bedürfnis für Prävention gerade durch die Gewährung von Schadensersatzansprüchen liegt daher nur vor, wenn der Gedanke

---

[171] Kalss, ÖBA 2000, 643 ff.; Fleischer, Gutachten zum 64. DJT, F 103; Assmann in: FS Lange, S. 345 (347 ff.).

der Prävention überhaupt zur Begründung haftungsrechtlicher Normen herangezogen werden kann. Des Weiteren müsste ein Vergleich mit anderen Möglichkeiten der Prävention es sinnvoll erscheinen lassen, eine vom Recht beabsichtigte Verhaltenssteuerung gerade durch das Haftungsrecht zu bewerkstelligen.

I. Berücksichtigung des Präventionsgedankens im Haftungsrecht

Nach herkömmlicher und auch heute noch verbreiteter Auffassung dient das Haftungsrecht primär dem Ausgleich entstandener Schäden (Kompensation), während dem Gedanken der Prävention lediglich eine sekundäre Bedeutung als „erwünschtes Nebenprodukt" zukommen soll.[172] Diese Sichtweise ist jedoch vor allem bei den Vertretern der ökonomischen Analyse des Rechts auf Widerspruch gestoßen.[173] Das Ausgleichsprinzip vermöge allein keinesfalls als Leitschnur des Deliktsrechts zu dienen. Es knüpfe an die Position des Geschädigten nach Eintritt eines Schadensfalles an und trage dessen Interesse Rechnung, von seinem Schaden entlastet zu werden. Auf die Frage, auf wen unter welchen Voraussetzungen der Schaden haftungsrechtlich verlagert werden solle, gebe das Ausgleichsprinzip dagegen keine Antwort.[174] Vielmehr ließe sich die Entlastung des Geschädigten nach dem Ausgleichsprinzip auch durch Eigenversicherung des Geschädigten erreichen.[175] Daher müsse der vom Haftungsrecht bewirkten Verlagerung des Schadens vom Geschädigten auf den Schädiger eine präventive Funktion innewohnen.

Beide Auffassungen unterscheiden sich nicht hinsichtlich der Feststellung, dass die konkrete Ausgestaltung von Haftungsnormen, etwa im Hinblick auf den Kreis der Anspruchsberechtigten, Schadensumfang, Kausalität, Verschuldensgrad oder zivilprozessuale Durchsetzbarkeit von Ansprüchen Auswirkungen auf die seitens der potentiellen Schädiger zur Schadenvermeidung aufgewendeten Kosten hat. Je höher der potentiell zu leistende Schadenersatz und je wahrscheinlicher die Inanspruchnahme eines potentiellen Schädigers, desto höhere Kosten wird dieser zur Vermeidung des Schadens aufzuwenden bereit sein. Umstritten ist jedoch die Rolle, welche der Prävention im Rahmen des Haftungsrechts zukommen soll. In diesem Zusammenhang vermag die herkömmliche Auffassung, welche die Prävention lediglich als „erwünschtes Nebenprodukt" des primär bezweckten Schadensausgleichs ansieht, nicht zu überzeugen. Wie die Vertreter der ökonomischen Analyse des Rechts zu Recht bemerken, vermag das Ausgleichsprinzip für sich allein in der Tat nicht zu erklären, warum gerade

172 Larenz, Schuldrecht I, § 27 I; Lange, S. 10; Mertens in MüKo, vor §§ 823 ff., Rn. 41 und 44.

173 Schäfer/Ott, S. 114 ff.; Kötz, Rn. 36 ff.; Löwe, S. 102 ff.

174 Schäfer/Ott, a.a.O.

175 Schäfer/Ott, a.a.O.

der in einer konkreten Haftungsnorm bezeichnete Anspruchsgegner für den entstandenen Schaden in dem dort bezeichneten Umfang unter Zugrundelegung bestimmter Zurechnungskriterien aufkommen soll, und nicht etwa eine Versicherung oder ein allgemeiner staatlicher Ausgleichsfonds. Der durch das Haftungsrecht bewirkten Verknüpfung von Schadensersatzleitungen mit dem Verhalten bestimmter Personen muss demnach eine andere Logik innewohnen, und dabei kann es sich nur um den Gedanken der Prävention handeln. Wenn aber dem Haftungsrecht neben dem Ausgleichsgedanken gleichberechtigt auch der Gedanke der Prävention zugrunde liegt, ist es legitim, diesen Gedanken zur Begründung eines Bedürfnisses für eine zivilrechtliche Haftung innerhalb eines bestimmten Regelungsbereichs heranzuziehen.

II. Vorzugswürdigkeit des Haftungsrechts gegenüber anderen Formen der Prävention

Die Möglichkeit der Verwirklichung präventiver Ziele auch im Haftungsrecht sagt aber noch nichts darüber aus, dass die Prävention im Hinblick auf einen bestimmten Regelungsbereich gerade durch das Haftungsrecht erfolgen sollte. Vielmehr lässt sich ein besonderes Bedürfnis für eine Prävention durch Haftungsrecht nur dann feststellen, wenn Schadensersatzansprüche ein besseres Instrument zur Verhaltenssteuerung darstellen als andere, insbesondere öffentlich-rechtliche und strafrechtliche Maßnahmen.

In diesem Zusammenhang kann sich in bestimmten Fällen eine Notwendigkeit für die Berücksichtigung präventiver Aspekte im Haftungsrecht ergeben, wenn im Zusammenhang mit bestimmten Schäden die bestehenden alternativen Sanktionsformen überhaupt nicht zur Schadensvermeidung geeignet sind. Bestes Beispiel für einen derartigen Fall sind Schadensersatzansprüche im Zusammenhang mit der Verletzung von Persönlichkeitsrechten durch die Medien, einem Bereich, in welchem die Gewährung von Schadensersatzansprüchen für die Geschädigten oftmals die einzig wirksame Sanktion darstellt.[176] Ursache hierfür sind die hohen potentiellen Verletzergewinne, die in keinem Verhältnis zu den in Frage kommenden strafrechtlichen Sanktionen stehen und die Verletzung von Persönlichkeitsrechten letztlich zu einem lukrativen Geschäft machen. Der BGH hatte bereits früh auf diese Tatsache hingewiesen[177] und versucht ihr neuerdings mit der Zuerkennung sehr hoher Schadensersatzsummen entgegenzuwirken.[178]

---

[176] Löwe, S. 125.

[177] BGHZ 26, 349 –„Herrenreiter“; BGHZ 35, 363 –„Ginseng“-. In den Urteilen wird das Problem der Kommerzialisierung von Persönlichkeitsrechten zumeist noch unter dem Gesichtspunkt der Genugtuungsfunktion des Schmerzensgeldes behandelt. Die Relevanz des Problems auch im Rahmen der Schadensprävention klingt aber bereits an.

[178] BGH NJW 1995, 861, 864 f. –„Caroline von Monaco“-.

Aber auch in Fällen, in denen alternative Sanktionsformen zur Schadensvermeidung grundsätzlich geeignet sind, kann sich ein Bedürfnis für eine ergänzende Prävention durch das Haftungsrecht ergeben. So kann das Haftungsrecht die Vermeidung von Schäden allein schon deshalb effektiver als das Strafrecht gewährleisten, weil die Verhaltenssteuerung durch Schadensersatz weniger Aufwand erfordert.[179] Während die Prävention durch Strafrecht einen mit Sachmitteln und Personal ausgestatteten staatlichen Verfolgungsapparat voraussetzt, kann sich die Prävention durch Haftungsrecht der Eigeninitiative des Geschädigten zur Prozessführung bedienen. Für das deutsche Recht hat dies *Heck* bereits im Jahr 1929 erkannt.[180] Auch in jüngerer Zeit mehren sich Stimmen, die eine stärkere Einbeziehung des Zivilrechts und hier insbesondere des Schadensrechts im Rahmen der Verhaltenssteuerung fordern.[181] Dem ist insbesondere im Hinblick auf das Kapitalmarktrecht zuzustimmen. Zwar bestehen in Deutschland die bereits an anderer Stelle dargelegten speziellen Sanktionsmöglichkeiten für Verstöße gegen kapitalmarktrechtliche Pflichten, insbesondere auch für die Verletzung der Ad-hoc-Publizitätspflicht des § 15 WpHG.[182] Auch ist mit der BAFin (ehemals BAWe) eine mit zahlreichen Befugnissen ausgestattete Behörde mit der Überwachung des Wertpapiermarktes betraut. Gleichwohl zeigen gerade die jüngsten Ereignisse am Neuen Markt, dass das bisherige Sanktionssystem im Bereich des Anlegerschutzes auf dem Sekundärmarkt nicht ausgereicht hat. Dass es sich dabei im Übrigen nicht um eine spezifisch deutsche Erkenntnis handelt, erschließt sich insbesondere aus dem hohen Stellenwert, welcher den zivilrechtlichen Haftungsregeln im US-amerikanischen Kapitalmarktrecht eingeräumt wird. So hat der *Supreme Court* wiederholt festgestellt, eine Ergänzung durch Private sei notwendig, damit das Kapitalmarktrecht verhaltenssteuernd wirken könne.[183]

---

179 Vgl. Löwe, S. 99.

180 Heck, § 145, 5 b a.

181 Löwe, S. 98 ff.; Kötz in: FS-Steindorff, S. 643 (658), der für jeden Lebensbereich fordert, die richtige „Anreizmischung" aus Prävention durch Haftungs-, Verwaltungs- und Straftecht im Wege einer ökonomischen Nutzenanalyse zu ermitteln.

182 Siehe vorstehend unter: Zweiter Teil, B. III. 5.

183 Vgl. nur: Basic v. Levinson, 485 U.S. 224, 245 (1988).

B. Folgerungen aus der Präventionswirkung der zivilrechtlichen Haftung

I. Die Gefahr der Überabschreckung bei der Haftung für reine Vermögensschäden - Problembeschreibung unter rechtsökonomischen Gesichtspunkten

Die soeben herausgestellte präventive Funktion des Schadensrechts könnte in Verbindung mit reinen Vermögensschäden jedoch ein Problem mit sich bringen, welches gemeinhin als Gefahr der Überabschreckung bezeichnet wird.[184] Die Herausarbeitung dieses Problems ist wiederum auf die Vertreter der ökonomischen Analyse des Rechts zurückzuführen. Wie bereits an anderer Stelle dargestellt,[185] gründet diese Theorie auf der Annahme, sämtliche Normen des Zivilrechts dienten nur dem Ziel der Erhaltung und optimalen Allokation volkswirtschaftlicher Ressourcen. Schäden an volkswirtschaftlichen Gütern beeinträchtigen dieses Ziel und sollen daher mit Hilfe des Haftungsrechts vermieden werden.[186] Allerdings wird es nicht als sinnvoll erachtet, jeden Schaden zu vermeiden, da die Schadensvermeidung ihrerseits Kosten verursache. Überstiegen diese Kosten den drohenden Schaden, stelle die Schadensvermeidung aus gesamtwirtschaftlicher Sicht eine Ressourcenverschwendung dar. Gerade das Haftungsrecht könne hier einen Anreiz zur sozial optimalen Schadensabwehr setzen, indem die Höhe des zu ersetzenden Schadens das Ausmaß der von dem potentiellen Schädiger zur Schadensvermeidung aufgewendeten Kosten bestimmt.[187]

In diesem Zusammenhang wird von den Vertretern der ökonomischen Theorie des Rechts aber auf einen ganz wesentlichen Unterschied zwischen Schäden, die durch Eigentumsverletzung mit der Folge einer Zerstörung oder Beschädigung einer Ressource entstehen, und sog. reinen Vermögensschäden hingewiesen. Brennt zum Beispiel ein Haus nieder, so vermindert sich der Wert des gesellschaftlichen Kapitalstocks um den Wert des zerstörten Hauses. Der gesellschaftliche Schaden ist gleich dem Schaden für den Geschädigten. Hinsichtlich dieser Art von Schäden kann das Haftungsrecht seine Funktion optimaler Schadensvermeidung erfüllen.[188] Anders verhält es sich dagegen bei sog. „reinen Vermögensschäden", welche nicht auf der Zerstörung oder Beschädigung von Sachen beruhen. Hier steht dem Vermögensschaden des Geschädigten stets ein gleich hoher Gewinn einer anderen Person gegenüber. Werden zB. durch fahrlässige Überbewertung einer Unternehmensforderung Aktien falsch bewertet, so erlei-

184 Schäfer/Ott, S. 281 ff.

185 Siehe dazu oben unter: Zweiter Teil, A. III. 3. b) cc) (2) (b).

186 Schäfer/Ott, a.a.O.

187 Schäfer/Ott, a.a.O.

188 Schäfer/Ott, a.a.O.

det der Käufer der überteuerten Aktie einen Verlust während der Verkäufer einen ebenso hohen Gewinn verbuchen kann. Saldiert ergibt sich dadurch bei „reinen Vermögensschäden“ scheinbar ein gesamtgesellschaftlicher Schaden von Null. Der eigentliche gesellschaftliche Schaden liegt indes in dem Effizienzverlust aufgrund der durch die „falschen Preise“ bedingten fehlerhaften Allokation des eingesetzten Kapitals.[189] Dieser Effizienzschaden ist in der Regel niedriger als der individuelle Vermögensschaden des Geschädigten. Ein an dem individuellen Vermögensschaden des Geschädigten orientierter Schadensersatzanspruch führt daher angesichts des niedrigeren volkswirtschaftlichen Schadens zu einem zu hohen Schadensvermeidungsaufwand auf Seiten potentieller Schädiger (Überabschreckung) und damit gesamtwirtschaftlich zu Wohlfahrtsverlusten.[190]

Nach Auffassung der Vertreter der ökonomischen Analyse des Rechts müssen diese Wohlfahrtsverluste im Rahmen der konkreten Ausgestaltung von Haftungsnormen, zB. bei der Festlegung sowohl der materiellen Voraussetzungen im Hinblick auf Haftungsumfang, Verschuldensgrad und Kausalität[191] als auch der zivilprozessualen Durchsetzbarkeit bestehender Ansprüche[192] berücksichtigt werden. Vereinzelt werden unter diesem Gesichtspunkt ganze Regelungskomplexe in bestimmten Bereichen des Rechts unter dem Gesichtspunkt der Überabschreckung als ineffizient abgelehnt.[193]

II. Relevanz für die konkrete Ausgestaltung einer zivilrechtliche Haftung im Bereich des Kapitalmarktrechts

Fraglich ist aber, inwieweit das soeben aufgezeigte Problem der Überabschreckung tatsächlich bei der Auslegung bzw. kritischen Bewertung von Haftungsnormen im Bereich des Kapitalmarktrechtes herangezogen werden kann. Den Vertretern der ökonomischen Analyse des Rechts gebührt zweifellos der Verdienst, den Blick auf die gesamtwirtschaftlichen Auswirkungen zivilrechtlicher Normen und dort insbesondere auf die Kosten der Schadensvermeidung gelenkt zu haben. Die Legitimität einer Auslegung von Normen unter Effizienzgesichtspunkten wird auch heute im Prinzip kaum mehr bestritten.[194] Sie setzt aber im Hinblick auf die Auslegung einer konkreten Norm voraus, dass dieser Norm tatsächlich eine wohlfahrtsökonomische Zielsetzung zugrunde liegt. Nur in einem

---

189 Schäfer/Ott, a.a.O.

190 Schäfer/Ott, a.a.O.

191 Schäfer/Ott, S. 282 ff.; Schöneberger, S. 118 f.

192 Schäfer in: Basedow/Hopt/Kötz/Baetge, S. 93 ff.

193 So für die börsenrechtliche Prospekthaftung in Deutschland: Schöneberger, S. 157.

194 Siehe dazu oben unter: Zweiter Teil, A III 3. b) cc) (2) (b).

solchen Fall ist mithin auch Platz für die Berücksichtigung des soeben erörterten Gesichtspunktes der Überabschreckung.

Die Frage, welche Normbereiche des Zivilrechts von wohlfahrtsökonomischen Zielsetzungen durchdrungen sind, ist bis zum heutigen Zeitpunkt nicht umfassend geklärt. Für weite Teile des Bürgerlichen Rechts und Gesellschaftsrechts wird dies angesichts der Entstehungszeit der fraglichen Kodifikationen eher abzulehnen sein. Einigkeit scheint aber darüber zu bestehen, dass jedenfalls für abgrenzbare Teile des Wirtschaftsrechts wohlfahrtsökonomische Zielsetzungen nicht ausgeschlossen werden können. Dem ist im Hinblick auf das Kapitalmarktrecht zuzustimmen. Die Bedeutung des kapitalmarktrechtlichen Funktionenschutzes für diesen Bereich wurde bereits ausführlich an anderer Stelle erörtert.[195] Im deutschen Kapitalmarktrecht steht dieses normative Ziel zumindest gleichberechtigt neben dem Ziel des Individualschutzes und hat letzteres sogar in Teilbereichen bis zum Inkrafttreten des Vierten Finanzmarktförderungsgesetzes verdrängt. Mithin ist es legitim, bei der Auslegung kapitalmarktrechtlicher Normen den Aspekt der Überabschreckung zu berücksichtigen.

Vierter Teil: Die Haftung im Zusammenhang mit Ad-hoc-Meldungen in den USA

Im Folgenden soll untersucht werden, inwieweit die Emittenten von Wertpapieren nach US-amerikanischem Kapitalmarktrecht den Anlegern für falsche oder unterlassene Berichte bzw. Veröffentlichungen über bewertungsrelevante Einzeltatsachen auf Schadenersatz haften. Schon allein wegen ihres Modellcharakters ist eine kurze Darstellung der Grundzüge der US-amerikanischen *securities regulations* für die weitergehende Behandlung der Haftungsfrage nach deutschem Recht unerlässlich. So verfügt insbesondere die Rechtsprechung auf dem Gebiet der zivilrechtlichen Haftung für Fehlinformationen des Kapitalmarktes über einen mittlerweile mehr als siebzigjährigen Erfahrungsschatz im Hinblick auf nahezu alle Fragen, die sich in diesem Bereich stellen können, angefangen von dem erforderlichen Verschuldensgrad über Fragen des Schadens und der Kausalität bis hin zur Frage der kollektiven Durchsetzbarkeit von Ansprüchen. Wenn auch die so gewonnenen rechtsvergleichenden Erkenntnisse nur zum Teil im Rahmen der Auslegung konkreter deutscher Haftungstatbestände herangezogen werden können, so öffnen sie doch den Blick für alternative Lösungskonzepte und können in diesem Zusammenhang Anlass zu einer kritischen Hinterfragung der deutschen Regelung geben.

---

[195] Siehe dazu oben unter: Zweiter Teil, A III 2, 3.

A. Anknüpfungspunkt der Haftung

Bereits an anderer Stelle ist das System der Unternehmenspublizität nach den US-amerikanischen *securities regulations* dargestellt worden. In diesem Zusammenhang wurde festgestellt, dass ein Emittent von an der Börse gehandelten Wertpapieren auch nach der Registrierung dieser Wertpapiere bei der SEC einer periodischen Berichtspflicht nach Sec. 13 SEA unterliegt. Ein Bestandteil dieser Berichtspflicht ist dabei die Erstellung sogenannter *current reports* nach Sec.13(c) SEA im Zusammenhang mit bestimmten Ereignissen, welche in Form 8 K im Einzelnen aufgezählt sind. Daneben gelten für den Emittenten die Richtlinien der Börsen, welche ebenfalls die unverzügliche Information des Anlegerpublikums über bewertungserhebliche Tatsachen vorsehen. Schließlich kann sich auch nach Sec.10(b) SEA i.V.m. Rule 10 b 5 in Ausnahmefällen eine Verpflichtung zur Veröffentlichung derartiger Tatsachen ergeben.

B. Anspruchsgrundlagen

I. Allgemeines

Es fragt sich nun, inwieweit der Emittent nach amerikanischem Recht für falsche bzw. unterlassene Berichte bzw. Veröffentlichungen gegenüber den Anlegern auch zivilrechtlich verantwortlich ist. Ebenso wie der SA enthält auch der SEA Haftungsvorschriften, nach denen der Emittent für die Fehlinformation des Kapitalmarktes haftet. Im Zusammenhang mit diesen Anspruchsgrundlagen unterscheidet man solche Vorschriften, welche schon von sich aus als Rechtsfolge eine Schadenersatzleistung des Emittenten vorsehen, und allgemeine Verbotstatbestände, aus denen die Gerichte – etwa vergleichbar mit der Qualifikation einer Norm als Schutzgesetz gemäß § 823 Abs. 2 BGB – eine sogenannte *implied civil liability* hergeleitet haben. Für eine zivilrechtliche Haftung im Zusammenhang mit der Fehlinformation des Marktes über kurserhebliche Tatsachen kommen dabei als Anspruchsgrundlagen zum einen Sec. 18 SEA als ausdrückliche Haftungsvorschrift und zum anderen das allgemeine Verbot der Marktmanipulation nach Sec. 10(b) SEA i.V.m. Rule 10 b 5 als *implied civil liability* in Betracht.

II. Haftung nach Sec. 18 SEA

Nach Sec. 18 SEA ist den Anlegern gegenüber zum Schadensersatz verpflichtet, wer u.a. im Rahmen von Berichten über aktuelle Ereignisse (*current reports*) falsche oder irreführende Darstellungen über wesentliche Tatsachen macht. Gehaftet wird damit für Falschinformationen. Eine Haftung für die unterlassene oder nicht rechtzeitige Information der Öffentlichkeit ist nach dieser Vorschrift nicht vorgesehen. Vielmehr zieht die unterlassene Veröffentlichung der in Sec.

13 SEA geforderten Berichte lediglich aufsichtsrechtliche Maßnahmen durch die Marktaufsichtsbehörde SEC nach sich.

Im Hinblick auf den im Rahmen von Sec. 18 SEA erforderlichen Verschuldensgrad steht dem Beklagten der Nachweis offen, er habe gutgläubig gehandelt und von den Mängeln der veröffentlichten Dokumente nichts gewusst. Im Umkehrschluss folgt aus dieser Beweislastumkehr, dass eine Haftung nur bei bewusster Täuschung in Betracht kommt.

Ebenso streng sind die Anforderungen an die haftungsbegründende Kausalität (*transaction causality*). Nach Sec.18 SEA wird nur gegenüber demjenigen gehaftet, der in gutem Glauben an die Richtigkeit und Vollständigkeit der Angaben in einem der in der Vorschrift genannten Dokumente zu einem durch den Mangel der Erklärung beeinflussten Preis gekauft hat. Dies entspricht dem *reliance*-Erfordernis im Bereich der im allgemeinen Deliktsrecht verwurzelten Informationshaftung (*tort action of deceit*).[196] Voraussetzung für eine Haftung nach Sec. 18 SEA ist somit, dass der geschädigte Anleger den Inhalt der fraglichen Dokumente gekannt hat und dass er im Vertrauen auf diesen Inhalt eine Wertpapiertransaktion getätigt hat.

III. Haftung nach Sec. 10 (b) SEA i.V.m. Rule 10-b-5

1. Allgemeines

Wesentlich mehr Bedeutung für eine zivilrechtliche Haftung wegen der Fehlinformation des Kapitalmarktes hat aber zwischenzeitlich Rule 10 b 5 erlangt. Es handelt sich hierbei um eine Verordnung, welche die Marktaufsichtsbehörde SEC auf der Grundlage der allgemeinen *antifraud*-Vorschrift des Sec. 10 (b) SEA erlassen hat. Letztere erklärt jedes Verhalten des Verkäufers oder Käufers von Wertpapieren für verboten, wenn es gegen eine entsprechende Verordnung der SEC verstößt. Im Jahr 1942 nahm die SEC die ihr in Sec 10 (b) SEA eingeräumte Kompetenz wahr und erließ eine Vorschrift, nach der es unter anderem verboten ist, im Zusammenhang mit dem Kauf oder Verkauf eines Wertpapiers falsche Angaben über wesentliche Umstände zu machen oder eine erforderliche Richtigstellung zu unterlassen, soweit sich solche Angaben im Hinblick auf die Umstände ihrer Veröffentlichung als irreführend darstellen. Die Vorschrift wurde bereits sehr früh auch als Grundlage für eine zivilrechtliche Haftung herangezogen und spätestens seit der bundesgerichtlichen Entscheidung in Sachen *Kardon v. National Gypsum*[197] ist der Charakter der Vorschrift als *implied civil liability* auch allgemein anerkannt.

---

[196] Assmann, Prospekthaftung, S. 128 m.w.N.

[197] Kardon v. National Gypsum, 69 F. Supp. 512.

2. Die Voraussetzungen der Haftung nach Rule 10-b-5

a) Täuschung im Zusammenhang mit dem Kauf oder Verkauf eines Wertpapiers

Rule 10-b-5 sanktioniert aufgrund ihres generalklauselartigen Charakters jede Form der aktiven Falschinformation des Kapitalmarktes. Umfasst sind sowohl Falschdarstellungen im Rahmen der nach Sec. 13 SEA geforderten Pflichtpublikationen als auch jede Form der freiwilligen Falschdarstellung etwa in Presseberichten oder im Rahmen mündlicher Äußerungen. Rule 10-b-5 SEA enthält dagegen keine allgemeine Verpflichtung zur unverzüglichen Offenlegung bislang unbekannter Tatsachen. Vielmehr haben die Gerichte eine solche – aus Rule 10-b-5 folgende Verpflichtung nur bei Hinzutreten weiterer, qualifizierender Umstände anerkannt. Zu nennen ist hierbei vor allem die Verpflichtung des Verkäufers oder Käufers von Wertpapieren, der Kenntnis von einer Insidertatsache hat, diese Tatsache dem Handelspartner entweder offen zu legen oder von dem Wertpapiergeschäft abzusehen (*disclose-or-abstain-rule*).[198] Für den Emittenten von Wertpapieren kommt eine solche Veröffentlichungspflicht aber nur in den seltenen Fällen in Betracht, in denen er Handel in eigenen Anteilen betreibt. Außerhalb des Bereichs des Insiderhandels haben die Gerichte eine Veröffentlichungspflicht des Emittenten und seiner Vorstandsmitglieder (*affirmative duty to disclose*) nur dann angenommen, wenn die Veröffentlichung der Richtigstellung von Falschmeldungen oder Gerüchten dienen sollte, an deren Verbreitung der Emittent, nicht unbeteiligt war.[199] Eine zivilrechtliche Haftung für die unterlassene Information des Kapitalmarktes kommt danach auch nach Rule 10-b-5 nur in Ausnahmefällen in Betracht.

Die in Rule 10-b-5 sanktionierten Verhaltensweisen werden nur dann relevant, wenn sie im Zusammenhang mit dem Kauf oder Verkauf eines Wertpapiers erfolgen. Ursprünglich hatten die Gerichte in diesem Zusammenhang gefordert, dass zwischen dem Ersatzberechtigte und dem Ersatzpflichtige eine vertragliche Beziehung bestehen müsse, d.h. dass es sich bei den Parteien jeweils um Käufer bzw. Verkäufer der streitgegenständlichen Wertpapiere handeln muss (*privity relation*).[200] Eine Haftung des Emittenten für Falschdarstellungen gegenüber dem Kapitalmarkt war nach dieser Rechtsprechung also nur in den seltenen Fällen möglich, in denen der Emittent selbst in eigenen Anteilen handelt und damit von seiner Fehlinformation profitiert. Seit der bundesgerichtlichen Entscheidung in Sachen *SEC v. Texas Gulf Sulphur*[201] ist jedoch anerkannt, dass die Emitten-

---

198 Vgl. zu dieser Regel: Loss/Seligmann, S. 878 ff.

199 Elkind v. Ligget & Myers, Inc. 635 F. 2nd 156 (1980).

200 Joseph v. Farnsworth Radio & Television Corp., 99 F. Supp. 701 (1951).

201 SEC v. Texas Gulf Sulphur 401 F. 2nd 831 (1968).

ten von Wertpapieren auch dann für Fehlinformationen zur Rechenschaft gezogen werden können, wenn sie nicht selbst am Handel mit den fraglichen Wertpapiere teilgenommen haben. Begründet wird dies mit dem Ziel des amerikanischen Kapitalmarktrechts, die Fehlinformation des Marktes als solche zu verhindern. Jede Fehlinformation des Emittenten beeinflusse letztlich die Transaktionsentscheidung vieler Anleger und stehe somit „in Verbindung mit dem Kauf oder Verkauf" dieser Wertpapiere.

b) Verschulden

Nur scheinbar weniger streng als bei Sec. 18 SEA ist das Verschuldenserfordernis bei Rule 10-b-5 ausgestaltet. Zwar fehlt hier die in Sec 18 SEA vorgesehene Möglichkeit eines Entlastungsbeweises, wonach die Haftung ausgeschlossen ist, wenn der Verantwortliche seinen fehlenden Vorsatz beweisen kann. Grundsätzlich scheint bei Rule 10-b-5 also bereits einfache Fahrlässigkeit auszureichen. Gleichwohl hat die Rechtsprechung auch bei Rule 10-b-5 in Anlehnung an allgemeine deliktsrechtliche Grundsätze der Informationshaftung *(tort action of deceit)* das sogenannte *scienter*-Erfordernis aufgestellt hat.[202] Ursprünglich hatte man unter *scienter* eine willentliche oder doch jedenfalls wissentliche Falschinformation durch den Beklagten verstanden, welche nach deutschem Rechtsverständnis dem Bereich des Vorsatzes zuzuordnen wäre.[203] Im Laufe der Zeit ist das *scienter*-Erfordernis jedoch – auch außerhalb des Kapitalmarktrechts – in zunehmendem Masse mit Fahrlässigkeitselementen befrachtet worden, so dass man heute darunter eher eine extreme Form grober Fahrlässigkeit zu verstehen hat, die in ihren Anforderungen nicht weit hinter dem Vorsatzerfordernis von Sec. 18 SEA zurückbleibt.[204] Zusätzlich ist zu berücksichtigen, dass bei Rule 10-b-5 die Beweislast für das Verschulden – anders als bei Sec. 18 SEA – beim Geschädigten liegt.

c) Haftungsbegründende Kausalität

Ursprünglich hatte die Rechtsprechung den geschädigten Anlegern im Rahmen einer Haftung nach Rule 10-b-5 – ebenso wie im Rahmen von Sec. 18 SEA - nur

---

202 Ernst and Ernst v. Hochfelder, 425 U.S. 185 (1976); Aaron v. SEC, 446 U.S. 680 (1980).

203 Vgl. zu den Verschuldensanforderungen der action of deceit: Assmann, Prospekthaftung, S. 123 ff.

204 Vgl. dazu die Entscheidung des Supreme Courts in Sachen Ernst and Ernst v. Hochfelder, 425 U.S. 185 (1976), wo das Gericht selbst eine äußerst enge Sichtweise des *scienter*-Erfordernisses zugrundelegt, in der Fußnote 12 aber den Instanzgerichten anheim stellt, sich in bestimmten Fällen mit einem besonders starken Grad an Fahrlässigkeit (recklessness) zu begnügen. Die Instanzgerichte haben diese Einladung dankend angenommen, vgl. dazu auch: Loss/Seligmann, S. 951 ff.

dann Schadensersatz gewährt, wenn diese konkret auf die Fehlinformation vertraut hatten.[205] Diese Rechtsprechung entsprach dem sogenannten *reliance*-Erfordernis im Bereich der im allgemeinen US-amerikanischen Deliktsrecht verwurzelten Informationshaftung (*tort action of deceit*).[206] In Fällen wo – ausnahmsweise – eine Haftung wegen unterlassener Information zur Debatte stand, haben die Gerichte jedoch bereits sehr früh mangels konkreter Vertrauensgrundlage allein auf die Wesentlichkeit der unterlassenen Information abgestellt (sog. *materiality test*).[207] Spätestens seit der Entscheidung des Supreme Courts in *Basic v. Levinson*,[208] in welcher das Gericht die bereits zuvor von anderen Bundesgerichten[209] angewandte „*fraud-on-the-market*"-Theorie bestätigte, hat jedoch das *reliance*-Erfordernis eine Wandlung erfahren, die einer praktischen Aufgabe dieses Erfordernisses gleichkommt.

Ausgangspunkt der *fraud-on-the-market*-Theorie ist die Feststellung, dass die meisten Anleger ihre Transaktionsentscheidungen an der Börse überhaupt nicht im Vertrauen auf die über die fraglichen Wertpapiere verfügbaren Informationen tätigen, sondern lediglich allgemein darauf vertrauen, dass die Preisbildung an den Börsen nicht durch Marktmanipulationen beeinträchtigt wird. Begründet wird dies mit den Besonderheiten der Preisbildung an organisierten Märkten mit einer Vielzahl von gleichzeitigen Transaktionen zwischen anonymen Anlegern (*open market transactions*) im Vergleich zu Geschäften mit direktem Kontakt der Geschäftspartner (*face-to-face-transactions*). Während bei letzteren der Preis für jede einzelne Wertpapiertransaktion zwischen den Vertragsparteien selbst unter Zugrundelegung ihrer wechselseitigen konkreten Tatsachenvorstellungen ausgehandelt wird, wird an organisierten Märkten anhand des Gleichgewichts von Angebot und Nachfrage ein einheitlicher Preis für sämtliche zu einem bestimmten Zeitpunkt abzuwickelnden Transaktionen über ein konkretes Wertpapier festgesetzt. Angebot und Nachfrage werden dabei wiederum durch die im Markt befindlichen Informationen über die Emittenten von Wertpapieren beeinflusst, wobei nach den bereits an anderer Stelle erwähnten Erkenntnissen der Kapitalmarktforschung wesentliche neue Informationen selbst dann in kürzester Zeit in die Börsenpreise einfließen (*efficient-market-hypothesis*), wenn sie nur einem kleinen Teil der Marktteilnehmer bekannt sind. Irregeleitet wird damit im Zusammenhang mit Fehlinformationen nicht der einzelne Kapitalanleger sondern vielmehr der Kapitalmarkt als solcher, was indes zu Kursausschlägen und damit zur Schädigung sämtlicher Anleger führt, die sich des Kapitalmarktes als „*unpaid agent*" bedient haben.

---

205 Vgl. nur: List v. Fashion Park, Inc., 340 F. 2d 457 (2d Cir. 1965).

206 Assmann, Prospekthaftung, S. 128 m.w.N.

207 Affiliated Ute Citizens of Utah v. U.S., 406, U.S. 128 (154).

208 Basic v. Levinson, 485 U.S. 223 (1988).

209 Blackie v. Barack, 524 F. 2d 891 (1975).

Wenn aber wesentlichen Informationen an organisierten Märkten auch unabhängig vom Vertrtauen des einzelnen Anlegers regelmäßig eine preisbeeinflussende Wirkung zukommt, so soll nach der *fraud-on-the-market*-Theorie auch ein ursächlicher Zusammenhang zwischen einer Irreführung des gesamten Marktes (*fraud-on-the-market*) und der Wertpapiertransaktion eines einzelnen Anlegers in ihrer konkreten Ausgestaltung bestehen, ohne dass es dafür auf eine konkrete Tatsachenvorstellung des Anlegers über die von diesem gehandelten Wertpapiere ankommt. Dieser Zusammenhang zwischen Fehlinformation und Börsenpreis soll zur Begründung eines Kausalzusammenhangs nach Rule 10-b-5 ausreichen. Er kann von dem Emittenten lediglich durch den Beweis widerlegt werden, dass der Anleger von der Fehlinformation des Marktes als solcher wusste bzw. dass dieser schon grundsätzlich nicht auf die Integrität der Preisbildung an der Börse vertraute.

Die *fraud-on-the-market*-Theorie ist insbesondere am Anfang Gegenstand heftiger Diskussionen gewesen.[210] Bemängelt wurde zum einen der kapitalmarktempirische Ausgangspunkt, wonach Anleger grundsätzlich auf die Integrität der Preisbildung an der Börse vertrauen. Viele Anleger würden Wertpapiere im Gegenteil gerade deshalb erwerben, weil sie sich aus einer fehlerhaften Einschätzung des Wertpapiers durch den Markt einen Gewinn versprächen.[211] Ein weiterer Kritikpunkt ist die Aufgabe des *reliance*-Kriteriums durch die Rechtsprechung unter Zugrundelegung ökonomischer Kriterien, welche allenfalls Sache des Gesetzgebers, nicht aber Sache der Rechtsprechung sein könne.[212] Ferner wurde im Hinblick auf die mit der Aufgabe des *reliance*-Kriteriums verbunden Erweiterung des Kreises der Anspruchsberechtigten die Besorgnis über existenzgefährdende Haftungssummen und die Zunahme missbräuchlicher Sammelklagen (*class actions*) geäußert.[213]

Aller Kritik zum Trotz wird die *fraud-on-the-market*-Theorie indes bis zum heutigen Tag von den Gerichten im Zusammenhang mit der Haftung für Fehlinformationen am organisierten Kapitalmarkt angewandt, während Korrekturen zur

---

210 Black, 62 N.C.L.Rev. 435 (1984). Vgl. auch die dissenting opinion von Justice White zu Basic. v. Levinson.

211 Basic v. Levinson 485 U.S. 223, 253 (Justice White diss.).

212 Vgl. Basic v. Levinson 485 U.S. 223, 253 (Justice White diss.): „Even if I agreed with the Court that „modern securities markets … involving millions of shares changing hands daily“ require that the "understanding of Rule 10b-5 reliance requirement" be changed, I prefer that such changes come from Congress in amending § 10 (b). The Congress, with its superior resources and expertise, is far better equipped than the federal courts for the task of determining, how modern economic theory and global financial markets require that established legal notions of fraud be modified."

213 Black, 62 N.C.L.Rev. 435, 459 (1984).

Vermeidung ihrer teilweise befürchteten negativen Auswirkungen vor allem im Bereich des Prozessrechts erfolgten.

d) Umfang des zu ersetzenden Schadens

US-amerikanische Gerichte gewähren Schadenersatz für Anlegerverluste auf dem Sekundärmarkt grundsätzlich entweder in Form von *recission* oder in Form sogenannter *out-of-pocket-damages*.[214]

Unter *recission* versteht man die Rückgängigmachung des Vertrages, welche entweder in Form einer Rückabwicklung (*restitution*) oder in Form des Ersatzes der Differenz zwischen dem konkreten Erwerbs- bzw. Verkaufspreis der Wertpapiere und ihrem Wert zum Zeitpunkt der Geltendmachung des Anspruchs gewährt wird.

Nach der *out-of-pocket*-Methode wird dagegen auf die Differenz zwischen dem konkreten Erwerbs- bzw. Veräußerungspreis und einem fiktiven Wertpapierpreis am Tag der Transaktion unter Hinwegdenken der Fehlinformation abgestellt. Der grundsätzliche Unterschied zwischen den beiden Arten des Schadensersatzes liegt damit im potentiellen Haftungsumfang begründet. Während nach der *out-of-pocket*-Methode nur der täuschungsbedingte Minderwert der Wertpapiere in die Schadensberechnung einfließt, haftet der Ersatzpflichtige bei Anwendung der *recission*-Methode zwangsläufig auch für solche Kursverluste, die nicht auf das nachträgliche Bekanntwerden der Fehlinformation als solcher sondern auf einen allgemeinen Kurseinbruch am Markt oder an Teilen des Marktes zurückzuführen sind. Der Ersatzpflichtige wird damit letztlich für den Zeitraum zwischen der Transaktion und der Geltendmachung des Anspruchs mit dem allgemeinen Kapitalmarktrisiko belastet, was in Fällen, in denen der Ersatzpflichtige ohne Bezug zu einer eigenen Wertpapiertransaktion nur wegen der Fehlinformation des Marktes als solcher haftet (*open-market-cases*) nicht gerechtfertigt erscheint. Hier sollen daher nach Auffassung der Rechtsprechung nur *out-of-pocket-damages* in Betracht kommen.[215] Begründet wird dies mit der fehlenden vertraglichen Nähe (*privity*) zwischen den geschädigten Anlegern und dem haftenden Emittenten bzw. seinen Organmitgliedern. Da der Gewinn aus den zu fehlerhaften Preisen zustande gekommenen Börsentransaktionen nicht dem Emittenten sondern vielmehr anderen Anlegern auf der Marktgegenseite des geschädigten Anlegers zugute kommt, besteht nach Auffassung der Rechtsprechung kein Grund, den Emittenten über die Haftung für den täuschungsbeding-

---

[214] Vgl. zu den verschiedenen Methoden der Schadensberechnung: Thompson, 37 Vand. L.Rev. 349 und Jacobs, 65 Geo. L.J. 1093.

[215] Green v. Occidental Petroleum Corp. 541 F. 2nd 1335 (1976) (Sneed, J., concurring); Huddleston v. Herman & MacLean, 640 F. 2nd 534, 555 (1981). Vgl. auch Ratner, S. 170.

ten Minderwert der Wertpapiere hinaus noch zusätzlich mit dem allgemeinen Kapitalmarktrisiko zu belasten und ihm damit die Rolle eines Versicherers gegen Anlageverluste zuzuweisen.[216]

C. Kollektive Durchsetzung von Anlegeransprüchen im Rahmen des Rechtsinstituts der class action

I. Allgemeines

Eine große Rolle im Bereich der Haftung wegen Fehlinformationen des Kapitalmarktes spielt die kollektive Durchsetzung von Anlegeransprüchen im Rahmen von Gruppenklagen (*class actions*), bei der ein Mitglied einer Gruppe geschädigter Personen als deren Repräsentant die Ansprüche aller anderen Gruppenmitglieder gerichtlich geltend macht. Das Ergebnis der *class action* entfaltet Rechtskraft für alle Gruppenmitglieder, obwohl diese an dem Verfahren nicht beteiligt sind und zu einem großen Teil noch nicht einmal namentlich bekannt sind. Mit der automatischen Rechtskrafterstreckung auf alle Gruppenmitglieder korrespondiert das Recht des einzelnen Gruppenmitglieds, aus dem Verfahren auszutreten (*opting out*), was wiederum die bestmögliche Benachrichtigung aller individualisierbaren Gruppenmitglieder voraussetzt. Nach Durchführung des Verfahrens wird der Erlös aus der Geltendmachung der Ansprüche der Gruppe in einem zweiten Verfahrensschritt auf die einzelnen individualisierbaren Gruppenmitglieder verteilt.

Bei der *class action* handelt es sich um ein allgemeines Rechtsinstitut des US-amerikanischen Zivilprozessrechts, das seine Anwendung nicht nur im Bereich des Kapitalmarktrechts findet. Ort der gesetzlichen Regelung ist Rule 23 der Federal Rules of Civil Procedure in der Fassung von 1966.

II. Ziele und Funktionen der class action

Klassisches rechtspolitisches Ziel bei der Einführung der *class-action* in ihrer heutigen Form war die Erleichterung der prozessualen Durchsetzung sogenannter Streuschäden. Unter Streuschäden versteht man die Schädigung einer unüberschaubaren Vielzahl von Personen als Folge eines einzelnen Rechtspflichtverstoßes, wobei sich der Schaden des einzelnen gegenüber der Gesamtscha-

---

216 In Huddleston v. Herman & MacLean führt das Gericht dazu aus: „The decline in the value of the securities in this case may have also resulted from other factors like market forces and events unrelated to the deceit that had an economic effect on the enterprise, such as weather, degree of spectator participation and construction problems. Under these circumstances, the recessional measure is unjust insofar as it compensates an investor for the non-specific risks which he assumes by entering the market."

denssumme sehr gering ausnimmt. Regelmäßig stehen in diesem Zusammenhang dem geringen Schaden des Einzelnen hohe potentielle Kosten der Rechtsverfolgung gegenüber, die oftmals schon dadurch bedingt sind, dass der Erfolg der Klage nicht von alltäglichen Rechts- und Tatfragen abhängt sondern im Gegenteil eines großen juristischen und tatsächlichen Rechercheaufwands im Vorfeld eines potentiellen Prozesses bedarf. Die hohen potentiellen Prozesskosten lassen die Rechtsverfolgung für den einzelnen Geschädigten angesichts des nur geringen eigenen Schadens regelmäßig als unwirtschaftlich erscheinen In vielen Fällen kommt es daher gar nicht erst zu einer effektiven Rechtsverfolgung - ein Phänomen, dass gemeinhin als rationale Apathie bezeichnet wird.[217]

Andererseits ist die effektive Durchsetzung von Schadensersatzansprüchen sowohl aus Sicht des einzelnen Geschädigten, insbesondere aber auch unter dem Aspekt der präventiven Funktion des Schadensrechts wünschenswert. In diesem Zusammenhang soll die *class action* Abhilfe schaffen, indem sie durch Bündelung aller aus einem bestimmten schädigenden Verhalten resultierenden Schadensersatzansprüche in einem einzigen Verfahren eine effektive Rechtsverfolgung im Hinblick auf den Gesamtschaden ermöglicht. So muss etwa eine kostenintensive Beweisaufnahme nur einmal durchgeführt werden. Auch kann ein Anwalt im Wege eines in den USA üblichen und zulässigen Erfolgshonorars wegen des höheren Streitwertes eher zur Durchsetzung des Gesamtschadens gewonnen werden als zur Durchsetzung eines Einzelschadens.

III. Kapitalmarktrecht als klassisches Anwendungsgebiet der class action

Für die *class action* haben sich im Laufe der Zeit einige typische Anwendungsgebiete herauskristallisiert. Zu einen dient die *class action* von jeher der Durchsetzung von Bürgerrechten, insbesondere im Zusammenhang mit dem Verbot der Rassendiskriminierung. Ein weiteres Anwendungsfeld liegt im Bereich des Wettbewerbsrechts, wo die *class action* effektiven Rechtsschutz gegen wettbewerbswidrige Preisfestsetzungen und andere unerlaubte Praktiken gewähren soll. In letzter Zeit hat die *class action* darüber hinaus auch für das Recht des Verbraucherschutzes zunehmend an Bedeutung gewonnen. Schließlich dient die *class action* aber auch von jeher dem Schutz geschädigter Kapitalanleger vor Fehlinformationen am Kapitalmarkt.[218] Ein mangelhaftes Informationsverhalten des Emittenten oder Insiderverstöße führen hier häufig zu einer Vielzahl von Geschädigten, so dass sich die *class action* insbesondere in diesem Bereich als schlagkräftiges Instrument zu effektiven Anspruchsdurchsetzung und damit auch zu Prävention künftiger Pflichtverstöße darstellt.

---

217 Schäfer in: Basedow/Hopt/Kötz/Baetge, S. 67 (68 ff.).

218 Vgl. dazu Batege/Wöbke in: Basedow/Hopt/Kötz/Baetge, S. 363 ff.

IV. Regelung im Einzelnen

Die Durchführung eines Verfahrens als *class action* erfordert die Zulassung (*certification*) dieser Verfahrensform durch das Gericht. Die Zulassung ist dabei an verschiedene Voraussetzungen geknüpft.

Zunächst muss der dem Verfahren zugrunde liegende Sachverhalt an sich geeignet für die Durchführung des Verfahrens als *class ac*tion sein. Hierfür kommt es zunächst nach Rule 23 (a) neben der Größe der Gruppe auch darauf an, ob die geltend gemachten Ansprüche der Gruppenmitglieder rechtliche Gemeinsamkeiten aufweisen, ob die Ansprüche des klagenden Repräsentanten typisch für die Ansprüche der Gruppe ist und ob der Repräsentant eine faire und angemessene Vertretung der Gruppe gewährleisten kann.

Sind diese Voraussetzungen gegeben, ist die *certification* als *class action* an die weitere Voraussetzung geknüpft, dass eine der drei in Rule 23 (b) genannten Alternativen gegeben ist, von denen die ersten beiden nicht über entsprechende Funktionsäquivalente im deutschen Zivilprozessrecht, wie etwa die Rechtsfigur der notwendigen Streitgenossenschaft bei Klagen über ein gemeinsames Recht, hinausgehen. Interessant im Zusammenhang mit der Durchsetzung von Streuschäden ist aber die dritte Alternative (Rule 23 (b) (3)), wonach eine *class action* auch schon dann in Betracht kommt, wenn die für die Gruppe allgemein zu klärenden Fragen gegenüber den für die einzelnen Gruppenmitglieder besonders zu klärenden Fragen überwiegen.

Weitere Voraussetzung einer *class action* ist die „bestmögliche" Benachrichtigung der Gruppenmitglieder von der Durchführung des Verfahrens. Nach Rule 23 (c) (2) müssen alle Gruppenmitglieder, die mit angemessenem Aufwand identifiziert werden können, individuell benachrichtigt werden. Dies setzt voraus, dass die Gruppenmitglieder in verständlicher Form über den geltend gemachten Anspruch, das Klageziel und die Identität der Repräsentanten der Gruppe sowie über ihr *opt-out*-Recht informiert werden. Die strengen Anforderungen an die Benachrichtigung der Gruppenmitglieder ist der Tatsache geschuldet, dass ein Urteil oder ein Vergleich Rechtskraft für alle Gruppenmitglieder entfaltet, die nicht von ihrem *opt-out*-Recht Gebrauch gemacht haben. Die Ausübung des Wahlrechts setzt aber wiederum eine bestmögliche Information über dieses Recht voraus.

Der Ablauf des Verfahrens bei einer auf Schadensersatz gerichteten *class action* ist in zwei Phasen unterteilt. Im ersten Abschnitt entscheidet das Gericht über den Haftungsgrund und die Höhe des von dem Beklagten zu ersetzenden Gesamtschadens, der von diesem anschließend zu hinterlegen ist. In einem zweiten Verfahrensabschnitt wird die hinterlegte Geldsumme sodann auf die einzelnen identifizierbaren Gruppenmitglieder aufgeteilt. Gerade die Schadensberechnung gestaltet sich indes häufig problematisch. Die Feststellung des Gesamtschadens ist auch im Rahmen einer *class action* grundsätzlich eine individuelle Frage, dass heißt der Gesamtschaden muss sich aus den für jedes Gruppenmitglied einzeln festzustellenden Einzelschäden zusammensetzen. Oftmals sehen sich die Gerichte aber gerade in diesem Zusammenhang mit dem Problem konfrontiert, dass viele Gruppenmitglieder nicht identifiziert werden können oder diese ihre Gruppenzugehörigkeit nicht mehr beweisen können.

Ein typisches Beispiel für die Schwierigkeiten der Berechnung eines Gesamtschadens im Rahmen der *class action* stellen gerade Verfahren im Bereich des Kapitalmarktrechts dar. Zwar bringt die der Schadensberechnung für *open-market-cases* zugrunde liegende *out-of-pocket*-Methode hier zunächst eine Erleichterung für die Schadensberechnung mit sich, da der Kursverlust pro Aktie für jedes Gruppenmitglied identisch ist. Der Berechnung des Gesamtschadens steht aber regelmäßig die Tatsache entgegen, dass die genaue Anzahl der geschädigten Anleger nicht bekannt ist und auch nicht aus der – eventuell zu ermittelnden – Anzahl der Wertpapiertransaktionen während der Desinformation des Kapitalmarktes gefolgert werden kann. Dies ergibt sich aus der Tatsache, dass die Anleger auf beiden Seiten des Marktes agieren. Werden Aktien zu überhöhten Kursen gekauft und vor Aufdeckung der Täuschung wieder verkauft, so ist dem Anleger kein Schaden entstanden. Selbst wenn also die Gesamtzahl der innerhalb einer Phase der Desinformation des Marktes gehandelten Wertpapiere ermittelt werden könnte, lässt sich daraus noch nicht auf den Gesamtschaden schließen, da dieser auch von der Anzahl der Wiederverkäufe abhängt. Die Feststellung des Gesamtschadens kann hier nur anhand komplizierter statistischer Formeln erfolgen. Die praktische Bedeutung dieses Problems war aber bis jetzt gering, da die überwiegende Zahl dieser Verfahren ohnehin durch Vergleich beendet wird.

V. Missbrauchsgefahr

Die hohe Vergleichsquote bei der US-amerikanischen *class action* – insbesondere im Bereich des Kapitalmarktrechts – leitet über zu dem verbreitet beklagten Problem des Missbrauchs dieses Rechtsinstituts, welches sich insbesondere aus der Kombination der *class action* mit der in den USA nicht nur bei Gruppenklagen üblichen Vergütung der Anwälte in Form von Erfolgshonoraren ergibt.[219]

[219] Vgl. zu diesem Problem: Schäfer in: Basedow/Hopt/Kötz/Baetge, S. 65 (71).

1. Die Stellung des Rechtsanwalts als Prozessunternehmer

Die Vereinbarung eines Erfolgshonorars hat für den Mandanten den Vorteil, dass er im Unterliegensfall nicht mit seinen eigenen Anwaltskosten belastet wird.[220] Bei dieser Art der Anwaltshonorierung trägt letztlich der Anwalt das Prozessrisiko. Ist das Erfolgshonorar um einen Faktor, der dem Prozessrisiko entspricht, höher als die dem Anwalt tatsächlich entstehenden Kosten, kann dieser aus den die Kosten jeweils übersteigenden Honoraren aus gewonnenen Prozessen die verlorenen Prozesse mitfinanzieren.[221] Dem Anwalt wächst also nach diesem System die Rolle eines Prozessunternehmers zu.

Diese besondere Rolle des Anwalts bringt aber auch mit sich, dass sich ein Anwalt nur dann zur Übernahme eines Rechtsstreits bereit finden wird, wenn die Höhe des Streitwerts und der daraus resultierende Profit in einem angemessenen Verhältnis zu seinem eigenen Aufwand im Zusammenhang mit der Rechtsverfolgung steht. Bei Streuschäden lohnt sich aber die individuelle Durchsetzung von Ansprüchen im Hinblick auf den niedrigen Streitwert nicht. Gerade in diesem Zusammenhang erfüllt die Gruppenklage eine wichtige Funktion, indem sie durch die Bündelung der Ansprüche und den dadurch höheren Gesamtstreitwert die Rechtsverfolgung für einen Anwalt erst zu einem lohnenswerten Unterfangen macht. Der hohe potentielle Profit, der für einen Rechtsanwalt mit der Vertretung einer großen Gruppe von Geschädigten verbunden ist, führt sogar oftmals dazu, dass gerade der Anwalt der eigentliche Initiator des Verfahrens ist, während der Einfluss des Repräsentanten der Gruppe und eigentlichen Klägers, der nicht selten erst von dem Anwalt als solcher ausfindig gemacht wird, in den Hintergrund tritt.[222]

2. Gefahren der Kombination von Erfolgshonorar und class action

Aus diesen ökonomischen Besonderheiten US-amerikanischer Prozessführung resultiert indes gerade im Zusammenhang mit dem Rechtsinstitut der Gruppenklage eine Reihe von Missbrauchsmöglichkeiten für die prozessführenden An-

---

220 Die Kosten des Gegners hat er nach US-amerikanischen Prozessrecht auch im Falle des Unterliegens ohnehin nicht zutragen (sog. " *American Rule* "). Vgl. dazu Gottwald, ZZP 91 (1978), 1 (25).

221 Schäfer, a.a.O. S. 79.

222 Für die Anwälte stellt sich die Vertretung von Geschädigten im Rahmen einer *class action* als ein äußerst lukratives Geschäft dar. Im Bereich des Kapitalmarktrechts teilen sich heute drei hochspezialisierte Sozietäten den heiß umkämpften Markt unter sich auf. Für die Funktion des „Klägers" greifen diese Sozietäten gerne auf solche Anleger zurück, die nur zu diesem Zwecke verschwindend geringe Anteile an einer Vielzahl von Unternehmen halten und für diese Tätigkeit von den Anwaltssozietäten entlohnt werden. Vgl. dazu Baetge/Wöbke in: Basedow/Hopt/Kötz/Baetge, S. 363 (366, s. dort auch FN 11).

wälte, die in den USA zunehmend Gegenstand der rechtspolitischen Diskussion geworden ist und dort jüngst auch Anlass zu zögerlichen Reformen gegeben hat.[223] Die Möglichkeit zum Missbrauch eröffnet sich dem Anwalt dabei in zweierlei Weise. Zum einen verstärkt die Kombination der Gruppenklage mit der Vereinbarung eines Erfolgshonorars den im amerikanischen Rechtssystem ohnehin angelegten Anreiz zum opportunistischen Angriff auf Schuldlose, indem sie die Einleitung und Führung von der Sache nach ungerechtfertigten Prozessen (*strike suits*) fördert, welche den Beklagten aufgrund des hohen Lästigkeitspotentials und der negativen Öffentlichkeitswirkung derartiger Prozesse zu einem Vergleich zwingen.[224] Die Erhebung von *strike suits* wird dabei noch durch die im US-amerikanischen Verfahrensrecht allgemein niedrigen Anforderungen an die Darlegungslast erleichtert. Insbesondere im Bereich des Kapitalmarktrechts war häufig der in der Klageschrift enthaltene Hinweis auf Kursausschläge bestimmter Wertpapiere ausreichend für die Zulassung einer Anlegerklage als *class action* und damit für die Errichtung der entsprechenden Drohkulisse für die Aufnahme von Vergleichsverhandlungen mit den verklagten Unternehmen.[225]

Bei in der Sache aussichtsreichen Prozessen besteht dagegen - gerade umgekehrt - die Gefahr, dass der Anwalt einen frühzeitigen Vergleich schließt und dadurch die von ihm vertretenen Klassenmitglieder schädigt.[226] Der Anreiz für eine derartige Prozessführung ergibt sich in diesem Zusammenhang aus der Tatsache, dass sich die Kostenbilanz des Anwalts in einem frühen Stadium in der Regel günstiger darstellt als zu einem späteren Zeitpunkt.[227] Auch garantiert ein Vergleichsschluss dem den Prozess betreibenden Anwalt ein sicheres Honorar, während er im Falle eines abweisenden Urteils leer ausgeht.[228] Die üblicherweise vorhandene Kontrollmöglichkeit des Anwalts durch seinen Mandanten versagt in diesem Fall.[229] Ein Reputationsverlust steht für den Anwalt schon deshalb nicht zu befürchten, weil dieser nicht von den Mitgliedern der Gruppe beauftragt wird, sondern sich seine Nachfrage durch Eröffnung des Verfahrens selber schafft, wenn es ihm nur gelingt, einen Gruppenrepräsentanten für sein Vorhaben zu gewinnen.[230]

---

223 Vgl. zu den Missbrauchsmöglichkeiten unter ökonomischen Gesichtspunkten: Schäfer in: Basedow/Hopt/Kötz/Baetge, S. 67 (71 ff.). Einen Überblick über die jüngsten Reformen liefern: Baetge/Wöbke in: Basedow/Hopt/Kötz/Baetge, S. 363 (370 ff.).

224 Schäfer in: Basedow/Hopt/Kötz/Baetge, S. 67 (72 ff.).

225 Baetge/Wöbke in: Basedow/Hopt/Kötz/Baetge, S. 363 (369 f., 374 f.).

226 Schäfer in: Basedow/Hopt/Kötz/Baetge, S. 67 (77 ff.).

227 Vgl. dazu die entsprechenden Rechenmodelle bei Schäfer, a.a.O. S. 80 ff.

228 Baetge/Wöbke in: Basedow/Hopt/Kötz/Baetge, S. 363 (367).

229 Schäfer in: Basedow/Hopt/Kötz/Baetge, S. 67 (78).

230 Schäfer, a.a.O.

Da die aufgezeigten Missstände in verschärfter Form im Zusammenhang mit der Geltendmachung von Ansprüchen geschädigter Kapitalanleger aufgetreten waren, hat der Gesetzgeber durch der Verabschiedung des Private Securities Litigation Reform Act im Jahre 1995 die Anforderungen an die Durchführung einer *class action* für diesen Teilbereich erhöht. Die Veränderungen umfassten dabei im Wesentlichen eine Verschärfung der Darlegungslast und die gerichtliche Bestimmung eines führenden Mitglieds der repräsentierten Gruppe (*lead plaintiff*) zur besseren Kontrolle der prozessführenden Anwälte.

Fünfter Teil: Die Haftung für Verstöße gegen die Ad-hoc-Publizitätspflicht in Deutschland nach der Rechtslage vor dem Inkrafttreten des Vierten Finanzmarktförderungsgesetzes

Im nun folgenden Teil dieser Arbeit soll untersucht werden, inwieweit geschädigten Anlegern schon vor der Einführung einer speziellen Emittentenhaftung in § 37 b, c WpHG im Rahmen des Vierten Finanzmarktförderungsgesetzes ein Schadenersatzanspruch im Zusammenhang mit inhaltlich falschen bzw. unterlassenen Ad-hoc-Meldungen zustand. In Betracht kamen in diesem Zusammenhang grundsätzlich sowohl Ansprüche gegen den Emittenten als auch Ansprüche gegen Organmitglieder des Emittenten. Auch unabhängig von den die Gerichte noch auf absehbare Zeit beschäftigenden Altfällen ist eine Auseinandersetzung mit der alten Rechtslage auch deshalb unumgänglich, weil nur die eingehende Betrachtung der Ausgangslage, welche der Gesetzgeber bei Schaffung der §§ 37 b, c WpHG vorgefunden hat, eine abschließende Bewertung der neu geschaffenen Vorschriften erlaubt. Zudem sehen die §§ 37 b, c WpHG nur eine Haftung des Emittenten vor. Für die Haftung von Organmitgliedern stellt sich die Rechtslage dagegen auch nach Einführung dieser Vorschriften im Wesentlichen genauso dar wie vor der Reform.

A. Haftung des Emittenten

I. Haftung wegen inhaltlich fehlerhafter Ad-hoc-Mitteilungen

Im Zentrum der juristischen Debatte im Zusammenhang mit Verstößen gegen die Ad-hoc-Publizität standen in jüngster Vergangenheit – insbesondere vor dem Hintergrund der Rechtsprechung in Sachen „Infomatec“ vor allem inhaltlich fehlerhafte Ad-hoc-Meldungen, welche ein übertrieben positives Bild von dem jeweiligen Emittenten zeichneten. Auf den ersten Blick scheinen hier gleich mehrere kapitalmarktrechtliche und allgemeine Anspruchsgrundlagen in Betracht zu kommen, aus welchen den enttäuschten Anlegern ein Schadenersatzanspruch gegen den Emittenten zustehen könnte. Die nachfolgende Untersuchung wird indes die Schwierigkeiten aufzeigen, mit welchen sich die Gerichte bei der Suche nach geeigneten Haftungsnormen konfrontiert sahen.

1. Ansprüche aus Prospekthaftung

Im Zusammenhang mit der Fehlinformation des Anlegerpublikums durch inhaltlich fehlerhafte Publikationen drängt sich als Anspruchsgrundlage als Erstes das Rechtsinstitut der Prospekthaftung auf.

a) Börsenrechtliche Prospekthaftung

Gegenstand der börsengesetzlichen Prospekthaftung ist der Börsenzulassungsprospekt. Dabei handelt es sich indes nach dem Wortlaut des § 44 Abs. 1 BörsG (§ 45 Abs. 1 BörsG a.F.) nur um solche Publikationen, aufgrund derer Wertpapiere zum Börsenhandel zugelassen sind. Ad-hoc-Meldungen bilden dagegen nicht die Grundlage für die Börsenzulassung von Wertpapieren. Vielmehr knüpft die Ad-hoc-Publizität gemäß § 15 WpHG an die bereits erfolgte Zulassung der Wertpapiere an, auf welche sie sich beziehen. Als Zulassungsfolgepflicht dient sie im Hinblick auf diese Wertpapiere gemeinsam mit der Regelpublizität der Information der Marktteilnehmer auf dem Sekundärmarkt. Nach allgemeiner Meinung kommt daher in Zusammenhang mit der Veröffentlichung von fehlerhaften Ad-hoc-Meldungen eine Haftung nach börsenrechtlicher Prospekthaftung nicht in Betracht.[231]

b) Allgemeine zivilrechtliche Prospekthaftung

Die allgemeine zivilrechtliche Prospekthaftung ist das Ergebnis richterlicher Rechtsfortbildung und diente ursprünglich der Stärkung des Anlegerschutzes auf dem „grauen Kapitalmarkt". Es handelt sich dabei um eine an die spezialgesetzlichen Tatbestände der börsenrechtlichen Prospekthaftung angelehnte Weiterentwicklung einer Vertrauenshaftung auf Grundlage des Rechtsinstituts der *culpa in contrahendo*. Umstritten ist aber, ob die allgemeine zivilrechtliche Prospekthaftung auch auf fehlerhafte Ad-hoc-Meldungen angewendet werden kann.

---

[231] Schwark, BörsG, § 44 BörsG Rn. 12; Hamann in: Schäfer, §§ 45, 46 BörsG, Rn. 30; Assmann in: Assmann/Schütze, § 7 Rn. 48 ff.; Groß, WM 2002, 477 (478 f.); Brondics/Mark, AG 1989, 339 (343 f.).

aa) 1. Ansicht: Anwendbarkeit auf Ad-hoc-Meldungen

Nach teilweise vertretener Ansicht sollen auch Ad-hoc-Meldungen in den Anwendungsbereich der allgemeinen zivilrechtlichen Prospekthaftung fallen.[232] Begründet wird dies zum einen mit einem auf *Assmann* zurückgehenden weiten Prospektbegriff, wonach unter einem Prospekt jede marktbezogene, d.h. an eine bestimmte Zahl von Personen gerichtete schriftliche Erklärung zu verstehen ist, die für die Beurteilung der Anlage erhebliche Angaben enthält oder den Eindruck eines solchen Inhalts erwecken soll.[233] Daraus wird gefolgert, dass auch der Veröffentlichung von kursrelevanten Einzeltatsachen, wie sie in § 15 WpHG vorgesehen ist, Prospektcharakter zukommt.[234] Nach *Brondics/Mark* ist die Einbeziehung von Ad-hoc-Meldungen darüber hinaus auch zur Vermeidung von sonst entstehenden Schutzlücken im Bereich des Anlegerschutzes geboten.[235] Der Gesetzgeber habe den Vertrauensschutz nur insoweit verwirklicht, als sich der Emittent und die Emissionsbanken über Prospekte an das Publikum richteten. Die allgemeine Redlichkeitserwartung der Anleger gebiete aber auch deren Schutz im Zusammenhang mit anderen kapitalmarktrechtlichen Publikationsformen. Wenn aber schon gesetzlich eine Haftung für geprüfte Börsenprospekte vorgesehen sei, müsse dies erst recht für andere Informationen des Emittenten gelten.

bb) 2. Ansicht: Keine Anwendbarkeit auf Ad-hoc-Meldungen

Nach anderer Ansicht fallen fehlerhafte Ad-hoc-Meldungen dagegen nicht in den Anwendungsbereich der allgemeinen zivilrechtlichen Prospekthaftung.[236] Diese Auffassung gründet sich zum einen auf einen engen Prospektbegriff, wonach eine schriftliche Darstellung nur dann einen Prospekt darstellt, wenn sie den Anspruch erhebt, ein vollständiges und richtiges Bild über die wesentlichen Umstände und Risiken der Kapitalanlage zu vermitteln.[237] Bei Ad-hoc-Meldungen sei diese Voraussetzung hingegen nicht gegeben. Während die Anleger durch die Veröffentlichung von Jahresabschluss und Zwischenberichten

---

[232] Hamann in: Schäfer, §§ 45, 46 a.F. BörsG, Rn. 25, 30; Brondics/Mark, AG 1989, 339 (346); Barnert, WM 2002, 1473 (1483); einschränkend: Schwark, BörsG, § 44 BörsG, Rn. 13: Nur nach Lage des Falles.

[233] Assmann in: Assmann/Schütze, § 7, Rn. 57.

[234] Hamann in: Schäfer §§ 45, 46 a.F. Rn. 30. Unentschieden aber Assmann in Assmann/Schütze, § 7, Rn. 50, der sich in diesem Zusammenhang auf eine knappe Wiedergabe des Meinungsstandes in der Literatur beschränkt.

[235] Brondics/Mark AG 1989, 339 (343)

[236] OLG München, AG 2003, 106 (108); Groß, WM 2002, 477 (480); Rössner/Bolkart, ZIP 2002, 1471; Rützel, AG 2003, 69 (70 f.).

[237] BGH, NJW 1993, 2865; Rützel, AG 2003, 69 (71).

detailliert über die wirtschaftliche Situation des Emittenten informiert würden, käme Ad-hoc-Meldungen lediglich eine Ergänzungsfunktion im Hinblick auf einzelne Aspekte der Regelpublizität zu. Die Ad-hoc-Publizität erhebe daher gerade nicht den Anspruch, eine vollständige Darstellung der wesentlichen anlagerelevanten Umstände zu vermitteln.[238]

Als weiteres Argument gegen die Einordnung von Ad-hoc-Meldungen als Prospekte wird geltend gemacht, dass Ad-hoc-Meldungen im Gegensatz zu Prospekten nicht bestimmungsgemäß zu einer Kapitalanlage führten und ihnen daher die Marktbezogenheit fehle. Die allgemeine zivilrechtliche Prospekthaftung basiere aber gerade auf der Qualifikation von Prospekten als Erfüllung der im Vorfeld von Anlageentscheidungen bestehenden vorvertraglichen Informationspflichten.[239]

Schließlich wird unabhängig vom Prospektbegriff geltend gemacht, die Einbeziehung von Ad-hoc-Meldungen in den Anwendungsbereich der allgemeinen zivilrechtlichen Prospekthaftung führe zu Wertungswidersprüchen im Verhältnis zur börsenrechtlichen Prospekthaftung im Zusammenhang mit dem erforderlichen Verschulden.[240] Während die börsenrechtliche Prospekthaftung lediglich einfache Fahrlässigkeit voraussetze, gelange die börsenrechtliche Prospekthaftung erst bei grober Fahrlässigkeit zur Anwendung.

cc) Stellungnahme

Der letztgenannten Auffassung ist der Vorzug zu geben. Dies ergibt sich jedoch nicht bereits aus der dargelegten Wertungsdiskrepanz zwischen der börsenrechtlichen Prospekthaftung einerseits und der allgemeinen zivilrechtlichen Prospekthaftung andererseits im Hinblick auf den jeweils erforderlichen Verschuldensgrad. Zwar würde es in der Tat merkwürdig anmuten, wenn hinsichtlich der Haftung im Zusammenhang mit unverzüglich zu veröffentlichenden Ad-hoc-Meldungen weniger strenge Verschuldensanforderungen gelten würden als hinsichtlich der Haftung für fehlerhafte Emissionsprospekte, für deren Erstellung

---

238 OLG München AG 2003, 106 (108); Rützel, AG 2003, 69 (71).

239 Groß, WM 2002, 477 (480); Rössner/Bolkart, ZIP 2002, 1471. Rützel, AG 2003, 69 (71) möchte dagegen nicht auf die fehlende Marktbezogenheit als solche abstellen, da Ad-hoc-Meldungen zwar nicht unmittelbar auf den Absatz von Wertpapieren gerichtet seien, andererseits aber eine Informationsgrundlage für den Kauf und Verkauf von Wertpapieren schafften. Die fehlende Prospekteigenschaft soll sich aber daraus ergeben, dass Ad-hoc-Meldungen der Förderung von Drittgeschäften dienten. Die allgemeine zivilrechtliche Prospekthaftung setze dagegen gemäß ihrer dogmatischen Begründung als vorvertragliches Schuldverhältnis ein besonderes Näheverhältnis zwischen Emittent und Anleger voraus, welches im Zusammenhang mit Drittgeschäften nicht vorhanden sei.

240 Groß, WM 2002, 477 (480); Rützel, AG 2003, 69 (71).

regelmäßig ausreichend Zeit und die Unterstützung einer Vielzahl externer Emissionshelfer zur Verfügung stehen. Die aufgezeigte Wertungsdiskrepanz ließe sich indes auf einfache Weise dadurch vermeiden, dass man eine aus dem Rechtsinstitut der allgemeinen zivilrechtlichen Prospekthaftung hergeleitete Haftung für Verstöße gegen die Ad-hoc-Publizität – entsprechend der Wertung im Rahmen der börsenrechtlichen Prospekthaftung – auf grobe Fahrlässigkeit begrenzt.

Gleichwohl ist der Auffassung, welche die Herleitung einer Haftung für fehlerhafte Ad-hoc-Meldungen aus dem Rechtsinstitut der allgemeinen zivilrechtliche Prospekthaftung ablehnt, dahingehend zuzustimmen, dass es sich bei Ad-hoc-Meldungen nicht um Prospekte handelt. Dies ergibt sich aus der Sekundärmarktbezogenheit der Ad-hoc-Publizität. Ad-hoc-Meldungen dienen, wie *Rützel* richtig bemerkt hat, der Förderung von Drittgeschäften, also von Umsatzgeschäften zwischen Anlegern auf dem Sekundärmarkt. Sowohl die börsenrechtliche als auch die allgemeine zivilrechtliche Prospekthaftung dienen dagegen der Information des Anlegers auf dem Primärmarkt, d.h. im Zusammenhang mit der erstmaligen Begründung einer Anlagebeziehung zwischen dem Emittenten und seinen Anlegern bzw. dem erstmaligen öffentlichen Angebot von Wertpapieren über die Börse. Gegenstand jedweder Prospekthaftung kann daher nur ein Schriftstück sein, welches sowohl von seiner Konzeption als auch von seinem Inhalt her gerade der Förderung des Wertpapierabsatzes auf dem Primärmarkt dient. Dies ist bei Ad-hoc-Meldungen schon wegen der Konzeption des § 15 WpHG als Zulassungsfolgepflicht auf dem geregelten Kapitalmarkt nicht der Fall. Ferner dürfte die Veröffentlichung von Einzeltatsachen im Rahmen von Ad-hoc-Meldungen in der Tat auch in inhaltlicher Hinsicht zur Absatzförderung auf dem Primärmarkt nicht geeignet sein. Diese setzt als grundlegende Informationsquelle der Anleger über das jeweilige Anlageprodukt vielmehr eine umfassende und detaillierte Beschreibung des Anlageprojekts voraus, welche eine Ad-hoc-Meldung nicht zu liefern in der Lage ist.

Schließlich konnte eine Haftung für fehlerhafte Ad-hoc-Meldungen aus dem Rechtsinstitut der allgemeinen zivilrechtlichen Prospekthaftung nach altem Recht entgegen der Auffassung von *Brondics/Mark* auch nicht mit der Schließung vermeintlicher Schutzlücken begründet werden.

Zwar hatte der Gesetzgeber die Haftung für Verstöße gegen andere Publizitätspflichten auf dem geregelten Kapitalmarkt bis zur Neuregelung im Vierten Finanzmarktförderungsgesetz in der Tat nicht geregelt. Hierbei handelte es sich aber keinesfalls um eine planwidrige Regelungslücke, welche über die Heranziehung des Rechtsinstituts der allgemeinen zivilrechtlichen Prospekthaftung geschlossen werden musste. Vielmehr ergibt sich aus § 15 Abs.6 S. 1 WpHG und den diesbezüglichen Gesetzesmaterialien, dass der Gesetzgeber einer zivilrechtlichen Haftung im Zusammenhang mit Verstößen gegen die Ad-hoc-Publizitätspflicht vor Schaffung entsprechender Anspruchsgrundlagen durch das Vierte Finanzmarktförderungsgesetz äußerst kritisch gegenüberstand.[241] Wesentlicher Aspekt war in diesem Zusammenhang die Besorgnis, Schadensersatzansprüche einer unübersehbaren Anzahl von Anlegern könnten die Sanierungsfähigkeit des Emittenten in der Krise gefährden.

Gerade diese Gefahr kumulierter Schadensersatzansprüche ist hingegen im Rahmen der vom Gesetzgeber geregelten börsenrechtlichen Prospekthaftung wegen deren Primärmarktbezug nicht in diesem Ausmaße gegeben. Bei der börserechtlichen Prospekthaftung kann der Emittent die Haftung in sachlicher Hinsicht durch besondere Kennzeichnung der Wertapiere auf die in Zusammenhang mit dem Prospekt neu zugelassenen Wertpapiere beschränken (vgl. § 44 Abs. 1 S. 3 BörsG). Drittgeschäfte mit bereits zuvor zugelassenen Wertpapieren sind von der Haftung nicht umfasst. Die Haftung bleibt damit wenigstens im Hinblick auf die betroffenen Wertpapiere überschaubar.

Das für den Emittenten bestehende Haftungsrisiko im Bereich der gesetzlich geregelten Prospekthaftung ist mithin mit dem potentiellen Haftungsrisiko bei Verstößen gegen andere Publikationspflichten auf dem geregelten Kapitalmarkt nicht vergleichbar. Dieses unterschiedliche Haftungsrisiko für den Emittenten spiegelt sich aber gerade in der Entscheidung des Gesetzgebers für die börsengesetzliche Prospekthaftung in ihrer konkreten Ausgestaltung einerseits und gegen eine ähnlich ausgestaltete Haftung für Verstöße gegen andere Publikationspflichten andererseits wider. Eine Ausdehnung des Rechtsinstituts der allgemeinen zivilrechtlichen Prospekthaftung auf derartige Verstöße würde sich somit nicht als Schließung planwidriger Schutzlücken sondern als Negation der gesetzgeberischen Entscheidung zu Lasten einer an die börsenrechtliche Prospekthaftung angelehnten Haftung wegen fehlerhafter Ad-hoc-Meldungen darstellen und ist aus diesem Grunde abzulehnen

2. Haftung aus § 823 Abs. 2 BGB in Verbindung mit einem Schutzgesetz

Neben der quasi-vertraglichen Prospekthaftung kommen ferner deliktische Ansprüche in Betracht. Eine Haftung aus § 823 Abs. 1 BGB scheitert aber bereits daran, dass kein absolutes Recht im Sinne dieser Vorschrift ersichtlich ist, welches durch den Verstoß gegen die Ad-hoc-Publizitätspflicht auf Seiten der geschädigten Anleger verletzt sein könnte. Zwar wird dem Mitgliedschaftsrecht der Aktionäre einer AG in gewissem Umfang der Charakter eines absoluten Rechts zugeschrieben.[242] Gleichwohl könnten ein solches Recht nur diejenigen

---

[241] Siehe dazu sogleich unter: Fünfter Teil, A. I. 2.

[242] Thomas in: Palandt, § 823 Rn. 12.

Anleger geltend machen, die zum Zeitpunkt des Publizitätsverstoßes bereits Aktionäre des Emittenten waren. Neuerwerber, die ihre Aktien „zu teuer gekauft haben“ gingen dagegen nach § 823 Abs. 1 BGB leer aus. Zudem schützt das Mitgliedschaftsrecht den Aktionär nur gegen Eingriffe in den rechtlichen Bestand der Mitgliedschaft und nicht gegen Vermögensschäden in Form von Kursverlusten.[243]

Im Zusammenhang mit sogenannten „reinen Vermögensschäden“ verbleibt jedoch die Möglichkeit einer Haftung nach § 823 Abs. 2 BGB in Verbindung mit einem Schutzgesetz. Im Folgenden soll untersucht werden, welche Schutzgesetze in Zusammenhang mit Verstößen gegen die Ad-hoc-Publizitätspflicht in Betracht kommen.

a) § 15 WpHG (Pflicht zur Ad-hoc-Publiziät)

Im Zusammenhang mit Verstößen gegen die in § 15 Abs. 1 WpHG verankerte Ad-hoc-Publizitätspflicht erschien es ferner naheliegend, diese Vorschrift selbst als Schutzgesetz im Rahmen des § 823 Abs. 2 BGB heranzuziehen.

Ein Verstoß gegen § 15 Abs. 1 WpHG kam zunächst in den Fällen in Betracht, in denen der Emittent eine nach § 15 Abs. 1 S. 1 WpHG erforderliche Veröffentlichung nicht unverzüglich vornahm. Aus § 15 Abs. 1 S. 1 WpHG folgt aber wie bei allen Publizitätsvorschriften nicht nur ein Gebot zur unverzüglichen Veröffentlichung sondern auch das Gebot einer richtigen und vollständigen Veröffentlichung.[244] Dies ergibt sich auch aus dem an § 15 Abs. 1 WpHG anknüpfenden Bußgeldtatbestand des § 39 Abs. 2 Nr. 2 a WpHG (früher § 39 Abs. 3 WpHG), wonach neben der Nichtveröffentlichung einer gebotenen Ad-hoc-Meldung auch die Veröffentlichung einer inhaltlich fehlerhaften Ad-hoc-Meldung eine Ordnungswidrigkeit darstellt. Selbst wenn man daher das Gebot einer richtigen und vollständigen Veröffentlichung nicht bereits als von § 15 Abs. 1 WpHG selbst umfasst ansehen wollte, so konnte jedenfalls § 39 Abs. 3 WpHG a.F. als Schutzgesetz im Zusammenhang mit fehlerhaften Veröffentlichungen herangezogen werden.

---

243 OLG München, ZIP 2002, 1989 (1993 f.); Rützel, AG 2003, 69 (71 f.).

244 So ausdrücklich Groß, WM 2002, 477 (482). Auch die Rechtsprechung hat, - soweit sie im Zusammenhang mit inhaltlich fehlerhaften Ad-hoc-Meldungen eine Haftung nach § 823 Abs. 2 BGB i.V.m. § 15 Abs. 1 WpHG in Betracht gezogen hat - die Ablehnung einer solchen Haftung stets allein mit dem fehlenden Schutzgesetzcharakter des § 15 Abs. 1 WpHG begründet. Vgl. dazu OLG München, ZIP 2002, 1989 (1994) –„Infomatec II“-; AG München, DB 2001, 2336 f. –„EM-TV“-.

Nicht unumstritten war aber die Frage, ob § 15 Abs. 1 WpHG (bzw. § 39 Abs. 3 WpHG a.F.) ein Schutzgesetz im Rahmen des § 823 Abs. 2 BGB darstellte. Für § 44 a BörsG, die Vorgängerregelung des § 15 WpHG war die Schutzgesetzeigenschaft zunächst allgemein bejaht worden.[245] Dagegen sah sich eine Qualifizierung des durch das Zweite Finanzmarktförderungsgesetz in das WpHG eingefügten § 15 WpHG als Schutzgesetz mit der Vorschrift des § 15 Abs. 6 S. 1 WpHG konfrontiert, wonach Verstöße des Emittenten gegen die in § 15 Abs. 1 WpHG enthaltene Veröffentlichungspflicht keine Schadenersatzansprüche begründen konnten.[246] Schadensersatzansprüche, die auf anderen Rechtsgrundlagen beruhen, sollten dagegen gemäß § 15 Abs. 6 S. 2 WpHG unberührt bleiben.

aa) Fehlender Schutzgesetzcharakter des § 15 WpHG nach h.M.

Aus § 15 Abs. 6 S. 1 WpHG wurde überwiegend gefolgert, dass es sich bei § 15 WpHG nicht um ein Schutzgesetz im Sinne des § 823 Abs. 2 WpHG handelte.[247] Diese Ansicht konnte sich dabei vor allem auf entsprechende Ausführungen in den Gesetzesmaterialien zum Zweiten Finanzmarktförderungsgesetz stützen, durch welches die in § 15 WpHG verankerte Ad-hoc-Publizität ihre heutige Gestalt erhielt. Danach sollte sich der fehlende Schutzgesetzcharakter der Vorschrift zum einen bereits aus der Tatsache ergeben, dass § 15 WpHG einzig dem öffentlichen Interesse an der Erhaltung der Funktionsfähigkeit des Kapitalmarktes diene und damit nicht drittschützend im Sinne des § 823 Abs. 2 WpHG sei.[248] Eine vom Wortlaut her ähnliche Formulierung findet sich auch in der gesetzgeberischen Begründung zu § 4 Abs. 2 WpHG a.F., wonach die Aufsichtstätigkeit des damaligen Bundesaufsichtsamts für den Wertpapierhandel (BAWe) nur zum Schutz der Funktionsfähigkeit der Wertpapiermärkte erfolgen sollte und dem Schutz des einzelnen Anlegers lediglich die Funktion eines bloßen Rechtsreflexes zugesprochen wurde.[249]

---

[245] Assmann, ZGR 1994, 494 (529); Hopt, ZGR 1991, 17 (50); Schwark, NJW 1987, 2041 (2045).

[246] Dies gilt nach der im Rahmen des Vierten Finanzmarktförderungsgesetzes geänderten Fassung des § 15 Abs. 6 S. 1 WpHG nunmehr allerdings nicht mehr für Ansprüche aus den neu eingeführten §§ 37 b, c WpHG.

[247] BVerfG ZIP 2002, 1986 (1987 f.) – „Met@box“; OLG München ZIP 2002, 1989 (1994 f.) – „Infomatec II“; Kümpel in: Assmann/Schneider § 15 Rn. 88; Geibel in: Schäfer § 15 WpHG Rn. 150; Groß WM 2002, 477 (482); Reichert/Weller ZRP 2002, 49 (53); Rodewald/Siems BB 2001, 2437 (2439); Rützel AG 2003, 69 (72); Thümmel DB 2001, 2331 (2332); v. Klitzing S. 220.

[248] Bericht des Finanzausschusses des Deutschen Bundestages, BT-Drucks. 12 / 7918, S. 102.

[249] Bericht des Finanzausschusses des Deutschen Bundestages, BT-Drucks. 12 / 7918, S. 100

Unabhängig von der aus diesem Grunde ohnehin fehlenden Schutzgesetzeigenschaft des § 15 WpHG, hatte sich der Finanzausschuss des Deutschen Bundestages darüber hinaus - angesichts der Bedeutung der Frage nach einer zivilrechtlichen Haftung des Emittenten - für eine Klarstellung dieser Frage in § 15 Abs. 6 S. 1 WpHG ausgesprochen.[250] Maßgebliches Argument für eine Haftungseinschränkung war dabei die Erwägung, dass unkalkulierbare Schadenersatzansprüche die im Interesse des größten Teil der Anleger liegende Sanierung des Emittenten im Krisenfalle gefährden könnten.[251] In der Krise des Emittenten seien Kreditinstitute nicht gewillt, weitere Kredite zur Verfügung zustellen, wenn diese lediglich der Befriedigung von Schadenersatzansprüchen dienen sollten.[252] Ein Regress des Emittenten gegenüber den verantwortlichen Vorstandsmitgliedern werde dagegen regelmäßig daran scheitern, dass letzteren die Mittel zur Befriedigung von Regressforderungen in zwei- oder dreistelliger Millionenhöhe fehlten.[253]

Ergänzend zu diesen gesetzgeberischen Erwägungen wurde in der Literatur teilweise als weiteres Argument für eine Haftungsbeschränkung die Gefahr angeführt, dass viele Emittenten angesichts einer drohenden zivilrechtlichen Haftung rein vorsorglich eine Befreiung von der Veröffentlichungspflicht des § 15 Abs. 1 WpHG beantragen würden, wodurch das gesetzgeberische Ziel einer höheren Transparenz auf dem Kapitalmarkt vereitelt würde.[254]

bb) Literaturstimmen für eine Heranziehung des § 15 WpHG als Schutzgesetz

Vereinzelte Stimmen in der Literatur wollten § 15 Abs. 1 WpHG dagegen schon nach alter Rechtslage als Schutzgesetz im Rahmen des § 823 Abs. 2 BGB heranziehen.[255]

---

250 Bericht des Finanzausschusses des Deutschen Bundestages, BT-Drucks. 12 / 7918, S. 102

251 Bericht des Finanzausschusses des Deutschen Bundestages, a.a.O.

252 Bericht des Finanzausschusses des Deutschen Bundestages, a.a.O.

253 Bericht des Finanzausschusses des Deutschen Bundestages, a.a.O.

254 Kümpel in: Assmann / Schneider, § 15 WpHG Rn. 189.

255 Gehrt, S. 201 ff.; Pluskat, Finanz Betrieb 2002, 235 (238 f.); wohl auch v. Klitzing, S. 222 ff., der allerdings – insoweit inkonsequent - anderer Stelle betont, dass der Haftungsausschluß in § 15 Abs. 6 S. 1 WpHG ungeachtet des Streites über die Schutzgesetzqualität von § 15 WpHG geltendes Recht darstelle, so dass einzelne Anleger bei Verstößen der Emittenten gegen die Ad-hoc-Publizität zumindest keine Schadensersatzansprüche gegen die Emittenten aus § 823 Abs. 2 BGB in Verbindung mit § 15 WpHG geltend machen könnten.

So empfahl *Gehrt*, die haftungseinschränkende Vorschrift des § 15 Abs. 6 S. 1 a.F. WpHG unter Zugrundelegung einer objektiven Auslegungsmethode deshalb nicht anzuwenden, weil sich in ihr ein „offensichtlich fehlgeleiteter gesetzgeberischer Wille" manifestiere.[256] Die Argumentation von *Gehrt* lehnte sich dabei zum einen an die erstmalig von *Hopt* vertretene These an, wonach die gesetzgeberischen Ziele des Funktionsschutzes und des Individualschutzes im Rahmen anlegerschützender Normen einander bedingen.[257] Nach *Gehrt* sollte dieser Zieldualismus auch bei der Frage nach dem Schutzgesetzcharakter des § 15 Abs. 1 WpHG zu berücksichtigen sein.[258] Es könne nicht angehen, dass durch die Regelung des § 15 Abs. 6 S. 1 WpHG a.F.in einem einzigen Satz ein ganzes Gesetz und der diesem zugrunde liegende Schutzzweck ad absurdum geführt würden. Zum anderen hielt *Gehrt* auch die speziellen Erwägungsgründe des Gesetzgebers für die Einschränkung zivilrechtlicher Ansprüche im Zusammenhang mit Ad-hoc-Meldungen für nicht nachvollziehbar. Das Argument der Sanierungsfeindlichkeit sei schon deshalb nicht stichhaltig, weil es prinzipiell für die meisten Fälle breit gestreuter und hoher Schadenersatzansprüche gegen den Emittenten Geltung beanspruchen könne und eine unterschiedliche Behandlung kapitalmarktrechtlicher Haftungsansprüche nicht gerechtfertigt sei.[259] Schließlich sei der Hinweis auf die fehlenden Regressmöglichkeiten des Emittenten verfehlt, da der Gesetzgeber selbst im Rahmen der Erhöhung des Bußgeldrahmens in § 39 WpHG a.F. von der Leistungsfähigkeit der Organmitglieder ausgegangen sei.[260]

In eine etwas andere Richtung wiesen die Vorschläge von *Pluskat* und *v. Klitzing*, die § 15 WpHG Abs. 6 S. 1 a.F. WpHG wegen dessen Unvereinbarkeit mit zwingenden europarechtlichen Vorgaben im Wege einer richtlinienkonformen Auslegung die Gültigkeit absprechen wollten.[261] Ein Verstoß gegen europarecht-

---

256 Gehrt, S. 201 ff.

257 Siehe zum Streit um die Gewichtung der Ziele des Anlegerschutzes und der dazu vertretenen These von Hopt bereits die vorstehenden Ausführungen unter: Zweiter Teil, A. III. 3 b).

258 Gehrt, S. 201 f.; A.A. dagegen Hopt, ZHR 159 (1995), 135 (161), der § 15 Abs. 6 S. 1 WpHG a.F. trotz seiner grundsätzlichen Kritik als geltendes Recht ansah und in diesem Zusammenhang lediglich anmerkte, die insoweit ungewöhnliche Norm des § 15 Abs. 6 S. 1 a.F. WpHG werfe ein Licht auf das komplizierte Verhältnis des Gesetzgebers zu einer aktiven und selbstbewussten Zivilrechtsprechung. Die Norm sei stilwidrig, da es selbstverständlich sein müsse, dass die Rechtsprechung auch einen „nur" in der Begründung zum Ausdruck gekommenen klaren Willen des Gesetzgebers respektiert.

259 Gehrt S. 206 ff.

260 Gehrt, S. 206.

261 Pluskat, a.a.O.; v. Klitzing S. 222 ff. Zwar lehnt dieser eine richtliniekonforme Auslegung gegen den Wortlaut der Vorschrift zunächst ab. Im Anschluß an diese Ausführungen stellt er aber fest, dass die deutschen Gerichte den individualschützenden Charakter der maßgeblichen EG-Richtlinien durch den EuGH im Wege eines Vorabentscheidungsverfahrens

liche Vorgaben sollte sich dabei aus der Präambel bzw. den Erwägungsgründen der beiden § 15 WpHG zugrunde liegenden EG-Richtlinien ergeben, wonach die individuellen Anleger ausdrücklich zum geschützten Personenkreis dieser Richtlinien gehörten.[262] Durch die Haftungseinschränkung des § 15 Abs. 6 S. 1 WpHG a.F. sei der deutsche Gesetzgeber seiner aus Art. 13 der Insider-Richtlinie[263] bzw. Art. 10 EGV[264] folgenden Pflicht zur effektiven aus dem Gebot der praktischen Wirksamkeit abgeleiteten Umsetzung der Richtlinie (*effet utile*) nicht in ausreichendem Maße nachgekommen.

cc) Stellungnahme

Der im Hinblick auf die Haftungseinschränkung des § 15 Abs. 6 S. 1 a.F. WpHG geäußerten Kritik ist insoweit beizupflichten, als sie sich ganz allgemein gegen die in der Vorschrift zum Ausdruck kommende gesetzgeberische Fokussierung auf den Schutzzweck des Funktionenschutzes richtet. Die fehlende gesetzliche Verankerung des Individualschutzes in § 15 WpHG a.F. war in der Tat Ausdruck einer verkürzten Sichtweise des Gesetzgebers insbesondere vor dem Hintergrund der besonderen Bedeutung einer zivilrechtlichen Haftung für die effiziente Durchsetzung kapitalmarktrechtlicher Normen.

Dagegen war der Versuch, § 15 WpHG entgegen der ausdrücklichen Haftungseinschränkung in § 15 Abs. 6 S. 1 WpHG a.F. schon nach altem Recht als Schutzgesetz zu qualifizieren, von Vornherein zum Scheitern verurteilt.

(1) Bedenken gegen den Ansatz von Gehrt

(a) Methodologische Bedenken

Der Ansatz von Gehrt sah sich bereits erheblichen methodologischen Bedenken ausgesetzt. Der Gesetzgeber hat mit der Einfügung des § 15 Abs. 6 S. 1 WpHG a.F. klar zum Ausdruck gebracht, dass eine zivilrechtliche Haftung aus § 15 WpHG – unbeschadet einer Haftung aus anderen Rechtsvorschriften – nicht in Betracht kommen sollte. Dies ergibt sich nicht nur aus den Gesetzesmaterialien zum Zweiten Finanzmarktförderungsgesetz sondern vor allem aus dem insoweit unmissverständlichen Wortlaut der Vorschrift, der keinerlei Interpretationsspielräume zuließ. Für die von *Gehrt* geforderte Auslegung der Vorschrift „nach objektiven Kriterien" bleibt daher kein Raum. Dies musste auch dann gelten, wenn

---

feststellen lassen könnten. Daraus sei dann im Weiteren die Unanwendbarkeit des § 15 Abs. 6 S. 1 a.F. WpHG zu folgern.

[262] v. Klitzing, a.a.O.; Pluskat, a.a.O.; a.A. BVerfG, ZIP 2002, 1986 (1989).

[263] Pluskat, a.a.O.

[264] v. Klitzing, a.a.O.

der Gesetzgeber bei Erlass der Norm tatsächlich – wie von *Gehrt* konstatiert – subjektiv „fehlgeleitet" war, da selbst die insoweit berechtigte Kritik an der in Abs. 6 S. 1 a.F. WpHG zum Ausdruck gekommenen gesetzgeberischen Wertung nichts an dem allgemeinen Grundsatz zu ändern vermag, dass es nicht Aufgabe des Rechtsanwenders ist, eine kritisierte gesetzgeberische Wertung nachträglich durch die eigene Wertung zu ersetzen. Vielmehr ist unabhängig von dem historischen Streit um das richtige Auslegungsziel[265] anerkannt, dass der mögliche Wortsinn einer auszulegenden Norm die äußere Grenze einer jeden Auslegung bildet.[266] Die Heranziehung des § 15 Abs. 1 WpHG als Schutzgesetz entgegen diesem klaren Wortlaut hätte sich daher als Auslegung *contra legem* dargestellt und war aus diesem Grunde abzulehnen.

(b) Inhaltliche Bedenken

Unabhängig von den soeben angeführten methodologischen Bedenken vermögen auch die von *Gehrt* für eine Charakterisierung des § 15 WpHG als Schutzgesetz inhaltlich ins Feld geführten Argumente nicht zu überzeugen. Soweit in diesem Zusammenhang auf die von *Hopt* aufgestellte These von der Untrennbarkeit der kapitalmarktrechtlichen Ziele Funktionenschutz und Individualschutz verwiesen wird, wurde bereits die Unhaltbarkeit dieser These dargelegt.[267] Funktionenschutz und Individualschutz bedingen einander nach deutschem Rechtsverständnis keineswegs. Vielmehr ist für die Bejahung des individualschützenden Charakters einer Rechtsnorm erforderlich, dass die fragliche Rechtsnorm den einzelnen aus rechtsethischen Motiven, d.h. um seiner selbst willen schützt. Der Schutz der Funktionsfähigkeit des Kapitalmarktes beruht dagegen einzig auf wohlfahrtsökonomisch motivierten Erwägungen. Auch die faktische Schutzposition, welche wohlfahrtsökonomisch legitimierte Rechtsnormen dem einzelnen Kapitalanleger als normatives Zwischenziel einräumen, kann daher allein einen individualschützenden Charakter dieser Vorschriften nicht begründen. Vielmehr bedarf es dazu eines erkennbaren gesetzgeberischen Willens im Hinblick auf den Schutz einzelner Kapitalanleger vor Vermögensverlusten. Ausweislich der insoweit eindeutigen Gesetzesmaterialien lag ein solcher indes gerade nicht vor.

(2) Bedenken gegen den Ansatz von Pluskat und v. Klitzing

Ebenso wenig zu überzeugen vermochte der von *Pluskat* und *v. Klitzing* unterbereitete Vorschlag, § 15 Abs. 6 Abs. 1 WpHG im Hinblick auf den Vorrang des Europarechts nicht anzuwenden. Zwar sind die nationalen Gerichte nach der Rechtsprechung des EuGH durchaus angehalten, nicht oder nicht ausreichend

---

265 Vgl. dazu Larenz, Methodenlehre, S. 32 ff.

266 BGHZ, 46, 74 (76); Bydlinski, S. 467 ff.; Larenz, Methodenlehre, S. 323.

267 Siehe dazu vorstehend unter: Zweiter Teil, A. III. 3. b) cc).

umgesetzten EG-Richtlinien dadurch Geltung zu verschaffen, dass sie das nationale Recht im Sinne der effektiven Erreichung der Ziel der Richtlinie auslegen (*effet utile*).[268] Dabei soll die Beachtung der Wortlautgrenze im Rahmen dieser richtlinienkonformen Auslegung offensichtlich großzügig gehandhabt werden. Dies kann im Einzelfall so weit gehen, dass eine Vorschrift in Bezug zu anderen Vorschriften in bestimmter Weise ausgelegt werden muss und z.B. explizite Rechtsfertigungsgründe oder Haftungsausschlüsse nicht angewendet werden dürfen.[269] Mit ähnlicher Argumentation ließe sich wohl auch die Unwirksamkeit der Haftungseinschränkung nach § 15 Abs. 6 S. 1 a.F. WpHG begründen, wenn diese Vorschrift tatsächlich im Widerspruch zu den ihr zugrunde liegenden EG-Richtlinien stand. Dies ist aber gerade nicht der Fall. Es ist zwar richtig, dass die § 15 WpHG zugrunde liegenden Richtlinien gerade auch den Schutz des individuellen Kapitalanlegers zum Ziel haben. Entgegen der Auffassung von *Pluskat* und *v. Klitzing* ließ sich indes aus dieser vagen Zielbestimmung in Ermangelung weiterer Regelungsvorgaben keineswegs ein Verstoß der Haftungseinschränkung des § 15 Abs. 6 S. 1 WpHG gegen diese Richtlinien herleiten.

Dies galt zunächst für den von *Pluskat* behaupteten Verstoß der Vorschrift gegen Art. 13 der Insiderrichtlinie, wonach die Mitgliedstaaten verpflichtet waren, für die Schaffung von Sanktionen Sorge zu tragen, die einen hinreichenden Anreiz zur Einhaltung der in der Richtlinie enthaltenen Vorschriften darstellen. Wie *v. Klitzing* indes zutreffend bemerkt, stellt Art. 13 der Insiderrichtlinie den Mitgliedstaaten die Wahl der Sanktionsform zur Erreichung dieses Zieles frei. Eine Festlegung auf die Einführung eines zivilrechtlichen Haftungstatbestandes war damit gerade nicht vorgesehen. Vielmehr kam es für die Bewertung der deutschen Regelung darauf an, ob das damalige deutsche Sanktionssystem für die Einhaltung der Ad-hoc-Publizitätspflicht einen hinreichenden Anreiz gesetzt hat. Ein bestmöglicher Anreiz war dagegen nicht erforderlich. Die durch § 39 WpHG ermöglichte Festsetzung eines Bußgelds von bis zu 3 Mio DM dürfte diesen Anforderungen mithin selbst unter der Prämisse genügt haben, dass eine zivilrechtliche Haftung einen effektiveren Anreiz zur Einhaltung des § 15 WpHG darstellt.

---

[268] Vgl. insbesondere EuGH Rs. 14 / 83 – „von Colson und Kamann / Land Nordrhein-Westfalen“ – Slg. 1984, 1891 im Zusammenhang mit der nicht ausreichenden Umsetzung der Richtlinie RL 76 / 207 zur Gleichbehandlung von Frauen und Männern im Arbeitsleben. Vgl. zu dieser Thematik auch Streinz, S. 143 f.

[269] Vgl. Streinz a.a.O., der in diesem Zusammenhang zu Recht feststellt, dass die richtlinienkonforme Auslegung in manchen Fällen einer – im horizontalen Verhältnis zwischen Bürgern verbotenen – unmittelbaren Wirkung von Richtlinien nahe kommen mag. Vgl. zu der Schwierigkeit der Abgrenzung zwischen verbotener unmittelbarer Wirkung einer Richtlinie und richtlinienkonformer Auswirkung auch EuGH Rs. C 91 / 92 – „Faccini Dori / Recreb“ - Slg. 1994 I 3325 (3335 f.).

Entgegen der Auffassung von *v. Klitzing* musste das vorstehend zu Art. 13 der Insider-Richtlinie Gesagte aber auch im Hinblick auf 10 EGV und das daraus abgeleitete Gebot der praktischen Wirksamkeit von Richtlinien (*effet utile*) gelten. In Anbetracht der Tatsache, dass es sich bei Art. 13 der Insider-Richtlinie lediglich um eine spezialgesetzliche Ausprägung des Gebots der praktischen Wirksamkeit handelt, ist nicht einzusehen warum sich aus diesem allgemeinen Gebot weitergehende Regelungsanforderungen an den nationalen Gesetzgeber herleiten lassen sollen als aus der Richtlinie selbst. Auch im Hinblick auf das allgemeine Gebot der praktischen Wirksamkeit war der deutsche Gesetzgeber daher in der Wahl der Sanktionsform für Verstöße gegen die Ad-hoc-Publizitätspflicht frei, sofern die gewählte Sanktionsform einen hinreichenden Anreiz zur Befolgung der in das nationale Recht umzusetzenden Transparenzvorschrift setzte. Die Bußgeldandrohung in § 39 WpHG genügte dieser Anforderung; eine ergänzende zivilrechtliche Haftung war daher auch nach Art. 10 EGV nicht geboten.

(3) Fazit

Eine Heranziehung von § 15 WpHG als Schutzgesetz im Rahmen des § 823 Abs. 2 BGB war somit nach der Rechtslage, wie sie vor dem Inkrafttreten des Vierten Finanzmarktförderungsgesetzes am 1.7.2002 bestand, wegen der Sperrwirkung des § 15 Abs. 6 S. 1 WpHG a.F. nicht möglich. Nach § 15 Abs. 6 S. 1 a. F. WpHG war jedoch nur die Heranziehung von § 15 WpHG als Schutzgesetz im Rahmen des § 823 Abs. 2 WpHG ausgeschlossen. Schadenersatzansprüche nach anderen Rechtsgrundlagen blieben dagegen nach § 15 Abs. 6 S. 2 WpHG unberührt. Im Folgenden sollen diese möglichen anderen Rechtsgrundlagen für eine zivilrechtliche Haftung nach alter Rechtslage untersucht werden.

b) Haftung aus § 823 Abs. 2 BGB in Verbindung mit Straftatbeständen

In Betracht kam hier zunächst eine Haftung des Emittenten aus § 823 Abs. 2 BGB in Verbindung mit strafrechtlichen Vermögensdelikten als Schutzgesetze. Zwar ist der Emittent als juristische Person nicht Adressat von Straftatbeständen. Dem Emittent wird indes im Rahmen einer möglichen zivilrechtlichen Haftung nach § 823 Abs. 2 BGB das strafrechtlich relevante Verhalten seiner Organmitglieder gemäß § 31 BGB zugerechnet. Im Gegensatz zu den bisher untersuchten Ansprüchen aus Prospekthaftung und § 823 Abs. 2 BGB i.V.m. § 15 Abs. 1 WpHG setzen alle als Schutzgesetz in Frage kommenden Straftatbestände Vorsatz voraus.

aa) § 88 BörsG a.F.

(1) Die Heranziehung des § 88 BörsG a.F. als Schutzgesetz durch die 3. Kammer des Landgerichts Augsburg (Infomatec II)

In dem ersten und bisher einzigen Urteil, in welchem einem Anleger Schadenersatz im Zusammenhang mit fehlerhaften Ad-hoc-Meldungen zugesprochen wurde, hat die 3. Kammer des LG Augsburg (Infomatec II) zur Begründung des Anspruchs u.a. § 88 BörsG a.F. (Kursbetrug) als Schutzgesetz im Rahmen des § 823 Abs. 2 BGB herangezogen.[270] Nach dieser Vorschrift war u.a. strafbar, wer zur Einwirkung auf den Börsen- oder Marktpreis von Wertpapieren unrichtige Angaben über Umstände macht, die für die Bewertung der Wertpapiere erheblich sind, oder solche Umstände entgegen bestehenden Rechtsvorschriften verschweigt.[271]

Das LG Augsburg hat die Heranziehung des § 88 BörsG a.F. als Schutzgesetz im Rahmen des § 823 Abs. 2 BGB nur äußerst knapp begründet. Normzweck der Vorschrift sei die Bewahrung der Zuverlässigkeit und Wahrheit bei der Preisbildung an Börsen und Märkten. Mittelbar wirke sich der Schutz des Börsen- und Marktverkehrs auch zugunsten des einzelnen Kapitalanlegers aus, der deshalb ebenfalls durch § 88 geschützt werde.[272]

(2) Die Ablehnung der Rechtsprechung des LG Augsburg durch die h.M.

Die Qualifizierung des § 88 BörsG a.F. als Schutzgesetz ist in der übrigen Rechtsprechung ganz überwiegend auf Ablehnung gestoßen. Dies gilt sowohl im Hinblick auf weitere instanzgerichtliche Entscheidungen[273], darunter die Entscheidung einer weiteren Kammer des LG Augsburg,[274] als auch im Hinblick auf die Berufungsentscheidung des OLG München in Sachen Infomatec II, durch welche das stattgebende Urteil der 3. Kammer des LG Augsburg aufgeho-

---

270 LG Augsburg (3. Zivilkammer), WM 2001, 1944 (1945) –„Infomatec II"-.

271 Der Tatbestand hat zwischenzeitlich im Rahmen des Vierten Finanzmarktförderungsgesetzes mit § 20 a WpHG eine Neuregelung erfahren. Sanktioniert werden jedoch nach wie vor die gleichen Manipulationstechniken wie in § 88 BörsG a.F. Lediglich die Rechtsfolgen sind nunmehr in zwei unterschiedlichen Tatbeständen geregelt. Während die Anwendung der in § 20 a WpHG bezeichneten Manipulationstechniken nunmehr nach § 39 Abs. 1 Nr. 1, 2 WpHG bereits ohne Kursbeeinflussungsabsicht eine Ordnungswidrigkeit darstellt, erfordert der Straftatbestand des § 38 Abs. 1 Nr. 4 WpHG eine tatsächliche Beeinflussung des Börsen- oder Marktpreises. Vgl. zu dieser Vorschrift auch die Ausführungen unter vorstehend: Zweiter Teil, B. III. 5.a) bb).

272 LG Augsburg a.a.O.

273 LG Kassel, BB 2002, 2151 –„Biodata"-.

274 LG Augsburg (6. Zivilkammer), BB 2002, 1230 –„Infomatec IV"-.

ben wurde.[275] Zwischenzeitlich hat nunmehr auch das Bundesverfassungsgericht erhebliche Bedenken gegen die Qualifizierung des § 88 BörsG a.F. als Schutzgesetz durch ein Strafgericht im Rahmen eines Akteneinsichtsverfahrens nach § 406 e StPO geäußert.[276]

Die ablehnende Haltung der Rechtsprechung stand ferner im Einklang mit der ganz h.M. in der Literatur.[277]

Begründet wurde die Ablehnung einer Heranziehung des § 88 BörsG a.F. als Schutzgesetz vor allem mit dessen fehlendem individualschützenden Charakter.[278] Während der parallel eingeführte § 264 a StGB (Kapitalanlagebetrug) ausweislich der Gesetzesmaterialien gerade den einzelnen Anleger schütze, diene der zeitgleich reformierte § 88 BörsG a.F. nur der Bewahrung der Zuverlässigkeit der Preisbildung an den Börsen und Märkten. Der einzelne Anleger werde im Rahmen dieser Vorschrift dagegen lediglich in Form eines Schutzreflexes geschützt.

Darüber hinaus wurde teilweise für den Fall einer Bejahung der Schutzgesetzeigenschaft von § 88 BörsG a.F. eine Wertungsdiskrepanz zu anderen Rechtsnormen ausgemacht.[279] Nach Auffassung des BVerfG lag eine solche Wertungsdiskrepanz zu § 15 Abs. 6 S. 1 WpHG a.F. darin begründet, dass es sich bei § 88 BörsG a.F. lediglich um die strafrechtliche Bezugsnorm des § 15 WpHG handeln soll, so dass § 15 Abs. 6 Abs. 1 WpHG a.F. bei Qualifizierung des § 88 BörsG a.F. als Schutzgesetz seines Anwendungsbereichs beraubt werde und damit leer laufen würde.[280] *Barnert* sah in der Herleitung einer zivilrechtlichen Haftung für fehlerhafte Ad-hoc-Meldungen aus § 88 BörsG a.F. einen Eingriff in das ausdifferenzierte Haftungssystem für Informationspflichtverletzungen, insbesondere im Bereich der Prospekthaftung.[281]

---

275 OLG München, ZIP 2002, 1989 (1991) –„Infomatec II"-.

276 BVerfG, ZIP 2002, 1986 (1987 ff.) –„Met@box"-.

277 Barnert, WM 2002, 1473 ff.; Geibel in: Schäfer, § 15 WpHG, Rn. 155; Reichert/Weller, ZRP 2002, 49 (53); Groß, WM 2002, 477 (484); Rieckers, BB 2002, 1213 (1215); Rössner/Worms in: Assmann/Schütze, § 9 Rn. 8, dort insbes. Fußnote 19; Rützel, AG 2003, 69 (72 f.); Schwark, BörsG, § 88, Rn. 1; Thümmel, DB 2001, 2331 (2332 f.).

278 So sämtliche der in Fußnote 277 zitierten Fundstellen. Den Aspekt des fehlenden Individualschutzes offenlassend lediglich Barnert a.a.O., der seine Ablehnung des Schutzgsetzcharakters von § 88 BörsG a.F. hauptsächlich auf die Wertungsdiskrepanz zu § 15 Abs. 6 S. 1 WpHG a.F. gründet.

279 BVerfG, a.a.O., S. 1988; Barnert, a.a.O., S. 1481 f.

280 BVerfG, a.a.O.

281 Barnert, a.a.O.

(3) Vereinzelte Zustimmung für die Sichtweise des LG Augsburg in der Literatur

Vereinzelt hat die Heranziehung des § 88 BörsG durch die 3. Kammer des LG Augsburg dagegen auch Zustimmung in der Literatur gefunden.[282] Begründet wurde dies zum einen mit der bereits mehrfach erwähnten, von *Hopt* aufgestellten These der Untrennbarkeit von Funktionenschutz und Individualschutz als gesetzgeberische Ziele im Rahmen kapitalmarktrechtlicher Vorschriften.[283] Ein Individualschutz sei daher schon ganz allgemein bei kapitalmarkt- und börsenrechtlichen Informationsvorgaben kein Systembruch mehr. Ferner wird geltend gemacht, es lasse sich den entsprechenden Gesetzesmaterialien gerade nicht entnehmen, dass der Gesetzgeber für § 88 BörsG a.F. einen Individualschutz habe ausschließen wollen.[284] Vielmehr sei auch in den Gesetzesmaterialien die Rede von „einem schutzwürdigen Vertrauen der Anleger in einen redlich zustande gekommenen Börsen- und Marktpreis".[285] Im Übrigen sei bereits der individualschützende Charakter der Vorgängernorm des § 88 BörsG a.F. anerkannt gewesen. Bei der Neufassung der Vorschrift sei lediglich die ehemals erforderliche Bereicherungsabsicht gestrichen worden. Dass sich durch diese Verschärfung der vorher bestehende Individualschutzzweck in einen bloßen Rechtsreflex verwandelt haben sollte, sei ein erstaunliches Ergebnis und stünde zu dem mit der Neuregelung verfolgten gesetzgeberischen Ziel, die Wirtschaftskriminalität besser zu bekämpfen, in auffälligem Widerspruch.[286] Darüber hinaus wurde auch zu § 88 BörsG a.F. – wie bereits zu § 15 Abs. 1 WpHG – vertreten, dass eine Qualifizierung der Vorschrift als Schutzgesetz unter europarechtlichen Gesichtspunkten geboten sein.[287] Schließlich soll entgegen der h.M. auch keine Wertungsdiskrepanz zu § 15 Abs. 6 S. 1 WpHG a.F. bestehen, da der Gesetzgeber mit der Einfügung dieser Vorschrift nur die Haftung für fahrlässige Verstöße gegen die Ad-hoc-Publizitätspflicht habe ausschließen wollen.[288] Dies soll sich vor allem aus den Gesetzesmaterialien zum Zweiten Finanzmarktförderungsgesetz ergeben, wonach u.a. der Vorsatz erfordernde § 826 BGB als „andere Anspruchsgrundlage" im Rahmen des § 15 Abs. 6 S. 2 WpHG in Betracht kommen sollte.[289]

---

[282] Möllers/Leisch, Anmerkung zu OLG München, ZIP, 2002, 1989 (1996 f.); Pluskat, Finanz Betrieb 2002, 235 (238 ff.); Rodewald/Siems, BB 2001, 2437 (2439).

[283] Möllers/Leisch, a.a.O., S. 1997; Rodewald/Siems, a.a.O.

[284] Möllers/Leisch, a.a.O.; Rodewald/Siems, a.a.O:

[285] Rodewald/Siems, a.a.O:

[286] Möllers/Leisch, a.a.O.

[287] Pluskat, a.a.O.

[288] Möllers/Leisch, a.a.O.

[289] Möllers/Leisch, a.a.O.

(4) Stellungnahme

In Ermangelung einer mit § 15 Abs. 6 S. 1 WpHG a.F. vergleichbaren haftungseinschränkenden Norm, muss für § 88 BörsG a.F. der Schutzgesetzcharakter - anders als für § 15 WpHG - anhand der allgemeinen Kriterien für das Vorliegen eines Schutzgesetzes im Rahmen des § 823 Abs. 2 BGB bestimmt werden. Nach der Dogmatik des § 823 Abs. 2 BGB ist eine Norm dann als Schutzgesetz zu qualifizieren, wenn sie nach ihrer Zwecksetzung wenigstens auch dem Schutz Einzelner zu dienen bestimmt ist (Individualschutz) und die Heranziehung der Vorschrift als Schutzgesetz im Lichte des haftpflichtrechtlichen Gesamtsystems tragbar erscheint.[290]

(a) Tragbarkeit im Rahmen des haftpflichtrechtlichen Gesamtsystems

Soweit die Heranziehung des § 88 a. F. BörsG zum Teil – unabhängig von der Frage des Individualschutzes – schon wegen angeblicher Wertungsdiskrepanzen zu § 15 Abs. 6 S. 1 WpHG a.F. bzw. zur Prospekthaftung abgelehnt wurde, kann dem nicht zugestimmt werden. Zwar erstreckte sich die Haftungseinschränkung des § 15 Abs. 6 S. 1 WpHG a.F. entgegen *Möllers/Leisch* nicht nur auf fahrlässige Verstöße gegen § 15 WpHG. Etwas anderes ließ sich auch den Gesetzesmaterialien zum Zweiten Finanzmarktförderungsgesetz nicht entnehmen, wo für die nach § 15 Abs. 6 S. 2 WpHG mögliche Haftung aus „anderen Rechtsgrundlagen" beispielhaft § 826 BGB angeführt wurde. Vielmehr ergab sich gerade aus der Nennung dieser Norm, dass für die Qualifizierung einer Norm als „andere Rechtsgrundlage" i.S.d. § 15 Abs. 6 S. 2 WpHG neben einem schlicht vorsätzlichen Verstoß gegen § 15 Abs. 1 WpHG noch weitere qualifizierende Tatbestandsmerkmale, wie etwa die vorsätzliche Schadensherbeiführung und die Sittenwidrigkeit derselben hinzukommen müssen. Genau solche qualifizierenden Merkmale enthielt allerdings § 88 BörsG a.F., indem diese Vorschrift in subjektiver Hinsicht neben dem Vorsatz im Hinblick auf die angewandten Manipulationsmittel auch eine Kursbeeinflussungsabsicht des Täters voraussetzte. Bei § 88 BörsG a.F. handelte es sich daher keinesfalls lediglich, wie vom BVerfG behauptet, um die strafrechtliche Bezugsnorm für Verstöße gegen die Ad-hoc-Publizitätspflicht nach § 15 Abs. 1 WpHG, auf welche sich die haftungseinschränkende Regelung des § 15 Abs. 6 S. 1 WpHG a.F. hätte beziehen müssen. Eine Wertungsdiskrepanz zwischen dieser Vorschrift und einer aus § 88 BörsG a.F. hergeleiteten zivilrechtlichen Haftung hätte damit - entgegen der Auffassung des BVerfG - nicht bestanden.

Dasselbe gilt auch für die von *Barnert* konstatierte angebliche Wertungsdiskrepanz zwischen der Heranziehung des § 88 BörsG a.F. und dem Rechtsinstitut

---

[290] BGHZ 66, 388 (390); Knöpfle, NJW 1967, 697 (699 f.); Larenz/Canaris, S. 436.

der börsenrechtlichen Prospekthaftung. Unabhängig von der Frage, inwieweit § 88 BörsG a.F. überhaupt auf Börsenzulassungsprospekte anwendbar ist,[291] setzt diese Vorschrift jedenfalls im Unterschied zur börsenrechtliche Prospekthaftung, wo schon grobe Fahrlässigkeit die Haftung begründet, sowohl Vorsatz im Hinblick auf die Falschinformation als auch eine Kursbeeinflussungsabsicht des Täters voraus. Von einer systemwidrigen Überlagerung des ausdifferenzierten Haftungssystems für Informationspflichtverletzungen kann daher angesichts der gegenüber der börsenrechtlichen Prospekthaftung verschärften tatbestandlichen Voraussetzungen keine Rede sein.

(b) Fehlender Individualschutz

Der h.M. ist indes darin beizupflichten, dass § 88 BörsG a.F. – ebenso wie § 15 Abs. 1 WpHG - keinen individualschützenden Charakter aufwies. Wie bereits mehrfach ausgeführt, ergibt sich ein solcher zunächst nicht bereits aus der von *Hopt* behaupteten angeblichen logischen Untrennbarkeit von kapitalmarktrechtlichem Funktionenschutz und Individualschutz.[292] Es kommt daher auch entgegen der Auffassung von *Rodewald/Siems* nicht darauf an, ob ein Individualschutz im Rahmen funktionsschützender kapitalmarktrechlicher Normen im Allgemeinen keinen Systembruch mehr darstellt, sondern vielmehr darauf, ob der Gesetzgeber bei Schaffung einer konkreten Rechtsnorm einen solchen Individualschutz neben dem Funktionenschutz bezweckt hat.

Dies war aber ausweislich der Entstehungsgeschichte des § 88 BörsG a.F. gerade nicht der Fall. Zwar darf für die Beantwortung der Frage, ob eine Rechtsnorm überhaupt den Schutz von Individualinteressen bezweckt, nicht ausschließlich auf die Entstehungsgeschichte der fraglichen Rechtsnorm abgestellt werden.[293] Vielmehr können insbesondere auch der Wortlaut und die systematische Stellung der Rechtsnorm Hinweise auf deren Schutzzweck geben. Im Hinblick auf die Frage nach dem individualschützenden Charakter des § 88 BörsG a.F. führen derartige Bemühungen indes nicht zum Ziel. So lassen weder die Stellung der Vorschrift im Börsengesetz noch die neutrale Formulierung „Einwirkung auf den Börsen- und Marktpreis“ bzw. „Erheblichkeit der falschen oder unterlassenen Angaben für die Bewertung der Wertpapiere“ einen Schluss darauf zu, ob durch § 88 BörsG a.F. gerade der einzelne Anleger als solcher oder lediglich die Funktionsfähigkeit des Kapitalmarktes geschützt werden soll.[294] Als weitaus er-

---

[291] Vgl. dazu Baumbach/Hopt, (14) BörsG, § 88, Rn. 1 m.w.N.

[292] Siehe dazu oben: Zweiter Teil, A. III. 3. b) bb)).

[293] Schmiedel, S. 226; Barnert, WM 2002, 1473 (1478).

[294] A.A. Barnert, a.a.O., der den fehlenden Individualschutz des § 88 BörsG a.F. u.a. schon daran festmachen möchte, dass § 88 BörsG a.F. nur eine„Einwirkung auf die Preisbildung“ und nicht – wie § 264 a StGB – einen „Zusammenhang mit dem Vertrieb von An-

giebiger für die Beantwortung dieser Frage stellte sich aber gerade die Entstehungsgeschichte der Vorschrift dar. Hatte doch der Gesetzgeber zur Frage des Schutzzwecks der Norm nicht – wie so oft - geschwiegen, sondern vielmehr seine diesbezüglichen Vorstellungen in ungewohnt deutlicher Form zum Ausdruck gebracht.

§ 88 BörsG a.F. erhielt seine Gestalt durch das zweite Gesetz zur Bekämpfung der Wirtschaftskriminalität (2. WiKG).[295] Während ursprünglich in § 88 BörsG sowohl die betrügerische Verleitung des Publikums zum Aktienerwerb durch Werbeprospekte und andere Veröffentlichungen (Prospektbetrug) als auch die Beeinflussung des Börsenhandels durch Manipulation des Aktienkurses (Kursbetrug) unter Strafe gestellt war, erfasste die Vorschrift fortan nur noch den Kursbetrug. Der Prospektbetrug ging dagegen in dem neu geschaffenen § 264 a StGB (Kapitalanlagebetrug) auf. Mit dieser Neuregelung entstand für den Bereich des Kapitalmarkts ein zweispuriges strafrechtliches Sanktionssystem. Diese Zweispurigkeit des Sanktionssystems spiegelt sich auch in den Gesetzesmaterialien zum 2. WiKG wieder, wo der Gesetzgeber die beiden Schutzgüter der jeweiligen Normen, nämlich „Schutz der Kapitalanleger vor Irreführung" für § 264 a StGB einerseits und „Bewahrung der Zuverlässigkeit der Preisbildung an den Börsen und Märkten" für § 88 BörsG a.F. andererseits deutlich voneinander abgegrenzt hat.[296] Entgegen *Rodewald/Siems* ließ sich das Gegenteil auch nicht mit dem Argument begründen, dass der Gesetzgeber auch im Rahmen des § 88 BörsG a.F. von einem „schutzwürdigen Vertrauen der Anleger in einen redlich zustande gekommenen Börsen und Marktpreis" gesprochen hat. Vielmehr ist diese Ausdrucksweise des Gesetzgebers einzig der Tatsache geschuldet, dass gerade die Erhaltung und Förderung des Anlegervertrauens eine notwendige, wenn auch rein faktische Voraussetzung für einen effektiven Funktionsschutz darstellt. Dass der Gesetzgeber über den beabsichtigten Funktionenschutz hinaus einen gezielten Individualschutz erstrebte, lässt sich der entsprechenden Passage in den Gesetzesmaterialien dagegen nicht entnehmen. Die dahingehende Interpretation von *Rodewald/Siems* beruht vielmehr auf dem bereits an anderer Stelle kritisierten zu weiten Begriff des Individualschutzes im Sinne der Hopt'schen Untrennbarkeitsdoktrin, der in der deutschen Rechtsdogmatik vom subjektiven Recht keine Stütze findet.

---

lagewerten" fordert. Gerade der investmentrechtliche Begriff „Vertrieb" soll aber nach Barnert den Bezug zu einer Vielzahl anzusprechender potentieller Kapitalanleger herstellen und damit den Schutz gerade dieser Kapitalanleger begründen. Das Fehlen diese Tatbestandsmerkmals in § 88 BörsG a.F. lege daher schon für sich genommen nahe, dass die Vorschrift nicht dem Schutz des einzelnen Kapitalanlegers diene.

[295] BGBl. I 1986, S. 721; vgl. zur Entstehungsgeschichte des § 88 BörsG a.F. auch Barnert, a.a.O.

[296] Begründung des Regierungsentwurfs, BT-Drucks. 10/318, 1983, S. 45.

Für eine bewusste Differenzierung des Gesetzgebers zwischen dem Schutzzweck des § 264 a StGB und dem Schutzzweck des § 88 BörsG a.F. spricht darüber hinaus das gesellschaftliche Umfeld der gesetzlichen Neuregelung. Anlass für die Schaffung des § 264 a StGB im Rahmen des 2. WiKG war die Verbesserung des Anlegerschutzes auf dem grauen Kapitalmarkt angesichts der Unzulänglichkeiten des bis dato geltenden Rechts in diesem Bereich.[297] Der Gesetzgeber reagierte damit verspätet auf die Vermögensverluste breiter Anlegerschichten durch unseriöse Anlageangebote (sogenannte „Vermögensvernichtungsangebote") in diesem Bereich des Kapitalmarktes, welche bereits die Rechtsprechung zur Entwicklung der allgemeinen zivilrechtlichen Prospekthaftung veranlasst hatten.[298] Ganz anders stellte sich das Reformumfeld dagegen im Hinblick auf den im Rahmen des 2. WiKG ebenfalls reformierten § 88 BörsG a.F. dar. Als einziger Anwendungsbereich der reformierten Vorschrift verblieb nunmehr nach der Neuregelung des Prospektbetruges in § 264 a StGB der sog. Kursbetrug im Bereich des geregelten Kapitalmarktes. Hauptproblem des geregelten Kapitalmarktes war aber zum damaligen Zeitpunkt nicht der Ausbau des Anlegerschutzes sondern der Abbau der steuerlichen Diskriminierung der Aktienanlage im Verhältnis zu anderen Anlageformen. Die unterschiedliche Dringlichkeit einer gesetzlichen Verstärkung des Anlegerschutzes im Hinblick auf die beiden Bereiche des Kapitalmarktes lässt wiederum Rückschlüsse auf die Frage des Individualschutzes zu. Ging es dem Gesetzgeber bei Schaffung des § 264 a StGB gerade um den Schutz der einzelnen Anleger vor weiteren Vermögensverlusten, so glaubte er sich im Bereich des geregelten Kapitalmarktes mit einem reinen Funktionenschutz begnügen zu können. Die Unzulänglichkeit dieses Schutzes trat dagegen erst mit der steigenden Attraktivität der Aktie als Anlageform in den späten neunziger Jahren des letzten Jahrhunderts zutage.

Ein individualschützender Charakter des § 88 BörsG a.F. ließ sich schließlich auch nicht unter im Hinblick auf europarechtliche Vorgaben behaupten. Zwar stand einer richtlinienkonformen Auslegung des § 88 BörsG a.F. zumindest nicht, wie im Hinblick auf die ähnlich gelagerte Fragestellung bei § 15 WpHG, der klare Wortlaut einer mit § 15 Abs. 6 S. 1 WpHG a.F. vergleichbaren Haftungseinschränkung entgegen.[299] Indes galt auch hier, dass sich den der Ad-hoc-Publizitätspflicht zugrunde liegenden Richtlinien gerade keine Verpflichtung des nationalen Gesetzgebers entnehmen ließ, die nach diesen Richtlinien erfor-

---

[297] Begründung des Regierungsentwurfs, BT-Drucks. 10/318, 1983, S. 21 f.; zu den Unzulänglichkeiten des bis dato geltenden rechts und den Motiven des Gesetzgebers vgl. auch Worms in: Assmann/Schütze, S 8 Rn. 1 ff.

[298] Worms a.a.O.

[299] Zu dem Phänomen, dass eine richtlinienkonforme Auslegung in bestimmten Fällen sogar entgegen dem klaren Wortlaut nationaler Vorschriften geboten scheint, siehe bereits vorstehend unter: Fünfter Teil, A. I. 2.a) cc) (2).

derlichen Sanktionen gerade als zivilrechtliches Haftungsregime auszugestalten.[300]

bb) § 264 a StGB (Kapitalanlagebetrug)

Nach § 264 a StGB werden unrichtige bzw. unvollständige Angaben in Prospekten oder in Darstellungen oder Übersichten über den Vermögensstand unter Strafe gestellt, sofern sie im Zusammenhang mit dem Vertrieb von Wertpapieren, Bezugsrechten oder Gesellschaftsanteilen oder einem Angebot auf Erhöhung der Einlage auf solche Anteile erfolgen. Es handelt sich dabei um ein abstraktes Vermögensgefährdungsdelikt im Vorfeld des Betruges.[301] Nach ganz h.M. dient § 264 a StGB zumindest auch dem Schutz des Vermögens individueller Anleger und ist damit Schutzgesetz i.S.d. § 823 Abs. 2 BGB.[302] Gleichwohl wird die Anwendbarkeit des § 264 a StGB auf fehlerhafte Ad-hoc-Meldungen zu Recht allgemein abgelehnt.[303]

Zum einen steht die Veröffentlichung von Ad-hoc-Meldungen nicht in einem ausreichenden unmittelbaren Zusammenhang mit dem Vertrieb von Wertpapieren bzw. einem Angebot auf Erhöhung der Einlage.[304] Ad-hoc-Meldungen dienen, wie bereits an anderer Stelle erwähnt wurde, nicht der Information der Anleger im Zusammenhang mit der Begründung einer Anlagebeziehung zwischen dem Unternehmen und dem Anleger, sondern der Förderung von Drittgeschäften zwischen den Anlegern, d.h. Ad-hoc-Meldungen weisen keinen Primärmarktbezug auf. Genau diesen Primärmarktbezug verlangt indes § 264 a StGB, wenn dort von einem inneren Zusammenhang mit dem Vertrieb von Wertpapieren bzw. dem Angebot auf Erhöhung der Einlage die Rede ist. Unter „Vertrieb" i.S.d. § 264 a StGB versteht man in Anlehnung an das Auslandsinvestmentgesetz eine auf den Absatz einer Vielzahl von Stücken gerichtete Tätigkeit, die sich an den Markt wendet. Der Absatz eines Produkts setzt aber eine Beteiligung des Veräußernden an dem Absatzvorgang voraus. Erfasst von § 264 a StGB ist mithin nur die erstmalige Unterbringung der in dieser Vorschrift bezeichneten

300 Siehe auch vorstehend unter: Fünfter Teil, A. I. a) cc) (2).

301 Cramer in: Schönke/Schröder, § 264, Rn. 1.

302 BGHZ, 116, 7; OLG Frankfurt, WM 1992, 572 (576); OLG München, ZIP 2002, 1989 (1995) –„Infomatec II" –; Pleyer/Hegel, ZIP 1987, 79 (80); Tröndle/Fischer, § 264a Rn. 2.

303 OLG München, ZIP 2002, 1989, 1995; LG München I, WM 2001, 1948 (1953) – „Infomatec I" -; LG Augsburg, BB 2002, 1230 –„Infomatec IV"-; AG München, DB 2001, 2336 (2337) –„EM-TV"-; Schwark, BörsG, Einl. § 88, Rn. 5; Groß, WM 2001, 477 (484); Rieckers, BB 2002, 1213 (1215); Rützel, AG 2003, 69 (73).

304 OLG München, a.a.O.; LG München I, a.a.O; LG Augsburg, a.a.O.; Groß, a.a.O; Rützel, a.a.O.

Anlageprodukte am Kapitalmarkt. Dies wird auch deutlich anhand der Entstehungsgeschichte des § 264 a StGB. Die Vorschrift wurde durch 2. WiKG eingeführt[305] und sollte dem besseren Schutz der Kapitalanleger am grauen Kapitalmarkt im Hinblick auf solche Aquisitionstechniken dienen, welche auf Täuschung und gezielte Schädigung potentieller Anleger ausgerichtet sind.[306] Es ging mithin gerade um die strafrechtliche Regelung des erstmaligen Erwerbs einer Vermögensanlage und nicht um die Regelung des weiteren Handels mit dieser Anlage (Sekundärmarkt), welcher im Bereich des grauen Kapitalmarktes mangels Fungibilität der Anlageobjekte ohnehin nicht existiert. Für Informationspflichtsverletzungen auf dem Sekundärmarkt im Bereich des geregelten Kapitalmarktes war dagegen bisher der Tatbestand des Kursbetruges gemäß § 88 a.F. BörsG einschlägig, welcher nunmehr durch den im Rahmen des Vierten Finanzmarktförderungsgesetzes eingeführten § 20 a WpHG neu gefasst und in wesentlichen Teilen abgeändert wurde.

Eine Strafbarkeit aus § 264 a StGB im Zusammenhang mit falschen Ad-hoc-Meldungen scheitert zudem daran, dass diese aufgrund der Lückenhaftigkeit der in ihnen enthaltenen Informationen keinem der in dieser Vorschrift bezeichneten Tatmittel zugeordnet werden können.[307] Zwar ist der Begriff des Prospektes unabhängig von dem erforderlichen Primärmarktbezug nicht beschränkt auf den börsengesetzlichen Zulassungsprospekt. Vielmehr kommt als Prospekt jede Werbe- und Informationsschrift in Betracht, die für die Beurteilung erhebliche Angaben enthält und zugleich Grundlage für die Entscheidung des Anlegers sein soll, die betreffende Kapitalanlage zu erwerben.[308] Wesentliches Merkmal eines Prospektes ist aber der Anschein der Vollständigkeit, so dass erkennbar lückenhaftes Material nicht unter § 264 a StGB fällt. Dies gilt auch im Hinblick auf die weiteren als Tatmittel in Betracht kommenden Übersichten oder Darstellungen über den Vermögensstand. Zwar bestehen im Hinblick auf diese Tatmittel noch geringere formelle Anforderungen als dies für Prospekte der Fall ist. So ist für das Vorliegen von „Darstellungen" i.S.d. Vorschrift noch nicht einmal Schriftlichkeit erforderlich.[309] Wesentliches Merkmal ist jedoch auch bei diesen Äußerungen der Anschein der Vollständigkeit im Hinblick auf den in der fraglichen Publikation wiedergegebenen Vermögensstand.[310] Ad-hoc-Meldungen dienen

305 BGBl. I 1986 S. 721

306 Vgl. zu den gesetzgeberischen Motiven und der Unzulänglichkeit des bis zur Einführung des § 264a StGB geltenden Rechts: Worms: in Assmann/Schütze, § 8 Rn. 1 ff.

307 OLG München, a.a.O; LG München I, a.a.O; LG Augsburg, a.a.O.; Rieckers, a.a.O.; Rützel, a.a.O:

308 Schwark, BörsG, Einl. § 88 Rn. 5; Tröndle/Fischer, § 264a, Rn. 12.

309 Cramer in: Schönke/Schröder, § 264a Rn. 21.

310 Cramer in: Schönke/Schröder, § 264a StGB, Rn. 20; Worms in: Assmann/Schütze, § 8, Rn. 86 f.

dagegen lediglich der Information des Anlegerpublikums über einen kleinen Ausschnitt des Vermögensstandes bzw. diesem zugrundeliegende Einzeltatsachen in Ergänzung zur Regelpublizität und sind damit im Hinblick auf die Wiedergabe des Vermögensstandes als solchem lückenhaft. Sie kommen daher auch aus diesem Grunde als Tatmittel im Rahmen des § 264 a StGB nicht in Betracht.

cc) § 400 AktG

Sofern es sich bei dem Emittenten um eine Aktiengesellschaft handelte, wurde ferner teilweise eine Haftung aus § 823 Abs. 2 WpHG i.V.m. § 400 AktG in Erwägung gezogen. Nach § 400 AktG wird bestraft, wer als Mitglied des Vorstands vorsätzlich die Verhältnisse der Gesellschaft einschließlich ihrer Beziehungen zu verbundenen Unternehmen in Vorträgen oder Auskünften in der Hauptversammlung oder in Darstellungen oder Übersichten über den Vermögensstand unrichtig wiedergibt oder verschleiert. Die Vorschrift ist nach allgemeiner Auffassung Schutzgesetz sowohl für die aktuellen als auch für die potentiellen Aktionäre der Gesellschaft.[311] Umstritten ist jedoch, ob Ad-hoc-Meldungen als „Darstellungen" in den Anwendungsbereich des § 400 AktG fallen.

(1) Fehlende Anwendbarkeit auf Ad-hoc-Meldungen nach h.M.

Nach h.M. ist die Anwendbarkeit des § 400 AktG auf Ad-hoc-Meldungen zu verneinen, weil sich Ad-hoc-Meldungen nicht auf den Vermögensstand insgesamt beziehen.[312] Genau den Vermögensstand als solchen müssten die Darstellungen i.S.d. § 400 AktG jedoch zum Inhalt haben. Für die Auslegung des Tatbestandsmerkmals „Darstellungen" in § 400 AktG könne dabei nichts anderes gelten, als für die Auslegung des insoweit wortgleichen § 264 a StGB. Dort sei unbestritten, dass sich sowohl der Begriff der „Übersichten" als auch der Begriff der „Darstellungen" auf den Vermögensstand beziehen müssten. Hätte der Gesetzgeber für § 400 AktG eine andere Regelung bevorzugt, hätte er dies bei der Abfassung des Gesetzestextes dadurch kenntlich machen können, dass er die beiden Tatbestandsmerkmale „Darstellungen" und „Übersichten" durch das Wort „in" getrennt hätte.[313]

---

[311] OLG München, ZIP 2002, 1989 (1994) –„Infomatec II"-; Otto in: GK zum AktG, § 400 Rn. 2 ff.

[312] OLG München, a.a.O.; LG Augsburg, BB 2002, 1230; Rieckers, BB 2002, 1213 (1215 f.); Rützel, AG 2003, 69 (73); Thümmel, DB 2001, 2331 (2332).

[313] OLG München, a.a.O.

(2) Die Auffassung der Regierungskommission „Corporate Governance“

Demgegenüber wird die Frage der Anwendbarkeit des § 400 AktG auf Ad-hoc-Meldungen in dem Bericht der Regierungskommission „Corporate Governance“ vom 11.7.2001 – zumindest abhängig von den Umständen des Einzelfalles – bejaht.[314] Der Zusatz „über den Vermögensstand“ in § 400 AktG beziehe sich lediglich auf das Tatmittel der „Übersichten“. Dagegen setze weder das Tatmittel der „Darstellungen“ noch das Tatmittel „Vorträge oder Auskünfte in der Hauptversammlung“ einen Bezug zum Vermögensstand voraus, da der betreffende Zusatz insoweit jeweils fehle.[315]

(3) Stellungnahme

Die letztgenannte Auffassung ist abzulehnen. Vielmehr ist mit der ansonsten ganz h.M.[316] in der Literatur davon auszugehen, dass sich der Zusatz „über den Vermögensstand“ in § 400 AktG auch auf das Tatmittel der „Darstellungen“ bezieht. Dies ergibt sich - unabhängig von § 264 a StGB - bereits aus einer Betrachtung des Wortlauts von § 400 AktG selbst. Die vier in dieser Vorschrift bezeichneten Tatmittel sind in zwei unterschiedliche Komplexe unterteilt. Während sich die beiden Tatmittel des ersten Komplexes auf Vorgänge in der Hauptversammlung beziehen, handelt es sich bei den Tatmitteln des zweiten Komplexes um Verlautbarungen außerhalb dieses Gremiums, welchen ihrerseits der Bezug zum Vermögensstand der Gesellschaft gemeinsam ist. Die Trennung der beiden Tatmittelkomplexe wird grammatikalisch deutlich durch die Wortfolge „oder in“ hervorgehoben. Innerhalb der einzelnen Komplexe sind die beiden dort jeweils aufgezählten Tatmittel dagegen nur durch das Wort „oder“ getrennt. Für den ersten Komplex ist daraus zu schließen, dass sich der hinter dem Tatmittel „Auskünfte“ befindliche Zusatz „in der Hauptversammlung“ ebenso auf das Tatmittel „Vorträge“ bezieht. Dies ist auch nie angezweifelt worden. Dasselbe muss dann aber auch im zweiten Tatmittelkomplex hinsichtlich des Zusatzes „über den Vermögensstand“ gelten, der sich dort sowohl auf die „Übersichten“ als auch auf die „Darstellungen“ bezieht.

Diese Deutung kann sich zudem auf die Entstehungsgeschichte des § 400 AktG stützen, bei dem es sich um eine Fortschreibung des § 296 Abs. 1 Nr. 1 AktG 1937 handelt. Die Vorschrift enthielt zwischen den Tatmitteln „Darstellungen“ und „Übersichten“ innerhalb des zweiten tatmittelkomplexes noch ein eingeschobenes Komma. Ausweislich der Gesetzesmaterialien hat der Gesetzgeber

---

[314] Bericht der Regierungskommission, Rn. 184; zustimmend: Groß WM 2002, 477 (483 f.).

[315] Bericht der Regierungskommission „Corporate Governance“ a.a.O.

[316] Geilen in: KK, § 400, Rn. 8, 47 f.; Otto in: GK, § 400, Rn. 34; Fuhrmann in: Geßler/Hefermehl, § 400, Rn. 16.

dieses Komma jedoch im Rahmen der Neuregelung im Rahmen des § 400 AktG bewusst zur Eindämmung des Tatbestands gestrichen.[317]

Nach alldem fordert § 400 AktG somit – ebenso wie § 264 a StGB - „Darstellungen über den Vermögensstand". Als Darstellungen über den Vermögensstand sind aber nur solche Publikationen bzw. Äußerungen abzusehen, die im Hinblick auf den Vermögensstand insgesamt den Eindruck der Vollständigkeit erwecken.[318] Wie bereits im Hinblick auf dieselbe Problematik im Rahmen des § 264 a StGB dargelegt, trifft dieses Merkmal auf Ad-hoc-Meldungen wegen deren Einzelfallbezogenheit gerade nicht zu.

dd) § 263 StGB (Betrug)

Auch eine Haftung für fehlerhafte Ad-hoc-Meldungen aus § 823 Abs. 2 BGB i.V.m. § 263 StGB wurde in Rechtsprechung und Literatur aus verschiedenen Gründen abgelehnt.[319]

(1) Fehlender Vermögensschaden

Zum einen sollte es im Zusammenhang mit den Kursverlusten, welche Anleger infolge fehlerhafter Ad-hoc-Meldungen erleiden, an einem Vermögensschaden i.S.d. § 263 StGB fehlen.[320] Dieser dürfe zunächst nicht aus der Tatsache hergeleitet werden, dass die Verfügung des Anlegers bei Kenntnis der wahren Sachlage unterblieben wäre.[321] Vielmehr sei ein Vermögensschaden nach der wirtschaftlichen Vermögenstheorie in derartigen Fällen dadurch ausgeschlossen, dass der Anleger, der infolge einer falschen Ad-hoc-Meldung Aktien erwerbe, ein wirtschaftliches Äquivalent in Form der zum Börsenkurs erworbenen Wertpapiere als Gegenleistung erhalte.[322] Zur Feststellung der wirtschaftlichen Äquivalenz der Gegenleistung sei dabei auf den Zeitpunkt der Vermögensverfügung abzustellen und nicht auf den Zeitpunkt eines späteren Kursverfalls infolge des

---

317 Vgl. dazu Geilen in: KK, § 400, Rn. 8.

318 Otto in: GK, § 400, Rn. 32, 34. Undeutlich in diesem Zusammenhang allerdings Geilen in: KK, § 400 Rn. 45, wonach „jede... offiziöse, auf die Gesellschaftsverhältnisse bezogene (und zumindest gleichzeitig auch!) den „Vermögensstand" berührende Mitteilung" in Betracht kommen soll.

319 LG München I, WM 2001, 1948 (1951 ff.) – „Infomatec I"; LG Augsburg BB 2002, 1230 – „Infomatec IV"; LG Kassel, DB 2002, 2151 –„Biodata"; Thümmel, DB 2001, 2331 (2332); Rodewald/Siems, BB 2001, 2437 (2440); Rieckers, BB 2002, 1213 (1216); Rützel, AG 2003, 69 (73).

320 LG München I, a.a.O.; LG Kasssel, DB 2002, 2151; Rieckers, BB 2002, 1213 (1216).

321 Rieckers a.a.O.; LG München I a.a.O.

322 LG München I a.a.O.; Rieckers a.a.O:

Bekanntwerdens der Unrichtigkeit der Ad-hoc-Meldung.[323] Zwar könne sich das Risiko eines nachträglichen Kursverfalls grundsätzlich als konkrete Vermögensgefährdung darstellen. Im Falle von falschen Ad-hoc-Meldungen sei jedoch ungewiss, ob und wann deren Unrichtigkeit bekannt werde und sich auf den Kurs des Wertpapiers auswirke, so das eine Vermögensgefährdung nicht in Betracht komme.[324]

Diese Auffassung vermag indes nicht zu überzeugen. Es ist keineswegs ungewiss, ob und wann die Unrichtigkeit der Ad-hoc-Meldung bekannt wird und sich auf den Kurs des betreffenden Wertpapiers auswirkt. Vielmehr haben derartige Kursveränderungen meist nur über eine kurze Zeit hinweg Bestand. Mit zunehmendem Zeitablauf wird es schwerer, den wahren Sachverhalt vor der Öffentlichkeit zu verbergen, wenn sich zB. auf Grundlage falscher Ad-hoc-Meldungen aufgestellte Gewinnprognosen nicht bestätigen. In diesem Zusammenhang ist auch zu berücksichtigen, dass der Emittent im Hinblick auf seine Geschäftlage auch weiterhin publizitätspflichtig bleibt, so dass das Fehlen bestimmter ad hoc verlautbarter Tatsachen von interessierten Kreisen im nachhinein indirekt aus dem Zahlenwerk des Jahresabschlusses oder diverser Zwischenberichte ergründet werden kann. Zudem besteht im Falle der bewussten Veröffentlichung falscher Ad-hoc-Meldungen eine hohe Wahrscheinlichkeit dafür, dass die an dieser Kursmanipulation beteiligten Organmitglieder und sonstige Angestellte des Emittenten ihren Wissensvorsprung zu Insidergeschäften ausnutzen, welche wiederum zu einer Kursangleichung führen. Häufig ist die Ermöglichung derartiger Geschäfte sogar das Leitmotiv für Kursmanipulationen durch die letztgenannten Personen. Nach alldem sind das Bekanntwerden der Unrichtigkeit einer Ad-hoc-Meldung und diesbezügliche nachträgliche Kursverschiebungen keineswegs ungewiss. Sie begründen vielmehr für die Anleger bereits im Zeitpunkt der Wertpapiertransaktion die konkrete Gefahr von Vermögensverlusten und damit einen Vermögensschaden i.S.d. § 263 StGB.

(2) Fehlende Stoffgleichheit im Rahmen der Bereicherungsabsicht

Nach einer verbreiteten Ansicht soll es aber im Hinblick auf die mit der Falschmitteilung verfolgten Ziele an der für § 263 StGB erforderlichen Absicht stoffgleicher Bereicherung fehlen.[325] Dieser Auffassung ist beizupflichten. Eine Absicht stoffgleicher Bereicherung ist in Anlehnung an die allgemeine Dogmatik des § 263 StGB nämlich nur dann gegeben, wenn die von dem Täuschenden beabsichtigte Vermögensverfügung zu einem unmittelbaren Vermögensvorteil

---

323 LG München I a.a.O.; LG Kassel a.a.O.; Rieckers a.a.O:

324 LG Kassel a.a.O.; Rieckers a.a.O.

325 LG München I, WM 2001, 1948 (1951); LG Augsburg, BB 2002, 1230; LG Kassel, DB 2002, 2151; Rodewald/Siems BB 2001, 2437 (2440); Rützel, AG 2003, 69 (73).

beim Täuschenden führen soll. Im Zusammenhang mit Wertpapiertransaktionen auf der Grundlage von falschen Ad-hoc-Meldungen erlangen nur diejenigen Anleger einen unmittelbar mit der Vermögensverfügung der geschädigten Anleger zusammenhängenden Vermögensvorteil, die zeitgleich mit dem geschädigten Anleger auf der Marktgegenseite in dem betreffenden Wertpapier gehandelt haben. Gerade diese Vermögensvorteile müssten sich mithin von den für den Emittenten handelnden Organmitgliedern beabsichtigt sein. Im Rahmen der Bereicherungsabsicht in § 263 StGB ist dabei Absicht in engeren Sinn, mithin also *dolus directus* ersten Grades erforderlich. Im Hinblick auf die Bereicherung der Marktgegenseite der geschädigten Anleger wird aber auf Seiten der für den Emittenten handelnden Organmitglieder eine Absicht nur in den seltenen Fällen zu bejahen sein, in denen diese für sich oder den Emittenten zeitgleich auf der Marktgegenseite mit den Wertpapieren des Emittenten Handel treiben. Außerhalb dieser etwa im Zusammenhang mit Insiderhandel anzutreffenden Konstellation wird dagegen im Hinblick auf die Bereicherung der Marktgegenseite allenfalls *dolus eventualis* vorliegen, indem die Bereicherung anderer Anleger zur Erreichung weitergehender Ziele der für den Emittenten handelnden Personen billigend in Kauf genommen wird. Es kann sich dabei etwa um ein besonderes Interesse der Organmitglieder an einem hohen Aktienkurs im Hinblick auf eine etwaige erfolgsabhängige Vergütung in Form von Aktienoptionen oder um ein besonderes Interesse des Emittenten im Hinblick auf eine geplante Kapitalerhöhung handeln. Für die in diesem Zusammenhang angestrebte Bereicherung der Organmitglieder oder des Emittenten fehlt es aber wiederum an dem Merkmal an der Stoffgleichheit mit den Schäden der getäuschten Anleger. Eine Haftung für fehlerhafte Ad-hoc-Meldungen aus § 823 Abs. 2 BGB i.V.m. § 263 StGB ist daher abzulehnen.

3. § 826 BGB (vorsätzliche sittenwidrige Schädigung)

Das LG Augsburg (3. Zivilkammer) hatte einen Schadensersatzanspruch geschädigter Anleger in Sachen Infomatec u.a. auch aus § 826 BGB hergeleitet.[326] Der Vorschrift kommt im Deliktsrecht eine Ergänzungsfunktion für die Verletzung solcher „reiner Vermögensschäden" zu, die nicht bereits unter ein Schutzgesetz nach § 823 Abs. 2 BGB fallen. Die generalklauselartige Weite des Tatbestandsmerkmals „Sittenwidrigkeit" korrespondiert aber mit dem besonderen Erfordernis, dass auch die Schädigung selbst vom Vorsatz des Schädigenden umfasst sein muss. Nachfolgend soll die Veröffentlichung inhaltlich falscher Ad-hoc-Meldungen daher unter den beiden Gesichtspunkten der Sittenwidrigkeit und des Schädigungsvorsatzes untersucht werden.

[326] LG Augsburg (3. Zivilkammer), WM 2001, 1944 (1946) –„Infomatec II"-.

a) Sittenwidrigkeit

aa) Allgemeine Definition

Als sittenwidrig wird ein Verhalten eingestuft, das gegen das Anstandsgefühl aller billig und gerecht denkenden verstößt.[327] Da sich ein einheitlicher Maßstab hierfür in einer pluralistischen Gesellschaft kaum feststellen lassen wird, ist nach h.M. auf einen Verstoß gegen das rechtsethische Minimum abzustellen.[328] Für die Frage, wann ein solcher Vorwurf begründet ist, ist die Rechtsprechung ihrer Aufgabe der Konkretisierung des Sittenwidrigkeitsmerkmals durch die Bildung von Fallgruppen nachgekommen. Im Zusammenhang mit fehlerhaften Ad-hoc-Meldungen kommt dabei der Fallgruppe der treuwidrigen Irreleitung Dritter durch Fehlinformationen besondere Bedeutung zu.

bb) Fallgruppe: Treuwidrige Irreleitung Dritter

(1) Objektive Voraussetzung: Falschauskunft gegenüber ersichtlich vertrauenden Dritten

Voraussetzung für eine deliktische Haftung des Auskunftsgebers gegenüber dem Auskunftnehmer im Rahmen dieser Fallgruppe ist zunächst, dass dieser für jenen erkennbar im Vertrauen auf die Auskunft vermögensrelevante Dispositionen treffen will.[329] Im Falle von Ad-hoc-Meldungen wird dies zu Recht angenommen.[330] Ad-hoc-Meldungen dienen schon nach ihrer gesetzlichen Konzeption der Information des Anlegerpublikums über kurserhebliche Tatsachen und sollen damit einer falschen Preisbildung an der Börse vorbeugen.[331] Die kursbeeinflussende Wirkung von Ad-hoc-Meldungen ist dabei auch für den Emittenten bzw. die für den Emittenten handelnden Organmitglieder erkennbar.

(2) Subjektive Voraussetzung: Bewusste bzw. grob fahrlässige Falschauskunft

Neben dem objektiven Sittenverstoß einer falschen Auskunft muss einem als sittenwidrig zu qualifizierendes Handeln aber zusätzlich eine zu missbilligende subjektive Einstellung des Schädigers zugrunde liegen. Zwar gehört das Bewusstsein der Sittenwidrigkeit selbst nach allgemeiner Auffassung nicht zum Tatbestand des Sittenverstoßes nach § 826 BGB. Jedoch ist die innere Haltung

---

327 RGZ 48, 114 (124); Hönn/Dönneweg in: Soergel, § 826, Rn. 7 m.w.N.

328 Hönn/Dönneweg in: Soergel, § 826, Rn. 8; Larenz/Canaris, S. 451.

329 Mertens in: Müko, § 826, Rn. 172.

330 Möllers/Leisch, WM 2001, 1648 (1654); Rieckers, B 2002, 1213 (1217).

331 Möllers/Leisch, a.a.O.

des Täters grundsätzlich mitentscheidend dafür, ob sein Verhalten als sittenwidrig zu qualifizieren ist.[332]

(a) Bewusste Täuschung

Für die Fallgruppe der treuwidrigen Irreleitung Dritter ist dabei anerkannt, dass eine bewusste Täuschung das Merkmal der Sittenwidrigkeit erfüllt.[333] Ist dem Emittenten bzw. seinen Organmitgliedern mithin die Unrichtigkeit der von ihnen veröffentlichten Ad-hoc-Meldung bekannt, so ist dieses Verhalten von daher unproblematisch als sittenwidrig zu qualifizieren.

(b) Grob fahrlässige Falschauskunft

In bestimmten Konstellationen, in welchen dem Schädiger ein besonderes Vertrauen entgegengebracht wird, begnügt sich die Rechtsprechung darüber hinaus für die Feststellung der Sittenwidrigkeit bereits mit einem leichtfertigen oder gewissenlosen Verhalten des Schädigers, insbesondere dann, wenn dieser im Bewusstsein der möglichen Schädigung des anderen „Erklärungen ins Blaue hinein“ abgegeben hat.[334] Angewandt hat die Rechtsprechung dieses Kriterium zum einen im Hinblick auf die Auskunftserteilung durch Personen, die auf Grund ihrer beruflichen Position eine besondere Vertrauensstellung einnehmen und bei denen die sorgfältige Auskunftserteilung zu den Pflichten gehört, die der Rechtsverkehr mit ihrem Berufsbild verbindet.[335] Neben der Auskunftserteilung durch Wirtschaftsprüfer und Steuerberater ist vor allem das Auskunftsverhalten von Banken im Zusammenhang mit Kreditauskünften wiederholt Anknüpfungspunkt für einen Sittenwidrigkeitsvorwurf durch die Rechtsprechung gewesen. Daneben ist eine leichtfertige oder gewissenlose Falschauskunft aber auch dann als sittenwidrig eingestuft worden, wenn der Schädiger im Hinblick auf die von ihm erteilte Auskunft ein Informationsmonopol innehatte.[336] Klassisches Beispiel ist die Erteilung eines inhaltlich unrichtigen Arbeitszeugnisses.[337]

Unter diese letztgenannte Kategorie von Auskünften fallen auch Ad-hoc-Meldungen. Zwar nehmen die Vorstände von Wertpapieremittenten keine be-

---

332 Hönn/Dönneweg in: Soergel, § 826, Rn. 52; Larenz/Canaris, S. 452 f.; Mertens in: Müko, § 826, Rn. 42.

333 BGH, BB 1974, 297; NJW 1984, 2284 (2285); Larenz/Canaris, a.a.O.; Mertens in: Müko, § 826, Rn. 172; Möllers/Leisch, a.a.O., S. 1652.

334 BGH WM 1975, 559 (560); vgl. auch: Hönn/Dönneweg in: Soergel, § 826, Rn. 172; Mertens in Müko, § 826, Rn. 172.

335 BGH, a.a.O., vgl. auch mit umfangeichen Nachweisen: Möllers/Leisch, a.a.O., S. 153 f.

336 BGHZ 74, 281 (290); vgl. auch Möllers/Leisch, a.a.O., S. 1654.

337 BGH, a.a.O.

sondere Vertrauensstellung aufgrund ihrer beruflichen Position ein. Aufgrund ihrer exklusiven Kenntnis der Vorgänge und Daten, die Gegenstand von Ad-hoc-Meldungen, kommt ihnen jedoch, wie *Möllers/Leisch* zu Recht bemerken, in diesem Zusammenhang die Stellung von „Informationsmonopolisten" zu.[338] Ausreichend für die Sittenwidrigkeit der Veröffentlichung falscher Ad-hoc-Meldungen ist mithin, dass der Emittent bzw. seine Organmitglieder im Hinblick auf die Richtigkeit dieser Meldung zumindest leichtfertig und gewissenlos gehandelt haben.

b) Vorsätzliche Schädigung

aa) Schaden

Das sittenwidrige Verhalten muss bei dem potentiell Ersatzberechtigten zu einem Schaden geführt haben. Im Zusammenhang mit fehlerhaften Ad-hoc-Meldungen liegt ein solcher Schaden in den Kursverlusten der Anleger, die auf der Grundlage der falschen Information des Kapitalmarkts Wertpapiere zu teuer erworben bzw. zu billig verkauft haben. Da dem Inhalt des Schadensersatzanspruchs und der Kausalität im Hinblick auf die Haftung wegen Verstößen gegen § 15 WpHG ein eigener Abschnitt dieser Arbeit gewidmet ist, soll es an dieser Stelle der Arbeit zunächst mit der allgemeinen Feststellung über die Art der in Betracht kommenden Schäden sein Bewenden haben.

bb) Schädigungsvorsatz

§ 826 setzt neben dem sittenwidrigen Verhalten des Schädigers und dem Eintritt eines Schadens auch den Vorsatz des Schädigers im Hinblick auf die Schädigung selbst voraus. Die Vorschrift unterscheidet sich dadurch von § 823 Abs. 2 BGB, wonach der Vorsatz des Schädigers zwar häufig im Rahmen bestimmter Schutzgesetze in Bezug auf das schädigende Verhalten, nicht aber gerade im Hinblick auf den dadurch verursachten Schaden gefordert wird. Ausreichend ist im Rahmen des § 826 BGB bedingter Vorsatz, d.h. der Schädiger muss den Eintritt des Schadens für möglich gehalten und billigend in Kauf genommen haben.[339] Häufig wird es aber an Hinweisen dafür fehlen, dass die für den Emittenten handelnden Personen den Eintritt der Anlegerschäden wirklich vorausgesehen und billigend in Kauf genommen haben, so dass sich die Frage nach etwaigen Beweiserleichterungen stellt.

---

[338] Möllers/Leisch, a.a.O.

[339] Mertens in: Müko, § 826, Rn. 61.

(1) Rückschluss von einem leichtfertigen Verhalten auf den Schädigungsvorsatz

Das LG Augsburg (3. Zivilkammer) hat den Schädigungsvorsatz der Beklagten mit deren leichtfertigen und gewissenlosen Verhalten im Zusammenhang mit der Veröffentlichung von inhaltlich falschen Ad-hoc-Meldungen begründet.[340] Auch in der Literatur wird teilweise unter Berufung auf die Rechtsprechung zur allgemeinen Auskunftshaftung nach § 826 BGB für möglich gehalten, von der Sittenwidrigkeit des Täterverhaltens im Wege eines Anscheinsbeweises auf den Schädigungsvorsatz zu schließen.[341] Das soll selbst dann gelten, wenn die Sittenwidrigkeit nicht aus einer bewussten Falschauskunft sondern lediglich aus einem leichtfertigen oder gewissenlosen Verhalten der für den Emittenten handelnden Personen hergeleitet wird. Begründet wird dies mit Beweisschwierigkeiten des Anlegers. Es sei häufig gar nicht möglich, den Nachweis des bedingten Vorsatzes anders als durch den Beweis zu erbringen, der Schädiger habe so leichtfertig gehandelt, dass er eine Schädigung es anderen teils billigend in Kauf nahm.

(2) Autonome Bewertung des Schädigungsvorsatzes

Das OLG München hat dagegen einen Schädigungsvorsatz der Beklagten trotz eines leichtfertigen Verhaltens im Zusammenhang mit der Veröffentlichung der Ad-hoc-Meldung deshalb verneint, weil die Beklagten nicht in Verfolgung eigensüchtiger Interessen gehandelt hätten.[342] Vielmehr hätten diese in der von den Zeugen bekundeten euphorischen Stimmung subjektiv darauf vertraut, dass der von ihnen fälschlicherweise verkündete Geschäftsabschluss tatsächlich zustande kommen würde. Die Beklagten hätten daher mit einer Schädigung der Anleger weder gerechnet noch diese billigend in Kauf genommen. Die Auffassung des Gerichts liegt damit auf einer Linie mit Stimmen in der Literatur, nach denen ein genereller Schluss von einem leichtfertigen und damit sittenwidrigen Informationsverhalten auf den Schädigungsvorsatz des Handelnden nicht zulässig ist.[343] Vielmehr berge eine derartige Vorgehensweise die Gefahr, die grundsätzliche Wertung des Deliktsrechts, Vermögensschäden nur in Ausnahmefällen auszugleichen, zu unterlaufen.[344] Dabei sei die Aussage, dass das sittenwidrige Verhalten auch die subjektive Schädigungsabsicht indiziere, gerade in Fällen

---

340 LG Augsburg (3. Zivilkammer), WM 20011944 (1946) –„Infomatec II“-.

341 Möllers/Leisch, WM 2001, 1648 (1662); Rieckers BB 2002, 1213 (1218).

342 OLG München, ZIP 2002, 1989 (1993) –„Infomatec II“-.

343 Reichert/Weller, ZRP 2002, 49 (53); Rützel, AG 2003, 69 (77); Thümmel, DB 2001, 2331 (2333).

344 Reichert/Weller, a.a.O.

unrichtiger Anlegerinformationen fraglich.[345] Falsche Ad-hoc-Meldungen zielten typischerweise nicht darauf ab, die Entwertung der Wertpapiere herbeizuführen sondern – im Gegenteil – den Kurs weiter steigen zulassen.[346] Bezweckt werde daher häufig nicht eine Schädigung sondern eine Vermögensmehrung bei den Anlegern. Ausnahmen von diesem Grundsatz kämen nur in krassen Fällen in Betracht, in denen der Kurs durch das fehlerhafte Publizitätsverhalten künstlich hochgehalten werde und den Handelnden bewusst sei, dass dies auf Dauer nicht funktionieren könne.[347]

(3) Stellungnahme

Rechtsprechung und Literatur haben im Zusammenhang mit dem Verhältnis der Tatbestandsmerkmale des § 826 BGB stets betont, dass die Sittenwidrigkeit des Schädigerverhaltens und der Schädigungsvorsatz getrennt voneinander zu prüfen und festzustellen seien.[348] Einigkeit besteht aber auch darüber, dass die Tatbestandsmerkmale der Sittenwidrigkeit und des Vorsatzes nicht unabhängig voneinander sind.[349] Vielmehr soll aus der Art und Weise, in der sich das sittenwidrige Verhalten kundgibt, häufig auf das Vorliegen eines Schädigungsvorsatzes zu schließen sein. In diesem Sinne hatte schon das Reichgericht festgestellt, es sei in der Regel nicht unbedenklich, die Frage unerörtert zu lassen, ob die Handlungsweise des auf Grund des § 826 BGB in Anspruch genommenen Beklagten gegen die guten Sitten verstoße und lediglich zu untersuchen, ob die Schadenszufügung eine vorsätzliche gewesen sei oder nicht.[350]

Genauso richtig wie selbstverständlich an dieser Auffassung ist, dass sich der Schädigungsvorsatz des Täters nur unter Heranziehung seines objektiven Täterverhaltens nachweisen lassen wird, welches gleichzeitig auch die Grundlage für die Feststellung der Sittenwidrigkeit darstellt. Dies ergibt sich zwangsläufig daraus, dass ein Nachweis subjektiver Tatbestandsmerkmale andernfalls unmöglich wäre. Anknüpfungspunkt für die Feststellung des Schädigungsvorsatzes ist hier aber das die Sittenwidrigkeit begründende Verhalten und nicht der Vorwurf der Sittenwidrigkeit selbst. Bedenken begegnet daher die weitergehende Aussage, nach der jedes Verhalten, dass den Vorwurf der Sittenwidrigkeit begründet, auch zur Feststellung eines Schädigungsvorsatzes herangezogen werden kann. Während sich nämlich die Sittenwidrigkeit auf die Fehlinformation an sich bezieht,

---

[345] Reichert/Weller, a.a.O.; Rützel, a.a.O.

[346] Rützel, a.a.O.; Thümmel, a.a.O.

[347] Rützel, a.a.O.

[348] RGZ, 90, 106 (109); BGH, NJW 1962, 1766; Hönn/Dönneweg in: Soergel, § 826, Rn. 67; Mertens in: Müko, § 826, Rn. 59.

[349] RG a.a.O; BGH, a.a.O.; Mertens, a.a.O.

[350] RG, a.a.O:

muss sich der Schädigungsvorsatz gerade nicht auf diese, sondern auf das der Fehlinformation nachgelagerte Tatbestandsmerkmal der Schadensentstehung beziehen. Selbst eine bewusste oder gar beabsichtigte Fehlinformation sagt noch nichts darüber aus, ob der Schädiger auch gerade hinsichtlich der Schadensentstehung beim Getäuschten zumindest mit bedingtem Vorsatz handelte. Zwar wird man aus einer wissentlichen Falschmeldung oder auch aus der Tatsache, dass sich der Schädiger der Unrichtigkeit seiner Auskunft in leichtfertiger Weise verschließt, in der Regel herleiten können, dass der Schädiger auch eine durch die Falschauskunft verursachte Schädigung Dritter zumindest für möglich gehalten hat. Bedingter Vorsatz erfordert aber nicht nur das Bewusstsein einer möglichen Schädigung sondern auch die Hinnahme dieses Schadens in Form einer „billigenden Inkaufnahme“ und enthält damit neben einem Element des Wissens auch ein Element des Wollens. Die bisherige Rechtsprechung zur Auskunftshaftung nach § 826 BGB hat dieser doppelten Voraussetzung für die Feststellung eines bedingten Schädigungsvorsatzes indes nur teilweise Rechnung getragen.

So soll es häufig bereits genügen, dass der leichtfertig Handelnde das Bewusstsein eines möglichen Schadenseinritts hatte, woraus dann ohne weitere Tatsachenfeststellung auf eine Inkaufnahme des Schadenserfolgs geschlossen wird.[351] Beispielhaft sei in diesem Zusammenhang auf die Entscheidung BGH, WM 1975, 559 (560) verwiesen, wo es heißt:

„Das Berufungsgericht hätte sich daher nicht mit der Feststellung begnügen dürfen, dass der Beklagten lediglich der Vorwurf grober Fahrlässigkeit zu machen sei. Es hätte vielmehr auf das Vorbringen der Klägerin eingehen und prüfen müssen, ob der Beklagten ein sittenwidriges Verhalten zur Last fiel und ob aus diesem Verhalten geschlossen werden kann, dass die Beklagte eine Schädigung der Klägerin in Kauf genommen hatte. Der Nachweis, dass der Schädiger mit bedingtem Vorsatz gehandelt hatte, lässt sich oft nur durch den Beweis erbringen, der Schädiger habe so leichtfertig gehandelt, dass er eine Schädigung des anderen Teils in Kauf genommen haben musste.“

Gelegentlich gab es aber auch Fälle, in denen eine billigende Inkaufnahme des Schadens selbst bei wissentlicher Falschauskunft nur dann angenommen wurde, wenn Anhaltspunkte dafür vorlagen, dass der Schädiger mit seiner Falschauskunft zugleich eigennützige Motive verfolgt hat.

So heißt es in BGH, WM 1984, 744 (745):

„Eine Schadensersatzpflicht wird allerdings nicht schon durch ein sittenwidriges und für den Schaden ursächliches Verhalten ausgelöst; vielmehr ist darüber

---

[351] BGH, WM 1974, 944; BGH, WM 1975, 559 (560).

hinaus erforderlich, dass der Ersatzpflichtige den dem Ersatzberechtigten entstandenen Schaden vorsätzlich – zumindest in Form des bedingten Vorsatzes - zugefügt hat. ... Insoweit muss der Tatrichter genau unterscheiden, wenn auch oft die Kenntnis der die Sittenwidrigkeit begründenden Umstände den Schluss auf den Schädigungsvorsatz zulässt...

...Diesen Anforderungen wird das Berufungsurteil jedoch gerecht. Es hat aus einzelnen Umständen ... (es folgt eine Aufzählung von Umständen) *... den Schluss gezogen, der Beklagte habe damit gerechnet, dass sich B zu Lasten der Klägerin habe persönlich bereichern wollen. Aus der Mitwirkung des Beklagten an diesen Machenschaften* ***und insbesondere aus der Höhe seines eigenen finanziellen Vorteils*** *hat es weiter gefolgert, dass er die zumindest als möglich erkannte Schädigung der Klägerin billigend in Kauf genommen hat."*

Ähnlich führt das Gericht auch in BGH, BB 1974, 297 aus:

„Dabei sei ihm (= B, dem geschäftsführenden Gesellschafter der Beklagten) *bewusst gewesen, durch sein Erscheinen in Verbindung mit seinen Bemerkungen die Klägerin in ihrem Vertrauen auf die Kreditwürdigkeit der Firma J. zu bestärken und damit zu umfangreichen weiteren Geschäften mit ihr zu ermutigen,* ***an denen auch die Beklagte mit Rücksicht auf die an J gewährten Kredite interessiert gewesen sei...***

...Aus den Feststellungen des Berufungsgerichts ergibt sich ferner, dass B sowohl die Umstände, aus denen die Sittenwidrigkeit seines Verhaltens folgt, als auch eine Schädigung der Klägerin für möglich gehalten und gebilligt hat..."

Anhand der zuletzt zitierten Urteilspasssagen wird deutlich, dass auch die Rechtssprechung die billigende Inkaufnahme des Schadens durch den Schädiger zuweilen nicht allein aus dem Bewusstsein einer möglichen Schädigung sondern vielmehr aus weiteren Umständen in der Person des Täters, welche seine innere Einstellung zu der Schädigung belegen, hergeleitet hat. Soll der Unterschied zwischen Vorsatz und bewusster Fahrlässigkeit im Zusammenhang mit der Haftung nach § 826 BGB nicht vollends verschwimmen, kann dieser Rechtsprechung nur beigepflichtet werden. Gerade das strenge Erfordernis eines Schädigungsvorsatzes stellt im Rahmen dieser Vorschrift ein Äquivalent zu der generalklauselartigen Weite des Tatbestandsmerkmals der Sittenwidrigkeit dar, die eine Haftung für reine Vermögensschäden auch in den Fällen zulässt, in welchen die Rechtsordnung eine solche nicht bereits im Rahmen von Schutzgesetzen vorsieht. Vor dem Hintergrund der herausragenden Bedeutung des Vorsatzelements zur Vermeidung einer uferlosen, deliktischen Haftung für reine Vermögensschäden verbietet sich daher, generell von dem Vorliegen eines sittenwidrigen Verhaltens auf den Schädigungsvorsatz zu schließen. Insbesondere wenn die

Sittenwidrigkeit aus der Leichtfertigkeit des Schädigers hergeleitet wird, ist hier schnell die Grenze zu einer im BGB nicht vorgesehenen Haftung für eine leichtfertige, sittenwidrige Schädigung überschritten, von der *Canaris* zu Recht anmerkt, sie berge ein brisantes Haftungspotential, dass sich hart an der Grenze der lex lata bewege.[352] Die formelhafte Feststellung in Rechtsprechung und Literatur, die Tatbestandsmerkmale der Sittenwidrigkeit und des Schädigungsvorsatzes seien getrennt voneinander festzustellen, könnte in diesem Zusammenhang schnell zu einem Lippenbekenntnis geraten.

Auch für eine Haftung wegen fehlerhafter Ad-hoc-Meldungen aus § 826 BGB kann ein Schädigungsvorsatz des Emittenten bzw. der für ihn handelnden Organmitglieder daher nicht einfach aus der leichtfertigen Veröffentlichung einer Falschinformation geschlossen werden, ohne dass weitere Umstände in der Person des jeweils Handelnden darauf schließen lassen, dass dieser die Schädigung der Anleger billigend in Kauf genommen hat. Zwar kann in diesem Zusammenhang nicht, wie *Reichert/Weller* und *Rützel* meinen, ausschlaggebend sein, dass Vorstände generell eher an steigenden als an fallenden Kursen interessiert sein sollen, so dass eine Haftung nach § 826 BGB praktisch nie in Betracht zu ziehen wäre. Vielmehr wird man sich im Einzelfall zu fragen haben, ob die für den Emittenten handelnden Personen daran geglaubt bzw. darauf gehofft haben, dass eine fälschlich mitgeteilte Tatsache noch vor dem Bekanntwerden der wahren Tatsachenlage und der damit einhergehenden Kurskorrektur gleichwohl eintreffen könnte. Dies wird insbesondere dann zu bejahen sein, wenn sich die betreffenden Personen angesichts der von ihnen in einer Ad-hoc-Meldung vorweggenommenen Tatsache in einer geradezu euphorischen Stimmung befunden haben, wie dies im Fall Infomatec augenscheinlich der Fall war. Ein solches Verhalten mag sich dem Vorwurf der gröbsten denkbaren Fahrlässigkeit ausgesetzt sehen; vorsätzlich i.S.d. § 826 BGB ist es jedenfalls nicht.

II. Haftung wegen fehlender oder verspäteter Veröffentlichung von Ad-hoc-Meldungen

Im Gegensatz zu inhaltlich fehlerhaften Ad-hoc-Meldungen stand das gänzliche Fehlen bzw. die Verspätung einer nach § 15 Abs. 1 WpHG erforderlichen Veröffentlichung bisher nicht im Fokus gerichtlicher Auseinandersetzungen. Gleichwohl geht von einem derartigen Unterlassen des Emittenten für die Kapitalanleger eine ähnlich starke Gefahr aus wie von aktiven Falschmeldungen. Insoweit unterscheidet sich die Ad-hoc-Publizität von anderen Formen kapitalmarktrechtlicher Publizität bzw. von anderen Arten der Anlegerinformation. Im Zusammenhang mit diesen Informationspflichten, wie etwa der börsenrechtlichen Prospekthaftung, der Regelpublizität aber auch des Informationsrechts des

352 Larenz/Canaris, S. 454.

Aktionärs in der Hauptversammlung nach § 131 AktG, weiß der Anleger, dass zu einem bestimmten Zeitpunkt mit einer Information des Emittenten gerechnet werden kann. Unterbleibt diese Information, so stellt diese Unterlassung eine Nicht-Information dar, ohne das dadurch ein falsches Bild von der Vermögens- und Ertragslage des Emittenten entsteht. Anders verhält es sich dagegen bei der anlassbezogenen Ad-hoc-Publizität gemäß § 15 WpHG. Hier weiß der Anleger nicht, ob und zu welchem Zeitpunkt eine Ad-hoc-Meldung erfolgen wird. Vielmehr ist es gerade Sinn dieser Vorschrift, die Öffentlichkeit zeitnah über bisher nicht öffentlich bekannte Tatsachenänderungen zwischen den Stichtagen der Regelpublizität zu informieren. Dieser Bezug der Ad-hoc-Publizität zur Regelpublizität bedingt, dass einer fehlenden Information im Bereich der Ad-hoc-Publizität ein eigener Aussagewert im Hinblick auf den fortgeltenden Informationsstand der Regelpublizität zukommt. Insoweit stellt sich die fehlende oder verspätete Veröffentlichung entgegen der Verpflichtung nach § 15 Abs. 1 WpHG nicht nur als Nicht-Information sondern zugleich als Fehlinformation dar, die wie eine aktive Falschmeldung zu Anlegerschäden führen kann. Es wird sich indes zeigen, dass das bestehende, primär an den herkömmlichen Publikationsformen orientierte kapitalmarktrechtliche Sanktionssystem in vielen Fällen gerade an das Vorliegen einer aktiven Falschdarstellung anknüpft. Hier lag speziell für die Haftung wegen unterlassenen Ad-hoc-Meldungen nach altem Recht ein Hemmnis begründet, welches die bereits im Zusammenhang mit der aktiven Falschinformation bestehenden Schwierigkeiten bei der Suche nach passenden Haftungsnormen noch verstärkt.

1. Ansprüche aus Prospekthaftung

Das soeben genannte Problem tritt zunächst im Bereich der Prospekthaftung zutage. Unabhängig von der Tatsache, dass es sich bei Ad-hoc-Meldungen ohnehin nicht um Prospekte handelt,[353] knüpfen beide Varianten der Prospekthaftung an das Vorliegen einer entsprechenden Publikation an. Zwar wird in diesem Zusammenhang gerade auch für Vermögensverluste infolge der Unvollständigkeit der im Rahmen des Prospekts gelieferten Information gehaftet. Eine Haftung für das Fehlen eines Prospekts ist indessen nicht vorgesehen und es besteht dafür mangels eigenem inhaltlichen Aussagewert einer solchen Nicht-Information auch kein Bedürfnis. Mithin kommen Ansprüche aus Prospekthaftung schon aus diesem Grund im Hinblick auf unterlassene oder verspätete Ad-hoc-Meldungen nicht in Betracht.

[353] Vgl. dazu vorstehend unter Fünfter Teil, A. I. 1. b) cc).

2. Haftung aus § 823 Abs. 2 BGB i.V.m. einem Schutzgesetz

Die Heranziehung des § 15 Abs. 1 WpHG als Schutzgesetz scheiterte auch im Zusammenhang mit fehlenden oder verspäteten Ad-hoc-Meldungen an der klaren Haftungseinschränkung des § 15 Abs. 6 S. 1 WpHG a.F.

Keine tauglichen Schutzgesetze im Sinne des § 823 Abs. 2 BGB stellten ferner - wie auch im Hinblick auf die Haftung für fehlerhafte Veröffentlichungen - die Straftatbestände der §§ 88 BörsG, 264 a, 263 StGB und § 400 AktG dar. Dies war aber nicht etwa, wie *Rössner/Bolkart* meinen, auf die Tatsache zurückzuführen, dass § 15 Abs. 6 S. 1 WpHG die Herleitung einer Garantenstellung aus § 15 WpHG schlechthin verbieten würde.[354] Die Haftungsbeschränkung bezog sich vielmehr einzig auf die Heranziehung des § 15 Abs. 1 WpHG selbst als Schutzgesetz und damit auf die alleinige Herleitung einer Haftung aus einem Verstoß gegen diese Vorschrift. Hingegen sind die im Rahmen des § 15 Abs. 6 S. 2 WpHG als „andere Rechtsgrundlagen" in Betracht kommenden Straftatbestände neben der nach § 13 Abs. 1 StGB erforderlichen Garantenpflicht noch an weitere Voraussetzungen geknüpft, wie etwa das Vorliegen Bereicherungsabsicht im Rahmen des § 263 StGB oder einer Kursbeeinflussunsgabsicht im Rahmen des § 88 BörsG a.F. Sie wurden daher auch im Hinblick auf unterlassene Ad-hoc-Meldungen nicht von der Haftungseinschränkung des § 15 Abs. 6 S. 1 WpHG aF. erfasst.

Gleichwohl scheitert die Heranziehung der genannten Straftatbestände als Schutzgesetze aus den bereits im Zusammenhang mit der Haftung des Emittenten für fehlerhafte Ad-hoc-Meldungen angeführten Gründen. So stellt § 88 BörsG a.F. wegen dessen fehlendem individualschützenden Charakters kein Schutzgesetz dar. §§ 264 a, 263 StGB, 400 AktG sind zwar als Schutzgesetze anerkannt. Indes handelt sich bei Ad-hoc-Meldungen nicht um Darstellungen über den Vermögensstand i.S.d. §§ 264 a StGB bzw. 400 AktG. Auch fehlt es Ad-hoc-Meldungen an dem im Rahmen des § 264 a StGB erforderlichen Primärmarktbezug der Darstellung. § 263 StGB kommt dagegen wegen der erforderlichen Stoffgleichheit der angestrebten Bereicherung nur in den seltenen Fällen in Betracht, in denen der Emittent in eigenen Aktien handelt. Schließlich stellt sich speziell für die Haftung wegen unterlassener Ad-hoc-Meldungen im Rahmen der §§ 264 a StGB, 400 AktG wie im Rahmen der Prospekthaftung das Problem, dass die beiden genannten Tatbestände an Fehlinformationen bzw. unvollständige Informationen im Rahmen aktiver Darstellungen über den Vermögensstand anknüpfen. Das völlige Fehlen einer Veröffentlichung wird dagegen nicht pönalisiert.

---

354 Rössner/Bolkart, ZIP 2002, 1471.

3. Haftung aus § 826 BGB

Letztlich blieb auch für eine potentielle Haftung des Emittenten wegen unterlassener Ad-hoc-Meldungen nur ein Rückgriff auf die weit gefasste Haftungsnorm des § 826 BGB. Dabei ist anerkannt, dass ein nach § 826 BGB geforderter Sittenverstoß nicht nur in einer Handlung, sondern auch in einer Unterlassung bestehen kann, wenn nach den guten Sitten eine Pflicht zum Handeln bestand.[355] Eine Pflicht zum Handeln kann sich dabei auch aus Rechtsnormen ergeben, die nicht als Schutzgesetze zugunsten des Verletzten in Betracht kommen.[356] Entgegen der Auffassung von *Rössner/Bolkart* steht also auch im Rahmen des § 826 BGB der Haftungsausschluss nach § 15 Abs. 6 S. 1 WpHG der Begründung einer Garantenpflicht des Emittenten zur unverzüglichen Veröffentlichung neuer Tatsachen nicht entgegen. Indes ist auch im Zusammenhang mit unterlassenen Ad-hoc-Meldungen die Feststellung der subjektiven Elemente des Sittenverstoßes und des Schädigungsvorsatzes an dieselben engen Voraussetzungen geknüpft wie bei einer Haftung aus § 826 BGB im Zusammenhang mit aktiven Falschmeldungen, so dass eine Haftung nach dieser Vorschrift auch hier wohl nur in seltenen Ausnahmefällen in Betracht kam.[357]

B. Haftung der Organmitglieder

I. Haftung der Organmitglieder als Außenhaftung

In den meisten Fällen, in denen Anleger in der jüngeren Vergangenheit Kursverluste infolge vermeintlicher Verstöße gegen die Ad-hoc-Publizitätspflicht erlitten haben, haben diese nicht nur die Emittenten sondern auch die für die Fehlinformation verantwortlichen Organmitglieder auf Schadensersatz verklagt. Eine unmittelbare Heranziehung der Organmitglieder lag dabei schon deshalb nahe, als es sich bei diesen in vielen Fällen im Vergleich zu den oftmals insolventen Emittenten um die solventeren Haftungsschuldner zu handeln schien. Dienten doch fehlerhafte Ad-hoc-Meldungen vielfach gerade dazu, den an den von ihnen gegründeten Unternehmen maßgeblich beteiligten Organmitgliedern einen „sanften Ausstieg" noch zu einem Zeitpunkt zu ermöglichen, in welchen das Scheitern der jeweiligen Geschäftsidee bereits vorgezeichnet war. Als Folgen dieses Vorgehens ergab sich nicht selten eine Situation, in welcher der finanzielle Zustand der Emittenten im deutlichen Widerspruch zu dem der Unternehmensleiter und Gründer stand. Während sich letztere nach wie vor eines gehobenen Lebensstandards erfreuten, mussten viele der von ihnen gegründeten Unternehmen zum Schaden der Kleinanleger zwischenzeitlich Insolvenz anmelden.

---

355 BGH, NJW 1963, 148 f.; Mertens in: Müko, § 826, Rn. 48.

356 Mertens a.a.O.

357 Siehe dazu vorstehend unter: A. I. 3.

Gerade in der Insolvenz kommt aber der Frage, ob neben dem Emittenten auch die für die Fehlinformation verantwortlichen Organmitglieder zu Schadensersatzleistungen herangezogen werden können, besondere Bedeutung zu.[358] Hier drohen die geschädigten Anleger regelmäßig mit ihren Forderungen gegen den Emittenten auszufallen. Zwar entsteht bei dem Emittenten als Äquivalent für seine Inanspruchnahme durch die geschädigten Anleger im Innenverhältnis ein Regressanspruch gegenüber den verantwortlichen Organmitgliedern (vgl. für die AG §§ 93 Abs. 2, 116 AktG), welchen sich die geschädigten Anleger im Rahmen der Zwangsvollstreckung gegen den erfolgreich verklagten Emittenten grundsätzlich abtreten lassen können. Diese Möglichkeit ist jedoch nach Eröffnung des Insolvenzverfahrens ausgeschlossen. Zwar wird der Insolvenzverwalter den Regressanspruch gegen die Organmitglieder zur Masse ziehen. Als Bestandteil der Masse dient er jedoch wie das übrige Aktivvermögen des Emittenten der Befriedigung sämtlicher Gläubiger des Emittenten. Die konkret durch die Fehlinformation geschädigten Anleger erhalten letztlich gleich den übrigen Gläubigern des Emittenten nicht mehr als die Insolvenzquote. Ein direkter Anspruch gegen die verantwortlichen Vorstandsmitglieder in Form einer Außenhaftung würde die geschädigten Anleger dagegen in die Lage versetzen, den gesamten Schaden in voller Höhe wahlweise entweder beim Emittenten oder bei den verantwortlichen Vorstandsmitgliedern einzufordern. Welche Anspruchsgrundlagen hierfür nach altem Recht zur Verfügung standen wird nunmehr untersucht.

II. Anspruchsgrundlagen im Einzelnen

Für eine mögliche Haftung von Organmitgliedern nach altem Recht stellte sich die Lage dabei sowohl hinsichtlich inhaltlich fehlerhafter als auch hinsichtlich fehlender bzw. verspäteter Ad-hoc-Meldungen grundsätzlich nicht wesentlich anders dar als für die diesbezügliche Haftung des Emittenten.

1. Ansprüche aus Prospekthaftung

Ansprüche aus Prospekthaftung schieden hier gleich aus mehreren Gründen aus. Zunächst gilt in diesem Zusammenhang für die Haftung von Organmitgliedern nichts anderes als das bereits für eine Haftung des Emittenten Gesagte. Ansprüche aus Prospekthaftung kommen danach im Hinblick auf Verstöße gegen die Ad-hoc-Publizität schon deshalb nicht in Betracht, weil es sich bei Ad-hoc-Meldungen weder um Börsenzulassungsprospekte i.S.d. § 44 Abs. 1 BörsG (börsenrechtliche Prospekthaftung, § 45 Abs. 1 BörsG a.F.) noch um Publikationen mit Primärmarktbezug im Sinne des Rechtsinstituts der allgemeinen zivilrechtlichen Prospekthaftung handelt.

---

[358] Auf dieses Problem hinweisend: Maier-Reimer/Webering, WM 2002, 1857 (1864).

Zusätzlich spricht neben der fehlenden Prospekteigenschaft von Ad-hoc-Meldungen spezifisch gegen eine Haftung von Organmitgliedern auch die Tatsache, dass diese nach wohl h.M. nicht allein aufgrund ihrer Organstellung dem Kreis der Haftenden im Bereich der Prospekthaftung zugerechnet werden können. So haften Organmitglieder nach den Grundsätzen der börsenrechtlichen Prospekthaftung nur dann als Prospektveranlasser, wenn sie aus eigenem Interesse den Erlass eines unrichtigen oder unvollständigen Prospekts bewirkt haben.[359] Auch im Rahmen der allgemeinen zivilrechtlichen Prospekthaftung wird für die Begründung einer Haftung von Organmitgliedern mehrheitlich nicht auf die Organstellung als solche, sondern auf den dominierenden Einfluss des jeweiligen Organmitglieds bei der Gründung der Gesellschaft abgestellt.[360]

2. Ansprüche aus § 823 Abs. 2 BGB i.V.m. einem Schutzgesetz

Auch für die Beantwortung der Frage nach einer Haftung der Organmitglieder aus § 823 Abs. 2 BGB i.V.m. einem Schutzgesetz kann grundsätzlich auf das bereits im Rahmen einer Haftung des Emittenten Gesagte zurückgegriffen werden.

a) Heranziehung des § 15 WpHG als Schutzgesetz?

Anlass zu einer differenzierten Betrachtung konnte hier allenfalls im Hinblick auf eine mögliche Heranziehung des § 15 WpHG selbst i.V.m. § 9 OWiG, als Schutzgesetz bestehen, da sich die Haftungseinschränkung des § 15 Abs. 6 S. 1 a.F. WpHG ihrem Wortlaut nach nur auf eine mögliche Haftung des Emittenten bezog. Aus diesem Grund sollte nach *Gehrt*, der ohnehin bereits entgegen dem klaren Wortlaut des § 15 Abs. 6 S. WpHG a.F. eine Haftung des Emittenten bejahte, jedenfalls eine Haftung der Organmitglieder nach § 823 Abs. 2 BGB i.V.m. §§ 15 WpHG, 9 OWiG in Betracht kommen.[361] Allerdings wollte *Gehrt* hinsichtlich der erforderlichen subjektiven Vorausssetzungen wie etwa den Verschuldensmaßstab nicht auf § 823 Abs. 2 S. 2 BGB sondern auf den Bußgeldtatbestand des § 39 Abs. 1 WpHG als maßgebliche Sanktionsnorm abstellen.[362] Leichte Fahrlässigkeit der Organmitglieder sollte demnach nicht zur Begründung einer Haftung ausreichen. Die aus der zivilrechtlichen Haftung der Or-

---

359 Hamann in: Schäfer, §§ 45, 46 a.F. BörsG, Rn. 43; Schwark, BörsG, §§ 45, 46 BörsG, Rn. 7.

360 Vgl. BGHZ 71, 284 (287 ff.) (Gesellschafter-Geschäftsführer der Komplementär-GmbH), BGHZ 79, 337 (340 ff.) (Gründerkommanditisten und Generalbevollmächtigte); Köndgen, AG 1983, 120 f.; a.A. aber offenbar BGH, BB 1980, 696 (697), wo die Haftung eines nicht zum Gründerkreis gehörenden GmbH-Geschäftsführers obiter bejaht wird.

361 Gehrt, S. 28 ff.; insoweit zustimmend: v. Klitzing, S. 220.

362 Gehrt, S. 29 ff.

ganmitglieder wiederum folgende Haftung des Emittenten über die Zurechnungsvorschrift des § 31 BGB sollte nach *Gehrt* im Rahmen einer teleologischen Reduktion dieser Vorschrift unterbunden werden.[363]

Die Auffassung von *Gehrt* verdient jedoch gleich aus mehreren Gründen keine Zustimmung. Zum einen begegnet schon die von *Gehrt* propagierte teleologische Reduktion des § 31 BGB im Hinblick auf den zwingenden Charakter dieser Vorschrift erheblichen Bedenken.[364] Darüber hinaus ließ sich aus der Tatsache, dass sich die Haftungseinschränkung des § 15 Abs. 6 S. 1 WpHG a.F. in der Tat nicht auf die persönliche Haftung der Organmitglieder erstreckte, keinesfalls schließen, dass § 15 Abs. 1 WpHG als Schutzgesetz für eine Haftung der Organmitglieder in Betracht kam, da es sich bei § 15 WpHG – unabhängig von § 15 Abs. 6 S. 1 WpHG a.F – nicht um eine individualschützende Norm handelt. Die Gesetzesmaterialien sprechen in diesem Zusammenhang eine ebenso deutliche Sprache wie im Hinblick auf § 88 BörsG a.F. Wie letztere Vorschrift wurde auch § 15 WpHG einzig im öffentlichen Interesse an der Funktionsfähigkeit des Kapitalmarktes erlassen.[365] Die Einfügung des § 15 Abs. 6 S. 1 WpHG erfolgte in diesem Zusammenhang ausschließlich zu Klarstellung der Haftungsfrage im Hinblick auf die befürchteten Auswirkungen einer zivilrechtlichen Haftung gerade für den Emittenten.

b) Weitere Schutzgesetze

Ebenso wie §§ 15 WpHG konnte ferner auch 88 BörsG a.F. wegen dessen fehlendem individualschützenden Charakter nicht als Schutzgesetz im Rahmen des § 823 Abs. 2 BGB herangezogen werden. Bei den ebenfalls in Betracht kommenden §§ 264 a StGB bzw. 400 AktG handelt es sich zwar um individualschützende Normen und damit um Schutzgesetze. Indes sind im Hinblick auf Verstöße gegen die Ad-hoc-Publizitätspflicht die tatbestandlichen Voraussetzungen dieser Vorschriften nicht gegeben. Auch § 263 StGB kann wegen des Erfordernisses der Stoffgleichheit hinsichtlich der angestrebten Bereicherung für Fehlinformationen im Bereich des Sekundärmarktes allenfalls in solchen Fällen als Schutzgesetz herangezogen werden, in welchen die täuschende Person selbst

---

363 Gehrt, S. 28 f.

364 Gehrt räumt diese Bedenken zum Teil selbst ein, möchte jedoch im Hinblick auf eine andernfalls drohende Beeinträchtigung des Kapitalbasis wirtschaftlich tätiger Körperschaften bei der Anwendbarkeit des § 31 BGB zwischen diesen und nicht wirtschaftlich tätigen Körperschaften differenzieren. Dies ist insofern inkonsequent, als Gehrt dem Aspekt der Existenzgefährdung des Emittenten im Zusammenhang mit der Frage einer Emittentenhaftung aus § 823 Abs. 2 BGB i.V.m. § 15 WpHG gerade keine Bedeutung beimisst (a.a.O. S. 26 f.).

365 Siehe dazu vorstehend unter A. I.2. a) aa).

auf der Marktgegenseite am Wertpapierhandel teilnimmt. Immerhin dürfte ein privater Handel von Organmitgliedern mit Wertpapieren des Emittenten durchaus häufiger vorkommen, als etwa ein Handel des Emittenten in eigenen Wertpapieren.

III. Haftung aus § 826 BGB

Abgesehen von diesen Ausnahmefällen verblieb als Anspruchsgrundlage für eine Haftung der verantwortlichen Organmitglieder wie auch für eine Haftung des Emittenten nur § 826 BGB. Es gelten in diesem Zusammenhang die bereits im Rahmen der Emittentenhaftung erörterten strengen Haftungsvoraussetzungen.

C. Fazit

Eine Haftung des Emittenten und seiner Organmitglieder kam nach der Rechtslage vor Inkrafttreten des Vierten Finanzmarktförderungsgesetzes – insbesondere wegen der Haftungseinschränkung des § 15 Abs. 6 S. 1 WpHG und dem fehlenden individualschützenden Charakter dieser Vorschrift - nur nach § 826 BGB in Betracht. Haupthindernis einer Haftung nach dieser Vorschrift ist aber das Erfordernis eines qualifizierten Vorsatzes gerade im Hinblick auf die Schädigung der Anleger. In diesem Zusammenhang dürfte sich insbesondere der Nachweis schwierig gestalten, dass die für den Emittenten handelnden Organmitglieder die Schädigung der Anleger billigend in Kauf genommen haben. Allein aus der Leichtfertigkeit im Hinblick auf das in Frage stehende Publizitätsverhalten lässt sich jedenfalls nicht bereits auf die innere Einstellung des Täters gegenüber der möglichen Schädigung der Anleger schließen. Vielmehr müssen daneben zusätzliche Tatsachen vorliegen, aus denen sich ergibt, dass der Täter, etwa aus eigensüchtigen Motiven heraus, dem weiteren Geschehen seinen Lauf gelassen hat und nicht auf einen guten Ausgang gehofft hat. Wegen dieser hohen tatsächlichen Hürden für die Geltendmachung eines Schadensersatzanspruchs war die alte Rechtslage für die geschädigten Anleger in höchstem Maße unbefriedigend und bedurfte der Reform durch den Gesetzgeber.[366]

---

[366] Dazu sogleich im Sechsten Teil der Arbeit.

Sechster Teil: Haftung für Verstöße gegen die Ad-hoc-Publizitätspflicht nach deutschem Recht aufgrund der Rechtslage nach Inkrafttreten des Vierten Finanzmarktförderungsgesetzes

Der Gesetzgeber hat das am 1. Juli 2002 in Kraft getretene Vierte Finanzmarktförderungsgesetz zum Anlass genommen, die zivilrechtliche Haftung wegen falscher bzw. unterlassener Ad-hoc-Meldungen erstmals gesetzlich zu regeln.[367] Dem Gesetzgeber hatte dabei für die Ausgestaltung einer derartigen Haftung ein Reformvorschlag der durch die Bundesregierung eingesetzten Regierungskommission „Corporate-Governance – Unternehmenskontrolle – Modernisierung des Aktienrechts“ (nachfolgend: Corporate-Governance-Kommission) vorgelegen.[368] Gleichwohl hat der Gesetzgeber mit der Einführung der §§ 37 b, c WpHG letztlich einen Weg eingeschlagen, der sich von dem Vorschlag der Corporate-Governance-Kommission grundsätzlich unterscheidet. Im Folgenden soll zunächst in groben Umrissen der Vorschlag der Corporate-Governance-Kommission den neu geschaffenen §§ 37 b, c WpHG gegenübergestellt werden. Es folgt eine Darstellung der neuen Rechtslage für die Haftung des Emittenten und der Vorstandsmitglieder nach der neuen Rechtslage in tatbestandlicher Hinsicht, der sich eine kritische Würdigung der Neuregelung anschließt. Fragen des Schadens und der Kausalität sowie die prozessuale Frage einer kollektiven Anspruchsdurchsetzung ist dagegen jeweils ein eigenes Kapitel dieser Arbeit gewidmet.

A. Gegenüberstellung des Vorschlages der Corporate-Governance-Kommission und der Neuregelung in §§ 37 b, c WpHG

I. Vorschlag der Corporate Governance Kommission

Der Abschlussbericht der Corporate-Governance-Kommission vom 11.7.2000 beschäftigte sich neben vielen anderen Themenkomplexen auch mit der Frage einer zivilrechtlichen Verantwortlichkeit im Zusammenhang mit Fehlinformationen des Kapitalmarktes und sah für eine solche Haftung eine konkrete Regelung für eine „Haftung wegen falscher Angaben“ im Börsengesetz im Rahmen der dort neu zu schaffenden §§ 79 – 87 BörsGE vor.[369]

---

367 Gesetz zu weitern Fortentwicklung des Finanzplatzes Deutschland, BGBl. I 2002, S. 2010 ff.

368 Bericht der Regierungskommission, Rn. 181 ff.

369 Bericht der Regierungskommission, Rn. 181 ff.

Vorgesehen war ausschließlich eine Organaußenhaftung der Mitglieder von Vorstand und Aufsichtsrat. Eine Haftung gegenüber dem Emittenten wurde dagegen aus Gründen des Gläubigerschutzes abgelehnt.[370]

Die im Wortlaut an die Strafvorschrift des § 400 AktG (Unrichtige Darstellung) angelehnte Vorschrift sollte die unrichtige Wiedergabe oder Verschleierung der Verhältnisse der Gesellschaft einschließlich ihrer Beziehungen zu verbundenen Unternehmen in Darstellungen oder Übersichten über den Vermögensstand, in Vorträgen oder Auskünften in der Hauptversammlung erfassen.[371] Vorgesehen war damit eine Haftung nicht nur im Hinblick auf Ad-hoc-Meldungen sondern im Hinblick auf sämtliche denkbare Formen kapitalmarktbezogener Fehlinformationen. Der Kommissionsbericht führt hierzu als Beispielsfälle Vorstandsberichte sowie Äußerungen bei Präsentationen und Analystenbesprechungen an.[372]

Aus der Anlehnung an den Wortlaut des § 400 AktG könnte man zunächst folgern, dass die Haftung nur aktive Falschdarstellungen bzw. Verschleierungen erfassen sollte. Derartigen Falschdarstellungen sollte jedoch die unterlassene Korrektur früherer gegenüber dem Kapitalmarkt verlautbarter Informationen bei Änderungen der Verhältnisse der Gesellschaft gleichstehen, sofern dieses Unterlassen einer gesetzlichen Redepflicht, namentlich aus § 15 Abs. 1 S. 1 WpHG zuwiderlief. Damit geht die Regelung über § 400 AktG hinaus, der das Problem eines beredten Schweigens im Zusammenhang mit der Ad-hoc-Publizität wegen seiner Anknüpfung an aktive Äußerungen bzw. Publikationen gegenüber dem Kapitalmarkt nicht zu erfassen vermochte.

Als Verschuldensgrad sah der Regelungsvorschlag nicht nur eine Haftung für Vorsatz sondern auch eine Haftung für grobe Fahrlässigkeit vor.[373] Im Falle grober Fahrlässigkeit sollte die Haftung entsprechend der gleichlautenden Regelung in § 323 HGB auf fünf Millionen Deutsche Mark beschränkt sein, wobei ein etwaiger, infolge der Falschinformation vom Ersatzpflichtigen erzielter „Verletzergewinn“ aber vollständig herauszugeben sein sollte.[374]

Anspruchsberechtigt sollten diejenigen Anleger sein, die innerhalb von 6 Monaten nach der Falschdarstellung Aktien erworben haben, bzw. durch die Falschdarstellung davon abgehalten wurden, Aktien zu veräußern.[375] Damit wurden

---

370 Bericht der Regierungskommission, Rn. 187.

371 Bericht der Regierungskommission, Rn. 187.

372 Bericht der Regierungskommission, Rn. 182, 187.

373 Bericht der Regierungskommission, Rn. 185.

374 Bericht der Regierungskommission, Rn. 185, 187.

375 Bericht der Regierungskommission, Rn. 185.

nur solche Fälle erfasst, in denen die Falschmeldung ein zu positives Bild von den Verhältnissen der Gesellschaft zeichnete. In diesen Fällen sollte der Anleger aber sowohl wegen eines getätigten „zu teuren" Erwerbs als auch wegen einer unterlassenen Veräußerung zum Schadenersatz berechtigt sein. Überhaupt nicht erfasst werden sollten dagegen solche Fälle, in denen die Verhältnisse der Gesellschaft durch die Falschmeldung in einem zu negativen Licht dargestellt wurden, der Anleger also nach der Falschmeldung seine Wertpapiere „zu billig" veräußert hat, bzw. der Anleger durch die Faschmeldung davon abgehalten wurde, Wertpapiere zu kaufen.

II. Neuregelung in §§ 37 b, c WpHG

Die Neuregelung in § 37 b, c WpHG weicht in wesentlichen Punkten von dem Vorschlag der Corporate-Governance-Kommission ab.

Ein erster wesentlicher Unterschied der Neuregelung gegenüber dem Vorschlag der Corporate-Governance-Kommission läßt sich in der Person des Haftungsadressaten ausmachen. Nach §§ 37 b, c WpHG haftet der Emittent selbst. Eine Organaußenhaftung wie im Rahmen des Vorschlages der Corporate-Governance-Kommission ist dagegen nicht vorgesehen.

Die Haftung erstreckt sich zudem ausschließlich auf die Fehlinformation des Kapitalmarktes im Zusammenhang mit Ad-hoc-Meldungen. Eine Haftung für andere kapitalmarktbezogene Fehlinformationen, wie sie der Vorschlag der Corporate-Governance-Kommission beinhaltete, ist dagegen nicht vorgesehen.

Gehaftet wird – insoweit ähnlich dem Vorschlag der Corporate-Governance-Kommission - sowohl für die fehlende bzw. nicht rechtzeitige Veröffentlichung einer Ad-hoc-Meldung (§ 37 b WpHG) als auch für die Veröffentlichung einer inhaltlich falschen Ad-hoc-Meldung (§ 37 c WpHG).

Wie der Vorschlag der Corporate-Governance-Kommission sehen auch §§ 37 b, c WpHG eine Haftung sowohl für Vorsatz als auch für grobe Fahrlässigkeit vor. Dagegen fehlt es im Rahmen der §§ 37 b, c WpG an einer Haftungsdeckelung für Fälle grober Fahrlässigkeit.

Anspruchsberechtigt sind nach der Neuregelung diejenigen Anleger, die infolge der Fehlinformation des Marktes Wertpapiere entweder „zu teuer" gekauft oder „zu billig" verkauft haben. Im Gegensatz zum Vorschlag der Corporate-Governance-Kommission sind damit nicht nur die Fälle erfasst, in denen die Verhältnisse der Gesellschaft zu positiv dargestellt werden, sondern auch die Fälle, in denen ein zu negatives Bild gezeichnet wird. Andererseits kommt im Rahmen der §§ 37 b, c WpHG nur eine Haftung im Zusammenhang mit tatsächlich getätigten Wertpapiertransaktionen der Anleger in Betracht. Ein Schadenersatzanspruch der Anleger im Zusammenhang mit unterlassenen Transaktionen ist dagegen in §§ 37, b, c WpHG nicht vorgesehen.

B. Die Rechtslage nach Inkrafttreten des Vierten Finanzmarkt- förderungsgesetzes im Detail

I. Haftung des Emittenten aus § 37, b, c WpHG

1. Ersatzpflichtiger

Ersatzpflichtiger ist der Emittent von Wertpapieren, die zum Handel an einer inländischen Börse zugelassen sind. Aus der Anknüpfung an die „Zulassung" der Wertpapiere wird deutlich, dass nur solche Wertpapiere umfasst sein sollen, die entweder am Amtlichen Markt oder am Geregelten Markt zugelassen sind. Eine Haftung auch von Emittenten, deren Wertpapiere in den Freiverkehr einbezogen wurden, ist dagegen nicht vorgesehen.

2. Tathandlung

Als Tathandlung im Rahmen der §§ 37 b, c WpHG kommt zum einen die Unterlassung der (rechtzeitigen) Veröffentlichung einer Ad-hoc-Meldung als auch die Veröffentlichung einer unwahren Tatsache im Rahmen einer solchen Meldung in Betracht. Da sich im Hinblick auf die in §§ 37 b, c WpHG geregelten Tathandlungen unterschiedliche Probleme ergeben, sollen die beiden Tatbestände in diesem Zusammenhang getrennt untersucht werden.

a) Unterlassen einer Ad-hoc-Meldung nach § 37 b WpHG

aa) Anknüpfung an die Verpflichtung zur Ad-hoc-Publizität nach § 15 Abs. 1 S. 1 WpHG

§ 37 b Abs. 1 WpHG knüpft für das haftungsbegründende Unterlassen an eine Pflicht des Emittenten an, unverzüglich eine neue Tatsache zu veröffentlichen, die in seinem Tätigkeitsbereich eingetreten und nicht öffentlich bekannt ist, und die wegen ihrer Auswirkungen auf die Vermögens- und Finanzlage oder auf den allgemeinen Geschäftsverlauf des Emittenten geeignet ist, den Börsenpreis der zugelassenen Wertpapiere erheblich zu beeinflussen. Die Vorschrift wiederholt somit den Wortlaut des § 15 Abs. 1 S. 1 WpHG, der die Pflicht des Emittenten zur Ad-hoc-Publizität enthält und übernimmt dadurch sämtliche Probleme, die sich im Zusammenhang mit dem offenen Tatbestand des § 15 Abs. 1 S. 1 WpHG ergeben. Unklar ist mithin auch im Rahmen des § 37 b WpHG die Frage nach dem erforderlichen Realisierungsgrad eines Sachverhalts im Zusammenhang mit mehrstufigen Entwicklungsprozessen oder die Frage der Erheblichkeitsschwelle im Rahmen der Kursrelevanz der Tatsache.

bb) Entfallen der Haftung bei Befreiung von der Veröffentlichungspflicht gemäß § 15 Abs. 1 S. 5 WpHG?

Die Anknüpfung der Haftung an einen Verstoß gegen die Verpflichtung des § 15 Abs. 1 S. 1 WpHG wirft die Frage auf, ob die Haftung des Emittenten in den Fällen nicht in Betracht kommt, in welchen die BAFin den Emittenten nach § 15 Abs. 1 S. 5 WpHG von der Veröffentlichungspflicht befreit hat. Der Wortlaut der Vorschrift legt zunächst das Gegenteil nahe, indem für die Veröffentlichungspflicht nicht direkt auf die Gesamtregelung des § 15 WpHG einschließlich der dort vorgesehenen Befreiungsmöglichkeit verwiesen wird, sondern lediglich der Wortlaut des § 15 Abs. 1 WpHG wiederholt wird.[376] Dessen ungeachtet beginnt sich aber die Auffassung durchzusetzen, wonach einer Befreiung nach § 15 Abs. 1 S. 5 WpHG gleichwohl eine haftungsausschließende Wirkung zukommen soll.[377] Begründet wird dies mit der faktischen Anknüpfung der Vorschrift an die Veröffentlichungspflicht des § 15 WpHG. Sei der Emittent von der Veröffentlichungspflicht befreit, fehle es auch an einer „Redepflicht" des Emittenten. Eine Haftung könne daher in derartigen Fällen schon deshalb nicht in Betracht kommen, da andernfalls ein und dasselbe Verhalten in sinwidriger Weise im Rahmen des § 15 WpHG als rechtmäßig und im Rahmen des § 37 b WpHG als pflichtwidrig eingestuft werde. Dieser Auffassung ist beizupflichten. Ein Auseinanderfallen der Pflichtwidrigkeit nach § 15 WpHG einerseits und nach § 37 b WpHG andererseits würde sich in der Tat als Wertungswiderspruch darstellen. Beide Vorschriften dienen ausweislich der jeweiligen Gesetzesmaterialien der Integrität der Preisbildung auf dem Kapitalmarkt. Mit der Schaffung der Befreiungsmöglichkeit nach § 15 Abs. 1 S. 5 WpHG hat der Gesetzgeber indes auch den gegenläufigen Interessen des Emittenten an der Geheimhaltung neuer Tatsachen in seinem Tätigkeitsbereich Rechnung getragen, indem das Gesetz während der Dauer einer Befreiung von der Veröffentlichungspflicht duldet, dass an den Börsen zu „falschen" Kursen gehandelt wird. Würde aber eine Befreiung nach § 15 Abs. 1 S. 5 WpHG im Hinblick auf den neu geschaffenen Haftungstatbestand des § 37 b WpHG keine haftungsausschließende Wirkung entfalten, liefe die Befreiung mitsamt der in ihr enthaltenen Interessenabwägung praktisch ins Leere. Der Emittent hätte dann zwar nicht die Verhängung eines Bußgeldes, wohl aber – in weitaus größerem Umfang - eine zivilrechtliche Haftung gegenüber den geschädigten Anlegern zu befürchten. Dies wäre nur dann vertretbar, wenn sich feststellen ließe, dass der Gesetzgeber mit der Schaffung

---

376 Ähnlich: Groß, WM 2002, 477 (485 f.).

377 Fleischer, NJW 2002, 2977 (2980); Maier-Reimer/Webering, WM 2002, 1857 (1858); Reichert/Weller, ZRP, 2002, 49 (54).

der §§ 37 b, c WHG – entgegen seiner Wertung in § 15 Abs. 1 S. 5 WpHG - den Interessen des Kapitalmarktes gegenüber dem Geheimhaltungsinteresse der Emittenten in einseitiger Weise den Vorzug geben wollte. Eine solche gesetzgeberische Intention erscheint jedoch fernliegend. Anlass für die Schaffung der §§ 37 b, c WpHG waren Lücken im zivilrechtlichen Anlegerschutz, die sich im Zusammenhang mit Ad-hoc-Meldungen durch die haftungsbeschränkende Vorschrift des § 15 Abs. 6 S. 1 WpHG aufgetan hatten. Diese Lücken hat der Gesetzgeber nunmehr durch die Einführung eines im Wortlaut an die Veröffentlichungspflicht des § 15 Abs. 1 S. 1 WpHG angeknüpften Haftungstatbestandes geschlossen. Die Diskrepanz zwischen öffentlich-rechtlichem und zivilrechtlichem Anlegerschutz wurde dadurch abgebaut. Dafür, dass der Gesetzgeber einen noch weitergehenden zivilrechtlichen Schutz angestrebt hat, liegen dagegen keine Anhaltspunkte vor. Dem fehlenden Verweis auf die Gesamtregelung des § 15 WpHG in § 37 b WpHG läßt sich eine solche Intention zumindest nicht entnehmen. Vielmehr dürfte es sich hier um ein Redaktionsversehen handeln, dass dem Wunsch entsprungen sein mag, die Eigenständigkeit der §§ 37 b, c WpHG gegenüber einer vom Gesetzgeber wegen des geringeren Verschuldensgrades nach wie vor nicht gewollten Haftung aus § 823 Abs. 2 BGB i.V.m. § 15 WpHG als Schutzgesetz klarzustellen.

cc) Unterlassen der unverzüglichen Veröffentlichung

Der Emittent haftet nach § 37 b Abs. 1 WpHG, wenn er eine publizitätspflichtige Tatsache nicht unverzüglich veröffentlicht hat. Unverzüglich im Sinne dieser Vorschrift meint nach der Legaldefinition des § 121 BGB „ohne schuldhaftes Zögern“. In diesem Zusammenhang wurde von *Reichert/Weller* und *Fleischer* die Frage aufgeworfen, ob im Hinblick auf das Tatbestandsmerkmal der Unverzüglichkeit im Rahmen des § 37 b Abs. 1 WpHG das Verschuldensprivileg des § 37 b Abs. 2 WpHG gilt, wonach der Emittent nur bei Vorsatz oder grober Fahrlässigkeit haftet.[378] Die Frage verblüfft, da sie zwangsläufig auf der Annahme beruhen muss, dass das Verschulden im Hinblick auf die Unterlassung der Veröffentlichung als solche und das Verschulden im Hinblick auf den Veröffentlichungszeitpunkt logisch voneinander zu trennen wären. Dass dies nicht der Fall sein kann, wird indes gerade anhand des - von *Reichert/Weller* selbst problematisierten - Zusammenhangs der Verschuldensfrage mit der Schadensberechnung im Rahmen der §§ 37 b, c WpHG deutlich. Die Haftung nach §§ 37 b, c WpHG erstreckt sich auf Kursverluste, welche Anleger im Zusammenhang mit Wertpapiertransaktionen während des Zeitraumes der Desinformation des Kapitalmarktes[379] erleiden. Im Falle einer Falschmeldung lässt sich der Beginn dieses Zeitraumes relativ einfach als der Zeitpunkt bestimmen, in welchem die Falsch-

---

[378] Fleischer, a.a.O.; Reichert/Weller, a.a.O., S. 56.

[379] Begriff bei Maier-Reimer/Webering, a.a.O.

information veröffentlicht wird. Schwieriger gestaltet sich die Suche nach dem Beginn des Zeitraums der Desinformation im Zusammenhang mit einer unterlassenen Ad-hoc-Meldung. Ausschlaggebend für den Beginn der Unterlassung und damit für den Beginn dieses Zeitraumes kann hier nur der Zeitpunkt sein, von dem ab sich das weitere Zuwarten des Emittenten als „schuldhaftes Zögern" darstellt. Würde für dieses schuldhafte Zögern nicht die Beschränkung auf grobe Fahrlässigkeit nach § 37 b Abs. 2 WpHG gelten, so würde der Emittent ggf. bereits zu einem Zeitpunkt für Kursschäden haften, zu welchem ihn noch kein dem § 37 b Abs. 2 WpHG entsprechendes Verschulden traf. Das Verschuldensprivileg des § 37 b Abs. 2 WpHG liefe damit leer. Nach alldem lässt sich feststellen, dass ein abstraktes, vom Zeitablauf losgelöstes Unterlassen ebensowenig existieren kann wie ein einzig darauf bezogenes Verschulden. Die Frage nach der Geltung des Haftungsprivilegs in § 37 b Abs. 2 WpHG beantwortet sich damit von selbst. Sie ist zu bejahen.

b) Veröffentlichung einer Falschmeldung nach § 37 c WpHG

Unproblematischer als die Tathandlung des Unterlassens der rechtzeitigen Veröffentlichung einer kursbeeinflussenden Tatsache erscheint auf den ersten Blick die von § 37 c WpHG vorausgesetzte Tathandlung der Veröffentlichung einer unwahren Tatsache im Rahmen einer Mitteilung über kursbeeinflussende Tatsachen. Da die Haftung hier an eine tatsächlich veröffentlichte Falschmeldung anknüpft, stellt sich nicht die Frage nach dem Beginn der Veröffentlichungspflicht. Problematisiert wird in der Literatur lediglich, ob für die Feststellung die Unwahrheit einer veröffentlichten Meldung über Tatsachen vom objektiven Empfängerhorizont des breiten Anlegerpublikums oder dem der sog. „Bereichsöffentlichkeit" auszugehen ist.[380] Während das LG München I im Zusammenhang einer potentiellen Haftung nach § 823 Abs. 2 BGB i.V.m. § 263 StGB die Unwahrheit der streitgegenständlichen Ad-hoc-Meldung unter Zugrundelegung des Empfängerhorizonts der Bereichsöffentlichkeit verneint hatte,[381] sehen *Rössner/Bolkart* die Streitfrage als zwischenzeitlich durch den Gesetzgeber im Rahmen des §§ 37 b, c WpHG zugunsten des Empfängerhorizonts einer „breiten Öffentlichkeit" entschieden an.[382] Dies soll sich daraus ergeben, dass der persönliche Anwendungsbereich der § 37 b, c WpHG uneingeschränkt alle „Dritten" als Anspruchsberechtigte umfasse und sich damit auf ein breites Anlegerpublikum beziehe.

Dem kann nicht beigepflichtet werden. Wie bereits im Zusammenhang mit der Frage nach der „fehlenden öffentlichen Bekanntheit" einer Tatsache im Rahmen

---

380 Rössner/Bolkart, ZIP 2002, 1471 (1473).

381 LG München I, WM 2001, 1948 (1951) –„Infomatec I"-.

382 Rössner/Bolkart, ZIP, 2002, 1471 (1473).

des § 15 Abs. S. 1 WpHG dargelegt, fallen der Adressatenkreis für Ad-hoc-Meldungen und der zu schützende Anlegerkreis im Rahmen des § 15 WpHG auseinander. Gesetzgeberisches Ziel der Ad-hoc-Publizität ist die Gewährleistung einer korrekten Preisbildung am Kapitalmarkt um zu verhindern, dass dort zu „falschen“ Preisen gehandelt wird. Wegen der Informationseffizienz des Kapitalmarktes genügt aber zur Gewährleistung einer raschen Anpassung der Preise an eine neue Informationslage bereits die Kenntnis eines kleinen Teils der Marktteilnehmer, der sogenannten Bereichsöffentlichkeit. Nur diese ist nach den Gesetzesmaterialien zu § 15 WpHG Adressat von Ad-hoc-Meldungen, was sich im Übrigen auch anhand der in § 15 Abs. 3 WpHG vorgesehenen Medien zur Veröffentlichung ergibt. Da die schnellstmögliche Anpassung der Börsenpreise an neue Informationen aber andererseits das breite Anlegerpublikum vor einem Handel zu „falschen“ Preisen schützen soll, steht der breite Kreis der Ersatzberechtigten gerade nicht im Widerspruch zum engen Adressatenkreis des § 15 WpHG und es kann daher auch gerade nicht von dem breiten Kreis der Eratzberechtigten nach §§ 37 b, c WpHG auf einen ebenso breiten Adressatenkreis von Ad-hoc-Meldungen rückgeschlossen werden. Auch für die Unwahrheit einer Ad-hoc-Meldung nach § 37 c WpHG ist mithin auf den Empfängerhorizont der Bereichsöffentlichkeit abzustellen, wobei anzumerken, ist, dass der unterschiedliche Empfängerhorizont in den meisten Fällen nicht zu einer unterschiedlichen Wahrnehmung der mitgeteilten Tatsachen führen dürfte.[383]

3. Verschulden

Nach §§ 37 b Abs. 2 bzw. 37 c Abs. 2 WpHG kann der Emittent nicht in Anspruch genommen werden, wenn er nachweist, dass die Fehlinformation nicht auf Vorsatz oder grober Fahrlässigkeit beruht. Die Vorschrift enthält damit sowohl die in materiellrechtliche Regelung im Hinblick auf den erforderlichen Verschuldensgrad als auch eine Beweislastumkehr für das Verschulden in prozessualer Hinsicht.

4. Wertpapiertransaktion

Nach § 37 b, c WpHG ist der Emittent im Falle einer unterlassenen Ad-hoc-Meldung gegenüber solchen Anlegern zum Schadensersatz verpflichtet, die entweder Wertpapiere nach der Unterlassung erwerben und bis zum Bekannt-

---

[383] Als wenig überzeugend stellen sich vor diesem Hintergrund die Ausführungen des LG München I, WM 2001, 1948 (1951 f.) –„Infomatec I“- dar, wo das Gericht feststellt, dass sich für die Bereichsöffentlichkeit die fälschliche Verlautbarung des Vertragsschlusses mit einem Kunden („Größter Deal der Firmengeschichte, Umsatzvolumen von 55 Mio DM“) aufgrund vorhandener Branchenkenntnisse im Gegensatz zur breiten Öffentlichkeit nicht unbedingt als fester Auftrag mit diesem Umsatzvolumen darstellen müsse.

werden der Tatsache halten oder Wertpapiere vor der Unterlassung erwerben und nach der Unterlassung veräußern. Im Falle einer Falschmeldung gründet sich der Schadensersatz darauf, dass Anleger Wertpapiere nach der Veröffentlichung erwerben und vor dem Bekanntwerden der Unrichtigkeit der Tatsache noch halten oder Wertpapiere vor der Veröffentlichung erwerben und vor dem Bekanntwerden der Unrichtigkeit der Tatsache veräußern. Das Gesetz stellt also entscheidend darauf ab, dass eine Wertpapiertransaktion während des Zeitraums eines Informationsdefizits „zu falschen Kursen" erfolgt, und dass der so geschädigte Anleger den erlittenen Kursverlust nicht durch Gegengeschäfte während des Informationsdefizits kompensiert. Dies soll nachfolgend näher erläutert werden.

a) Transaktion während des Zeitraums der Desinformation

Erforderlich ist zunächst eine Wertpapiertransaktion während des Zeitraums der Desinformation. §§ 37 b, c WpHG schützen den Anleger sowohl davor, Wertpapiere „zu teuer zu kaufen" als auch davor, Wertpapiere „zu billig zu verkaufen". Ein „zu teurer Kauf" kommt nach beiden Tatbeständen in Betracht, wenn die Gesellschaftsverhältnisse durch das mangelhafte Informationsverhalten des Emittenten zu positiv dargestellt werden. Im Falle des § 37 b WpHG (unterlassene Ad-hoc-Meldung) kommt hier etwa eine unterlassene bzw. nicht rechtzeitige Gewinnwarnung in Betracht; im Falle des § 37 c WpHG (Falschmeldung) ist an die inhaltlich falsche Behauptung eines Großauftrags zu denken, wie sie etwa im bereits mehrmals zitierten Fall „Infomatec" streitgegenständlich war. Ein zu billiger Verkauf beruht dagegen auf einer zu negativen Darstellung der Gesellschaftsverhältnisse, etwa durch das Zurückhalten einer Meldung über ein neues Patent bei einem Pharmakonzern oder durch die inhaltlich falsche Mitteilung über die Einreichung von Produkthaftungsklagen gegen den Emittenten in den USA. Gemeinsam ist allen Beispielen damit, dass die jeweils betroffenen Anleger während des Zeitraums der Desinformation Wertpapiertransaktionen zu „falschen" Preisen tätigen.

b) Fehlen von kompensierenden Gegengeschäften

Eine Wertpapiertransaktion des Anlegers während des Zeitraums der Desinformation reicht indes zur Begründung eines Schadensersatzanspruchs nicht aus. §§ 37 b, c WpHG stellen vielmehr weiterhin darauf ab, dass der geschädigte Anleger im Falle des „zu teuren Kaufs" zum Zeitpunkt des Bekanntwerdens der zu veröffentlichen Tatsache (§ 37 b Abs. 1 Nr. 1 WpHG) bzw. des Bekanntwerdens der Unrichtigkeit einer veröffentlichten Tatsache (§ 37 c Abs. 1 Nr. 1 WpHG) noch Inhaber der Wertpapiere ist. Spiegelbildlich gesehen muss der Anleger im Falle des „zu billigen Verkaufs" die später verkauften Wertpapiere bereits vor dem Eintritt der zu veröffentlichten Tatsache (§ 37 b Abs. 1 Nr. 2 WpHG) bzw.

vor der Veröffentlichung der Falschmeldung (§ 37 c Abs. 1 Nr. 2 WpHG) erworben haben. Ausgeschlossen werden soll folglich, dass der Anleger die durch die Fehlinformation des Kapitalmarktes erlittenen Kursverluste dadurch wieder kompensiert, dass er während des Zeitraums der Desinformation kompensierende Gegengeschäfte zu solchen Kursen tätigt, die gleichermaßen durch die Fehlinformation beeinflusst sind.[384] Hat der Anleger, der Wertpapiere während des Zeitraums der Desinformation „zu teuer gekauft" hat, diese noch vor dem Bekanntwerden der wahren Tatsachenlage wieder zu gleichermaßen überhöhten Kursen wieder verkauft, so ist ihm der nach §§ 37 b, c WpHG zu ersetzende Schaden in Höhe der Kursdifferenz[385] nicht entstanden. Das gleiche gilt für den Fall, dass ein Anleger solche Wertpapiere während der Desinformationsphase „zu billig verkauft", die er ebenfalls während des gleichen Zeitraums bereits „zu billig gekauft" hat.

5. Verjährung

Nach §§ 37 b Abs. 4, 37 c Abs. 4 WpHG verjährt der Anspruch in einem Jahr nach Kenntniserlangung des Anlegers von der Unterlassung bzw. der Unrichtigkeit der Falschmeldung, spätestens jedoch in drei Jahren seit der Unterlassung. Die Gesetzesmaterialien zum Vierten Finanzmarktförderungs- gesetz führen dazu aus, einem Anleger sei es zumutbar, die notwendigen rechtlichen Schritte zu ergreifen und seinen Anspruch geltend zu machen.[386] Die Drei-Jahresfrist rechtfertige sich aus der Schnelllebigkeit des Geschäftsverkehrs im Wertpapierbereich.[387] Die Verjährungsregeln im Rahmen der § 37 b, c WpHG stimmen damit mit den entsprechenden Regelungen im Rahmen der börsen- und investmentrechtlichen Haftungsvorschriften überein. Dort hatte vordem sogar eine noch strengere 6–Monatsfrist gegolten, welche sich aber angesichts der Komplexität zahlreicher Sachverhalte als zu kurz für die Vorbereitung der Anspruchsverfolgung erwiesen hatte, so dass der Gesetzgeber diese Regelungen im Rahmen des Vierten Finanzmarktförderungsgesetzes ebenfalls im Sinne der Regelung in §§ 37 b, c WpHG ausgestaltet hat.[388]

---

384 So auch Maier-Reimer/Webering, WM 2002, 1857 (1862 f.).

385 Siehe zur Methode der Schadensberechnung ausführlich unten: Siebter Teil, B.

386 Begründung des Regierungsentwurfs, BT-Drucks. 14 / 8017, S. 94.

387 Begründung des Regierungsentwurfs, BT-Drucks. 14 / 8017, S. 94.

388 Vgl. Begründung des Regierungsentwurfs, BT-Drucks. 14 / 8017, S. 81. Rössner/Bolkart, ZIP, 2002, 1471 (1477) werfen dem Gesetzgeber in diesem Zusammenhang Widersprüchlichkeit vor. Der Gesetzgeber begründe einerseits die Verlängerung der Verjährungsfrist im Rahmen der börsenrechtlichen Prospekthaftung mit der Erwägung, dass andernfalls Anspruchsberechtigte gezwungen würden, vor einer umfassenden Klärung des Sachverhalts Klage zur Unterbrechung der Verjährung zu erheben, trage diesem Argument im Rahmen der Verjährungsregelung in § 37 b, c WpHG aber keine Rechnung. Die Kritik vermag indes nicht zu überzeugen, da sich die Besorgnis des Gesetzgebers gerade auf die

II. Haftung der Organe

§§ 37 b, c WpHG sehen ausdrücklich nur eine Haftung des Emittenten vor. Eine Haftung der Organe wird allenfalls in §§ 37 b Abs. 6, 37 c Abs. 6 WpHG erwähnt, wonach der Emittent auf Ansprüche gegen die Vorstandsmitglieder wegen der Inanspruchnahme des Emittenten aus §§ 37 b, c WpHG nicht im Voraus verzichten kann. Die Vorschrift bezieht sich indes ausschließlich auf die Innenhaftung der Organe gegenüber dem Emittenten im Rahmen gesellschaftsrechtlicher Regressansprüche (zB. § 93 Abs. 2 AktG) und hat einen eigenen Anwendungsbereich im Übrigen nur für solche Emittenten, bei denen es sich nicht um eine deutsche AG handelt, für welche § 93 Abs. 4 S. 3 AktG die Möglichkeit eines Verzichts oder Vergleichs ohnehin noch weitergehend einschränkt. Ein Verzicht der AG auf Regressansprüche gegen ihre Organmitglieder oder ein Vergleich über solche Ansprüche darf nach dieser Regelung nicht vor Ablauf von drei Jahren und nur mit Zustimmung der Hauptversammlung erfolgen.

Nicht geregelt in §§ 37 b, c WpHG ist dagegen die Frage einer Außenhaftung der verantwortlichen Vorstandsmitglieder gegenüber den geschädigten Anlegern. Bereits im Zusammenhang mit der Haftung der Organe nach alter Rechtslage wurde indes die besondere Bedeutung einer Organaußenhaftung insbesondere im Falle der Insolvenz des Emittenten hervorgehoben. Es fragt sich mithin, ob sich nach dem Inkrafttreten des Vierten Finanzmarktförderungsgesetzes etwas an den insoweit beschränkten Möglichkeiten einer zivilrechtlichen Heranziehung der für die Fehlinformation des Marktes verantwortlichen Vorstandsmitglieder geändert hat.

1. Haftung der Vorstandsmitglieder nach § 830 BGB i.V.m. §§ 37 b, c WpHG?

Da §§ 37 b, c WpHG nur eine haftung des Emittenten vorsehen, kommt hier allenfalls eine Haftung der verantwortlichen Vorstandsmitglieder als Mittäter oder Gehilfen nach § 830 Abs. 1 i.V.m. §§ 37, b, c WpHG in Betracht, sofern den Vorstandsmitgliedern Vorsatz zur Last gelegt werden kann.[389] Eine Haftung nach § 830 Abs. 1 BGB setzt voraus, dass die Ersatzpflichtigen sich als Mittäter oder Teilnehmer an einer unerlaubten Handlung beteiligt haben. Es ist also zu

---

alte 6-Monats-Frist bezog, und der Gesetzgeber diesen Befürchtungen gerade durch die Verlängerung der Verjährungsfrist sowohl im Rahmen der börsen- und investmentrechtlichen Haftungstatbestände als auch im Rahmen der neu eingeführten §§ 37 b, c WpHG Rechnung getragen hat.

389 Auf das im Rahmen des § 830 BGB bestehende Vorsatzerfordernis im Sinne eines bewussten und gewollten Zusammenwirkens zutreffend hinweisend: Rieckers, BB 2002, 1213 (1220).

untersuchen, ob es sich bei §§ 37 b, c WpHG um unerlaubte Handlungen im Sinne des § 830 I BGB handelt und ob die Vorstandsmitglieder in diesem Zusammenhang als Mittäter oder Teilnehmer in Betracht kommen.

a) §§ 37 b, c WpHG als unerlaubte Handlung?

Fraglich ist bereits, ob es sich bei §§ 37 b, c WpHG um unerlaubte Handlungen handelt. Aufschlussreich könnte in diesem Zusammenhang ein Blick auf den Meinungsstand zur Rechtsnatur der börsenrechtlichen Prospekthaftung sein, bei welcher es sich ebenfalls um eine Haftung für Fehlinformationen auf dem geregelten Kapitalmarkt handelt. Die Rechtsnatur der börsenrechtlichen Prospekthaftung wird dabei nach mittlerweile h.M. als besondere Ausprägung einer allgemeinen Vertrauenshaftung betrachtet.[390] Dies deckt sich mit dem dogmatischen Verständnis der Rechtsprechung, welche die allgemeine zivilrechtliche Prospekthaftung für Fehlinformationen auf dem „grauen Kapitalmarkt" aus dem Rechtsinstitut der *culpa in contrahendo* entwickelt hat. Auch §§ 37 b, c WpHG als Äquivalent der börsenrechtlichen Prospekthaftung für die Haftung des Emittenten für Fehlinformationen auf dem Sekundärmarkt lassen sich danach wohl nicht als unerlaubte Handlungen qualifizieren.

b) Organmitglieder als Mittäter bzw. Gehilfen i.S.d. § 830 BGB?

Selbst wenn man aber §§ 37 b, c WpHG als unerlaubte Handlungen qualifizieren wollte, kommen doch die Vorstandsmitglieder weder als Mittäter noch als Gehilfen des primär haftenden Emittenten in Betracht.[391] Der Begriff der Mittäterschaft in § 830 Abs. 1 BGB ist im Sinne der strafrechtlichen Mittäterschaft zu verstehen, setzt also ein bewusstes und gewolltes Zusammenwirken mehrer zur Herbeiführung des Erfolges voraus.[392] Im Strafrecht ist indes anerkannt, dass Mittäter nur sein kann, wer grundsätzlich auch als Täter des jeweiligen Straftatbestands in Betracht kommt.[393] Dies richtet sich nach der Eigenart des jeweiligen Straftatbestandes.[394] Bei den echten Sonderdelikten ist der Täterkreis dabei von vornherein durch die im Tatbestand vorausgesetzte Subjektsqualität be-

---

390 Canaris, Bankvertragsrecht, Rn. 2277; Groß, Kapitalmarktrecht, §§ 45, 46, Rn. 4; Hamann in: Schäfer, §§ 45, 46 a.F. BörsG, Rn. 16; Schwark, BörsG, § 45, 46 BörsG, Rn. 5. A.A. Assmann in: Assmann/Schütze, § 7, Rn. 30, der eher von einem deliktsrechtlichen Charakter der Prospekthaftung auszugehen scheint, sowie Köndgen, AG 1983, 85 (90 ff.), der die Prospekthaftung als Haftung im Hinblick auf eine besondere rechtsgeschäftliche Erklärung des Prospektherausgebers ansieht.

391 So auch Maier-Reimer/Webering, WM 2002, 1857 (1864).

392 BGH, NJW 1972, 40 (41); Thomas in: Palandt, § 830, Rn. 3.

393 Wessels/Beulke, S. 169.

394 Wessels/Beulke, S. 166.

grenzt. Zu nennen sind beispielsweise §§ 203, 331 ff. StGB, wo jeweils die Eigenschaft als Arzt oder sonstiger Geheimnisträger bzw. als Amtsträger die Eignung der handelnden Person zum Täter begründet. Indem nach §§ 37 b, c WpHG nur der Emittent als solcher haftet, handelt es sich auch bei diesen Vorschriften um ein Sonderdelikt. Vorstandsmitglieder kommen daher mangels Bezugnahme in §§ 37 b, c WpHG nicht als Mittäter in Betracht.[395] Schließlich handelt es sich bei den Mitgliedern eines Gesellschaftsorgans auch nicht um Gehilfen der von ihnen vertretenen Gesellschaft. Vielmehr ist die Gesellschaft überhaupt erst durch ihre Organe handlungsfähig.[396] Diese daneben als Gehilfen des von ihnen vertretenen Rechtsubjekts anzusehen, erscheint daher fernliegend.

2. Haftung nach anderen Rechtsgrundlagen

Eine Außenhaftung der Vorstandsmitglieder kommt daher auch nach Inkrafttreten des Vierten Finanzmarktförderungsgesetzes nur nach den Anspruchsgrundlagen in Betracht, die schon nach der alten Rechtslage einschlägig waren. Es handelt sich dabei in erster Linie um eine Haftung nach § 826 BGB mit all den dieser Norm innewohnenden Schwierigkeiten im Hinblick auf den Nachweis einer vorsätzlichen Schädigung.

C. Kritische Würdigung

Nachdem die neue Rechtslage im Zusammenhang mit einer zivilrechtlichen Verantwortlichkeit für unterlassene oder fehlerhafte Ad-hoc-Meldungen im Detail untersucht wurde, ist nunmehr eine kritische Würdigung der gesetzlichen Neuregelung angebracht. Als positiv ist zu bewerten, dass sich der Gesetzgeber mit der Einführung der §§ 37 b, c WpHG erstmal des Problems der zivilrechtlichen Verantwortlichkeit für Fehlinformationen auf dem Sekundärmarkt angenommen hat. Für die Schaffung eines gesetzlichen Haftungstatbestands bestand angesichts der Schutzlücken in diesem Bereich ein rechtspolitisches Bedürfnis. Zudem entspricht die Möglichkeit einer zivilrechtlichen Haftung für Fehlinformationen dem Standard des US-amerikanischen Kapitalmarktrechts, wo Sec. 10 (b) SEA i.V.m. Rule 10 b 5 eine solche Haftung seit mehr als 60 Jahren vorsehen. Unabhängig von der positiven Bewertung stellt sich aber die Frage, ob die Neuregelung auch in ihrer konkreten Ausgestaltung geglückt ist. Hinterfragt werden sollen im Folgenden insbesondere die Ausgestaltung der Haftung nach §§ 37 b, c WpHG als Emittentenhaftung, die Beschränkung der Haftung auf Verstöße gegen die Ad-hoc-Publizitätspflicht, das Fehlen einer Haftung im Zusammenhang mit unterlassenen Transaktionen sowie die Regelung im Hinblick auf das Verschulden.

---

[395] Ähnlich auch Maier-Reimer/Webering, a.a.O.

[396] Maier-Reimer/Webering, a.a.O.

I. Emittentenhaftung contra Organhaftung

Kontrovers diskutiert wurde während des Gesetzgebungsverfahrens und nach dem Inkrafttreten des Gesetzes die Tatsache, dass der Gesetzgeber in §§ 37 b, c WpHG entgegen den Vorschlägen der Corporate-Governance-Kommission keine Haftung der erforderlichen Organe sondern eine Haftung des Emittenten statuiert hat. In diesem Zusammenhang sind indes zwei Fragen auseinanderzuhalten, nämlich zum einen die Frage nach der Legitimität einer Emittentenhaftung als solcher und die daran anschließende Frage, ob neben der in §§ 37 b, c WpHG vorgesehenen Emittentenhaftung ergänzend auch eine Organhaftung erforderlich ist.

1. Legitimität der in §§ 37 b, c WpHG eingeführten Emittentenhaftung

Die nachfolgende Untersuchung wird sich zunächst mit den Argumenten auseinandersetzen die gegen eine Emittentenhaftung ins Feld geführt werden, bevor auf die auf die für eine Emittentenhaftung sprechenden Argumente eingegangen wird.

a) Argumente gegen eine Emittentenhaftung

aa) Die in der Literatur gegen eine Emittentenhaftung vorgebrachten Argumente

Die vom Gesetzgeber in §§ 37 b, c WpHG eingeführte Emittentenhaftung ist in der Literatur überwiegend auf Ablehnung gestoßen.[397] Es werden in diesem Zusammenhang im Wesentlichen drei Argumente vorgebracht. Zum einen soll eine Haftung des Emittenten im Widerspruch zu dem in § 57 AktG verkörperten Kapitalerhaltungsprinzip und den darin zum Ausdruck kommenden Vorrang des Gläubigerschutzes stehen.[398] Ähnliche Erwägungen hatten in diesem Zusammenhang schon die Corporate-Governance-Kommission dazu bewogen, von einer Emittentenhaftung abzusehen.[399] Des Weiteren wird geltend gemacht, durch eine Inanspruchnahme des Emittenten schädige der klagende Aktionär die Aktionärsgesamtheit[400] und damit mittelbar sogar sich selbst.[401] Schließlich wird gegen eine Emittentenhaftung eingewandt, die Inanspruchnahme der Gesellschaft könne die Liquidität des Emittenten bis zu dessen Existenzgefährdung

[397] Großmann/Nicoleyczik, DB 2002, 2031 (2036); Hutter/Leppert, NZG 2002, 649 (654); Rieckers, BB 2002, 1213 (1220); Rössner/Bolkart, ZIP, 2002, 1471 (1476 f.)

[398] Hutter/Leppert, a.a.O.; Rieckers, a.a.O.; Rössner/Bolkart, a.a.O.

[399] Bericht der Regierungskommission, Rn. 187.

[400] Großmann/Nicoleyczik, a.a.O.; Hutter/Leppert, a.a.O. Rössner/Bolkart, a.a.O.

[401] Großmann/Nicoleyczik, a.a.O.

beeinträchtigen[402] und stehe zudem häufig einer Sanierung des Emittenten entgegen.[403] Letzteres soll sich daraus ergeben, dass die Verletzung der Publizitätspflicht nach § 15 WpHG gerade in den Fällen in Betracht komme, in denen sich ein Unternehmen in wirtschaftlichen Schwierigkeiten befinde, wobei zu befürchten sei, dass ein nicht kalkulierbares Ausmaß von Schadensersatzforderungen die Bereitschaft der Gläubiger zur Unternehmenssanierung verringern könne.[404]

bb) Stellungnahme

(1) Die Entschärfung des Problems durch die Innenhaftung der verantwortlichen Organmitglieder nach dem Gesellschaftsrecht

Bevor auf die einzelnen, eng miteinander verknüpften Argumente, welche gegen eine Emittentenhaftung vorgebracht werden, eingegangen wird, muss zunächst darauf hingewiesen werden, dass sämtliche der angeführten Probleme erheblich an Schärfe verlieren, wenn man die nach dem Gesellschaftsrecht etwa in § 93 Abs. 2 AktG vorgesehene Innenhaftung der für die Fehlinformation verantwortlichen Organmitglieder in die diesbezüglichen Betrachtungen mit einbezieht. Durch die Regressansprüche des Emittenten gegenüber den Organmitgliedern, welche den Organmitgliedern sowohl nach den Vorschriften des Aktienrechts als auch nach §§ 37 b Abs. 6, 37 c Abs. 6 WpHG nicht im voraus erlassen oder ermäßigt werden dürfen, fließt dem Vermögen der Gesellschaft und damit auch der Haftungsmasse für die Gesellschaftsgläubiger im günstigsten Fall genau der Betrag zu, welcher dem Gesellschaftsvermögen im Zuge einer Inanspruchnahme durch die geschädigten Anleger nach § 37 b, c WpHG entzogen wird. Gläubiger und die übrigen Anleger des Emittenten tragen also lediglich das Ausfallrisiko der Gesellschaft gegenüber ihren Organmitgliedern. Dies vorausgeschickt soll nunmehr im Detail auf die Argumente gegen eine Emittentenhaftung eingegangen werden.

(2) Widerspruch zum Kapitalerhaltungsprinzip nach § 57 AktG?

Zunächst ist der Frage nachzugehen, ob eine Emittentenhaftung im Widerspruch zu dem in § 57 AktG enthaltenen Verbot der Einlagenrückgewähr und dem dahinter stehenden Kapitalerhaltungsprinzip steht. Der Wortlaut des § 57 AktG bringt den Regelungsinhalt dabei nur unvollkommen zum Ausdruck. Für das Vorliegen einer Einlagenrückgewähr spielt es nach heute ganz h.M. keine Rolle,

---

402 Hutter/Leppert, a.a.O.

403 Rieckers, a.a.O.

404 Rieckers, a.a.O., der sich dabei auf die Gesetzesmaterialien zum zweiten Finanzmarktförderungsgesetz (Bericht des Finanzausschusses, BT-Drucks. 12 / 7918, S. 102) bezieht.

ob es sich bei der Leistung an den Aktionär um die von ihm von ihm ursprünglich geleistete Einlage handelt. Ausschlaggebend ist vielmehr die wertmäßige Beeinträchtigung des Grundkapitals.[405] § 57 AktG verbietet jede Leistung der AG, die wegen der Mitgliedschaft aller oder einzelner Aktionäre erbracht wird, wenn sie nicht aus dem Bilanzgewinn erfolgt oder ausnahmsweise gesetzlich zugelassen ist.[406]

Schadensersatzleistungen aus kapitalmarktrechtlichen Haftungstatbeständen fallen vor diesem Hintergrund nicht in den Anwendungsbereich des § 57 AktG. Dies ergibt sich indes weniger aus der im Übrigen zutreffenden Feststellung von *Fleischer*,[407] dass die h.M. im Rahmen der Börsenprospekthaftung einen Vorrang des Anlegerschutzes bejaht und dies folglich auch für eine Haftung für mangelhaftes Informationsverhalten auf dem Sekundärmarkt zu gelten habe. Zwar wurde diese Frage in der Tat für die börsenrechtliche Prospekthaftung kontrovers diskutiert[408] und hat auch bereits früh die Rechtsprechung beschäftigt. So hatte das Reichsgericht zunächst dem Grundsatz der Kapitalerhaltung den Vorrang gegeben,[409] diese Rechtsprechung jedoch später wieder eingeschränkt.[410] Ausgeschlossen sein sollte der Prospekthaftungsanspruch nunmehr nur noch zu Lasten derjenigen Aktionäre, die ihre Aktien durch Zeichnung oder Ausübung eines Bezugsrechts erworben haben, während bei einem Erwerb von Wertpapieren im Rahmen eines Umsatzgeschäftes die Prospekthaftung Platz greifen sollte.

Wie sich jedoch gerade der Rechtsprechung des Reichsgerichts entnehmen lässt, liegt der Kern des Problems nicht in einem etwaigen Vorrang des Anlegerschutzes vor dem Gläubigerschutz und damit auch nicht in einer Abwägung der Interessen zweier verschiedener Gruppen von Kapitalgebern begründet. So begründet das Reichsgericht die Erstreckung der Prospekthaftung auf Wertpapiere, die der Aktionär im Rahmen eines Umsatzgeschäfts erworben hat, mit der Erwägung, dass der Aktionär der Gesellschaft in dieser Konstellation einem Gläubiger vergleichbar gegenübertrete und die AG aus diesem Grunde nicht geltend machen könne, er sei zugleich ihr Gesellschafter.[411] In dieselbe Richtung zielt auch die Ansicht von *Kalls,*[412] die in diesem Zusammenhang für das österreichi-

---

405 Vgl. Hüffer, § 57, Rn. 3 m.w.N.

406 Hüffer, § 57, Rn. 2.

407 Fleischer, Gutachten zum 64. DJT (wirtschaftsrechtliches Teilgutachten), F 100.

408 Vgl. zu dieser Diskussion: Schwark, BörsG, §§ 45, 46 BörsG, Rn. 8.

409 RGZ 54, 128 (130 ff.).

410 RGZ 71, 97 (98 ff.). Zur Kritik an dieser Rechtsprechung vgl. die Nachweise bei Schwark, a.a.O.

411 RGZ, a.a.O.

412 Kalss, Anlegerinteressen, S. 332.

sche Recht zutreffend bemerkt, dass sich die Zahlung von Schadensersatz an die Aktionäre schon deshalb nicht als „Einlagenrückgewähr" darstellt, weil die Aktionäre die Zahlung nicht in ihrer Eigenschaft als Aktionäre sondern in ihrer Rolle als Geschädigte und damit ebenfalls als Gläubiger der Gesellschaft erhalten.

Auch für das deutsche Recht ist grundsätzlich anerkannt, dass Schadensersatzleistungen nicht im Widerspruch zum Kapitalerhaltungsprinzip und zum daraus resultierenden Verbot der Einlagenrückgewähr aus § 57 AktG stehen, weil der Geschädigte gleichzeitig auch Aktionär ist.[413] Was aber für Schadensersatzansprüche im Allgemeinen gilt, kann sich für Schadensersatzansprüche kapitalmarktrechtlicher Art nicht anders darstellen. Die Rolle der durch ein mangelhaftes Informationsverhalten des Emittenten geschädigten Aktionäre unterscheidet sich nicht von der Rolle anderweitig durch den Emittenten geschädigter Personen, wie zB der Opfer im Zusammenhang mit Produkt- oder Umwelthaftungsfällen. Auch hier ergibt sich das in § 57 AktG geregelte Spannungsverhältnis zwischen Gläubiger- und Anlegerinteressen nicht und es stellt sich daher auch nicht die Frage eines Ausnahme- bzw. Spezialitätsverhältnisses der kapitalmarktrechtlichen Haftungstatbestände gegenüber dem ansonsten vorrangigen Prinzip des Gläubigerschutzes. Die Tatsache, dass der im Hinblick auf seine Anlageentscheidung geschädigte Anleger zufällig – wenn auch gerade als Folge dieser Anlageentscheidung - auch Aktionär der Gesellschaft ist, vermag an dieser Sichtweise nichts zu ändern.[414] Würde man dies anders sehen, ergäbe sich daraus im Übrigen die merkwürdige Konsequenz, dass eine Emittentenhaftung gegenüber Anlegern, die ihre Wertpapiere „zu teuer gekauft" haben wegen deren nunmehr bestehender Aktionärsstellung nicht in Betracht käme, während einer Haftung gegenüber solchen Aktionären, die ihre Wertpapier „zu billig verkauft" haben, in Anbetracht der zum Zeitpunkt der Geltendmachung des Anspruchs nicht mehr bestehenden Aktionärsstellung nichts im Wege stünde.

Nach alldem steht einer Emittentenhaftung nicht das Verbot der Einlagenrückgewähr aus § 57 AktG entgegen, da die daraus resultierenden Schadensersatzleistungen dem Anleger nicht wegen seiner Stellung als Aktionär sondern wegen seiner Rolle als im Hinblick auf seine Anlegeentscheidung geschädigter Dritter zufließen. Sofern den übrigen Gläubiger durch die an die geschädigten Aktionäre zu leistenden Schadensersatzleistungen ein Ausfallschaden entsteht, haben sie diesen hinzunehmen

---

413 Henze in: Großkommentar zum AktG, § 57, Rn. 17.

414 Anders sieht dies Rieckers, BB 2002, 1213 (1220), nach dem Ersatzansprüche irregeführter Anleger wegen falscher oder unterlassener Ad-hoc-Meldungen notwendig mit der Mitgliedschaft in der Gesellschaft verknüpft sind.

(3) Schädigung der Aktionärsgesamtheit?

Des Weiteren ist der Kritik zu begegnen, eine Emittentenhaftung führe dadurch, dass die Schadensersatzleistungen aus dem Gesellschaftsvermögen erfolgen müssten, zu einer Schädigung der Aktionärsgesamtheit. So richtig diese Feststellung ist, vermag sie doch keine plausible Erklärung zu liefern, warum die Leistung von Schadensersatz aus dem Gesellschaftsvermögen gegen eine Emittentenhaftung sprechen soll.

Zunächst ist in diesem Zusammenhang dem Einwand zu begegnen, die geschädigten Aktionäre zahlten im Rahmen einer Emittentenhaftung ihren Schadensersatz letztlich selbst. Zum einen trifft diese Feststellung, wenn überhaupt, nur auf solche Anleger zu, die ihre Wertpapiere „zu teuer gekauft" haben und damit zum Zeitpunkt der Geltendmachung des Schadensersatzanspruchs Aktionäre des Emittenten sind. Zum anderen ist auch bei solchen Aktionären zu bedenken, dass sich die Zahl der anspruchsberechtigten Aktionäre und die Gesamtzahl der Aktionäre in der Regel voneinander unterscheiden, so dass die anspruchsberechtigten Aktionäre allenfalls einen geringen Teil ihres Schadensersatzes selbst zahlen.

Kaum ernster zu nehmen ist das Argument, die Schadensersatzleistung an wenige Aktionäre aus dem Gesellschaftsvermögen schädige sämtliche nicht anspruchsberechtigte Aktionäre. So plausibel ein solches Argument, welches dogmatisch wohl als Verstoß gegen das in § 53 a AktG verankerte aktienrechtliche Gleichbehandlungsgebot einzuordnen wäre, auf den ersten Blick erscheinen mag, kann ihm letztlich doch nicht beigepflichtet werden, da auch in diesem Zusammenhang die unterschiedlichen Rollen auseinander zu halten sind, welche den Anlegern einerseits im Hinblick auf die Berechtigung zum Schadensersatz und andererseits im Hinblick auf die Partizipation an den daraus resultierenden Vermögensverlusten des Emittenten zufallen. Einerseits handelt es sich bei der Berechtigung zum Schadensersatz aus kapitalmarktrechtlichen Anspruchsgrundlagen um eine besondere Ausprägung des Anlegerschutzes im Zusammenhang mit der Anlageentscheidung des geschädigten Anlegers. Die indirekte Partizipation der Aktionärsgesamtheit an den Verlusten des Emittenten aufgrund derartiger Schadensersatzleistungen ist dagegen, wie *Fleischer* zutreffend bemerkt, Teil des Risikos, welches den Anlegern aus ihrer verbandsrechtlichen Stellung innerhalb des Emittenten erwächst.[415] Wie bereits eingangs dieser Arbeit herausgestellt wurde, sehen sich die Anleger innerhalb ihres gesellschaftsrechtlichen Verbands dem Risiko ausgesetzt, dass ihr Vermögen von einem Management verwaltet wird, auf dessen Tätigkeit die Aktionäre nur begrenzt Einfluss nehmen können. Dies gilt nicht nur im Zusammenhang mit unternehmerischen

[415] Fleischer, Gutachten zum 64. DJT, F 100.

Entscheidungen sondern auch im Zusammenhang mit Pflichtverletzungen der Vorstandsmitglieder gegenüber Dritten und den daraus eventuell entstehenden Schadensersatzansprüchen der solchermaßen geschädigten Dritten. Den über derartige Schadensersatzleistungen vermittelten Wertverlust ihrer Gesellschaftsanteile haben die Gesellschafter letztlich ebenso zu tragen wie den Wertverlust infolge unternehmerischer Fehlentscheidungen der Gesellschaftsorgane. Warum sich an dieser Feststellung etwas ändern soll, wenn es sich bei den ersatzberechtigten Dritten zufällig ebenfalls um Aktionäre handelt, ist ebenso wenig nachvollziehbar, wie die ähnlich gelagerte Argumentation, mit welcher eine Emittentenhaftung wegen eines angeblichen Verstoßes gegen den Vorrang des Gläubigerschutzes abgelehnt wird.

(4) Sanierungsfeindlichkeit

Zu entkräften ist schließlich noch das verbreitete Argument der Sanierungsfeindlichkeit einer Emittentenhaftung im Hinblick auf einen zu befürchtenden Entzug von Liquidität in der Krise des Emittenten. Zwar kann dieser Befürchtung nicht bereits mit dem Argument von *Fleischer* begegnet werden, wonach der Emittent in der Krise ohnehin einen Antrag auf Befreiung von der Veröffentlichungspflicht nach § 15 WpHG stellen kann.[416] Dies ergibt sich schon aus der Erwägung, dass die Befreiungsmöglichkeit im Vorfeld einer potentiellen Fehlinformation ohne Einfluss auf die Auswirkungen einer Emittentenhaftung als Konsequenz einer gleichwohl erfolgten Fehlinformation bleiben muss. Hingegen ist das Argument der Sanierungsfeindlichkeit an sich kaum geeignet, die Ablehnung einer Emittentenhaftung zu begründen, da mit dem gleichen Argument letztlich jede Art von Schadensersatzleistung durch den Emittenten, etwa auch in Produkthaftungs- bzw. Umwelthaftungsfällen abgelehnt werden könnte. Es ist aber schlicht nicht einzusehen, warum die Vermögensinteressen der Gläubiger und Anleger des Emittenten, die sich durch die Hingabe von Kapital in der einen oder anderen Weise freiwillig an den Emittenten gebunden haben, höher zu veranschlagen sein sollen als die Interessen derjenigen, welche durch das Fehlverhalten des Emittenten unfreiwillig geschädigt wurden. Dabei kann es erneut keine Rolle spielen, dass es sich bei den geschädigten Dritten in bestimmten Konstellationen ebenfalls um Anleger des Emittenten handelt.

b) Argumente für eine Emittentenhaftung

Während sich der Streit um das Für und wider einer Emittentenhaftung lange Zeit ausschließlich mit deren Nachteilen beschäftigt hat, gebührt vor allem *Flei-*

---

[416] Fleischer, Gutachten zum 64. DJT, F 97.

scher[417] der Verdienst, den Blick auf die für die Anleger mit einer Emittentenhaftung verbundenen Vorteile gelenkt zu haben.

Wenig überzeugend ist in diesem Zusammenhang allerdings das von *Fleischer* angebrachte rechtsökonomische Argument wonach eine Emittentenhaftung im Hinblick auf die Schadensprävention ein geeignetes Mittel darstellen soll, die Unternehmen zur Errichtung eines besseren Kontrollsystems zu veranlassen um Pflichtverletzungen hintanzuhalten. Für eine solche Präventionswirkung bedarf es nämlich nicht per se einer Emittentenhaftung im Außenverhältnis. Vielmehr zeigen US-amerikanische Untersuchungen, dass Unternehmer und Organmitglieder ohnehin dazu tendieren, im Innenverhältnis eine alleinige Haftung des Emittenten auszuhandeln, da sich gezeigt hat, dass sich Entscheidungsträger im Hinblick auf eine latent drohende Haftung gegenüber Dritten risikoavers verhalten oder überhaupt nicht erst bereit sind, verantwortliche Funktionen in Unternehmen zu übernehmen.[418] Zwar scheint nach deutschem Gesellschaftsrecht der Vereinbarung einer solchen vertraglichen Haftungsübernahme durch den Emittenten die weitgehend obligatorische Haftung der verantwortlichen Organmitglieder im Innenverhältnis nach § 93 Abs. 4 S. 3 AktG entgegenzustehen. Dieser Grundsatz wird indes schon dadurch durchbrochen, dass die h.M. es im Rahmen des § 93 Abs. 4 S. 3 AktG für zulässig ansieht, dass die Gesellschaft die Prämien für eine von ihren Organmitgliedern abgeschlossene Manager-Haftpflichtversicherung (D&O-Versicherung)[419] trägt oder diese Versicherung sogar für ihre Organmitglieder selbst abschließt,[420] was einer faktischen Haftungsübernahme gleichkommt. In Anbetracht der verbreitet praktizierten Haftungsverlagerung auf den Emittenten im Innenverhältnis besteht für diesen somit auch unabhängig von einer gesetzlich angeordneten Außenhaftung gegenüber den Anlegern ein Anreiz zur Einrichtung eines internen Kontrollsystems.

Für eine Emittentenhaftung soll nach *Fleischer* des weiteren die Tatsache sprechen, dass den geschädigten Anlegern mit dem Emittenten ein solventer Anspruchsgegner gegenüber stehe, während die Verwaltungsmitglieder zur Zahlung hoher Schadensersatzsummen weit weniger in der Lage seien.[421] Dem ist sicher im Grundsatz beizupflichten. Anzumerken ist hier lediglich, dass sich die Vermögensverhältnisse des Emittenten und der Organmitglieder in bestimmten Konstellationen auch gerade umgekehrt darstellen können. Verwiesen sei in diesem Zusammenhang auf die bereits erwähnten Fälle aus der Endphase des Neu-

---

[417] Fleischer, a.a.O., F 99 f.

[418] Kraakman, 93 Yale L.J. 857, 864 f. (1984).

[419] Directors' and Officers' Liability.

[420] Hopt in: Großkommentar zum AktG, § 93, Rn. 519; Kästner, AG 2000, 113 (118 f.); Mertens in: Kölner Kommentar zum AktG, § 84, Rn. 83; Vetter, AG 2000, , 453 (455, 457).

[421] Fleischer , a.a.O:

en Marktes, in denen der Emittent Insolvenz anmelden musste, während dessen ehemalige (Gründer-)Vorstände sich nach wie vor eines ausschweifenden Lebensstils erfreuten.

Schließlich weist *Fleischer* aber zu Recht darauf hin, dass sich ein Verzicht auf eine Emittentenhaftung auch unter rechtssystematischen Gesichtspunkten als fragwürdig darstellen würde, da sich die Prospekthaftung auf dem Primärmarkt mit Selbstverständlichkeit gegen die Gesellschaft selbst richtet.[422] Ergänzend lässt sich in diesem Zusammenhang anführen, dass eine Emittentenhaftung im Rahmen kapitalmarktrechtlicher Haftungstatbestände nicht nur dem nationalen sondern auch dem internationalen Standard entspricht. So sehen auch die Haftungstatbestände des US-amerikanischen Kapitalmarktrechts sowohl im Bereich des Primärmarktes als auch im Bereich des Sekundärmarktes eine Haftung des Emittenten (issuer) vor.[423]

c) Fazit

Nach alldem ist die vom Gesetzgeber in §§ 37 b, c WpHG eingeführte Emittentenhaftung zu begrüßen. Einerseits vermögen die hiergegen vorgebrachten Argumente sämtlich nicht zu überzeugen. So steht eine Emittentenhaftung weder im Widerspruch zum aktienrechtlichen Kapitalerhaltungsgrundsatz noch stellt sie sich im Hinblick auf den damit einhergehenden Vermögensverlust der nicht anspruchsberechtigten Anleger als Verstoß gegen den Gleichheitsgrundsatz dar. Vielmehr besteht im Hinblick auf die Tatsache, dass der Emittent im Regelfall eher zur Zahlung hoher Schadensersatzsummen in der Lage sein wird als die für die Fehlinformation des Kapitalmarktes verantwortlichen Organmitglieder, ein haftungsrechtliches Bedürfnis für eine Emittentenhaftung, welche sich im Übrigen auch unter rechtsystematischen und rechtsvergleichenden Aspekten gut vertreten lässt.

2. Erforderlichkeit einer ergänzenden Organhaftung

a) Diskussionsstand in der Literatur

Von der Frage nach der Legitimität der durch den Gesetzgeber mit §§ 37 b, c WpHG eingeführten Emittentenhaftung zu trennen ist die Frage, ob sich daneben die Einführung einer vergleichbaren Haftungstatbestands für eine Außenhaftung der verantwortlichen Organmitglieder empfiehlt. Die wirtschaftsrechtliche Abteilung des 64. Deutschen Juristentages hat einen solchen Vor-

---

422 Fleischer, a.a.O.

423 Siehe dazu vorstehend Teil 4 dieser Arbeit.

schlag mit äußerst knapper Mehrheit (27:26:6) beschlossen.[424] Der Beschluss folgt einer populären Ansicht, nach der eine Organhaftung gegenüber der von Gesetzgeber eingeführten Emittentenhaftung vorzuziehen ist.[425] Diese Ansicht gründet sich jedoch im Wesentlichen auf die Ablehnung der Emittentenhaftung aus den bereits im vorigen Abschnitt dieses Kapitels dargestellten Gründen.[426] Den Versuch einer von diesem Aspekt losgelösten Herausarbeitung der Vor- und Nachteile einer ergänzenden Organaußenhaftung hat dagegen bisher erneut lediglich *Fleischer* unternommen.[427] Für eine ergänzende Organhaftung soll dabei unter rechtspolitischen Gesichtspunkten eine von dieser ausgehende nicht unbeträchtliche Präventivwirkung sprechen, die bei umsichtiger Ausgestaltung keinen Rückgang der unternehmerischer Initiativkraft zur Folge hätte. Insbesondere würden durch eine Haftung der Organmitglieder Anreizprobleme beseitigt, die sich daraus ergäben, dass diese in Anbetracht einer möglichen Krise des Unternehmens Informationspflichtverletzungen als kühl kalkuliertes Mittel einsetzen könnten, um eine Wende „in letzter Minute" herbeizuführen.

b) Stellungnahme

Die Einführung einer ergänzenden Organhaftung entsprechend der Regelung für die Haftung des Emittenten in §§ 37 b, c WpHG wäre in der Tat zu begrüßen. Dies folgt jedoch nicht aus den hierzu ins Feld geführten Argumenten. Soweit die Befürwortung einer Organhaftung nur auf der Grundlage der gleichzeitigen Ablehnung einer Emittenhaftung erfolgt, kann dem schon aus den im vorstehenden Abschnitt dieses Kapitels dargelegten Gründen nicht gefolgt werden. Indes vermag auch das von *Fleischer* zur Befürwortung einer ergänzenden Organhaftung angebrachte Argument nicht zu überzeugen. Zwar dürfte von einer drohenden Haftung der Organmitglieder in der Tat die von *Fleischer* aufgezeigte Präventivwirkung ausgehen. Vor dem Hintergrund der nach deutschem Recht bereits bestehenden Innenhaftung der Organmitglieder nach §§ 93 Abs. 2, 116 AktG stellt sich indes die Frage, warum ausgerechnet von einer Außenhaftung der Organmitglieder gegenüber den geschädigten Anlegern eine stärkere Präventivwirkung ausgehen sollte als von der drohenden Inanspruchnahme durch den Emittenten im Wege des Innenhaftung.

Die Einführung eines §§ 37 b, c WpHG vergleichbaren Haftungstatbestands im Sinne einer Außenhaftung von Vorstandsmitgliedern gegenüber den geschädigten Anlegern ist jedoch aus einem anderen Grunde wünschenswert. Es wurde

---

424 Beschlüsse des 64. Deutschen Juristentages Berlin 2002, Wirtschaftsrecht, abgedruckt in: DB 2002, 2037; Beschluss Nr. 1. e) 1.11.

425 Hutter/Leppert, NZG 2002, 649 (654); Rieckers, BB 2002, 1213 (1221).

426 Siehe dazu vorstehend unter: Sechster Teil, A. I. 1.

427 Fleischer, Gutachten zum 64. DJT, F 101 ff.

bereits an anderer Stelle dargelegt, dass eine ausschließliche Emittentenhaftung für die geschädigten Anleger im Falle der Insolvenz des Emittenten den Nachteil mit sich bringt, dass diese auch dann nur nach der Insolvenzquote befriedigt werden, wenn es dem Insolvenzverwalter gelingt, die verantwortlichen Vorstandsmitglieder in voller Höhe in Regress zu nehmen.[428] Hier könnte ein Direktanspruch der Anleger gegenüber den verantwortlichen Vorstandsmitgliedern Abhilfe schaffen. Der Anleger hätte dann die Wahl, alternativ entweder den Emittenten oder den Anleger zu verklagen, und würde sich, Solvenz der Vorstandsmitglieder vorausgesetzt, im Falle der Insolvenz des Emittenten wohl für letzteres entscheiden.

c) Fazit

Die Einführung einer ergänzenden Vorstandshaftung entsprechend der Regelung in §§ 37 b, c WpHG ist zu befürworten. Für sie spricht insbesondere das Ausfallrisiko der Anleger in der Insolvenz des Emittenten.

II. Fehlen einer umfassenden Anspruchsgrundlage für die Haftung wegen Fehlinformationen am Kapitalmarkt

Einer kritischen Betrachtung muss auch die Tatsache unterzogen werden, dass der Gesetzgeber mit der Einführung einer Haftung wegen unterlassener und falscher Ad-hoc-Meldungen lediglich einen Teilbereich des Gesamtproblems einer Haftung für Fehlinformationen auf dem Sekundärmarkt geregelt hat. Wesentlich weiter ging in diesem Zusammenhang der Vorschlag der Corporate-Governance-Komission, welche die Einführung eines umfassenden Haftungstatbestands für jede Art falscher Darstellungen gegenüber dem Kapitalmarkt vorgeschlagen hatte.[429] Der vorgeschlagene Haftungstatbestand sollte dabei sowohl solche Informationen, zu denen der Emittent verpflichtet ist, als auch freiwillige Aussagen, etwa in Form von Pressemitteilungen oder der Darstellung der Verhältnisse der Gesellschaft in Analystengesprächen erfassen. Im Wesentlichen angeschlossen hat sich diesem Vorschlag auch *Fleischer*[430] und ihm folgend die wirtschaftsrechtliche Abteilung des 64. Deutsche Juristentages.[431]

Die Forderung nach einem umfassenden Haftungstatbestand für Fehlinformationen des Kapitalmarktes verdient uneingeschränkte Zustimmung. Verstöße gegen die Ad-hoc-Publizitätspflicht stellen zwar eine wichtige, aber bei weitem nicht

---

[428] Siehe dazu vorstehend unter: Fünfter Teil, B. I.

[429] Siehe dazu vorstehend unter: Sechster Teil, A.I.1.

[430] Fleischer, Gutachten zum 64. DJT, F 109 ff.

[431] Beschlüsse des 64. Deutschen Juristentages, DB 2002, 2037, Beschlüsse Nr. 1 d) 1.9, 1.10.

die einzige Möglichkeit des Emittenten und seiner Vorstandsmitglieder dar, den Kapitalmarkt über die Verhältnisse des Emittenten zu täuschen. Das haben insbesondere die zahlreichen nationalen und internationalen Skandale der letzten Jahre gezeigt, in denen unter anderem Bilanzfälschungen der Stein des Anstoßes waren. Aber auch außerhalb von Pflichtpublikationen besteht in Zeiten der modernen Massenkommunikation die wachsende Gefahr einer Fehlinformation des Marktes.

Zwar ist der Anleger gegenüber den meisten Arten der Fehlinformation auch nach heutigem Recht nicht schutzlos gestellt, da eine rigide Haftungsbeschränkung wie die des § 15 Abs. 6 S. 1 a.F. WpHG innerhalb des Systems der kapitalmarktrechtlichen Publizität von jeher eine Ausnahme dargestellt hat, so dass im Hinblick auf andere Publizitätstatbestände wie zB. die Zwischenberichtspublizität nach § 40 Abs. 1 BörsG durchaus eine Heranziehung als Schutzgesetz im Rahmen des § 823 Abs. 2 WpHG in Betracht kommt.[432] Im Zusammenhang mit unrichtigen Darstellungen im Bereich der Jahresabschlusspublizität ist ferner der Schutzgesetzcharakter der Strafvorschrift des § 331 HGB anerkannt.[433] Eine Haftung nach diesen Normen setzt aber stets eine vorsätzliche Falschinformation voraus und bleibt damit hinter dem hohen Schutzstandard der neu geschaffenen §§ 37 b, c WpHG zurück, in deren Anwendungsbereich schon grobe Fahrlässigkeit eine Haftung des Emittenten begründet.

Noch empfindlichere Schutzlücken tun sich im Bereich der freiwilligen Marktinformationen auf. § 20 a WpHG (Verbot der Kurs- und Marktpreismanipulation) dürfte wegen seines fehlenden individualschützenden Charakters ebenso wenig als Schutzgesetz in Betracht kommen wie die Vorgängernorm des § 88 BörsG. Für eine Haftung nach § 823 Abs. 2 i.V.m. § 263 StGB fehlt es im Zusammenhang mit Fehlinformationen auf dem Sekundärmarkt an der Absicht stoffgleicher Bereicherung. Als Notnagel bleibt schließlich – wie bei der Haftung wegen Verstößen gegen die Ad-hoc-Publizitätspflicht nach alter Rechtslage - nur der Rückgriff § 826 BGB, der die geschädigten Anleger insbesondere im Hinblick auf den erforderlichen Schädigungsvorsatz bekanntermaßen vor erhebliche Beweisprobleme stellt.

Für die aufgezeigten Schutzlücken besteht – insbesondere vor dem Hintergrund der begrüßenswert anlegerfreundlichen Neuregelung in §§ 37 b, c WpHG keine

432 A.A. allerdings Schwark, BörsG, § 44 BörsG, Rn. 13 f., der aber eine Haftung nach den Grundsätzen der allgemeinen zivilrechtlichen Prospekthaftung annimmt. Wegen des fehlenden Primärmarktbezugs von Zwischenberichten dürfte es sich bei Zwischenberichten aber ebensowenig wie bei Ad-hoc-Meldungen um Prospekte handeln. Siehe dazu bereits vorstehend unter: Fünfter Teil, A.I.1.b).

433 Vgl. Quedenfeld in: MüKo, HGB, § 331, Rn. 2 m.w.N.

sachliche Rechtfertigung. Vielmehr ist die sich abzeichnende Zweispurigkeit des zivilrechtlichen Anlegerschutzes für Fehlinformationen auf dem Sekundärmarkt nicht dazu geeignet, dass Vertrauen der Anleger in die Institution Kapitalmarkt zurückzugewinnen. Die Einführung eines einheitlichen Haftungstatbestands für jegliche Art von Fehlinformationen in diesem Bereich des Kapitalmarkts ist daher dringend geboten.

III. Fehlende Haftung für unterlassene Transaktionen

Es ist vereinzelt kritisiert worden, dass §§ 37 b, c WpHG entgegen dem Vorschlag der Regierungskommission Corporate Governance keinen Ersatz für unterlassene Wertpapiertransaktionen des Anlegers vorsehen.[434] So hat insbesondere *Fleischer* eingewandt, der Haftungsausschluss für diese Fälle sei nur der Sorge einer unübersehbaren Fülle von Schadenersatzansprüchen geschuldet und vor dem Hintergrund, dass die Ad-hoc-Publizität nicht nur die Investitions- sondern auch die Deinvestition schütze, kaum zu rechtfertigen.[435]

Die von *Fleischer* geäußerte Kritik ist aber gleich aus mehreren Gründen nicht stichhaltig. Zum einen ist die Frage der Haftung für unterlassene Transaktionen nicht mit der Frage verknüpft, ob die Ad-hoc-Publizität auch die Deinvestitionsfreiheit schützt. Dies ist ohne Zweifel zu bejahen und kommt auch in §§ 37 b Abs. 1 Nr. 2, 37 c Abs. 1 Nr. 2 WpHG zum Ausdruck, wonach auch Altanleger ersatzberechtigt sind, die ihre Wertpapiere „zu billig" veräußern. Eine davon zu trennende Frage ist es aber, ob grundsätzlich auch für unterlassene Transaktionen gehaftet werden soll. Eine solche Konstellation kommt sowohl im Zusammenhang mit der Investitions- als auch mit der Deinvestitionsentscheidung in Betracht. Im Zusammenhang mit Investitions- entscheidung wäre denkbar, solchen (potentiellen) Neuanlegern einen Schadenersatzanspruch zuzubilligen, die aufgrund einer falschen negativen oder unterlassenen positiven Ad-hoc-Meldung von einem Wertpapiererwerb abgesehen haben. Im Zusammenhang mit der Deinvestitionsentscheidung ließe sich der Ersatzanspruch auf Altananleger ausdehnen, die durch das mangelhafte Informationsverhalten (unterlassene negative bzw falsche positive Ad-hoc-Meldung) von der Veräußerung ihrer Wertpapiere abgehalten wurden. Gegen die Ausdehnung der Haftung auf solche Konstellationen spricht aber, dass im Falle des Unterlassens einer Wertpapiertransaktion kein Schaden des Anlegers ersichtlich ist. Im Falle einer rechtzeitigen und korrekten Information hätte der Markt zeitnah reagiert, d.h. der Börsenkurs des fraglichen Wertpapiers hätte die wahre Tatsachenlage reflektiert. Im Falle einer unterlassenen positiven bzw. falschen negativen Meldung hätte der

---

[434] Fleischer, Gutachten 64. DJT, F 107; ders. NJW 2002, 2977, 2980; Reichert/Weller, ZRP 2002, 49, 55.

[435] Fleischer, a.a.O.

potentielle Neuanleger daher ohnehin einen höheren Preis zahlen müssen. Gleichermaßen hätte ein Altanleger im Falle einer unterlassenen negativen bzw. falschen positiven Meldung nur einen geringeren Preis für seine Wertpapiere erzielen können. Dieses auf den ersten Blick verblüffende Ergebnis spiegelt die Doppelwirkung von Informationen auf dem besonderen Markt börsengehandelter Anlagen wider. Jede Information wirkt sich nicht nur potentiell auf die Einschätzung des einzelnen Anlegers im Hinblick auf die mit einem bestimmten Wertpapier verbundenen Anlagerisiken aus, sondern sie führt zugleich zu einer Anpassung des Börsenpreises an die neue Tatsachenlage.[436]

Die schnellstmögliche Anpassung des Börsenkurses und die fehlende Möglichkeit von Gewinnen auf falscher Tatsachenbasis ist dabei nicht nur eine notwendige Folge sondern der eigentliche Zweck der Ad-hoc-Publizität, über die Herstellung von Transparenz die Bildung „falscher" Börsenpreise zu verhindern. Geschützt werden alle Marktteilnehmer, die zu den „falschen" Kursen aktiv handeln, sei es auf der Käufer- oder auf der Verkäuferseite. Ein falscher Kurs spiegelt dabei immer ein Missverhältnis zwischen Leistung und Gegenleistung wider. Wird ein Wertpapier zu teuer gekauft, so wird letztlich der erwerbende Neuanleger mit dem Kursrisiko belastet, dass eigentlich der veräußernde Anleger während seiner Haltephase hätte tragen müssen, wenn die Information rechtzeitig bzw. korrekt erfolgt wäre. Wird ein Wertpapier dagegen zu billig verkauft, wird der veräußernde Altanleger um die Kursgewinne betrogen, welche ihm während seiner Haltephase eigentlich rechtmäßig zugestanden hätten. Geschützt werden also gerade der (aktiv) erwerbende Neuanleger und der (aktiv) veräußernde Altanleger vor einem Handel zu „falschen Preisen", während ein unverdienter Kursgewinn der jeweiligen Marktgegenseite gerade verhindert werden soll. Ein Schadenersatzanspruch für unterlassene Transaktionen scheitert daher nicht nur am Fehlen eines ersatzfähigen Schadens i.S.d. §§ 249 ff. BGB, sondern er würde sich auch als Bruch des Grundsatzes darstellen, dass jeder Anleger die während seiner Haltephase eintretenden Kursverluste bzw. -gewinne tragen soll.

Dieses Ergebnis wird, wie *Fleischer* selbst einräumt, schließlich auch durch einen rechtsvergleichenden Blick auf das US-amerikanische Kapitalmarktrecht gestützt. Für die Haftung nach Sec. 10 b SEA i.V.m. Rule 10 b 5 ist es gerade erforderlich, dass die Fehlinformation in Verbindung mit dem Kauf oder Verkauf eines Wertpapiers gestanden hat (*„in connection with the purchase or sale*

---

[436] Die Doppelwirkung von Informationen auf dem speziellen Markt börsengehandelter Anlagen spielt auch eine zentrale Rolle bei der Frage nach den Voraussetzungen der haftungsbegründenden Kausalität im Rahmen der Haftung für Fehlinformationen auf diesem Markt. Siehe dazu die nachstehenden Ausführungen im Siebten teil der Arbeit und dort insbesondere unter A. II. 1. b).

of any security"). Dasselbe gilt für die alternativ in Betracht kommende Haftung nach Sec. 18 SEA. Ersatzfähig sind nach dieser Vorschrift „*damages to any person who buys or sells securities in reliance on such statement and at a price affected by such statement*".

C. Verschuldensmaßstab

I. Beschränkung auf Vorsatz und grobe Fahrlässigkeit in materieller Hinsicht

Die Beschränkung der Haftung auf Vorstand und grobe Fahrlässigkeit entspricht im Bereich der Haftung auf dem geregelten Kapitalmarkt internationalem und nationalem Standard. International kann hier vor allem das US-amerikanische Kapitalmarktrecht zum Vergleich herangezogen werden, dass sowohl im Hinblick auf die primärmarktrechtliche Prospekthaftung nach Sec.11 SA als auch im Hinblick auf die Haftung nach Sec. 10 b SEA i.V.m. Rule 10 b 5 *scienter* und damit eine besonders strenge Form der groben Fahrlässigkeit fordert. Auch national legt § 45 Abs. 1 BörsG für den Bereich der börsenrechtlichen Prospekthaftung fest, dass nicht in Anspruch genommen werden kann, wer nachweist, dass er die Unrichtigkeit bzw. die Unvollständigkeit des Prospekts nicht gekannt hat und die Unkenntnis nicht auf grober Fahrlässigkeit beruht.

II. Beweislastumkehr

Auch die Beweislastumkehr im Hinblick auf den Nachweis des Verschuldens ist zu begrüßen. Bei dem Prozess der Entscheidungsfindung im Vorfeld der Veröffentlichung bzw. des Unterlassens einer Veröffentlichung von kapitalmarktrechtlichen Informationen handelt es sich um einen unternehmensinternen Vorgang, welcher sich der Kenntnis und den Nachforschungsmöglichkeiten der geschädigten Anleger weitgehend entzieht, was im Prozess regelmäßig zu einer Beweisnot dieser Anleger führt.[437] Die Linderung dieser Beweisnot durch eine Beweislastumkehr erscheint daher sachgerecht, zumal auch sie ein Regelungsvorbild in § 45 Abs. 1 BörsG für den Bereich der börsenrechtlichen Prospekthaftung findet.[438]

---

[437] Bei der Entscheidung des LG Augsburg (3. Zivilkammer), WM 2001, 1944 –„Infomatec II"– handelte es sich insofern um eine Ausnahme, als hier eine Person aus dem unmittelbaren Umfeld der unternehmensinternen Entscheidungsträger als Zeuge für die der Falschveröffentlichung vorangehende Entscheidungsfindung zur Verfügung stand.

[438] So auch Hutter/Leppert, NZG 2002, 649 (654) in Anlehnung an die Begründung des Regierungsentwurfs, BT-Drucks 14 / 8017, S. 93, in welcher die Beweislastverteilung nach Verantwortungsbereichen sogar zu einem allgemeinen Rechtsgrundsatz erhoben wird. Einen solchen Rechtsgrundsatz kennt das deutsche Zivilprozessrecht indes nicht. Zwar haben Rechtsprechung und Literatur Abweichungen von der gesetzlichen Beweislastvertei-

Siebter Teil: Schaden und Kausalität

Nachdem in den beiden vorangegangenen Teilen der Arbeit eingehend auf die im Zusammenhang mit einer zivilrechtlichen Haftung des Emittenten und der Organmitglieder zur Verfügung stehenden Haftungstatbestände eingegangen wurde, ist es nunmehr an der Zeit, sich mit der Frage nach den Rechtsfolgen einer solchen Haftung auseinanderzusetzen. Kernpunkt der diesbezüglichen Betrachtungen sind dabei Fragen der Kausalität und des Umfangs der zu ersetzenden Anlegerschäden. Eine Auseinandersetzung mit diesen Fragen hat bis auf wenige Ausnahmen lange Zeit - im Gegensatz zu der lebhaften Diskussion der letzten Jahre über die für eine zivilrechtliche Haftung in Betracht kommenden Anspruchsgrundlagen – kaum stattgefunden. Dies ist zwar einerseits im Hinblick auf die im alten Recht bestehenden Schutzlücken durchaus verständlich. Andererseits wirft gerade die Rechtsfolgenseite im Bereich der Haftung für kapitalmarktrechtliche Informationspflichtsverletzungen zahlreiche Probleme auf, die sich wegen der wirtschaftlichen Besonderheiten des Börsenhandels anhand der allgemeinen Kriterien des Schadensrechts nur unzureichend erfassen lassen. Die alleinige Fokussierung auf die Frage nach den möglichen Anspruchsgrundlagen für eine zivilrechtliche Haftung war vor diesem Hintergrund kaum nachvollziehbar. In letzter Zeit scheint indes die Einführung der §§ 37 b, c WpHG durch den Gesetzgeber im Rahmen des Vierten Finanzmarktförderungsgesetzes den Blick für die Bedeutung der Fragen des Schadens und der Kausalität sowohl nach alter als auch nach neuer Rechtslage geschärft zu haben.[439] Dazu mag nicht unwesentlich die Tatsache beigetragen haben, dass sich der Gesetzgeber selbst einer Beantwortung dieser Frage im Rahmen der neu geschaffenen §§ 37 b, c WpHG weitgehend enthalten hat.

Als wesentliche Problemfelder haben sich im Rahmen der in diesem Zusammenhang auflebenden Diskussion die Frage nach der haftungsbegründenden Kausalität und die Frage nach dem Umfang der zu ersetzenden Anlegerschäden herauskristallisiert. Im Folgenden sollen diese beiden Problemfelder zunächst jeweils anhand der allgemeinen Kriterien des Schadensrechts und sodann im Hinblick auf die einzelnen in Frage kommenden Haftungstatbestände untersucht werden.

---

lung speziell im Bereich der vertraglichen Haftung teilweise - ergänzend neben einer entsprechenden Anwendung der §§ 282, 285 BGB a.F. - auch mit dem Gedanken einer nach Verantwortungsbereichen abgegrenzten Beweislastverteilung begründet (vgl. Heinrichs in: Palandt, § 280, Rn. 34 m.w.N. aus der Rechtsprechung). Ein allgemeines Rechtsprinzip einer Beweislastverteilung nach Gefahrenbereichen wird jedoch nur ganz vereinzelt in der Literatur vertreten (vgl. Prölss, S. 65), von der ganz h.M. aber mit guten Argumenten abgelehnt (vgl. dazu insbesondere Prütting, S. 217 ff. sowie die Ausführungen unter: Siebter Teil, D. II. 2. b).

[439] Siehe dazu vor allem Fleischer/Kalss, AG 2002, 329 und Fleischer, BB 2002, 1869.

A. Haftungsbegründende Kausalität

Mit dem Begriff der haftungsbegründenden Kausalität wird gemeinhin der im Rahmen bestimmter Haftungstatbestände erforderliche Kausal- zusammenzusammenhang zwischen dem Handeln des Ersatzpflichtigen und einem bestimmten tatbestandlichen Ersterfolg verstanden.[440] Abzugrenzen ist die haftungsbegründende Kausalität damit von der haftungsausfüllenden Kausalität, wo es um den Kausalzusammenhang zwischen dem tatbestandlichen Ersterfolg und dem entstandenen Schaden geht.[441] Hinsichtlich einer Haftung wegen der Fehlinformation des Kapitalmarktes begegnet das Problem der haftungsbegründenden Kausalität im Zusammenhang mit der von der Prospekthaftung her geläufigen Fragestellung, ob die Anlageentscheidung des geschädigten Anlegers gerade auf die Fehlinformation seitens des Ersatzpflichtigen zurückzuführen ist.

Wie schon zuvor im Bereich der Prospekthaftung konzentriert sich die Diskussion nunmehr auch im Hinblick auf die Haftung für Verstöße gegen § 15 WpHG auf die Frage, ob dem Anspruchsberechtigten etwaige Beweis- erleichterungen für den Nachweis dieses Ursachenzusammenhangs zwischen Fehlinformation und Transaktion zukommen sollen. Rechtstatsächlicher Hintergrund dieser Fragestellung ist die Erkenntnis, dass Erwerber von Wertpapieren häufig die fraglichen Publikationen im Vorfeld ihrer Transaktionsentscheidung weder selbst gelesen haben, noch von dritter Seite über deren Inhalt informiert worden sind. Ein konkreter Nachweis, dass die fragliche Transaktion gerade auf die Fehlinformation zurückzuführen ist, wird solchen Anlegern daher kaum möglich sein.

Zu der Frage, ob diesen Anlegern im Rahmen der Geltendmachung von Schadensersatzansprüchen wegen Verstößen gegen die Ad-hoc-Publizitätspflicht mit Beweiserleichterungen zu helfen ist, werden unterschiedliche Auffassungen vertreten.

I. Diskussionsstand

1. Teilweise Befürwortung von Beweiserleichterungen

In der Literatur werden sowohl zum alten Recht als auch zu §§ 37 b, c WpHG Beweiserleichterungen im Hinblick auf die haftungsbegründende Kausalität ge-

---

[440] Heinrichs in: Palandt, vor § 249, Rn. 162, Larenz, Schuldrecht I, S. 432.

[441] Larenz, a.a.O.

fordert.[442] Dabei sind im Wesentlichen zwei unterschiedliche Begründungsansätze auszumachen.

a) Vermutung aufklärungsrichtigen Verhaltens

Tilp fordert, bei dem erforderlichen Nachweis des Kausalzusammenhangs zwischen fehlerhaften Ad-hoc-Meldungen und der Transaktionsentscheidung des Anlegers von einer „Vermutung aufklärungsrichtigen Verhaltens" auszugehen.[443] Er beruft sich dabei auf die Rechtsprechung des BGH im Zusammenhang mit vertraglichen bzw. vorvertraglichen Aufklärungspflichten im Rahmen von Anlagegeschäften, wo der BGH eine diesbezügliche Vermutungsregel nach jüngster Rechtsprechung selbst dann aufgestellt habe, wenn es für den Aufklärungsberechtigten vernünftigerweise mehr als nur eine Entscheidungsalternative gebe.[444]

b) Rückgriff auf die Rechtsfigur der „Anlagestimmung"

Nach *Möllers/Leisch* unterscheiden sich dagegen die Fälle, in welchen die Rechtsprechung eine Vermutung aufklärungsrichtigen Verhaltens angenommen hat, von den hier interessierenden Verstößen gegen § 15 WpHG, da letztere nicht lediglich Auswirkungen auf die Willensbildung des Anlegers, sondern zugleich Auswirkungen auf den Börsenkurs hätten.[445] Wegen dieser Doppelwirkung von Fehlinformationen auf dem geregelten Kapitalmarkt stünde aber bereits fest, dass der Anleger das Wertpapier bei Hinwegdenken der Pflichtverletzung nicht zum selben Kurs gekauft hätte, wodurch der konkrete Erfolg im Rahmen der haftungsbegründenden Kausalität in jedem Falle entfiele. *Möllers/Leisch* möchten daher für die haftungsbegründende Kausalität bei Verstößen gegen § 15 WpHG nicht auf ein konkretes Anlegervertrauen abstellen, sondern vielmehr auf die von der Prospekthaftung her bekannte Rechtsfigur der „Anlagestimmung" zurückgreifen.[446]

Die Rechtsfigur der Anlagestimmung wurde von der Rechtsprechung zur Behebung von Nachweisschwierigkeiten hinsichtlich der haftungsbegründenden Kausalität im Bereich der börsenrechtlichen Prospekthaftung (§§ 45, 46 BörsG a.F.)

---

[442] Zur alten Rechtslage: Möllers/Leisch, WM 2001, 1648 (1661); Tilp, Anmerkung zu OLG München, ZIP 2002, 1727 (1730); Zu §§ 37, b, c WpHG: Fleischer, NJW 2002, 2977 (2980), Tilp, a.a.O.

[443] Tilp, a.a.O.

[444] Tilp, a.a.O.; vgl. BGH, ZIP 2002, 1238 –„Consors".

[445] Möllers/Leisch, a.a.O.

[446] Möllers/Leisch, a.a.O.; für §§ 37, b, c WpHG im Ergebnis ebenso: Fleischer, a.a.O.

entwickelt.[447] Ihr liegt die Vorstellung zugrunde, dass auch dem Anleger, der den Prospekt nicht selbst liest, der Prospektinhalt in mediatisierter Form dadurch übermittelt wird, dass dieser die Einschätzung von Wertpapieren in Fachkreisen, wie zB. bei Anlageberatern und Banken maßgeblich mitbestimmt. Nach Auffassung der Rechtsprechung wird dadurch eine sogenannte „Anlagestimmung" erzeugt, die der einzelne Anleger für sich in Anspruch nehmen kann, auch wenn er den Prospekt nicht selbst gelesen hat. Für die Zeitdauer der „Anlagestimmung" wird weitergehend der ursächliche Zusammenhang zwischen dem Prospekt und dem Erwerb der Wertpapiere im Rahmen eines Anscheinsbeweises vermutet. Im Prozess sollen die Beklagten diesen Anscheinsbeweis nur entkräften können, wenn sie einen anderen Ursachenverlauf darlegen und ggf. beweisen.[448] Mit der Reform der börsenrechtlichen Prospekthaftung im Rahmen des Dritten Finanzmarktförderungsgesetzes hat der Gesetzgeber dieser Rechtsprechung zwischenzeitlich Rechnung getragen, indem nunmehr für die haftungsbegründende Kausalität sogar eine Beweislastumkehr gilt (§ 45 Abs. 2 Nr. 1 BörsG bzw. § 46 Abs. 2 Nr. 1 BörsG a.F.).

2. Ablehnung von Beweiserleichterungen

Nach der Rechtsprechung – sofern sich diese bisher überhaupt mit dem Problem befasst hat – und Teilen der Literatur sollen Beweiserleichterungen für das Vorliegen der haftungsbegründenden Kausalität bei der Haftung für Verstöße gegen die Ad-hoc-Publizität dagegen nicht in Betracht kommen.[449] Für einen Anscheinsbeweis nach allgemeinen Grundsätzen fehle es an einem Erfahrungssatz, dass eine fehlerhafte oder unterlassene Ad-hoc-Meldung typischerweise zu nachteiligen Anlageentscheidungen führe.[450] Einer Übertragung der Rechtsfigur der „Anlagestimmung" auf fehlerhafte Ad-hoc-Meldungen soll dabei die Tatsache entgegenstehen, dass Ad-hoc-Meldungen keine einem Prospekt vergleichbare Anlagestimmung erzeugten.[451] Während ein Börsenprospekt die Anleger umfassend über alle anlagerelevante Umstände informiere und sich darüber hinaus als einzige Informationsquelle für die Anleger darstelle, enthielten Ad-hoc-

---

[447] RGZ 80, 196 (204 f.); BGH NJW, 1982, 2827 (2828); OLG Düsseldorf, WM 1984, 586 (596); OLG Frankfurt, ZIP 1996, 1037 (1038). Vgl. auch Schwark, BörsG, §§ 45, 46 Rn. 34 m.w.N.

[448] Nach OLG Düsseldorf a.a.O. soll in diesem Zusammenhang aber nicht bereits der Hinweis ausreichen, die Prospektveröffentlichung sei auch von negativen Presseberichten begleitet gewesen.

[449] Noch zur alten Rechtslage: OLG München, ZIP 2002, 1727 (1728) –„Infomatec IV"-; LG Kassel, DB 2002, 2151 (2152) –„Biodata"-; Rieckers, BB, 2002, 1213 (1219); Auch zu §§ 37 b, c WpHG: Rützel, AG 2003, 69 (74 f.).

[450] OLG München, a.a.O.; Rützel, a.a.O.

[451] OLG München, a.a.O.; LG Kassel, a.a.O.; Rieckers, a.a.O.; Rützel, a.a.O.

Meldungen nur die Information hinsichtlich eines einzelnen kursrelevanten Aspekts. Darüber hinaus soll auch eine Vermutung aufklärungsrichtigen Verhaltens nicht in Betracht kommen.[452] Die für die Informationshaftung im vertraglichen bzw. vorvertraglichen Bereich anerkannte Beweiserleichterung rechtfertige sich nur aus dem Inhalt der (vor-)vertraglichen Aufklärungspflicht, den in einem Näheverhältnis stehenden Vertragspartner vor Schäden zu bewahren. An einem solchen Näheverhältnis zwischen Emittent und Anleger fehle es indes bei Verstößen gegen die Ad-hoc-Publizitätspflicht. Zudem greife die Vermutung aufklärungsrichtigen Verhaltens nur dann ein, wenn es für den Aufklärungsberechtigten im Falle korrekter Aufklärung nur eine oder mehrere Verhaltensalternativen gebe. Gerade Anlageentscheidungen beruhten jedoch auf einer Vielzahl spekulativer Erwägungen. Es könne nicht ausgeschlossen werden, dass der Aufklärungsberechtigte auch bei korrekter Information die konkrete Anlage getätigt hätte. Schließlich sollen sämtliche der vorstehend erwähnten Beweiserleichterungen hinsichtlich §§ 37 b, c WpHG schon deshalb ausscheiden, weil diese Vorschriften keine § 45 Abs. 2 Nr. 1 BörsG entsprechende Beweislastumkehr beinhalteten.[453] Darin soll ein beredtes Schweigen des Gesetzgebers zu sehen sein, dass den Rückgriff auf derartige Beweiserleichterungen – wohl insbesondere im Hinblick auf die § 45 Abs. 2 Nr. 1 BörsG zugrunde liegende Rechtsfigur der „Anlagestimmung“- verbiete.[454]

3. Die Auffassung von Maier-Reimer/Webering

Einen ganz eigenen Lösungsansatz spezifisch im Hinblick auf §§ 37 b, c WpHG vertreten schließlich *Maier-Reimer/Webering*.[455] Danach soll es bei diesen Vorschriften für die Bejahung eines kausalen Schadens überhaupt keines separaten Nachweises einer haftungsbegründenden Kausalität bedürfen. Das Haftungskonzept der §§ 37 b, c WpHG unterscheide sich grundlegend von dem der börsenrechtlichen Prospekthaftung. Während diese primär zu einem Anspruch auf Übernahme der Wertpapiere zum Einstandspreis oder zum niedrigeren Ausgabe- oder ersten Börsenpreis führe, sei der Anspruch nach § 37 b, c WpHG auf den Ausgleich der (hypothetischen) Kursdifferenz gerichtet, die sich ergeben hätte, wenn der Meldepflicht genügt worden wäre. Es komme daher auch nicht darauf an, ob der Anleger durch die Ad-hoc-Meldung zu einer Investition oder Dein-

---

452 Rützel, a.a.O.

453 Rützel, a.a.O., S. 78 f.; ähnlich auch Rössner/Bolkart für den Anspruch auf Ersatz der Kursdifferenz. Für den nach diesen Autoren ebenfalls möglichen Ersatz des Kaufpreises Zug um Zug gegen Erstattung der Wertpapiere im Rahmen der Geltendmachung eines Nichtvermögensschaden nach § 249 Abs. 1 BGB halten diese indes – wenig überzeugend – eine Beweislastumkehr analog § 45 Abs. 2 Nr. 1 BörsG für möglich.

454 Rützel, a.a.O.

455 Maier-Reimer/Webering, WM 2002, 1857 (1860).

vestition bewogen worden sei. Vielmehr ergebe sich ein kausaler Schaden bereits aus der Tatsache, dass der Anleger in jedem Fall zu teuer gekauft bzw. zu billig verkauft habe. Etwas anderes könne auch nicht aus dem Wortlaut des § 37 c WpHG geschlossen werden, wonach jedenfalls die Haftung wegen falscher Ad-hoc-Mitteilungen voraussetzt, dass „der Dritte auf die Tatsache vertraut". Vielmehr ergebe sich insoweit schon ein Widerspruch zu § 37 b WpHG, wo für die Haftung wegen unterlassener Ad-hoc-Meldungen ein solches Vertrauen gerade nicht vorausgesetzt sei. Ferner stehe der Qualifizierung des Vertrauens als Tatbestandsvoraussetzung auch der Haftungsausschluss des § 37 c Abs. 3 WpHG bei Kenntnis des getäuschten „Dritten" von der Unwahrheit der Tatsache entgegen, der dadurch seines Anwendungsbereichs beraubt würde. Zur Vermeidung derartiger Widersprüche sei daher auch § 37 c WpHG entgegen seinem Wortlaut dahingehend auszulegen, dass es nicht auf das „Vertrauen des Dritten", sondern auf das „Vertrauen Dritter", also des Marktes ankomme, welches sich in der schadensursächlichen Kursänderung niederschlage.

II. Stellungnahme

1. Vertrauen als Teilelement der haftungsbegründenden Kausalität bei Informationspflichtverletzungen

Die verwirrende Vielfalt der neuerdings zur haftungsbegründenden Kausalität bei Verstößen gegen § 15 WpHG vertretenen Auffassungen erschwert die Auseinandersetzung mit dieser Frage, zumal sich die Diskussion um die Frage nach der haftungsbegründenden Kausalität bei Verstößen gegen § 15 WpHG – parallel zu der gleichgelagerten Diskussion im Rahmen der börsenrechtlichen Prospekthaftung – schwerpunktmäßig auf die Frage nach etwaigen Beweiserleichterungen konzentriert. Diese prozessuale Fragestellung verstellt indes den Blick auf das eigentliche, materiellrechtliche Problem im Hinblick auf die Reichweite des Kausalitätsbegriffs im Zusammenhang mit Anlegerschäden auf dem speziellen Markt börsengehandelter Anlagen. Genauer gesagt geht es dabei um die Frage, ob eine Haftung wegen Fehlinformationen auf dem organisierten Kapitalmarkt voraussetzt, dass der geschädigte Anleger auf die Fehlinformation vertraut hat, oder ob im Hinblick auf die Besonderheiten dieses Marktes für die Begründung einer Haftung auch ein solcher Ursachenzusammenhang ausreicht, der sich nicht über eine falsche Tatsachenvorstellung des Anlegers vermittelt. Zur Verdeutlichung des Problems soll im Folgenden zunächst auf die diesbezügliche Rechtslage für die Verletzung von Auskunftspflichten im Allgemeinen eingegangen werden. Es folgt eine Darstellung der rechtstatsächlichen Unterschiede zwischen der Kausalität von Informationen für Anlageentscheidungen auf allgemeinen Märkten und auf dem Markt börsengehandelter Anlagen. Sodann wird geprüft, inwieweit die für Verstöße gegen § 15 WpHG in Frage kommenden Haftungsnormen Raum für eine Berücksichtigung der festgestellten rechtstatsächlichen Unterschiede im Rahmen des Kausalitätserfordernisses lassen.

2. Die Rechtslage bei der Haftung für Informationspflichtverletzungen im Allgemeinen

Informationspflichten jedweder Art sollen eine ausreichende Entscheidungsgrundlage für bestimmte Dispositionsentscheidungen des Informationsberechtigten gewährleisten und dienen damit letztlich seinem Schutz vor nachteiligen Dispositionsentscheidungen. Kommt es zu solchen nachteiligen Dispositionsentscheidungen des Informationsberechtigten, stellt sich daher für die Haftung des Informationspflichtigen die Frage, ob sich der Informationsberechtigte anders entschieden hätte, wenn er richtig informiert worden wäre oder mit anderen Worten, ob er auf die falsche Information vertraut hat. Genau an diesem Punkt setzen die von *Tilp* herausgestellten Beweiserleichterungen in Form einer„Vermutung aufklärungsrichtigen Verhaltens“ ein, welche die Rechtssprechung dem Informationsberechtigten zum Nachweis dieses Vertrauens einräumt. Während diese Vermutung zunächst nur in den Fällen gelten sollte, in denen es für den Auskunftsberechtigten bei richtiger Information nur eine vernünftige Entscheidungsmöglichkeit gab,[456] scheint der BGH nunmehr auch Fälle mit mehr als einer Entscheidungsalternative Beweiserleichterungen gewähren zu wollen.[457] Die vorstehend dargestellten prozessualen Gesichtspunkte vermögen aber nichts daran zu ändern, dass in materieller Hinsicht stets das Vertrauen des Aufklärungsberechtigten vorausgesetzt wird. Dabei gibt die allgemeine Redewendung vom „Vertrauen auf die falsche Information“ den eigentlichen Sinngehalt dieser Aussage nur verkürzt wieder. Dies wird insbesondere deutlich vor dem Hintergrund der Haftung wegen einer pflichtwidrig unterlassenen Auskunftserteilung, da ein Vertrauen auf eine nicht existente Information einen Widerspruch in sich selbst darstellt. Erforderlich ist vielmehr, dass entweder die konkrete Fehlinformation oder aber das pflichtwidrige Unterlassen dieser Fehlinformation an sich zu einer falschen Tatsachenvorstellung beim Auskunftsberechtigten geführt hat. Vertrauen muss der Informationsberechtigte also in diesem Sinne auf eine bestimmte – durch das mangelhafte Informationsverhalten des Informationspflichtigen hervorgerufene oder aufrechterhaltene – Informationslage. Im Zusammenhang mit der Haftung wegen der Fehlinformation von Kapitalanlegern im Allgemeine bedeutet dies, dass die von den Anlegern konkret getroffene Anlageentscheidung auf einer durch das mangelhafte Informationsverhalten hervorgerufenen falschen Tatsachenvorstellung über die mit der Vermögensanlage zu realisierenden Erträge beruhen muss. Ein anderer Ursachenzusammenhang zwischen der Fehlinformation und der konkreten Anlage-

---

456 BGH, WM 1994, 1466 (1467); BGH WM 1997, 811 (813).

457 BGH, ZIP 2002, 1238 (1240) –„Consors“-.

entscheidung ist daher im Regelfall schon logisch nicht denkbar und kommt genau aus diesem Grunde auch rechtlich nicht in Betracht.

3. Rechtstatsächliche Besonderheiten bei der Haftung wegen Fehlinformationen auf dem Markt für börsengehandelte Anlagen und rechtliche Lösungskonzepte

a) Die Auswirkungen von Informationen auf den Börsenpreis nach der Theorie von der Informationseffizienz der Kapitalmärkte

Es fragt sich indes, ob diese allgemeinen Erwägungen im Hinblick auf die Haftung wegen Informationspflichtverletzungen auch auf den speziellen Markt börsengehandelter Anlagen übertragbar sind. Dann müsste die Feststellung eines Ursachenzusammenhangs zwischen der Fehlinformation und der konkret getroffenen Vermögensanlage auch hier voraussetzen, dass die konkrete Wertpapiertransaktion gerade auf einer durch die Fehlinformation bedingten falschen Tatsachenvorstellung des Anlegers beruht. Wie die nachfolgenden Ausführungen verdeutlichen werden, lässt sich genau dies jedoch für den Markt börsengehandelter Anlagen nicht feststellen.

Bereits bei *Möllers/Leisch* war das Phänomen angeklungen, dass sich Fehlinformationen an den Börsen nicht nur auf die Vorstellungen des einzelnen Anlegers über ein bestimmtes Wertpapier, sondern immer auch auf den Börsenkurs dieses Wertpapiers auswirken. Diese Beobachtung entspricht letztlich der in den USA entwickelten und mittlerweile durch zahlreiche empirische Studien bestätigten Theorie von der Informationseffizienz der Kapitalmärkte (*efficient-capital-market-hypothesis*).[458] Wenn aber der Theorie von den effizienten Kapitalmärkten zu entnehmen ist, dass sich Informationen immer auch auf den Börsenpreis eines Wertpapiers auswirken, dann kann es letztlich für die Frage nach dem Ursachenzusammenhang zwischen der Fehlinformation und der konkreten Wertpapiertransaktion eines einzelnen Anlegers in der Tat nicht entscheidend sein, ob die Fehlinformation bei dem einzelnen Anleger eine konkrete Tatsachenvorstellung über das fragliche Wertpapier hervorgerufen hat und ob der Anleger das Wertpapier bei korrekter Information nicht erworben bzw. veräußert hätte. Entscheidend ist vielmehr, dass der Anleger das Wertpapier jedenfalls nicht zu dem konkreten Börsenpreis erworben bzw. veräußert hätte.

Aus diesen Feststellungen folgt, dass Kausalität im Rahmen einer kapitalmarktrechtlichen Haftung auf dem speziellen Markt börsengehandelter Anlagen nicht per se ein Vertrauen des Ersatzberechtigten auf die konkrete Tatsachenlage voraussetzt. Damit ist aber noch nicht gesagt, dass auch die Rechtsordnung auf das

---

[458] Siehe dazu vorstehend unter: Zweiter Teil, A IV 2.

Vorliegen einer konkreten Tatsachenvorstellung des geschädigten Anlegers im Rahmen des normativ vorausgesetzten Kausalverlaufs verzichten muss. Die Frage nach dem Erfordernis eines weiten oder engen Kausalitätsbegriffs ist eng mit der Frage nach dem Kreis der Anspruchsberechtigten im Rahmen der jeweiligen Haftungsnormen verknüpft. Während unter Zugrundelegung eines engen Kausalitätsbegriffs nur solche Anleger anspruchsberechtigt sind, die ihre Anteile im Vertrauen auf eine konkrete Informationslage erworben bzw. veräußert haben, erfasst der Kreis der Anspruchsberechtigten unter Zugrundelegung eines weiten Kausalitätsbegriffs jeden Anleger, der während einer Phase der Desinformation des Kapitalmarktes eine Wertpapiertransaktion durchgeführt hat. Bei der Frage nach dem Kreis der Anspruchsberechtigten handelt es sich letztlich um eine normative Wertungsfrage, welche allein der Gesetzgeber im Hinblick auf die von ihm zu erlassenen Haftungsnormen zu beantworten hat. Im Folgenden sollen in diesem Zusammenhang zunächst die Lösungsansätze dargestellt und bewertet werden, mit welchen das nationale und internationale Kapitalmarktrecht den vorstehend dargestellten rechtstatsächlichen Besonderheiten bei Informationspflichtverletzungen an der Börse begegnet. Im Anschluss daran soll untersucht werden, inwieweit die insoweit gewonnenen Erkenntnisse auch im Rahmen der Haftung wegen Ad-hoc-Meldungen nach deutschem Recht herangezogen werden können. Es handelt sich hierbei um eine Auslegungsfrage im Hinblick auf die für eine solche Haftung in Frage kommenden Tatbestände des § 826 BGB bzw. §§ 37 b, c WpHG.

b) Lösungsansätze im internationalen und nationalen Kapitalmarktrecht

aa) Faktischer Verzicht auf das Vertrauenserfordernis im US-amerikanischen Kapitalmarktrecht (fraud-on-the-market-Theorie)

Das US-amerikanische Kapitalmarktrecht begegnet den Besonderheiten der Preisbildung an den organisierten Kapitalmärkten durch Zugrundelegung eines äußerst weiten Kausalitätsbegriffs und verzichtet in diesem Zusammenhang auf das sonst im Bereich deliktischer Informationshaftung geltende Erfordernis eines Vertrauens des Geschädigten auf die Fehlinformation (*reliance*). Ersatzberechtigt ist vielmehr jeder Anleger, der in der Phase der Desinformation des Kapitalmarktes Wertpapiere erworben oder veräußert hat. Rechtsdogmatische Grundlage hierfür ist die bereits an anderer Stelle erwähnte *fraud-on-the-market*-Theorie, die wiederum auf den Erkenntnissen der *efficient-capital-market*-Theorie im Hinblick auf die Preisbildung an den organisierten Kapitalmärkten beruht.[459] Irregeleitet wird damit im Zusammenhang mit Fehlinformationen nicht der einzelne Kapitalanleger, sondern vielmehr der Kapitalmarkt als

---

[459] Siehe dazu vorstehend unter: Vierter Teil, B. III. 2. c).

solcher, was indes zu Kursausschlägen und damit zur Schädigung sämtlicher Anleger führt, die sich des Kapitalmarktes als „*unpaid agent*" bedient haben.

bb) Festhalten an einem typisierten Vertrauenserfordernis in Form einer „Anlagestimmung" in Deutschland

In Deutschland hat die Rechtsprechung im Rahmen der Prospekthaftung von jeher versucht, den Besonderheiten des Börsenhandels mit Hilfe der bereits erwähnten Rechtsfigur der „Anlagestimmung" gerecht zu werden, die nunmehr in § 45 Abs. 2 Nr. 1 BörsG auch eine gesetzliche Festschreibung und prozessuale Weiterentwicklung zu einer Beweislastumkehr erfahren hat. Dieser Rechtsfigur liegt ebenso wie der US-amerikanischen *fraud-on-the-market*-Theorie die Absicht zugrunde, auch denjenigen Anlegern einen Ersatzanspruch einzuräumen, die ihre Wertpapiere nicht im Vertrauen auf den konkreten Inhalt des Prospekts erworben haben. Der deutsche Lösungsansatz bleibt jedoch an diesem Punkt stehen, indem er die Ersatzberechtigung der Anleger – anders als die *fraud-on-the-market* -Theorie – nicht aus der Reaktion des Börsenkurses selbst herleitet. Vielmehr scheint man in Deutschland - abgesehen von der Tatsache, dass hier der gesamte materiellrechtliche Themenkomplex ohnehin von der Fragestellung nach etwaigen Beweiserleichterungen überlagert wird - die Bejahung der haftungsbegründenden Kausalität weiterhin an das Vorliegen einer bestimmten Tatsachenvorstellung des Anlegers über das fragliche Wertpapier knüpfen zu wollen. Zwar findet sich weder in der Rechtsprechung noch in der Literatur zur börsengesetzlichen Prospekthaftung eine explizite Aussage in dieser Richtung. Vielmehr scheint sich sogar das Gegenteil gerade daraus zu ergeben, dass die Rechtsprechung hier auf den Nachweis eines konkreten Vertrauens des Anlegers verzichtet und es insoweit für ausreichend hält, dass der Anleger von dem Inhalt des Prospekts in mediatisierter Form über die durch den Prospekt hervorgerufene „Anlagestimmung" Kenntnis erlangt. Indes lässt sich gerade diesem hohen dogmatischen Begründungsaufwand entnehmen, dass die Rechtsprechung nach wie vor das Vorliegen einer wie auch immer gearteten Tatsachenvorstellung beim Ersatzberechtigten für erforderlich hält. In diesem Zusammenhang wird lediglich das direkte Vertrauen des Anlegers auf den konkreten Inhalt des Prospekts durch eine (angebliche) Tatsachenvorstellung sämtlicher Anleger, eine vorteilhafte Vermögensanlage zu tätigen, ersetzt.

Auch der bisherigen Judikatur zur Haftung wegen fehlerhafter Ad-hoc-Meldungen, welche Beweiserleichterungen im Rahmen einer „Anlagestimmung" ablehnt, lässt sich entnehmen, dass eine Haftung grundsätzlich nur bei Vorliegen einer – wenn auch noch so diffusen - Tatsachenvorstellung beim Anleger über das betreffende Wertpapier in Betracht kommen soll.

So führt etwa das OLG München[460] aus:

„Die Kläger haben von Anfang an pauschal behauptet, im Vertrauen auf die Richtigkeit der „Ad-hoc-Mitteilungen" aus dem Jahre 1999 die Aktien gekauft zu haben. Ohne die nach Meinung der Kläger falschen „Ad-hoc-Mitteilungen" hätten sie keine Aktien erworben und keine Verluste erlitten...

... Die „Ad-hoc-Mitteilung" vom 29.12.1998 ist den Klägern offensichtlich erst später aus den Mitteilungen der Staatsanwaltschaft bekannt geworden. Ein ursächlicher Zusammenhang scheidet deshalb von vornherein aus."

Das LG Kassel[461] stellt mit ähnlicher Stoßrichtung fest:

„Es verwundert nicht, dass die Klägerin ihre angeblich gerade auf die Ad-hoc-Erklärung vom 24.8.2000 gestützte Anlageentscheidung auch nicht einmal im Ansatz hat plausibel machen können. So will sie sich einerseits nachhaltig über die Beklagte zu 1) informiert haben; außer der Ad-hoc-Erklärung vom 24.8.2000 wusste sie aber von weiteren Publikationen über die Geschäftstätigkeit nichts. Sie vermochte nicht einmal anzugeben, woher genau sie Kenntnis von der Ad-hoc-Erklärung v o r dem Aktienerwerb hatte. ..."

cc) Vorzugswürdigkeit der *fraud-on-the-market*-Theorie auch für Deutschland

Das Festhalten der deutschen Rechtsdogmatik an dem Erfordernis einer Tatsachenvorstellung des Anlegers im Zusammenhang mit der Haftung für Fehlinformationen am organisierten Kapitalmarkt verschließt sich der Kenntnis der modernen Kapitalmarktforschung, wonach die meisten Anleger ihre Wertpapiertransaktionen überhaupt nicht auf der Grundlage von Tatsachenerkenntnissen über die Emittenten von Wertpapieren treffen, sondern die Bewertung dieser Wertpapiere dem Markt, genauer gesagt, der kleinen Anzahl gut informierter und entsprechend vorgebildeter Marktteilnehmer überlassen, welche bekanntermaßen als Bereichsöffentlichkeit bezeichnet wird. Die der deutschen Rechtsdogmatik zugrunde liegende Vorstellung eines Durchschnittsanlegers, der auf der Grundlage seiner Kenntnis über die Geschäfts- und Ertragslage des Emittenten eine wohlinformierte Anlageentscheidung trifft, mutet dagegen ein wenig weltfremd an und hat zu solch merkwürdigen Erscheinungen wie der „Anlagestimmung" geführt, von der *Meyer/Cording* wohl nicht ganz zu Unrecht behauptet, es handele sich dabei um einen „Nebel undeutlicher psychologischer Vor-

460 OLG München, ZIP 2002, 1727 (1728) –„Infomatec IV"-.

461 LG Kassel, DB 2002, 2151(2152) –„Biodata"-.

stellungen".[462] Zwar führt die Rechtsfigur der „Anlagestimmung" im Rahmen der Prospekthaftung in vielen Fällen zu ähnlichen Ergebnissen, wie die amerikanische *fraud-on-the-market*-Theorie, indem sie zumindest von der Vorstellung eines konkreten Vertrauens auf den Inhalt des Prospekts abgerückt ist. Die Tatsache, dass auch dieser Rechtsfigur nach wie vor das Erfordernis einer wie auch immer gearteten Tatsachenvorstellung beim Anleger zugrunde liegt, offenbart jedoch die Schwächen dieser Rechtsfigur außerhalb ihres eigentlichen Anwendungsbereichs, der börsenrechtlichen Prospekthaftung. Sie führt dort nämlich im Zusammenhang mit der Haftung für fehlerhafte Ad-hoc-Meldungen zu der fehlgeleiteten Frage, ob Ad-hoc-Meldungen eine ähnliche „Anlagestimmung" zu erzeugen vermögen wie Prospekte. Die Frage müsste dagegen lauten, ob sich Ad-hoc-Meldungen auf den Börsenkurs eines Wertpapiers auswirken. Eine solche Auswirkung kommt Ad-hoc-Meldungen jedoch bereits nach der gesetzgeberischen Konzeption der Ad-hoc-Publizität als Verpflichtung zur Veröffentlichung kursbeeinflussender Tatsachen zu.

Es spricht daher viel dafür, für die Haftung im Zusammenhang mit Verstößen gegen § 15 WpHG unter Anlehnung an die Wertungen der US-amerikanische *fraud-on-the-market*-Theorie einen weiten Kausalitätsbegriff zugrunde zu legen, der keine wie auch immer geartete Tatsachenvorstellung des Anlegers über das von ihm erworbene oder veräußerte Wertpapier voraussetzt. Anspruchsberechtigt wäre danach jeder Anleger, der ein bestimmtes Wertpapier in einer Phase der Desinformation des Marktes erworben oder veräußert hat. Fraglich ist in diesem Zusammenhang lediglich, ob auch den für eine Haftung im Zusammenhang mit Ad-hoc-Meldungen in Betracht kommenden deutschen Haftungstatbeständen ein derart weiter Kausalitätsbegriff im Rahmen der haftungsbegründenen Kausalität entnommen werden kann.

4. Weiter oder enger Kausalitätsbegriff im Rahmen der nach deutschem Recht in Frage kommenden Anspruchsgrundlagen?

a) §§ 37 b, c WpHG

aa) Indiz für ein Vertrauenserfordernis im Wortlaut

Zentrale Vorschriften für eine Haftung des Emittenten sind seit dem 1.7.2002 die neugeschaffenen §§ 37 b, c WpHG. Für die hier interessierende Frage, ob die Vorschriften ein konkretes Vertrauen voraussetzen, scheint der Wortlaut nahezulegen, dass es hier in der Tat auf ein Tatsachenvertrauen des Anlegers an-

[462] Meyer/Cording, BB 1984, 2092 (2093), der aber - wenig überzeugend - auf das Merkmal der Kausalität bei der Prospekthaftung gänzlich verzichten möchte und stattdessen von einer Garantiehaftung für die Richtigkeit des Prospekts ausgeht.

kommen könnte. So ist im Rahmen der Haftung für falsche Ad-hoc-Meldungen nach § 37 c WpHG der Schaden zu ersetzen, den „ein Dritter dadurch erleidet, dass er auf die Tatsache vertraut". Entgegen der Auffassung von *Maier-Reimer/Webering* erstreckt sich diese Indizwirkung des Wortlauts dabei auch auf die Haftung für unterlassene Ad-hoc-Meldungen nach § 37 b WpHG, denn auch hier ist die Haftung jedenfalls dann ausgeschlossen, wenn der Dritte im Falle des Unterlassens der rechtzeitigen Veröffentlichung einer Ad-hoc-Meldung „die Tatsache kennt" (§ 37 b Abs. 3 WpHG). Es spricht somit auf den ersten Blick einiges für die Auffassung von *Rützel*, dass der Vorschrift ein äußerst enger Kausalitätsbegriff zugrunde liegt, der in seiner Anknüpfung an die Kenntnis der konkreten Tatsache sogar den Rückgriff auf die Rechtsfigur der „Anlagestimmung" ausschließen würde.

Ein solches Ergebnis müsste indes angesichts der Intention des Gesetzgebers, mit der Verabschiedung des Vierten Finanzmarktförderungsgesetzes den Anlegerschutz zu stärken, verwundern. Zwar sehen §§ 37 b, c WpHG nunmehr erstmalig eine Haftung des Emittenten auch für grob-fahrlässige Verstöße gegen die Ad-hoc-Publizitätspflicht vor. Im Hinblick auf den Kreis der Anspruchsberechtigten bliebe die Vorschrift jedoch hinter dem Regelungsmodell der börsenrechtlichen Prospekthaftung nach §§ 44, 45 BörsG zurück. Hat doch der Gesetzgeber gerade erst das Dritte Finanzmarkt- förderungsgesetz zum Anlass genommen, die Rechtsfigur der Anlagestimmung in Form einer Beweislastumkehr in § 45 Abs. 2 Nr. 1 BörsG erstmals gesetzlich zu verankern.

Interessant erscheint vor diesem Hintergrund daher der Vorschlag von *Maier-Reimer/Webering*, die anstatt auf das „Vertrauen des Dritten" auf das „Vertrauen Dritter" und damit auf ein Vertrauen des Marktes abstellen wollen. Zwar dürfte eine derart weite Interpretation des Vertrauenselements einer Überstrapazierung des möglichen Wortsinns der Vorschrift gefährlich nahe kommen.[463] Sie erscheint aber gleichwohl dann noch vertretbar, wenn sie durch weitere Gesichtspunkte im Rahmen der Auslegung eine deutliche Unterstützung erfährt.

bb) Systematische Erwägungen

Gegen einen weiten Kausalitätsbegriff könnte zunächst in der Tat der von *Rützel* angestrengte gesetzessystematische Vergleich der §§ 37 b, c WpHG mit § 45 Abs. 2 Nr. 1 BörsG sprechen, der im Gegensatz zu den erstgenannten Vorschriften eine Beweislastumkehr für die Frage der haftungsbegründenden Kausalität

---

[463] Nach eigener – unter methodologischen Gesichtspunkten nicht unbedenklichen - Ansicht von Maier-Reimer Webering, WM 2002, 1857 (1861) soll es sich bei der von ihnen praktizierten Auslegungsmethode bereits um eine „Auslegung „entgegen dem Wortlaut" der Vorschrift zur Korrektur des „Redaktionsversehens eines eiligen Gesetzgebers" handeln.

vorsieht. Entgegen *Rützel* lässt dieses gesetzgeberische Unterlassen im Hinblick auf §§ 37 b, c WpHG aber für sich genommen keinesfalls bereits den Schluss auf ein "beredtes Schweigen des Gesetzgebers" dahingehend zu, dass im Rahmen der §§ 37 b, c WpHG – anders als bei §§ 44 ff. BörsG - ein konkretes Vertrauen vorausgesetzt sei. Vielmehr spricht gegen eine solche Betrachtungsweise das von *Maier-Reimer/Webering* angeführte Argument, wonach das Erfordernis eines konkreten Vertrauens im Rahmen des Tatbestandes der §§ 37 b, c WpHG den Haftungsausschluß des § 37 c Abs. 3 WpHG überflüssig machen würde. Es leuchtet in der Tat nicht ein, warum das Fehlen eines positiv definierten Tatbestandsmerkmals gleichzeitig die einzige Voraussetzung für einen speziellen Haftungsausschluss auf der Rechtsfolgenseite der Vorschrift darstellen soll. Würde mithin bereits der Tatbestand der §§ 37 b, c WpHG ein konkretes Anlegervertrauen voraussetzen, wäre in materiellrechtlicher Hinsicht kein Fall denkbar, in welchem dem Haftungsausschluss des § 37 c Abs. 3 WpHG noch eine eigenständige Bedeutung zukäme. Führt aber eine bestimmte Interpretation einer Norm infolge des klaren Inhalts einer anderen Gesetzesregel oder auch eines anderen Normteils dazu, dass eine der beiden Bestimmungen unanwendbar oder zweck- und funktionslos wird, so ist eine solche Auslegung unter systematischen Gesichtspunkten nicht anzunehmen.[464]

Etwas anderes könnte sich nur dann ergeben, wenn die Begriffe Vertrauen und Tatsachenkenntnis nicht deckungsgleich wären, d.h. wenn es vorstellbar wäre, dass der Anleger trotz seiner positiven Kenntnis von der Fehlinformation gleichwohl auf die fragliche Publikation vertraut hat. Eine derartige Möglichkeit scheint zunächst die Regelung des § 45 Abs. 2 Nr. 3 BörsG nahezulegen, wonach ein Anspruch des Anlegers nicht nur bei fehlendem Wertpapiererwerb" aufgrund des Prospekts" (§ 45 Abs. 2 Nr. 1 BörsG) sondern bereits bei Kenntnis der Unrichtigkeit des Prospekts nicht besteht. In diesem Zusammenhang ist aber zu berücksichtigen, dass ein Prospekt im Gegensatz zu einer Ad-hoc-Meldung mehr als nur eine einzelne Tatsache umfasst. Ein Erwerb „aufgrund des Prospekts" im Sinne des § 45 Abs. 2 Nr. 1 BörsG ist daher durchaus auch bei Kenntnis der Unrichtigkeit im Hinblick auf eine Einzeltatsache möglich. Die Trennung der beiden Ausschlussgründe macht daher im Rahmen dieser Vorschrift durchaus Sinn. Anders stellt sich die Situation dagegen im Hinblick auf die Haftung nach §§ 37 b, c WpHG dar. Ad-hoc-Meldungen sind schon nach § 15 Abs. 1 WpHG Mitteilungen über Einzeltatsachen. Die Kenntnis des Anlegers von der Unrichtigkeit einer Ad-hoc-Meldung bzw. von der Existenz einer Tatsache, deren Eintritt der Emittent entgegen § 15 Abs. 1 WpHG nicht (rechtzeitig) veröffentlicht hat, schließt daher einen Erwerb bzw. eine Veräußerung im Vertrauen auf die dadurch entstandene Informationslage nach den Gesetzen der Logik aus.

---

464 Bydlinski, S. 444.

cc) Teleologisch-systematische Argumente aus der Anknüpfung an § 15 WpHG

Sprechen also schon systematisch-logische Argumente gegen ein Vertrauenserfordernis in §§ 37 b, c WpHG so wird dieser Befund noch durch objektiv-teleologische Kriterien gestützt. Ein schlagkräftiges Argument liefert in diesem Zusammenhang der Verweis von *Maier-Reimer/Webering* auf den Normzweck des § 15 WpHG als Anknüpfungspunkt der Haftung nach §§ 37 b, c WpHG. Ausweislich der Gesetzesmaterialien zum Zweiten Finanzmarktförderungsgesetz, mit welchem § 15 WpHG in das neu geschaffene WpHG inkorporiert wurde, soll die Ad-hoc-Publizität die für die Funktionsfähigkeit der Kapitalmärkte notwendige Markttransparenz herstellen indem sie verhindert, dass sich infolge mangelhafter oder fehlender Information unangemessenen Marktpreise bilden.[465] In dem unmittelbaren Anknüpfen der Ad-hoc-Publizität an den Prozess der Preisbildung als solchen und durch den Hinweis auf die Funktionsfähigkeit der Kapitalmärkte wird deutlich, dass gerade auch die spezifisch mit einer falschen Preisbildung einhergehenden Anlegerschäden vermieden werden sollen. Bei diesen Anlegerschäden handelt es sich aber in der großen Mehrheit um die Schäden solcher Anleger, die ihre Wertpapiertransaktionen nicht spezifisch an einer bestimmten Informationslage im Hinblick auf die Vermögens- und Ertragslage der Wertpapieremittenten ausrichten. Eine enge Auslegung der §§ 37 b, c WpHG, welche diese große Mehrheit der Anleger aus dem Schutzbereich dieser Vorschriften ausschließt, würde daher den Schutzzweck der in § 15 WpHG verankerten Ad-hoc-Publizität geradezu konterkarieren.

dd) Fazit

Nach alldem genügt für die Feststellung der haftungsbegründenen Kausalität der Nachweis einer Wertpapiertransaktion des Anlegers während der Phase der Desinformation des Kapitalmarktes. Es ist daher weder ein Vertrauen des geschädigten Anlegers auf den Inhalt einer konkreten Ad-hoc-Meldung bzw. auf das Nichtvorliegen einer entgegen § 15 WpHG nicht veröffentlichten Tatsache erforderlich, noch kommt es darauf an, dass beim geschädigten Anleger überhaupt eine wie immer geartete Tatsachenvorstellung über die Ertragsaussichten des Emittenten vorhanden war.

b) § 826 BGB

Ungeachtet der erstmaligen gesetzlichen Regelung einer Emittentenhaftung in §§ 37 b, c WpHG wird § 826 BGB für die Haftungsfrage zumindest mittelfristig kaum nennenswert an Bedeutung verlieren. Zum einen kann eine Haftung des

---

465 Bericht des Finanzausschusses des deutschen Bundestages, BT-Drucks. 12 / 7918, S. 102.

Emittenten im Zusammenhang mit den zahlreichen, die Gerichte zur Zeit beschäftigenden Altfällen nur auf diese Vorschrift gestützt werden. Zum anderen - und hierin liegt die eigentliche Bedeutung der Vorschrift begründet - stellt § 826 BGB in Ermangelung einer gesetzlichen Regelung nach wie vor die einzige Anspruchsgrundlage für eine Haftung der verantwortlichen Organmitglieder dar. Schon von daher ist die Frage nach dem Kreis der Anspruchsberechtigten im Rahmen einer Haftung für Verstöße gegen die Ad-hoc-Publizitätspflicht aus § 826 BGB keine zu vernachlässigende Randfrage im Hinblick die gesetzliche Neuregelung der Emittentenhaftung.

Die Frage nach dem Kreis der Anspruchsberechtigten fokussiert sich auch bei § 826 BGB auf die Frage, ob die Vorschrift im Rahmen der erforderlichen Kausalität ein konkretes Vertrauen des geschädigten Anlegers in die fragliche Fehlinformation voraussetzt. Zur Beantwortung dieser Frage wäre zunächst der Wortlaut des § 826 BGB berufen. Indes lässt sich diesem kein Hinweis auf das Erfordernis eines konkreten Anlegervertrauens entnehmen. Die Norm sanktioniert lediglich eine „vorsätzlich, sittenwidrige Schädigung". Ein bestimmter Kausalverlauf wird dadurch nicht indiziert. Daraus kann indes nicht bereits gefolgert werden, dass nach § 826 BGB bei Vorliegen der tatbestandlichen Voraussetzungen jeder Schaden in personeller und gegenständlicher Hinsicht zu ersetzen wäre. Vielmehr legt der Wortlaut nahe, dass es sich bei den zu ersetzenden Schäden um solche Schäden handeln muss, die vom Vorsatz des Anspruchsgegners erfasst sind, sofern die vorsätzliche Herbeiführung dieser Schäden auch den Vorwurf der Sittenwidrigkeit begründet. Zwar handelt es sich bei den Merkmalen des Schädigungsvorsatzes und der Sittenwidrigkeit eigentlich um Tatbestandsmerkmale des § 826 BGB, welche als solche bereits bei der Suche nach den für eine zivilrechtliche Haftung für Anlegerschäden in Frage kommenden Anspruchsgrundlagen Gegenstand einer näheren Betrachtung waren. Es ist aber eine Besonderheit des § 826 BGB, dass sich bestimmte Tatbestandsmerkmale im Rahmen dieser Vorschrift konkret auf die Schädigung des Anspruchsinhabers und damit auf ein Element der Rechtsfolgenseite beziehen. Die vorhergehende Untersuchung der Tatbestandsmerkmale des § 826 BGB konnte aus diesem Grund nur abstrakt und losgelöst von dem konkret entstandenen Schaden erfolgen. Für die auf der Rechtsfolgenseite interessierende Frage, ob auch die Schäden solcher Anleger ersatzfähig sind, die aus einem konkreten Vertrauen dieser Anleger in eine bestimmte Fehlinformation des Kapitalmarktes resultieren, spielen die beiden Tatbestands- merkmale Vorsatz und Sittenwidrigkeit daher erneut eine bedeutende Rolle. Dies ist nachfolgend zu untersuchen.

aa) Vorsatz als Korrektiv im Rahmen der zu ersetzenden Schäden

Seit jeher anerkannt und im Wortlaut der Vorschrift direkt angelegt ist die Begrenzung der im Rahmen des § 826 BGB zu ersetzenden Schäden in persönlicher und gegenständlicher Hinsicht durch das Erfordernis, dass sich der Vorsatz des Anspruchsgegners gerade auf die Herbeiführung der geltend gemachten Schäden erstreckt haben muss.[466] Es wäre also zu fragen, ob der Emittent bzw. seine Organmitglieder im Zusammenhang mit einer vorsätzlichen Fehlinformation des Kapitalmarktes wenigstens vorausgesehen und billigend in Kauf genommen haben, durch ihr mangelhaftes Informationsverhalten auch solche Anleger zu schädigen, die nicht im konkreten Vertrauen auf diese Informationen Wertpapiere erwerben bzw. veräußern. Soweit im konkreten Fall bereits der allgemeine Schädigungsvorsatz im Hinblick auf die Schädigung der Kapitalanleger bejaht wurde, wird man auch von einem solchen erweiterten Vorsatz ausgehen müssen. Angesichts der offensichtlichen Tatsache, dass sich Anlegerschäden immer über den Börsenpreis eines Wertpapiers vermitteln, wäre es fernliegend zu vermuten, dass sich die für die Fehlinformation verantwortlichen Personen keine Gedanken über die diesbezüglichen Auswirkungen ihres mangelhaften Informationsverhaltens machen. Beeinflussung des Börsenpreises und Anlegerschäden sind an organisierten Kapitalmärkten schon begriffslogisch nicht voneinander zu trennen. Ein allgemeiner Schädigungsvorsatz beinhaltet daher im Zusammenhang mit einem mangelhaften Publizitätsverhalten am organisierten Kapitalmarkt den Vorsatz, sämtliche Anleger zu schädigen, welche zu dem durch die Fehlinformation beeinflussten Börsenkurs Wertpapiere erwerben oder veräußern.

bb) Sittenwidrigkeitszusammenhang

Eine Begrenzung der Haftung im Hinblick auf den Kreis der Anspruchsberechtigten könnte sich darüber hinaus aus dem Schutzzweck der vom Anspruchsgegner verletzten Pflicht im Rahmen eines erforderlichen Sittenwidrigkeitszusammenhangs ergeben. Eine derartige Haftungsbegrenzung aus dem Schutzzweck der Norm neben dem Korrektiv des Vorsatzes wurde früher mehrheitlich abgelehnt.[467] Ersetzt werden sollte vielmehr jeder Schaden, den der Schädiger durch ein sittenwidriges Verhalten vorsätzlich herbeigefügt hatte. Dagegen hatte *Wolf* schon früh unter Anlehnung an die Lehre vom Schutzzweck der Norm gefordert, die Gründe für die Sittenwidrigkeit des Schädigerverhaltens im Hinblick auf jeden einzelnen Geschädigten zu überprüfen.[468] Dieser Lehre von der Relativierung des Sittenwidrigkeitsvorwurfs haben sich in der Folgezeit große Teile der Literatur und die Rechtsprechung angeschlossen.[469] In personeller Hinsicht ist

---

[466] RGZ, 79, 55 (59).

[467] RGZ, a.a.O.; Knopp in: Soergel (10. Aufl.), § 826, Rn. 58.

[468] Wolf, NJW 1967, 709.

[469] BGHZ 57, 137 (143); BGHZ 96, 231 (236 f.); Hönn/Dönneweg in: Soergel, § 826, Rn. 71 ff.; Larenz/Canaris, § 78, II, 3; Lange/Schiemann (Bearb. Lange), S. 115 f.; Mertens in: MüKo, § 826, Rn. 52 ff. A.A. aber noch OLG München, NJW 1980, 1581 (1582).

daher ersatzberechtigt nach § 826 BGB nur derjenige, demgegenüber sich die vorsätzliche Schadensherbeiführung als sittenwidrig darstellt. Für die hier interessierende Frage nach dem Kreis der Anspruchsberechtigten im Rahmen einer aus § 826 BGB hergeleiteten Haftung für die Fehlinformation des Kapitalmarktes ist mithin darauf abzustellen, ob der Sittenwidrigkeitsvorwurf gerade auch die potentielle Schädigung solcher Anleger beinhaltet, deren Wertpapiertransaktionen nicht auf ein konkretes Vertrauen in diese Fehlinformationen oder zumindest auf eine durch die Fehlinformation hervorgerufene, wie immer geartete Tatsachenvorstellung über die Ertragsaussichten des Emittenten zurückzuführen sind.

Im Rahmen der hier einschlägigen Fallgruppe der bewussten oder leichtfertigen Irreleitung Dritter durch Fehlinformationen liegt der Sittenwidrigkeitsvorwurf darin begründet, dass der fraglichen Auskunft eine dem Auskunftsgeber erkennbare besondere Bedeutung für den Erklärungsempfänger zukommt und sich der Auskunftsgeber gleichwohl leichtfertig oder gewissenlos über etwaige Bedenken im Hinblick auf die Mangelhaftigkeit seines Informationsverhaltens hinwegsetzt.[470] Aus der Tatsache, dass in diesem Zusammenhang gerade auf eine besondere Bedeutung der Erklärung für den Erklärungsempfänger abgestellt wird, könnte man zunächst den Schluss ziehen, dass sich der Vorwurf der Sittenwidrigkeit gerade auf die potentielle Schädigung des Erklärungsempfängers beziehen muss. Darauf scheint zunächst auch die Rechtsprechung des BGH hinzudeuten, wonach nur derjenige ersatzberechtigt sein soll, dessen Vertrauen tatsächlich enttäuscht worden ist. So hat das Gericht den Sittenwidrigkeitszusammenhang im Hinblick auf den Kreditausfallschaden eines Gläubigers abgelehnt, den dieser im Vertrauen auf eine von der Schuldnerbank gegenüber seiner eigenen Bank erteilten Kreditauskunft über den Schuldner erlitten hatte.[471] Übertragen auf die Haftung wegen Ad-hoc-Meldungen könnte man daraus folgern, dass nur diejenigen Anleger ersatzberechtigt sein sollen, die auf die fragliche Fehlinformation vertraut haben.

Gleichwohl zeigt sich gerade an der Rechtsprechung des BGH, dass das Gericht bei der Bestimmung des geschützten Personenkreises nicht eigentlich auf den Adressaten der Auskunft, sondern auf den Personenkreis abstellt, dessen Interessen die Auskunft zu dienen bestimmt ist. Dass es sich hierbei zumeist gleichzeitig um den Adressaten der Auskunft handelt, erklärt sich allein daraus, dass Auskunftsadressat und Person, in deren Interesse die Auskunft zu erteilen war, in der Regel zusammenfallen. Der Schaden letzterer Person ist in diesem Regelfall in der Tat nur dann kausal auf eine Fehlinformation zurückzuführen, wenn gerade diese Person auf die Fehlinformation vertraut hat. Im Zusammenhang mit

---

470 Siehe dazu vorstehend unter: Fünfter Teil, A. I. 3. a) bb).

471 BGH NJW 1979, 1599 (1600).

Fehlinformationen auf dem organisierten Kapitalmarkt ist ein solches Vertrauen zur Begründung eines Ursachenzusammenhangs zwischen Fehlinformation und konkreter Transaktion aber gerade nicht erforderlich. Daraus folgt weiter, dass eine Identität von zu schützendem Personenkreis und Auskunftsadressat in derartigen Fällen keinesfalls - wie die Rechtsprechung des BGH zunächst nahe zu legen scheint - zwingend ist. Vielmehr ist der Sittenwidrigkeitszusammenhang im Hinblick auf die Fehlinformation des organisierten Kapitalmarkts immer dann gewahrt, wenn der fraglichen Auskunft eine besondere Bedeutung gerade für den Personenkreis zukommt, dessen Vermögensinteressen die Auskunft zu dienen bestimmt ist. Ad-hoc-Meldungen sind schon von ihrer Konzeption her dazu bestimmt, eine korrekte Preisbildung an den Kapitalmärkten zu gewährleisten. Indem die Ad-hoc-Publizität aber an der Preisbildung selbst und nicht an dem Vertrauen des einzelnen Anlegers ansetzt, haben Ad-hoc-Meldungen eine besondere Bedeutung gerade auch für die große Zahl der Anleger, die ihre Wertpapiertransaktionen nicht im Vertrauen auf eine konkrete Informationslage durchführen, aber gleichwohl einen zu hohen Preis für ihre Wertpapiere bezahlen bzw. zu einem zu günstigen Preis veräußern. Dagegen würden unter Zugrundelegung einer anderen Sichtweise kapitalmarktrechtliche Publizitätsvorschriften auf den Schutz des privilegierten Kreises der wenigen umfassend informierten Anleger und Fondmanager reduziert und damit in ihrer Zielsetzung konterkariert. Zwar bewirkt bekanntermaßen bereits die Information der sogenannten „Bereichsöffentlichkeit" die erwünschte schnellstmögliche Anpassung der Börsenkurse, so dass nach richtiger Auffassung für die Beurteilung der Fehlerhaftigkeit einer Ad-hoc-Meldung von dem Empfängerhorizont gerade dieser Bereichsöffentlichkeit auszugehen ist. Die erstrebte Kursanpassung selbst dient aber wiederum dem Interesse des breiten Anlegerpublikums an korrekt zustande gekommenen Börsenkursen. Gerade für dieses Anlegerpublikum kommt Ad-hoc-Meldungen mithin eine besondere Bedeutung zu, sodass ein leichtfertig mangelhaftes Publizitätsverhalten gerade auch im Hinblick auf die Schädigung dieses, in der Regel nicht konkret informierten Anlegerpublikums den Vorwurf der Sittenwidrigkeit begründet. Solche Schäden werden somit vom Sittenwidrigkeitszusammenhang erfasst.

cc) Fazit

Nach § 826 BGB sind alle Anleger ersatzberechtigt, die während einer Phase der Desinformation des Kapitalmarktes Anteile erworben oder veräußert haben. Darauf, ob ein geschädigter Anleger konkret auf die durch das mangelhafte Publizitätsverhalten hervorgerufene Informationslage vertraut hat, kommt es dagegen nicht an. Der Haftung nach § 826 BGB im Zusammenhang mit Verstößen gegen die Ad-hoc-Publizitätspflicht liegt damit ein weiter Kausalitätsbegriff zugrunde. Etwaiger Beweiserleichterungen wie etwa eines Rückgriffs auf die Rechtsfigur der „Anlagestimmung" bedarf es daher nicht.

B. Inhalt des Schadenersatzanspruchs

Ebenso wenig wie der Problemkreis der haftungbegründenden Kausalität konnte im Zusammenhang mit der Haftung wegen falschen oder unterlassenen Ad-hoc-Meldungen bisher auch die Frage nach dem Inhalt des Schadensersatzanspruchs geklärt werden. Hauptproblem ist hier die Frage nach der Art der Schadensabwicklung und die damit zum Teil verknüpfte Frage, ob ein geschädigter Anleger auch solche Vermögensverluste geltend machen kann, die nicht auf das mangelhafte Informationsverhalten des Emittenten bzw. der Organmitglieder, sondern auf andere Faktoren, wie etwa einen allgemeinen Kurseinbruch an der Börse zurückzuführen sind. Beide Fragen stellen sich bei § 826 BGB und §§ 37 b, c WpHG in gleicher Weise und werden in der Rechtsprechung und der bisher allerdings nur spärlich vorhandenen Literatur teilweise unterschiedlich beantwortet.

I. Ersatz des Erwerbspreises Zug um Zug gegen Aushändigung der Wertpapiere als Geltendmachung eines Nichtvermögensschadens im Rahmen des § 249 Abs. 1 BGB

1. Grundgedanke

Teilweise wird vertreten, der Anleger könne nach § 249 Abs. 1 BGB die Befreiung von der gesamten Investition im Wege der Erstattung des Erwerbspreises Zug um Zug gegen Aushändigung der Wertpapiere an den Ersatzpflichtigen verlangen (Nachfolgend: Befreiungsmodell). So hat die 3. Zivilkammer des LG Augsburg in dem bisher einzigen Fall, in dem einem Anleger Schadenersatz wegen einer falschen Ad-hoc-Meldung zugesprochen wurde, einen Schadensausgleich auf dieser Grundlage angeordnet.[472] Unterstützt wird diese Auffassung durch Stimmen in der Literatur, wonach bereits in der Eingehung eines Wertpapiergeschäfts, welches durch Täuschung zustande gekommen ist, ein sogenannter Nichtvermögensschaden gesehen wird.[473] Durch den Abschluss eines täuschungsbedingt unerwünschten Vertrages sei der Anleger in seiner Dispositionsfreiheit beeinträchtigt.[474] Die von rechtswidriger Beeinflussung unbelastete Willensbildung sei jedoch ein rechtlich anerkanntes Interesse sowohl im Rahmen des § 826 BGB[475] als auch im Rahmen des §§ 37 b, c WpHG,[476] dessen Beeinträchtigung nur im Wege der Naturalrestitution rückgängig gemacht werden könne. Da es sich bei dieser Form der Schadensabwicklung nicht um Geldersatz

---

[472] LG Augsburg (3. Zivilkammer), WM 2001, 1944 (1946) –„Infomatec II"-.

[473] Möllers/Leisch, WM 2001, 1648 (1655 f.); Rössner/Bolkart, ZIP 2002, 1471 (1475).

[474] Möllers/Leisch, a.a.O.

[475] Möllers/Leisch a.a.O.

[476] Rössner/Bolkart, a.a.O.

handele, soll auch § 253 BGB in diesem Zusammenhang kein Hindernis darstellen.[477]

2. Kritik

Ein beachtlicher Teil der Literatur lehnt dagegen den Ersatz eines Nichtvermögensschadens nach dem soeben vorgestellten Befreiungsungsmodell ab.[478] Dafür werden unterschiedliche Gründe ins Feld geführt.

a) Argumente gegen eine Schadensabwicklung in Form der Zug-um-Zug-Leistung

Teilweise setzt die Kritik schon an der Art und Weise der Schadensabwicklung als solcher an. So soll die Rücknahme der Wertpapiere durch den Emittenten einen Verstoß gegen das aus dem Kapitalerhaltungsprinzip entspringende aktienrechtliche Verbot des Erwerbs eigener Aktien darstellen, da die Ausnahmevorschrift des § 71 AktG keinen Erwerb eigener Aktien zum Zwecke der Erfüllung von gegen die Gesellschaft gerichteten Schadenersatzansprüchen vorsehe.[479] Ferner werden im Rahmen der §§ 37 b, c WpHG Schwierigkeiten bei der Übertragung des Rückabwicklungsmodells auf die von den Vorschriften ebenfalls vorgesehenen Fälle eines „zu billigen Verkaufs“ geltend gemacht.[480]

b) Argumente gegen die Höhe des zu ersetzenden Anlegerschadens im Hinblick auf den Schutzzweck der in Betracht kommenden Haftungsnormen.

Darüber hinaus wird die aus dem Ersatz des Nichtvermögensschadens hergeleitete Rückabwicklung als Ersatz eines objektiv nicht zurechenbaren Schadens unter dem Gesichtspunkt des Schutzzwecks der Norm abgelehnt.[481]

---

477 Rössner/Bolkart, a.a.O.

478 Fleischer, NJW 2002, 2977 (2981 f.); ders. BB 2002, 1869 (1870 ff.); Großmann/Nikoleyczik, DB 2002, 2031 (2035); Hutter/Leppert, NZG 2002, 649 (654 f.); Maier-Reimer/Webering, WM 2002, 1857 (1860 ff.); Reichert/Weller, ZRP 2002, 49 (55); Rützel, AG 2003, 69 (76, 79).

479 Reichert/Weller, ZRP 2002, 49 (55).

480 Fleischer, NJW 2002, 2977 (2980); Reichert/Weller, a.a.O.

481 Fleischer, NJW 2002, 2977 (2980), ders. BB 2002, 1869 (1870 ff.); Fleischer/Kalss, AG 2002, 329 (331 ff.); Maier-Reimer/Webering, a.a.O.

aa) Ausschluss inhärenter Kapitalmarktrisiken nach Fleischer und Kalss

Nach *Fleischer* bzw. *Fleischer/Kalss* soll eine Haftung wegen der Fehlinformation des Kapitalmarktes ganz allgemein lediglich für solche Anlegerschäden in Betracht kommen, die in einem inneren Zusammenhang mit dem mangelhaften Publizitätsverhalten stehen.[482] Die Auffassung, nach der als Ersatz des Nichtvermögensschadens eine Erstattung des vollen Kaufpreises gegen Aushändigung der Wertpapiere in Betracht kommen soll, belaste den Emittenten dagegen zusätzlich mit dem Risiko eines allgemeinen Kurseinbruchs nach erfolgter Falschinformation bzw. Nichtinformation. Ein Schutz der Anleger auch vor solchen Risiken verwässere die volkswirtschaftlich sinnvolle Risikoverteilung zwischen Anlegern und Emittenten, indem letzterem praktisch die Rolle eines Versicherers gegen ungünstige Markt- oder Unternehmensentwicklungen aufgebürdet werde.[483]

Neben diesen ökonomischen Erwägungen verweisen *Fleischer/Kalss* zur Begründung ihrer Auffassung auf die Regelung des § 46 Abs. 2 Nr. 2 BörsG a.F (entspricht § 45 Abs. 2 Nr. 2 BörsG heutiger Fassung) für die börsenrechtliche Prospekthaftung, wonach die Haftung dann ausgeschlossen ist, wenn der Sachverhalt, über den unrichtige oder unvollständige Angaben im Prospekt gemacht worden sind, nicht zu einer Minderung des Börsenpreises geführt hat.[484] Angesichts eines unverkennbaren Abstimmungsbedarfs im Hinblick auf die Haftung im Zusammenhang mit Ad-hoc-Meldungen möchten *Fleischer/Kalss* diese Vorschrift auch für diesen Bereich analog angewandt wissen. Die in der Vorschrift angelegte Ausgrenzung von Zufallschäden lasse sich für die Haftung im Zusammenhang mit Ad-hoc-Meldungen sogar noch eher rechtfertigen als im Bereich der börsenrechtlichen Prospekthaftung, da ein Prospekt im primärmarktrechtlichen Anbahnungsverhältnis zugleich ein Verkaufsinstrument darstelle und damit ein besonderes Näheverhältnis zwischen Emittent und Anleger begründe, welches sich aus der Veröffentlichung von Ad-hoc-Publizität nicht ergeben könne.

Schließlich wird die Ablehnung eines Rückabwicklungsanspruchs auch auf das US-amerikanische Kapitalmarktrecht gestützt, wo die Gerichte in der überwiegenden Anzahl der Fälle, in denen eine Haftung nach Rule 10 b 5 in Betracht gekommen sei, lediglich die Kursdifferenz als Schadenersatz (*out-of-pocket-damages*) zugesprochen hätten.[485]

---

[482] Fleischer, a.a.O.; Fleischer/Kalss, a.a.O.

[483] Fleischer/Kalss, a.a.O. S. 331.

[484] Fleischer/Kalss, a.a.O. S. 333.

[485] Fleischer, BB 2002, 1869 (1871 f.).

bb) Besonderes Haftungskonzept der §§ 37 b, c WpHG nach Maier-Reimer/Webering

Unabhängig von derartigen allgemeinen Erwägungen im Hinblick auf die Begrenzung der Haftung wegen unterlassener bzw. falscher Ad-hoc-Meldungen soll nach *Maier-Reimer/Webering* für §§ 37 b, c WpHG schon angesichts des besonderen Haftungskonzepts der Vorschriften nur ein Ersatz der Kursdifferenz in Betracht kommen.[486] Wie bereits im Rahmen der haftungsbegründenden Kausalität weisen *Maier-Reimer/Webering* auch in diesem Zusammenhang darauf hin, dass §§ 37 b, c WpHG ein vollständig anderes Haftungskonzept zugrunde liege als der börsengesetzlichen Prospekthaftung nach §§ 44, 45 BörsG. Während diese zu einem Anspruch auf Übernahme der Wertpapiere zum Einstandspreis oder niedrigeren Ausgabe- oder ersten Börsenpreis führe, stellten §§ 37 b, c WpHG für den ersatzfähigen Schaden einzig auf die Kursdifferenz ab. Einer Übertragung der Haftungsbeschränkung aus § 45 Abs. 2 Nr. 2 BörsG bedürfe es daher für §§ 37 b, c WpHG schon deshalb nicht, weil die Beschränkung des Ersatzanspruchs auf die Kursdifferenz in diesen Vorschriften unmittelbar angelegt sei. Begründet wird dies zum einen mit der Entstehungsgeschichte der Vorschriften, wonach nur solche Anleger einen Schadenersatzanspruch erhalten sollten, die „zu teuer gekauft" bzw. „zu billig verkauft" haben. Ferner soll ein Ersatz allgemeiner Kursverluste auch im Hinblick auf die Tatsache ausscheiden, dass nach § 37 b Abs. 1 Nr. 1 bzw. § 37 c Abs. 1 Nr. 1 WpHG der Anspruch ausgeschlossen ist, wenn der Anleger die Wertpapiere vor Bekanntwerden der wahren Tatsachenlage wieder verkauft hat. Es wäre ungereimt, wenn ein Anleger, der bei fallenden Kursen die Wertpapiere vor Bekanntwerden der wahren Tatsachenlage mit Verlust verkaufe, den Verlust selbst zu tragen hätte, während der Anleger, der nicht verkaufe, nach Bekanntwerden der wahren Tatsachenlage seinen gesamten Schaden aus der Investition liquidieren könnte.

II. Ersatz des Vermögensschadens in Form der Kursdifferenz

Während die Befreiung von der Investition im Wege einer Zug-um-Zug-Abwicklung, wie vorstehend dargelegt, umstritten ist, wird die Geltendmachung eines Vermögensschadens des Anlegers im Hinblick darauf, dass er die Aktien zu teuer gekauft bzw. zu billig verkauft hat, allgemein für möglich gehalten.[487] Es handelt sich hierbei um die Geltendmachung eines Differenzschadens, dessen Berechnung aber nach wie vor mit erheblichen Unsicherheiten behaftet zu sein scheint.

---

486 Maie.-Reimer/Webering, WM, 2002, 1857 (1860 ff.).

487 Fleischer, NJW, 2002, 2977 (2981); ders. BB 2002, 1869 (1872 ff.); Maier-Reimer/Webering, WM 2002, 1857 (1860 ff.); Reichert/Weller, ZRP 2002, 49 (55); Rützel, AG 2003, 69 (76 f.); Thümmel, DB 2001, 2331 (2333).

1. Ersatz des „großen Differenzschadens"

Teilweise wird ein weiter Begriff des Differenzschadens zugrunde gelegt. Dabei wird im Falle einer unterlassenen Ad-hoc-Meldung auf die Differenz zwischen dem Börsenkurs an dem Tag, an dem die Ad-hoc-Meldung hätte publiziert werden müssen, und dem Tag, an dem sie tatsächlich bekannt gemacht wurde, abgestellt.[488] Für die Haftung wegen einer falschen Ad-hoc-Meldung soll es auf die Differenz zwischen dem Börsenkurs an dem Tag, an dem die falsche Ad-hoc-Meldung bekannt gemacht wurde, und dem Tag, an der Korrektur der Falschmeldung ankommen („großer Differenzschaden").[489]

2. Ersatz des „kleinen Differenzschadens"

Nach anderen Stimmen soll der Ersatz eines derart weitreichenden Differenzschadens dagegen nicht in Betracht kommen.[490] Ebenso wie gegen die Befreiung von der Investition in Form der Zug-um-Zug-Leistung wird dabei auch gegen den Ersatz eines „großen Differenzschadens" der begrenzte Schutzzweck der in Frage kommenden Haftungsnormen geltend gemacht. Stelle man für die Berechnung des Differenzschadens auf den Tag des Bekanntwerdens der wahren Tatsachenlage ab, so werde nach der Ansicht von *Fleischer* und *Rützel* abermals der Emittent in ungerechtfertigter Weise mit dem allgemeinen Kursrisiko belastet.[491] Ersetzt werden soll daher lediglich die Differenz zwischen dem Erwerbs- bzw. Veräußerungspreis am Tag der Transaktion und dem hypothetischen Börsenkurs vom selben Tag, wie er sich bei korrekter Information ergeben hätte („kleiner Differenzschaden"). Dies fordern auch *Maier-Reimer/Webering*, nach denen – zumindest im Anwendungsbereich der §§ 37 b, c WpHG - ohnehin nur der Schaden ersetzt werden soll, der sich aus der Kursreaktion unmittelbar infolge der falschen Ad-hoc-Meldung bzw. der fehlenden Kursreaktion infolge des Unterlassens einer erforderlichen Ad-hoc-Meldung ergibt, weil der Anleger nur in diesem Umfang „zu teuer gekauft" bzw. „zu billig veräußert" habe.[492]

III. Stellungnahme

Betrachtet man sich das vorstehend dargestellte Meinungsspektrum, so werden im Wesentlichen drei verschieden Methoden der Schadensberechnung in Betracht gezogen, nämlich zum einen die Befreiung von der gesamten Investition im Wege der Erstattung des Erwerbspreises Zug um Zug gegen Aushändigung

---

488 Reichert/Weller, a.a.O.; Thümmel, a.a.O.

489 Reichert/Weller, a.a.O.; Thümmel, a.a.O.

490 Fleischer, a.a.O.; Maier-Reimer/Webering, a.a.O.; Rützel,a.a.O.

491 Fleischer, a.a.O.; Rützel, a.a.O.

492 Maier-Reimer/Webering, a.a.O.

der Wertpapiere (nachfolgend: Befreiungsmodell) und zum anderen zwei verschiedene Arten des Differenzschadensersatzes. Beim Ersatz eines „großen Differenzschadens“ wird dem Anleger die Differenz zwischen dem Erwerbspreis und dem Kurs des Wertpapiers im Zeitpunkt des Bekanntwerdens der wahren Tatsachenlage ersetzt. Der Ersatz des „kleinen Differenzschadens“ umfasst dagegen nur die Differenz zwischen dem Erwerbs- bzw. Veräußerungspreis und dem hypothetischen Kurswert vom selben Tage, wie er sich bei korrekter Information ergeben hätte.

1. Ausgrenzung des Befreiungsmodells als Form der Schadensabwicklung

Gegen das Befreiungsmodell sind bereits drei Einwände denkbar, die sich nicht gegen die wertmäßige Höhe des auszugleichenden Vermögensverlustes beim Anleger, sondern gegen die Schadensabwicklung in Form der Zug-um-Zug-Leistung als solche richten. Zum einen könnte man das Modell der Zug-um-Zug-Abwicklung als Rückabwicklung gegenüber Dritten in Frage stellen. Daneben stellen sich in der Tat die in der Literatur aufgeworfenen Fragen im Hinblick auf die Anwendbarkeit des Befreiungsmodells auf Fälle des zu „zu billigen Verkaufs“ bzw. im Hinblick auf einen vermeintlichen Verstoß dieses Modells gegen das in §§ 57, 71 AktG verankerte Verbot der Einlagenrückgewähr.

a) Rückabwicklung gegenüber Dritten?

Gegen eine Schadensabwicklung in Form der Erstattung des Erwerbspreises Zug um Zug gegen Übernahme der Wertpapiere durch den Emittenten bzw. die Organmitglieder ließe sich einwenden, dass diese Form der Schadensabwicklung als typische Rechtsfolge vertraglicher bzw. außervertraglicher Rückabwicklungsmodelle dann nicht in Betracht kommt, wenn es zwischen dem Ersatzpflichtigen und dem Ersatzberechtigten kein rückabzuwickelndes Rechtsgeschäft gibt. Vertragspartner des geschädigten Anlegers im Zusammenhang mit fehlerhaften Ad-hoc-Meldungen sind weder der Emittent noch dessen Organmitglieder sondern ein anderer, anonymer Anleger.

Zu berücksichtigen ist jedoch, dass das teilweise propagierte „Befreiungsmodell“ keine Rückabwicklung im technischen Sinn, sondern – als besondere Form der Naturalrestitution nach § 249 Abs. 1 BGB – lediglich die Pflicht zur Übernahme des unerwünschten Vertragsgegenstandes durch den Ersatzverpflichteten zur eigenen Verwendung beinhaltet, wie sie der BGH auch in anderen Fällen der Verletzung von Aufklärungspflichten Dritter etwa gegenüber einer anlageberatenden Bank[493] angeordnet hat. Zwar hat sich gegen diese Form

[493] BGH, WM 1986, 517 ff.

der Schadensabwicklung gerade im Hinblick auf die vom BGH entschiedenen Fälle Kritik geregt. So hat insbesondere *Lieb* eingewandt, dass im Falle einer Übernahme des unerwünschten Vertragsgegenstand durch den ersatzpflichtigen Dritten die diesem in bloßer Ergänzung der Pflicht des Hauptschuldners auferlegte Schadensersatzpflicht der Höhe und dem Gegenstand nach Dimensionen erreichen würde, die mit dem haftungsbegründenen Verhalten einer fahrlässig verletzten Aufklärungspflicht kaum zu vereinbaren seien.[494]

Unabhängig von der Stichhaltigkeit dieses Arguments bezieht sich aber die von *Lieb* angebrachte Kritik von vornherein nur auf solche Fälle, in denen der haftende Dritte lediglich ergänzend neben dem zur Rückabwicklung verpflichteten „Hauptschuldner“ in Anspruch genommen werden soll. Im Falle einer Haftung wegen Fehlinformationen des Kapitalmarkts ist der direkte Vertragspartner des geschädigten Anlegers aber – soweit er sich angesichts der Anonymität des börslichen Handels überhaupt genau bestimmen lässt - gerade nicht zur Rückabwicklung des Transakionsgeschäfts verpflichtet. Der Emittent bzw. dessen Organmitglieder stellen mithin für den geschädigten Anleger die einzigen potentiellen Ersatzpflichtigen dar. Jedenfalls in diesen Fällen wird man die Schadensabwicklung in Form einer Befreiung des Anlegers von der gesamten Investition in Betracht ziehen müssen.

b) Unanwendbarkeit auf Fälle des „zu billigen Verkaufs“?

Auch der Einwand, das „Befreiungsmodell“ lasse sich nicht auf die Fälle „des zu billigen Verkaufs“ übertragen, vermag bei näherer Betrachtung nicht zu überzeugen. Es ist in diesem Zusammenhang nicht einzusehen, was einer spiegelbildlichen Anwendung des „Befreiungsmodells“ auf diese Fälle entgegenstehen soll. Hat ein Anleger während einer Phase der Desinformation des Marktes seine Wertpapiere „zu billig verkauft“, so könnte nach diesem Modell die Neubeschaffung einer entsprechenden Anzahl von Wertpapieren durch den Emittenten gegen Erstattung des von dem Anleger erzielten Veräußerungspreises verlangen. Zwar wirkt eine solche Abwicklung neben dem ebenso möglichen Ersatz eines „großen Differenzschadens“ eher umständlich. Dies ist aber zunächst ein Einwand, den man ganz allgemein gegen das „Befreiungsmodell“ – auch im Hinblick auf die Fälle des „zu teuren Kaufs“ ins Feld führen könnte. Ferner weist das „Befreiungsmodell“ gegenüber dem Ersatz eines Differenzschadens für den Anleger den Vorteil auf, dass er genau in den status quo zurückversetzt wird, in dem er sich ohne die Informationspflichtsverletzung befunden hätte, ohne selbst mit irgendwelchen Wertpapiertransaktionen belastet zu sein.

---

[494] Lieb, FS 600 Jahre Universität Köln, S. 251 (268).

c) Verbotener Erwerb eigener Aktien entgegen § 71 AktG

Ernster zu nehmen ist dagegen der dritte Einwand, wonach die Erstattung des Erwerbspreises Zug um Zug gegen Aushändigung der Aktien einen von dem Ausnahmetatbestand des § 71 AktG nicht erfassten Erwerb eigener Aktien darstellt.

Problematisch ist in diesem Zusammenhang weniger, dass es sich bei dem Erwerb eigener Aktien zugleich um einen Sonderfall des Verbots der Einlagenrückgewähr nach § 57 AktG handelt, indem die Befriedigung von Schadensersatzansprüchen an sich der AG Kapital entzieht. Ziel des § 57 AktG ist lediglich die Verhinderung der Ausschüttung von Gesellschaftsmitteln an einzelne Aktionäre außerhalb der Verteilung des Bilanzgewinns zum Schutze sowohl der Gesellschaftsgläubiger als auch der anderen Aktionäre. Schon das Reichsgericht hatte daher die Vorschriften der Börsenprospekthaftung mit diesem Prinzip zumindest dann für vereinbar erklärt, wenn der anspruchsberechtigte Anleger die fraglichen Aktien nicht durch Zeichnung oder im Rahmen der Ausübung eines Bezugsrechts direkt von der AG, sondern im Rahmen eines Verkehrsgeschäftes am Kapitalmarkt und erworben hatte.[495] Ein solcher Anleger trete der AG nicht in seiner Stellung als Gesellschafter, sondern als Gläubiger eines Schadensersatzanspruchs entgegen. Die Befriedigung von Schadensersatzansprüchen an sich stellt damit noch keinen Verstoß gegen das Verbot der Einlagenrückgewähr dar.

Wesentlich problematischer ist dagegen gerade die dem „Befreiungsmodell" zugrunde liegende Form der Abwicklung, wonach ein Ersatz des vollen Erwerbspreises Zug um Zug gegen Aushändigung der Wertpapiere an den Emittenten erfolgen soll. Hier kommt, wie *Reichert/Weller* zu Recht anmerken, in der Tat ein Verstoß gegen das weitergehende Verbot des Erwerbs eigener Aktien nach § 71 AktG in Betracht. Der Vorschrift liegt dabei nicht nur als Sonderfall der vebotenen Einlagerückgewähr das Prinzip der Kapitalerhaltung, sondern vor allem auch eine Kompetenzabgrenzung zwischen den Organen der AG zugrunde. Dies ergibt sich daraus, dass Rechte aus eigenen Aktien mangels entgegenstehender Regelung im AktG durch den Vorstand ausgeübt würden (sog. Verwaltungsaktien), was letztlich zu einer Verschiebung der Machtbalance zwischen Vorstand und Aufsichtsrat führen würde.[496] Der Erwerb eigener Aktien ist deshalb nur in den im AktG bezeichneten Ausnahmefällen gestattet. Ein solcher liegt im Hinblick auf eine Schadensabwicklung, die eine Rücknahme von eigenen Aktien durch die AG vorsieht, nicht vor. Zwar ist für die Vorschriften der Börsenprospekthaftung anerkannt, dass diese als Spezialregelungen dem § 71

[495] Siehe dazu bereits vorstehend unter: Sechster Teil, C. I. 1. a) cc) (2).

[496] Vgl. Hüffer, § 71 AktG, Rn. 1 m.w.N.

AktG vorgehen. Die Vorschriften der Börsenprospekthaftung sehen jedoch gerade als Abwicklungsmodell gerade die Erstattung des Erwerbspreises Zug um Zug gegen Übernahme der Wertpapiere durch den Emittenten vor. Eine solche Regelung hinsichtlich der konkreten Schadensabwicklung findet sich dagegen weder in §§ 37 b, c WpHG noch in § 826 BGB. Eine Befreiung der Anleger von der Investition kommt daher als Abwicklungsmodell wegen des Verstoßes gegen § 71 AktG in der Tat nicht in Betracht. Es verbleibt damit als mögliches Abwicklungsmodell im Bereich der Haftung wegen Verstößen gegen die Adhoc-Publizität nach § 15 WpHG nur der Ersatz eines Differenzschadens.

2. Höhe des zu ersetzenden Differenzschadens

Die vorstehenden Ausführungen haben gezeigt, dass der geschädigte Anleger nur den Ersatz eines Differenzschadens verlangen kann. Offen ist aber, welche Kursdifferenz diesem Ersatzanspruch zugrunde gelegt werden soll. Einigkeit besteht lediglich darüber, dass der Ausgangspunkt aller Differenzberechnungen der von dem Anleger bezahlte Erwerbspreis bzw. der von diesem erhaltene Verkaufspreis ist. Uneinigkeit besteht indes über den mit diesem Preis zu vergleichen Börsenkurs. Nach den Literaturstimmen, die der Schadensberechnung einen „großen Differenzschaden" zugrundelegen wollen, soll als Vergleichskurs der Börsenkurs zum Zeitpunkt des Bekanntwerdens der wahren Tatsachenlage in Betracht kommen. Die Vertreter des engen Differenzschadensbegriffs („kleiner Differenzschaden") stellen dagegen auf einen hypothetischen Börsenkurs am Tag der Transaktion unter Hinwegdenken der Fehlinformation ab.

Dabei ist den Vertretern dieser letzten Auffassung zunächst in ihrer Feststellung beizupflichten, dass der eigentliche Kern des Problems in der Frage begründet liegt, ob der Anleger auch Ersatz für solche Schäden verlangen kann, die nicht in einem direkten Zusammenhang mit der Fehlinformation stehen. Würde man hier den Börsenkurs am Tag des Bekanntwerdens der wahren Tatsachenlage zugrundelegen, so wären in diesem Börsenkurs auch sämtliche preisbeeinflussende Faktoren enthalten, welche keinen Bezug zu der Tatsache aufweisen, über die der Markt entweder aktiv getäuscht oder entgegen der Verpflichtung aus § 15 Abs. 1 WpHG nicht informiert wurde. Zu nennen sind in diesem Zusammenhang Kursschwankungen aufgrund der allgemeinen Wirtschaftsentwicklung oder auch als Korrektiv einer Überbewertung des gesamten Wertpapiermarktes bzw. einzelner Wertpapiere in der Vergangenheit. Insbesondere vor dem Hintergrund einer massiven Überbewertung des Marktes, wie sie in Form der Kursblase am Neuen Markt gegen Ende des letzten Jahrhunderts zu beobachten war, wird schnell die Dimension des Problems deutlich. Sollen der Emittent bzw. seine Vorstandsmitglieder für die mit dem Zerplatzen einer solchen Kursblase einhergehenden Vermögensverluste breiter Bevölkerungsschichten aufgrund einer einzigen Fehlinformation haften, deren Kursrelevanz sich gegenüber den aus der Blasenbildung resultierenden Kursverlusten verschwindend gering ausnimmt?

Eine Antwort auf diese Frage kann hier nur das allgemeine Schadensrecht liefern, welches mit der Kausalität und der objektiven Zurechnung zwei Korrektive bereithält, mit welchen sich die Verantwortlichkeit der Ersatzpflichtigen im Hinblick auf bestimmte Schäden begrenzen lässt. Nach der Grundnorm des § 249 Abs. 1 BGB hat der Ersatzpflichtige den Zustand herzustellen, der bestehen würde, wenn der zum Ersatz verpflichtende Zustand nicht eingetreten wäre. Ausgangspunkt des dieser Vorschrift zugrunde liegenden Schadensbegriffs ist nach der sogenannten Differenztheorie also der Vergleich zweier Güterlagen, nämlich der real existierenden und einer hypothetischen unter Hinwegdenken des schadensstiftenden Ereignisses.[497] Zwar wird der Begriff Differenztheorie teilweise nur für den Bereich der Kompensation von Vermögensschäden in Geld und nicht für die in § 249 Abs. 1 BGB angeordnete Wiederherstellung (Restitution) verwendet, da in letzterem Falle ein Vermögens- vergleich nicht erforderlich sei.[498] Unabhängig von diesem Streit um Begrifflichkeiten ist jedoch anerkannt, dass auch dem Gedanken der Wiederherstellung letztlich ein wie auch immer gearteter Vergleich von Zuständen zugrunde liegt, wobei es sich bei den miteinander verglichenen Zuständen nicht um vermögenswerte Güter handeln muss und auch kein Vergleich des Gesamtvermögens durchgeführt wird.[499]

Im Rahmen des Vergleichs der beiden Güterlagen ist es erforderlich zu bestimmen, für welche nachteiligen Entwicklungen im Hinblick auf die Güter des Ersatzberechtigten der Ersatzpflichtige verantwortlich zu machen ist. Es handelt sich dabei um die Frage der Zurechnung von Schäden in einem weitest verstandenen Sinn. Rechtsprechung und Rechtslehre haben in diesem Zusammenhang verschiedene Kriterien entwickelt, nach welchen sich die Zurechnung von Schäden bestimmt oder – negativ ausgedrückt – nach welchen sich die Haftung des Ersatzpflichtigen im Hinblick auf bestimmte Schäden begrenzen lässt. Nachfolgend soll die Haftung im Zusammenhang mit Ad-hoc-Meldungen unter Zugrundelegung dieser Kriterien untersucht werden.

---

497 Vgl. zur Differenztheorie: Lange/Schiemann (Bearb. Lange), S. 43; Oetker in. MüKo BGB, § 249, Rn. 14 ff.; Schiemann in: Staudinger, § 249, Rn. 4 ff., jeweils m.w.N

498 Schiemann in: Staudinger, § 249, Rn. 4 ff.; mit Einschränkungen wohl auch: Lange/Schiemann (Bearb. Lange), S. 43 f., nach dem die Differenzhypothese lediglich für die Berechnung unmittelbarer Vermögensschäden und Vermögensfolgeschäden unentbehrlich sein soll.

499 Vgl. nur Lange/Schiemann (Bearb. Lange), a.a.O.; Schiemann, a.a.O., Rn. 5, der den Vergleich der beiden Zustände aber dogmatisch der Frage nach der Kausalität zuordnen möchte.

a) Äquivalenztheorie als Ausgangspunkt

Den Ausgangspunkt für die Zurechnung von Schäden stellt die Äquivalenztheorie dar.[500] Grundvoraussetzung einer jeden Haftung ist nach dieser Theorie – von Ausnahmefällen wie etwa § 830 Abs. 1 S. 2 BGB abgesehen – die Ursächlichkeit des Schädigerverhaltens für die konkret in Betracht kommenden Schäden im Sinne des natürlich-logischen Ursachenbegriffs der sogenannten *conditio-sine-qua-non*-Formel. Danach ist Ursache jede Bedingung, die nicht hinweggedacht werden kann, ohne dass auch der Erfolg entfiele. Für die Haftung wegen falscher bzw. unterlassener Ad-hoc-Meldungen ist mithin zunächst zu fragen, welcher Zustand beim jeweiligen Anleger bestehen würde, wenn der Emittent seinen Verpflichtungen im Zusammenhang mit der Ad-hoc-Publizität genügt hätte. Es handelt sich hierbei um die Kausalität im engeren Sinne. Da im Zusammenhang mit Fehlinformationen auf dem organisierten Kapitalmarkt im Hinblick auf ein ggf. bestehendes konkretes Anlegervertrauen zwei unterschiedliche Arten von Kausalverläufen in Betracht kommen, sind hier auch zwei Möglichkeiten zu unterscheiden.

aa) Fehlendes Vertrauen auf die konkrete Informationslage

Für die große Zahl der Anleger, die ihre Wertpapiertransaktionen nicht im Vertrauen auf eine konkrete Informationslage durchgeführt haben, stellt sich die Situation wie folgt dar: Denkt man sich das mangelhafte Informationsverhalten des Emittenten weg, so hätte der Markt reagiert. Der Anleger hätte die Wertpapiere dann in jedem Fall zu einem günstigeren Börsenkurs erworben. Der Schaden in Höhe dieser hypothetischen Kursdifferenz am Tage der Transaktion („kleiner Differenzschaden") ist insoweit durch die Fehlinformation verursacht worden und muss daher auch vom Ersatzpflichtigen ersetzt werden.

Den Ersatz einer Kursdifferenz zwischen dem Erwerbs-/Veräußerungspreis und dem Kurs des Wertpapieres nach Bekanntwerden der wahren Tatsachenlage („großer Differenzschaden") kann der Anleger indes nur dann verlangen, wenn auch die Wertpapiertransaktion als solche auf die Fehlinformation zurückzuführen ist, der Anleger die fraglichen Wertpapiere also gerade aufgrund der Fehlinformation veräußert bzw. erworben hat. Fehlt es an einem konkreten Vertrauen in die Fehlinformation als solche, kann ein solcher Zusammenhang aber gerade nicht festgestellt werden. Denkt man sich die Fehlinformation weg, hätte der Anleger die Wertpapiere gleichwohl erworben bzw. veräußert. Für die Investitionsentscheidung des Anlegers als solche ist das fehlerhafte Informationsverhalten des Emittenten damit schon nicht kausal im Sinne der condicio-sine-qua-

[500] Vgl. nur: Lange/Schiemann (Bearb. Lange), S. 79 ff.; Mertens in: Soergel, vor § 249, Rn. 117 ff.; Schiemann in: Staudinger, § 249, Rn. 8 ff., jeweils m.w.N.

non-Formel. Weitergehende Zurechnungserwägungen unter dem Gesichtspunkt des Schutzzwecks der Norm sind daher zur Begrenzung des Schadens auf die durch die Fehlinformation hervorgerufenen Kursverschiebungen nicht nötig.

bb) Vertrauen auf die konkrete Informationslage

Anders stellt sich die Sachlage dagegen für diejenigen Anleger dar, die ihre Wertpapiere gerade im Vertrauen auf die Fehlinformation erworben bzw. veräußert haben. Solche Anleger könnten durchaus geltend machen, sie hätten das Wertpapier bei Kenntnis der wahren Sachlage überhaupt nicht erworben. In diesem Fall ist nicht nur der auf die Reaktion des Marktes zurückgehende Kursverlust („kleiner Differenzschaden“) sondern die ganze Investition samt aller mit ihr verknüpften Folgeschäden wie zB. Kursverlusten aufgrund einer allgemeinen Marktschwäche kausal im Sinne der *condicio-qua-non-* Formel auf die Fehlinformation zurückzuführen. Begrenzungen der Erstattungsfähigkeit derartiger Schäden im Sinne eines „großen“ Differenzschadens können damit im Hinblick auf solche Anleger, die konkret auf die Fehlinformation vertraut haben, nicht bereits über die Äquivalenztheorie erreicht werden.

b) Eingrenzungen der zu ersetzenden Schäden nach dem Schutzzweck der Norm

Das Schadensrecht stellt jedoch neben der Äquivalenztheorie noch weitere, die Ersatzpflicht begrenzende Kriterien zur Verfügung. Zu nennen ist in diesem Zusammenhang insbesondere die Lehre vom Schutzzweck der Norm.[501] Diese allgemein anerkannte Lehre geht von der These aus, dass sowohl vertragliche Pflichten als auch gesetzliche Haftungsnormen dem Schutz bestimmter Interessen dienen. Wenn im Vertragsrecht Entstehen, Entwicklung und Untergang primärer Pflichten nach dem Vertragszweck zu bestimmen seien, so gelte das auch für die zu ihrer Sanktion bestimmten sekundären Schadensersatzverbindlichkeiten.[502] Gleichermaßen könne es auch nicht Sinn deliktischer Verbindlichkeiten sein, den Ersatzpflichtigen mit allen denkbaren Folgen seines unerlaubten Handelns (versari in re illicita) zu belasten.[503]

Auch für die Haftung im Zusammenhang mit Verstößen gegen § 15 WpHG ist mithin zu fragen, ob der Ersatz allgemeiner Kursschäden noch vom Schutzzweck der jeweils in Betracht kommenden Haftungsnormen erfasst ist. Im Rahmen der folgenden Untersuchung soll das Problem zunächst allgemein unter He-

---

501 Lange, S. 76; Oetker in: MüKo BGB, § 249, Rn. 114 f.; Schiemann in: Staudinger, § 249, Rn. 27 ff.

502 Lange, a.a.O.

503 Lange, a.a.O.

ranziehung vergleichbarer Lösungsansätze des deutschen Rechts bei verwandten Formen der Vertrauenshaftung sowie unter Berücksichtigung rechtsvergleichender Erkenntnisse im Hinblick auf das US-amerikanische Kapitalmarktrecht durchleuchtet werden. Es folgt eine Erprobung der in diesem Zusammenhang gefundenen Ergebnisse an den konkret in Betracht kommenden Haftungstatbeständen der §§ 37 b, c WpHG einerseits und des § 826 BGB andererseits.

aa) Allgemeine Erwägungen im Hinblick auf die Übertragbarkeit inhärenter Kapitalmarktrisiken auf den Emittenten

(1) Die Zulässigkeit eines allgemeinen Reurechts im Rahmen der Haftung für Informationspflichtverletzungen nach deutschem Recht

Für die Frage, ob die Ad-hoc-Publizität auch darauf ausgerichtet ist, potentielle Anleger im Rahmen ihres Investments vor dem inhärenten Kapitalmarktrisiko eines allgemeinen Kursverlustes zu schützen, lohnt ein Blick auf die Bewertung dieses Problems durch Rechtsprechung und Literatur im Hinblick auf andere Rechtsinstitute, nach denen das deutsche Recht Schadenersatz für Informationspflichtverletzungen gewährt.

(a) Vertrauenshaftung im Rahmen der culpa in contrahendo

Im Rahmen der Vertrauenshaftung nach den Grundsätzen der *culpa in contrahendo* gewährt die Rechtsprechung neben dem Anspruch auf Vertragsanpassung wahlweise auch einen Anspruch auf Vertragsauflösung, welcher alternativ neben der Anfechtung nach §§ 119 ff. BGB bestehen soll.[504] Diese Rechtsprechung wird von einem Teil der Literatur insbesondere deshalb kritisiert, weil das von der Rechtsprechung gewährte Vertragsauflösungsrecht nach den Regeln der *culpa in contrahendo* zu Friktionen mit den Anfechtungsregeln der §§ 119 ff. BGB und dort insbesondere mit dem Arglisterfordernis und der kurzen Verjährung der §§ 123, 124 BGB führen soll.[505]

Als einer der Teilaspekte der vielschichtigen Diskussion um das Konkurrenzverhältnis der *culpa in contrahendo* und der §§ 119 ff. BGB hat sich dabei die Frage herauskristallisiert, ob eine Vertragsauflösung nach den Grundsätzen der *culpa in contrahendo* im Gegensatz zu § 119 ff. BGB einen Vermögensschaden des Getäuschten voraussetzt, oder ob in diesem Zusammenhang auch die Beein-

504 BGH, NJW 1962, 1196 (1198 f.) – sog. Kreissägen-Fall"-.

505 Canaris, ZGR 1982, 395 (417 f.); Medicus, JuS 1965, 209 (212 ff.); Wiedemann in: Soergel (12. Aufl. 1990); vor § 275 BGB Rn. 199; Lieb in: FS 600 Jahre Universität Köln, S. 251 (259 ff); Stoll in: FS Riesenfeld, S. 275 (283).

trächtigung der Dispositionsfreiheit des Getäuschten als Nichtvermögensschaden ausreicht.

Auslöser dieser Fragestellung war dabei die Tatsache, dass der BGH zunächst der irregeleiteten Partei die Auflösung des Vertrages auch in solchen Fällen ermöglichte, in denen es sich um einen in wirtschaftlicher Hinsicht ausgeglichenen Vertrag handelte, ohne dass die dogmatische Herleitung dieses Ergebnisses durch das Gericht jemals problematisiert worden wäre.[506]

Dagegen haben *Stoll* und *Lieb* bereits frühzeitig eingewandt, dass die Auflösung eines wirtschaftlich ausgeglichenen Vertrages nach den Grundsätzen der *culpa in contrahendo* nur dann überhaupt denkbar sei, wenn bereits der Vertragsschluss an sich einen ersatzfähigen Schaden im Sinne des § 249 Abs. 1 BGB darstelle.[507] Da ein Vermögensschaden bei wirtschaftlicher Ausgeglichenheit des Vertrages von vornherein ausscheide, komme in diesem Zusammenhang allenfalls ein immaterieller Schaden in Form der Beeinträchtigung der Willensfreiheit in Betracht.[508] Die Ersatzfähigkeit eines solchen Schadens im Rahmen des Rechtsinstituts der *culpa in contrahendo* sei aber abzulehnen. Zwar sei es angesichts der Weite und Konturenlosigkeit des Begriffs des „immateriellen Schadens" durchaus denkbar, die Beeinträchtigung der Dispositionsfreiheit „qua Unlustgefühl" als einen immateriellen Schaden zu deklarieren. Der Ersatzfähigkeit dieses Schadens im Rahmen der *culpa in contrahendo* stehe indes entgegen, dass die Willensfreiheit an sich bereits in §§ 119 ff. BGB geschützt sei und ein damit konkurrierendes allgemeines Reurecht im Rahmen des Rechtsinstituts der *culpa in contrahendo* schon wegen des hier im Gegensatz zu § 123 BGB fehlenden Vorsatzerfordernisses und der kürzeren Verjährungsregeln zu Friktionen mit diesen Vorschriften führen müsste. Dieser Auffassung hat sich nunmehr auch der BGH in einer neueren Entscheidung angenähert. Nach Auffassung des Gerichts setzt eine Vertragsauflösung nach den Grundsätzen der *culpa in contrahendo* das Vorliegen eines Vermögensschaden voraus.[509] In Anlehnung an den strafrechtlichen Vermögensbegriff soll es jedoch genügen, dass die angebotene Leistung, wiewohl vollwertig, für die Zwecke des Erwerbers nicht brauchbar ist.[510]

Gegen die damit auch vom BGH gezogene strikte Trennungslinie zwischen dem Vermögensschutz im Rahmen der *culpa in contrahendo* einerseits und dem Schutz der Willensfreiheit im Rahmen der §§ 119 ff. BGB andererseits wendet

506 BGH NJW, 1962, 1196 (1198 f.); BGH WM 1985, 463 (466).

507 Stoll, a.a.O.; Lieb, a.a.O.

508 Lieb, a.a.O.

509 BGH, NJW 1998, 302 Leitsatz 1., bzw. JZ 1998, 1173 m. Anm. Wiedemann.

510 BGH, a.a.O., S. 304.

sich nunmehr wiederum ein anderer Teil der jüngeren Literatur, nach dem die Beeinträchtigung der Dispositionsfreiheit als immaterieller Schaden für ein Recht auf Vertragsauflösung nach § 249 Abs. BGB im Rahmen der Haftung aus *culpa in contrahendo* generell ausreichen soll.[511] Der Anspruch auf Naturalrestitution aus § 249 Abs. 1 BGB setze einen Vermögensschaden gerade nicht voraus.[512] Die Figur einer schadensrechtlichen Vertragsaufhebung sei in diesem Zusammenhang konstruktiv durchaus denkbar.[513] Jedenfalls spreche aber keine angebliche Trennung des Selbstbestimmungs- und Vermögensschutzes gegen eine solche Form des Schadenersatzes.[514] Vertragsauflösung und Wiedererlangung der Willensfreiheit gingen vielmehr auch im Rahmen des allgemeinen Leistungsstörungsrechts (§§ 325, 326 BGB a.F.) Hand in Hand.[515] Schließlich habe auch der BGH seine neue Ausgangsposition einer strikten Trennung zwischen Selbstbestimmungs- und Vermögensschutz durch die gleichzeitige Zugrundelegung eines subjektivierten Vermögensbegriffes schon halb geräumt.[516]

Bei dem vorstehend dargestellten Disput um den Anspruch auf Vertragsauflösung im Rahmen der *culpa in contrahendo* bei in wirtschaftlicher Hinsicht ausgeglichenen Verträgen geht es indes nur vordergründig um die Frage, ob die Beeinträchtigung der Dispositionsfreiheit als solche einen immateriellen Schaden darstellt und ob ein solcher Schaden im Rahmen der *culpa in contrahendo* ersatzfähig ist. So haben selbst *Medicus* und *Lieb* zu Recht eingeräumt, dass es angesichts der Weite und Konturenlosigleit des Begriffs des immateriellen Schadens durchaus nicht ausgeschlossen sei, auch ein etwa mit einem unerwünschten Vertrag verbundenes „Unlustgefühl" als immateriellen Schaden zu klassifizieren. Zum anderen dürfte sich das als imaterieller Schaden klassifizierbare „Unlustgefühl" gerade aus einem mit dem unerwünschten Vertrag zusätzlich verbundenen Vermögensschaden als Folge eines allgemein schlechten Geschäftsabschlusses speisen. Ist zB. der Ersatzberechtigte gerade durch eine Täuschung des Ersatzpflichtigen zum Kauf eines Hauses für 1 Mio € bewogen worden, dessen Wert nur bei 500.000 € zu veranschlagen ist, und macht der täuschungsbedingte Minderwert nur 250.000 € aus, so wird sich das „Unlustgefühl" des Hauskäufers an diesem Kaufvertrag nicht zuletzt auch daraus ergeben, dass er ganz unabhängig von der Täuschung weitere 250.000 € zu viel gezahlt hat und damit auch über den täuschungsbedingten Minderwert hinaus nicht nur ggf. einen immateriellen Schaden sondern auch und gerade einen – weitergehenden -

---

511 Fleischer, AcP 2000, 91 (111 ff.); Grigoleit, NJW 1999, 900 (901 f.); Lorenz, ZIP 1998, 1053 (1055 f.); Wiedemann, JZ 1998, 1176.

512 Fleischer, a.a.O.

513 Grigoleit, a.a.O.; Fleischer, a.a.O.

514 Fleischer, a.a.O.; Wiedemann, a.a.O.

515 Fleischer, a.a.O.; Wiedemann, a.a.O.

516 Grigoleit, a.a.O; Fleischer, a.a.O.

Vermögensschaden erlitten hat. Dasselbe Bild würde sich sogar dann ergeben, wenn der täuschungsbedingte Minderwert des Hauses mit Null zu veranschlagen wäre. Der Beispielsfall verdeutlicht, dass die Abgrenzung zwischen ersatzfähigen Vermögensschäden und nicht ersatzfähigen immateriellen Schäden den Kern des hier zu erörternden Problems nicht trifft.

Unzutreffend ist es daher auch, wenn im Zusammenhang mit diesem Problem immer wieder von einer Vertragsauflösung bei „wirtschaftlich ausgeglichenen" Verträgen gesprochen wird. Trifft doch das Merkmal der „wirtschaftlichen Ausgeglichenheit" allenfalls auf den durch die Täuschung bedingten Minderwert zu, während sich an den soeben gebildeten Beispielen gezeigt hat, dass es gerade die fehlende wirtschaftliche Ausgeglichenheit des Vertrages ansonsten ist, welche den Getäuschten eine Auflösung dieses Vertrages erstreben lassen wird.

Unabhängig von einem etwaigen täuschungsbedingten Minderwert stellt sich somit die Frage, ob der Getäuschte seinen weitergehenden Schaden, welchen er durch den unvorteilhaften Vertragschluss an sich erlitten hat, über eine Rückabwicklung geltend machen kann, auch wenn dieser Schaden nicht aus der Pflichtverletzung des Ersatzpflichtigen resultiert. *Lieb* hat ein solches Recht daher ganz zutreffend als „allgemeines Reurecht" umschrieben. Dogmatisch ist die Frage nach einem allgemeinen Reurecht für den Getäuschten aber nicht der Frage nach der Ersatzfähigkeit eines wie auch immer über etwaige „Unlustgefühle" vermittelten immateriellen Schadens, sondern vielmehr der hier interessierenden Frage nach dem Schutzzweck vertrauensschützender Normen zuzuordnen.

Die jüngste Rechtsprechung in diesem Zusammenhang macht deutlich, dass die Möglichkeit eines Reurechts dabei immer noch großzügig gehandhabt wird. Zwar stellt nunmehr auch der BGH in Anlehnung an die Kritik von *Stoll* und *Lieb* auf das Vorliegen eines „Vermögensschadens" ab, und meint damit eine gerade durch die Täuschung bedingte Differenz zwischen Leistung und Gegenleistung. Durch den von dem Gericht zugrunde gelegten weiten strafrechtlichen Begriff des Vermögensschadens wird dieses Hindernis aber in der Tat sogleich wieder eingerissen, indem für das Vorliegen eines Schadens lediglich auf die Brauchbarkeit der Leistung für die Zwecke des Erwerbers abgestellt wird. Noch weitergehend belasten die Stimmen in der Literatur, welche die Vertragsauflösung grundsätzlich als Ersatz eines immateriellen Schadens über § 249 Abs. 1 BGB zulassen wollen, den Ersatzpflichtigen mit allen denkbaren Folgen des „*versari in re illicita*".

(b) Prospekthaftung

Noch naheliegender als die Untersuchung der Existenz eines Reurechts im Rahmen der allgemeinen Vertrauenshaftung erscheint im Hinblick auf das Problem der Zurechnung von nicht mit der konkreten Fehlinformation zusammenhängenden Kursschäden eine Betrachtung des diesbezüglichen Lösungsmodells im Rahmen der Prospekthaftung. Handelt es sich hierbei doch um eine spezielle Ausprägung der allgemeinen Vertrauenshaftung für den Bereich des Kapitalmarkts. Auch bei Verträgen über Kapitalanlagen geht es letztlich darum, ob der Getäuschte das Risiko eines schlechten Geschäfts nachträglich im Wege einer Rückabwicklung auf den Ersatzpflichtigen abwälzen kann und auch hier manifestiert sich das schlechte Geschäft des Anlegers in dem von ihm gezahlten Preis für seine Kapitalanlage. Allerdings wird das Problem hier – im Gegensatz zur Diskussion um die Existenz eines Reurechts im Rahmen der allgemeinen Vertrauenshaftung - dogmatisch zutreffend als solches der Zurechnung und des Schutzzweckzusammenhangs verortet. Dies mag damit zusammenhängen, dass das Problem der Belastung des Ersatzpflichtigen mit allgemeinen Kursverlusten hier deutlicher als Problem der Zurechnung weiterer Folgeschäden zu Tage tritt als bei Verträgen, welche sich nicht auf Kapitalanlagen beziehen. Die Ursache hierfür liegt in dem besonderen Charakter des am Kapitalmarkt gehandelten Wirtschaftsgutes der Vermögensanlagen begründet, deren Preis im Moment der Transaktion ohnehin lediglich die diskontierten Hoffnungen des Marktes im Hinblick auf die zukünftigen Erträge dieser Anlagen widerspiegelt. Ob der Getäuschte ein schlechtes Geschäft gemacht hat, lässt sich daher – anders bei Verträgen über Konsumgüter - nicht bereits durch Vergleich von Leistung und Gegenleistung zum Zeitpunkt des Vertragsschlusses, sondern erst angesichts der tatsächlichen Ertragsentwicklung der erworbenen Vermögensanlage in der Folgezeit ermitteln, welche sich sodann in steigenden oder aber auch sinkenden Kursen niederschlägt.

Ähnlich wie auch im Bereich der allgemeinen Vertrauenshaftung wird das Problem der Zurechnung derartiger Folgeschäden auch im Bereich der Prospekthaftung im Wesentlichen zugunsten des Ersatzberechtigten entschieden und diesem damit ein weitreichendes Reurecht eingeräumt. Diese Feststellung gilt uneingeschränkt zunächst für den Bereich der aus dem Rechtsinstitut der *culpa in contrahendo* hergeleiteten allgemeinen zivilrechtlichen Prospekthaftung. Hier hatte sich der BGH in seinem wegweisenden *Hornblower-Fischer*-Urteil aus dem Jahre 1993 mit der Frage zu befassen, ob ein Anleger, welcher nicht börsengehandelte Aktien im Vertrauen auf einen hinsichtlich einzelner Aspekte fehlerhaften Verkaufsprospekt erworben hatte, auch dann Ersatz des von ihm bezahlten Erwerbspreises Zug um Zug gegen Aushändigung der Aktien fordern kann, wenn der Kursverlust dieser Aktien nicht auf die fehlerhaften Angaben im Prospekt zurückzuführen ist.[517] Der BGH hat diese Frage unter Aufhebung der entgegengesetzten Entscheidung des Berufungsgerichts bejaht und in diesem Zusammenhang eine Begrenzung der Haftung unter Schutzzweckgesichtspunk-

---

[517] BGHZ 123, 106.

ten abgelehnt.[518] Der Schutzzweck der Prospektpflicht erschöpfe sich nicht in dem Schutz des Anlegers vor bestimmten Anlagerisiken. Er diene vielmehr der Wahrung des wirtschaftlichen Selbstbestimmungsrechts des Anlegers im Hinblick auf die gesamte von ihm getätigte Investition. In diesem Zusammenhang sei für die Ursächlichkeit des fehlerhaften Prospekts für den Schaden des Anlegers nicht auf das letzte Glied einer möglichen Kausalkette in Form eines Kursverlusts abzustellen, sondern vielmehr bereits auf die Investitionsentscheidung als solche.

Für den Bereich der börsenrechtlichen Prospekthaftung nach §§ 45, 46 BörsG in der Fassung vor Inkrafttreten des Dritten Finanzmarktförderungsgesetzes wurde das Problem der Zurechnung allgemeiner Kursverluste dagegen differenzierter betrachtet. Rechtsprechung gab es zu diesem Thema soweit ersichtlich nicht. In der Literatur wurden unterschiedliche Standpunkte vertreten. So wollte sich *Hamann* auch für die börsenrechtliche Prospekthaftung der Auffassung des BGH im Bereich der allgemeinen zivilrechtlichen Prospekthaftung anschließen, wonach es einzig auf die Beeinträchtigung des wirtschaftlichen Selbstbestimmungsrechts des Anlegers ankommen soll.[519] Nach *Schwark* sollte dagegen ein Schaden, der auf Umständen außerhalb des Prospektes wie zB. einer Verschlechterung der allgemeinen Wirtschaftslage beruht, wegen dessen mangelnder Ursächlichkeit für den Anlegerschaden nicht ersetzt werden.[520] Dieser letztgenannten Auffassung hat der Gesetzgeber in der Zwischenzeit zumindest teilweise durch die Einfügung des Haftungsausschlusses in § 45 Abs. 2 Nr. 2 BörsG (entspricht § 46 Abs. 2 Nr. 2 BörsG a.F.) im Rahmen des dritten Finanzmarktförderungsgesetzes Rechnung getragen. Dem Emittenten steht im Rahmen dieser Vorschrift nunmehr der Beweis offen, dass der Sachverhalt, über den unrichtige oder unvollständige Angaben im Prospekt enthalten sind, nicht zu einer Minderung des Börsenpreises der Wertpapiere beigetragen hat. Das in dieser Regelung enthaltene Alles-oder-Nichts-Prinzip, wonach der fragliche Sachverhalt zur Minderung des Börsenpreises lediglich „beigetragen" haben muss, führt indes dazu, dass der Beweis für den Emittenten nur selten zu erbringen sein wird.

(c) Übertragbarkeit auf Ad-hoc-Meldungen

Aus den vorstehenden Ausführungen ergibt sich einerseits, dass die Rechtsprechung und ein überwiegender Teil der Literatur dem Getäuschten im Rahmen der meisten Rechtsinstitute, nach denen das deutsche Recht Schadenersatz wegen Informationspflichtverletzungen gewährt, erlauben, sich von der ihm lästig

---

[518] BGH, a.a.O., S. 111 f.

[519] Hamann in: Schäfer, §§ 45, 46 a.F. BörsG, Rn. 147.

[520] Schwark, BörsG, §§ 45, 46 BörsG, Rn. 38.

gewordenen vertraglichen Bindung zu lösen und dabei auch das allgemeine Geschäftsrisiko auf den Vertragspartner bzw. auf einen ersatzpflichtigen Dritten (rück-)abzuwälzen. Allerdings ist dem Ersatzpflichtigen im Rahmen der börsenrechtlichen Prospekthaftung nach § 45 Abs. 2 Nr. 2 BörsG die Möglichkeit eingeräumt zu beweisen, dass der gesamte Kursschaden des Anlegers in keinem Bezug zu der Fehlinformation selber steht. Zwar wird zumindest ein kleiner Teil des Kursschadens in den meisten Fällen auf die Fehlinformation zurückzuführen sein, so dass dieser Haftungsausschluss letztlich kaum ins Gewicht fällt. Es zeigt sich aber andererseits gerade an der Einfügung dieser Vorschrift durch den Gesetzgeber, dass zumindest für den Bereich des organisierten Kapitalmarkts eine Ausgrenzung des allgemeinen Kursrisikos von der Haftung nicht fernliegend ist. Es fragt sich daher, ob man diesen Haftungsausschluss im Einklang mit *Fleischer/Kalss* analog auf die Haftung im Zusammenhang mit Ad-hoc-Meldungen anwenden kann, oder ob sogar noch weitergehende Haftungsbegrenzungen gerechtfertigt sind.

Richtig ist in diesem Zusammenhang zunächst die Feststellung von *Fleischer/Kalss*, dass jedenfalls die Risikoverteilung, welche der Gesetzgeber für die Haftung wegen Fehlinformationen im Bereich des Primärmarkts als einem der beiden kapitalmarktrechtlichen Teilmärkte statuiert hat, nicht ohne Einfluss auf die Beurteilung des gleichgelagerten Problems auf dem Sekundärmarkt als dem zweiten kapitalmarktrechtlichen Teilmarkt bleiben kann. Dies spricht für eine analoge Anwendung des § 45 Abs. 2 Nr. 2 BörsG auf die Haftung im Zusammenhang mit Ad-hoc-Meldungen, die jedoch aufgrund des der Vorschrift immanenten Alles-oder-Nichts-Prinzips für die insoweit beweisbelasteten Ersatzpflichtigen nur wenig Entlastung mit sich bringt.

Eine weitergehende Haftungsbeschränkung, etwa in Form einer nur teilweisen Zurechnung des Gesamtschadens würde dagegen voraussetzen, dass gerade der besondere Charakter von Ad-hoc-Meldungen im Vergleich zu Börsenprospekten eine differenzierte Behandlung des Zurechnungsproblems im Rahmen der Haftung für fehlerhafte oder fehlende Ad-hoc-Publizität erforderlich machen.

Das von *Fleischer/Kalss* in diesem Zusammenhang angeführte Argument, wonach zwischen dem Emittenten und den Anlegern im Hinblick auf Prospekte ein stärker ausgeprägtes Näheverhältnis bestehen soll als im Hinblick auf Ad-hoc-Meldungen, vermag in diesem Zusammenhang nur teilweise zu überzeugen. Zwar ist nicht zu bestreiten, dass es sich bei Prospekten im Gegensatz zu Ad-hoc-Meldungen um Instrumente der Verkaufsförderung auf dem Primärmarkt handelt, welche wegen dieser Funktion ein stärkeres Näheverhältnis zwischen Emittent und Anleger zu indizieren scheinen. Indes stellen Primärmarkt und Sekundärmarkt keine voneinander unabhängigen Teilmärkte dar, sondern bedingen sich gegenseitig. So folgt einerseits die Pflicht zur Ad-hoc-Publizität als Folgepflicht gerade aus der vorangehenden Einführung der Wertpapiere am Primärmarkt. Andererseits ist der Börsenkurs eines Wertpapiers auf dem Sekundärmarkt wiederum ein Indikator dafür, zu welchen Konditionen sich der Emittent zum fraglichen Zeitpunkt Kapital auf dem Primärmarkt beschaffen könnte. Aufgrund ihrer kursbeeinflussenden Wirkung auf dem Sekundärmarkt kommt Ad-hoc-Meldungen mithin durchaus eine mittelbar verkaufsfördernde Wirkung auch für den Primärmarkt zu.

Ein stärker ausgeprägtes Näheverhältnis zwischen Emittent und Anleger im Hinblick auf Prospekte ließe sich daher allenfalls mit der weiteren Erwägung begründen, dass dem im Rahmen der Prospekthaftung in Anspruch genommenen Emittenten ein Äquivalent in Form des Emissionserlöses zufließt, während bei Wertpapiertransaktionen auf der Grundlage falscher Ad-hoc-Meldungen die Gewinne lediglich dritte Anleger auf dem Sekundärmarkt von der Fehlinformation profitieren. Auch dieses Argument ist aber bei näherer Betrachtung nicht stichhaltig. Zunächst kann es von vornherein nur Geltung für die Haftung des Emittenten beanspruchen, da den ggf. daneben haftenden Organmitgliedern kein Emissionserlös zufließt. Zudem ist nicht jede Börseneinführung automatisch mit einer Wertpapieremission - etwa in Form einer Kapitalerhöhung nach §§ 182 ff. AktG - verbunden, so dass ein Emissionserlös für Fälle einer reinen Börseneinführung bereits begebener Wertpapiere ohnehin nicht in Betracht kommt. Schließlich bildet ein etwaiger Kapitalzufluss aus einer Neuemission für den Emittenten noch lange kein vollwertiges Äquivalent zu den durch die Inanspruchnahme aus dem Rechtsinstitut der börsenrechtlichen Prospekthaftung drohenden Schadensersatzleitungen gegenüber geschädigten Anlegern, da nach §§ 44 ff. BörsG nicht nur die Ersterwerber der aufgrund des Prospekts zugelassenen Wertpapiere sondern auch alle Folgeerwerber dieser Wertpapiere während der gesetzlich definierten Verjährungsfrist anspruchsberechtigt sind.

Eine gegenüber der börsenrechtlichen Prospekthaftung weitergehende Haftungsbeschränkung bei der Haftung für Ad-hoc-Meldungen lässt sich aber auch unabhängig von einem besonderen Näheverhältnis im Hinblick auf den gegenüber der Prospekthaftung ungleich höheren potentiellen Gesamtschaden rechtfertigen. Dieser wäre für beide Rechtsinstitute bei Überwälzung des allgemeinen Kapitalmarktrisikos auf den Ersatzverpflichteten ohnehin schon kaum kalkulierbar, indem die Gesamthaftungssumme davon abhinge, wie viele Transaktionen über das fragliche Wertpapier in der für eine Haftung in Frage kommenden Zeitspanne stattgefunden haben und welchen Schwankungen der Börsenkurs in dieser Phase unterworfen war. Für die Prospekthaftung greifen hier aber zwei Korrektive ein, welche im Hinblick auf Ad-hoc-Meldungen gesetzlich nicht vorgesehen sind. Während der Emittent die Prospekthaftung immerhin durch besondere Kennzeichnung nur auf die im Rahmen der konkreten Börseneinführung zugelassenen Stücke begrenzen kann,[521] erfasst die Haftung wegen Verstößen gegen § 15 WpHG sämtliche im Umlauf befindliche Wertpapiere des publizitätspflichtigen Emittenten. Ferner besteht hier nicht die in § 44 Abs. 1 BörsG vorgesehene Beschränkung der Haftung auf den ersten Ausgabepreis der Wertpapiere. Würde man angesichts dieser Unterschiede dem Ersatzpflichtigen im Zusammenhang mit Ad-hoc-Meldungen zusätzlich das inhärente Kapitalmarktrisiko auferlegen, wäre im Vergleich zur börsenrechtlichen Prospekthaftung ein Haftungsausmaß erreicht, welches in keinem Verhältnis zu der Pflichtverletzung des Ersatzpflichtigen stünde und dadurch auch im Hinblick auf das verfassungsrechtliche Übermaßverbot abzulehnen ist.

(2) Übertragbarkeit inhärenter Kapitalmarktrisiken im US-amerikanischen Kapitalmarktrecht

Gestützt wird das soeben gefundene Ergebnis auch durch eine rechtsvergleichende Betrachtung des US-amerikanischen Kapitalmarktrechts. Auch hier steht dem Ersatzverpflichteten im Rahmen des die Prospekthaftung auf dem Primärmarkt regelnden Sec. 11 SA der Nachweis offen, dass der Kursverlust ganz oder zum Teil nicht auf die Fehlinformation im Prospekt zurückzuführen ist. Das gleiche Bild ergibt sich auch im Zusammenhang mit der Haftung für Fehlinformationen auf dem Sekundärmarkt nach Sec. 10b SEA i.V.m. Rule 10 b 5, wo nach der Rechtsprechung in sogenannten *open market cases* lediglich ein Ersatz der fiktiven Kursdifferenz am Tag der Transaktion (*out-of-pocket-damages*) in Betracht kommt.[522] Auch ein Vergleich mit dem US-amerikanischen Kapitalmarktrecht spricht mithin dagegen, dem Ersatzpflichtigen im Zusammenhang mit der Haftung wegen Verstößen gegen § 15 WpHG das inhärente Kapitalmarktrisiko allgemein fallender Börsenkurse aufzubürden.

(3) Fazit

Nach alldem sprechen gute Argumente für eine Ausgrenzung allgemeiner Kursrisiken von der Haftung im Zusammenhang mit Ad-hoc-Meldungen. Zwar billigen Rechtsprechung und Literatur dem Ersatzberechtigten sowohl im Rahmen der allgemeinen Vertrauenshaftung als auch im Rahmen der allgemeinen zivil-

---

[521] Nach der Rechtslage vor dem dritten Finanzmarktförderungsgesetz erfasste die Prospekthaftung ohnehin nur die aufgrund des Prospekts neu zugelassenen Wertpapiere. Durch die Einfügung des heutigen § 44 Abs. 1 S. 3 BörsG sind aber nunmehr auch bereits umlaufende Wertpapiere desselben Emittenten von der Prospekthaftung erfasst, die von den neu zugelassenen Wertpapieren nicht nach Ausstattungsmerkmalen oder in sonstiger Weise unterschieden werden können. Es steht dem Emittenten damit frei, die neu zugelassenen Wertpapiere besonders zu kennzeichnen, was aber ggf. die Liquidität der Emission vermindern kann. Vgl. zu dieser Problematik: Pötzsch, WM 1998, 949 (950).

[522] Siehe dazu vorstehend unter: Vierter Teil, B. III. 2. d.

rechtlichen Prospekthaftung ein sogenanntes Reurecht zu. Schon die Regelung des § 45 Abs. 2 Nr. 2 BörsG deutet indes auf die Erforderlichkeit von Einschränkungen dieses Grundsatzes für den Bereich des organisierten Kapitalmarktes hin. Speziell gilt dies für die Haftung wegen Verstößen gegen § 15 WpHG, da das drohende Ausmaß der Haftung hier im Hinblick auf die Anzahl der potentiell betroffenen Wertpapiere andernfalls jeden Rahmen eines ausgewogenen Haftungsregimes sprengen würde. In Anlehnung an das US-amerikanische Kapitalmarktrecht, das in derartigen Fällen ohnehin nur sogenannte *out-of-pocket-damages* gewährt, ist daher auch für das deutsche Recht eine Ausgrenzung von allgemeinen Kursverlusten von der Haftung im Zusammenhang mit Ad-hoc-Meldungen zu erwägen, sofern die in Frage kommenden Haftungsnormen eine derartige Beschränkung zulassen.

bb) Erprobung des Ergebnisses anhand der in Betracht kommenden Haftungstatbestände

(1) §§ 37 b, c WpHG

Die Vorschriften sind im Hinblick auf den Umfang des zu ersetzenden Schadens von ihrem Wortlaut her neutral gehalten. Zu ersetzen ist „der durch die Unterlassung entstandene Schaden" bzw. „der Schaden, den der Dritte dadurch erleidet, dass er auf die Tatsache vertraut". Danach scheint im Rahmen der §§ 37 b, c WpHG weder ein dem § 45 Abs. 1 BörsG entsprechender kompletter Haftungsausschluss noch eine Beschränkung des Ersatzanspruchs auf den „kleinen Differenzschaden" nach den im vorstehenden Abschnitt dieses Kapitels erarbeiteten Zurechnungskriterien in Betracht zu kommen.

Für eine Beschränkung der Haftung auf den „kleinen Differenzschaden" nach dem Schutzzweck der Norm sprechen aber die von *Maier-Reimer/Webering* angeführten Gesetzesmaterialien zu §§ 37 b, c WpHG, wonach es für die Schadensberechnung darauf ankommt, dass der Anleger „zu teuer gekauft" bzw. „zu billig verkauft" hat. Damit wird letztlich auf eine Wertdifferenz abgestellt, die bereits am Tag des Kaufs bzw. Verkaufs besteht. Die Einbeziehung entfernter Folgeschäden, wie insbesondere die durch den Anleger während der Phase der Desinformation erlittenen Kursverluste allgemeiner Art, lässt sich daraus dagegen nicht ableiten.

Schließlich sprechen auch objektiv-teleologische Gesichtspunkten für eine Beschränkung der Haftung auf den „kleinen Differenzschaden". Dabei gebührt erneut *Maier-Reimer/Webering* der Verdienst, darauf hingewiesen zu haben, dass der Ersatz allgemeiner Kursverluste im Hinblick auf § 37 b Abs. 1 Nr. 1 bzw. § 37 c Abs. 1 Nr. 1 WpHG in der Tat zu Ungereimtheiten führen würde. Nach den genannten Vorschriften sind im Falle des zu teuren Erwerbs nur solche Anleger ersatzberechtigt, die bei Bekanntwerden der entgegen § 15 Abs. 1 WpHG nicht veröffentlichten Tatsache bzw. bei Bekanntwerden der Unrichtigkeit einer veröffentlichten Tatsache noch Inhaber der Wertpapiere sind. Zwischenbesitzer sind danach nicht ersatzberechtigt. Unproblematisch ist diese Regelung unter Zugrundelegung eines auf die ursprüngliche Kursdifferenz beschränkten „kleinen Differenzschadens", da sich ein solcher Schaden bei den Zwischenbesitzern der Wertpapiere vor Bekanntwerden der wahren Tatsachenlage und der damit einhergehenden Kursanpassung ohnehin nicht realisiert. Veräußert nämlich ein Zwischenbesitzer die Wertpapiere während der Desinformationsphase an einen Folgeerwerber weiter, so kann er die von ihm zu teuer erworbenen Wertpapiere noch zu dem aufgrund der fortbestehenden Desinformation überhöhten Kurs weiterveräußern. Das Risiko des Kursverlustes in dieser Höhe wird damit – ggf. über eine mehrgliedrige Veräußerungskette – an den Besitzer der Wertpapiere im Augenblick des Bekanntwerdens der wahren Tatsachenlage weitergegeben. Die fehlende Anspruchsberechtigung der Zwischenbesitzer ist vor diesem Hintergrund unschädlich.

Anders verhält es sich dagegen, wenn man den geschädigten Anlegern den Ersatz eines „großen Differenzschadens" gewährt, welcher auch die allgemeinen während der Phase der Desinformation etwa infolge einer allgemeinen Marktschwäche erlittenen Kursverluste umfasst. Indem sich derartige Kursverluste bei jedem Zwischenbesitzer der fraglichen Wertpapiere während der eigenen Haltephase realisieren, würde die nach § 37 b Abs. 1 Nr. 1 bzw. § 37 c Abs. 1 Nr. 1 WpHG allgemein fehlende Anspruchsberechtigung von Zwischenbesitzern zu der merkwürdigen Konsequenz führen, dass nur solche Anleger, die die Wertpapiere über einen langen Zeitraum gehalten haben, den Ersatz dieser Schäden verlangen könnte, während insoweit gleichermaßen geschädigte Zwischenbesitzer leer ausgingen. Es sei in diesem Zusammenhang nur darauf hingewiesen, dass ähnliche Wertungswidersprüche im Hinblick auf das vor Inkrafttreten des Dritten Finanzmarktförderungsgesetzes bestehende Besitzerfordernis im Rahmen der börsenrechtlichen Prospekthaftung auch dort bereits Gegenstand von Kritik gewesen sind.[523]

Schließlich sprechen im Rahmen der §§ 37 b, c WpHG auch rechtsökonomische Gesichtspunkte gegen eine Belastung des Emittenten mit dem allgemeinen Kursrisiko. Die grundsätzliche Möglichkeit der Berücksichtigung rechtsökonomischer Gesichtspunkte bei der Auslegung der §§ 37 b, c WpHG ergibt sich aus der Tatsache, dass die neu geschaffenen Vorschriften ausweislich der Gesetzesmaterialien zumindest auch das Vertrauen der Anleger in die Funktionsfähigkeit und Integrität des Finanzmarktes fördern sollen. Vor dem Hintergrund dieses gesetzgeberischen Teilziels könnte die Einbeziehung allgemeiner Kursverluste

---

[523] Assmann, Prospekthaftung, S. 386.

in die Haftung nach §§ 37 b, c WpHG bei gleichzeitig niedrigem Verschuldensgrad (grobe Fahrlässigkeit) zu einer Überabschreckung führen, wenn die Schadensvermeidungskosten auf Seiten des Emittenten die Höhe der aus einem Verlust des Anlegervertrauens resultierenden volkswirtschaftlichen Schäden überschreiten. In diesem Zusammenhang ist zu berücksichtigen, dass die Haftung für den Emittenten bereits wegen der fehlenden Begrenzbarkeit auf bestimmte Wertpapiere unkalkulierbar ist. Eine zusätzliche Belastung des Emittenten mit dem allgemeinen Kursrisiko verstärkt diesen Effekt deutlich. Berücksichtigt man ferner, dass die Haftung bereits bei grober Fahrlässigkeit einsetzt und die Abgrenzung zwischen grober und einfacher Fahrlässigkeit durch ein zur Entscheidung berufenes Gericht für den Emittenten kaum antizipierbar ist, ergibt sich für diesen ein Anreiz zu einem extrem hohen Schadensvermeidungsaufwand. Auch wenn sich die auf der anderen Seite zu berücksichtigenden volkswirtschaftlichen Schäden infolge eines Vertrauensverlustes der Anleger kaum quantifizieren lassen, besteht daher im Hinblick auf die extrem hohen Schadensvermeidungskosten die ernsthafte Gefahr einer Überabschreckung. Indem §§ 37 b, c WpHG das Anlegervertrauen auch gerade zur Vermeidung volkswirtschaftlicher Wohlfahrtsverluste schützen wollen, spricht mithin viel dafür, allgemeine Kursverluste nicht in die Haftung nach diesen Vorschriften einzubeziehen, sondern die Haftung vielmehr auf den „kleinen Differenzschaden" zu begrenzen.

(2) § 826 BGB

Korrektiv im Rahmen der Schadenszurechnung nach dieser Vorschrift ist auf subjektiver Seite zunächst das Erfordernis eines Schädigungsvorsatzes, d.h. der Emittent bzw. dessen Organmitglieder müssten Schäden der Anleger im Zusammenhang mit allgemeinen Kurseinbrüchen an der Börse vorausgesehen und billigend in Kauf genommen haben. Wenn im Einzelfall trotz der in diesem Zusammenhang bestehenden Schwierigkeiten[524] einen allgemeinen Vorsatz im Hinblick auf die potentielle Schädigung von Anlegern bejaht werden kann, dürfte dieser Vorsatz im Regelfall auch die Schädigung solcher Anleger umfassen, die ihre Wertpapiere nur im Vertrauen auf eine bestimmte Informationslage erworben haben und in diesem Zusammenhang neben dem unmittelbar auf die Fehlinformation zurückzuführenden Kursschaden während ihrer Haltephase auch weitergehende Kurschäden in Realisierung des allgemeine Kursrisikos erleiden. Das Erfordernis des Schädigungsvorsatzes im Rahmen des § 826 BGB eignet sich mithin nicht als Anknüpfungspunkt für die unter allgemeinen Gesichtspunkten für richtig befundene Beschränkung des Ersatzanspruchs auf den „kleinen Differenzschaden".

524 Siehe dazu vorstehend unter: Vierter Teil, A. I.3. b) bb).

Anknüpfungspunkt für eine Beschränkung der Haftung könnte aber die Frage sein, ob zwischen den in Realisierung des allgemeinen Kursrisikos entstandenen Anlegerschäden und dem fehlerhaften Publizitätsverhalten des Ersatzpflichtigen ein Sittenwidrigkeitszusammenhang besteht. Dann müsste die Vermeidung gerade solcher Schäden vom Schutzzweck der entsprechenden sittlichen Pflicht umfasst sein. Im Rahmen der Fallgruppe der bewussten oder leichtfertigen Irreleitung Dritter durch Fehlinformationen liegt der Sittenwidrigkeitsvorwurf darin begründet, dass der fraglichen Auskunft eine dem Auskunftsgeber erkennbare besondere Bedeutung für den Erklärungsempfänger zukommt und sich der Auskunftsgeber gleichwohl leichtfertig oder gewissenlos über etwaige Bedenken im Hinblick auf die Mangelhaftigkeit seines Informationsverhaltens hinwegsetzt. Eine besondere Bedeutung misst der Erklärungsempfänger der fraglichen Auskunft aber gerade im Hinblick auf die Kursrelevanz der mitgeteilten (oder verschwiegenen) Tatsache zu. Gerade auf die Vermeidung solcher Schäden muss sich dann aber auch die sittliche Pflicht des Auskunftsgebers beschränken. Eine etwaige Verpflichtung, etwaigen Anlegern das allgemeine Kursrisiko abzunehmen, lässt sich vor diesem Hintergrund dagegen kaum vertreten, da sie selbst gegen das Anstandsgefühl aller billig und gerecht Denkenden verstoßen würde. Im Hinblick auf den im Rahmen des § 826 BGB erforderlichen Sittenwidrigkeitszusammenhang kommt also im Rahmen der Haftung für Verstöße gegen die Ad-hoc-Publizität nach dieser Vorschrift nur ein Ersatz des „kleinen Differenzschadens“ in Betracht.

C. Mitverschulden

Abschließend stellt sich die Frage, ob einem dem Grunde nach gegebenen Schadenersatzanspruch wegen Verstößen gegen die Ad-hoc-Publizitätspflicht der Einwand des Mitverschuldens nach entgegengehalten werden kann. Denkbar ist die Berücksichtigung eines Mitverschuldens zum einen im Zusammenhang mit der Schadensentstehung sowie auch im Zusammenhang mit einem Verstoß des Geschädigten gegen eine dem Geschädigten obliegende Pflicht zur Schadensbegrenzung und Schadensminderung.

I. Mitverschulden im Zusammenhang mit der Schadensentstehung

1. §§ 37 b Abs. 3, 37 c Abs. 3 WpHG

Für den Anwendungsbereich der §§ 37 b, c WpHG sehen bereits §§ 37 b Abs. 3, 37 c Abs. 3 WpHG eine Sonderregelung im Hinblick auf das Mitverschulden des Anlegers im Zusammenhang mit der Schadensentstehung vor. Die Haftung ist nach diesen Vorschriften ausgeschlossen, wenn der Dritte die nicht veröffentlichte Tatsache bzw. die Unrichtigkeit einer veröffentlichten Tatsache zum Zeitpunkt der Wertpapiertransaktion kannte. Fraglich ist jedoch im Hinblick auf den hier vertretenen weiten Kausalitätsbegriff im Bereich der haftungsbegründenden Kausalität und das damit einhergehende Fehlen eines Vertrauenserfordernisses, ob die Vorschrift dabei wirklich auf die Kenntnis des Anlegers von der konkreten Tatsache abstellt oder ob der Anleger weitergehend gerade Kenntnis von der Fehlinformation des Marktes haben muss. Die Problematik mag folgender Beispielsfall veranschaulichen:

F ist in der Forschungsabteilung des Pharmaunternehmens C-AG an der Entwicklung neuer Medikamente beteiligt. Im Zusammenhang mit der Entwicklung eines neuen Medikamentes behauptet der Vorstand der C-AG in einer Ad-hoc-Meldung in unzutreffender Weise, dieses habe bereits das Stadium der Testreife erreicht und könne – nach Abschluss der klinischen Tests – im folgenden Jahr auf den Markt gebracht werden. Einen Tag nach Veröffentlichung der Ad-hoc-Meldung erwirbt F im Rahmen einer routinemäßigen Abrundung seines Portfolios ein größeres Aktienpaket an der C-AG. Dabei weiß F aufgrund seiner beruflichen Tätigkeit, dass das Medikament M erst in frühestens drei Jahren auf den Markt gebracht werden kann. Dagegen hat F keine Kenntnis von der unzutreffenden Ad-hoc-Meldung des Vorstands.

Würde man in diesem Fall auf die Kenntnis des F von der fehlenden Testreife des Medikaments abstellen, könnte dieser keine Ansprüche aus §§ 37 b, c WpHG herleiten. Zu berücksichtigen ist in diesem Zusammenhang aber, dass F nicht durch die konkrete Ad-hoc-Meldung zum Kauf der Aktien bewogen wurde, sondern durch sein grundsätzliches Vertrauen in die Integrität der Preisbildung am organisierten Kapitalmarkt. Dann kann aber auch die Kenntnis des F von der wahren Tatsachenlage nicht schädlich sein, solange F keine Kenntnis von der Fehlinformation des Marktes als solcher hat. Nur eine solche Kenntnis kann den Vorwurf begründen, F habe den von ihm erlittenen Kursverlust mitverschuldet. Mit *Maier-Reimer/Webering*[525] ist daher davon auszugehen, dass es für den Haftungsausschluss nach §§ 37 b Abs. 3, 37 c Abs. 3 WpHG einzig auf die Kenntnis des Anlegers von der Fehlinformation des Marktes ankommt.

2. § 254 Abs. 1 BGB

Es fragt sich des weiteren, ob neben dem Haftungsausschluss nach §§ 37 b Abs. 3, 37 c Abs. 3 WpHG noch ein weitere Berücksichtigung des Mitverschuldens nach der allgemeinen Vorschrift des § 254 Abs. 1 BGB in Betracht kommt. Dies wäre vor allem deshalb interessant, als ein Mitverschulden nach dieser Vorschrift auch dann in Erwägung gezogen werden könnte, wenn der Anleger von der Fehlinformation des Marktes zwar keine positive Kenntnis hatte, diese

---

[525] Maier-Reimer/Webering, WM 2002, 1857 (1862); zustimmend: Großmann/Nicoleyczik, DB 2002, 2031 (2035, FN. 33).

Kenntnis aber gleichwohl hätte haben müssen. Zudem würde § 254 Abs. 1 BGB im Gegensatz zum Alles-oder-Nichts-Prinzip des Haftungsausschlusses nach §§ 37 b Abs. 3, 37 c Abs. 3 WpHG auch eine Quotelung des Differenzschadens nach Verursachensanteilen erlauben.

a) Abschließende Regelung im Hinblick auf §§ 37 b, c WpHG

Soweit die Schadensersatzpflicht aus §§ 37 b, c WpHG hergeleitet wird, kommt eine Anwendung des § 254 Abs. 1 BGB für den Bereich der Schadensentstehung nicht in Betracht. Dies ergibt sich – parallel zu der Rechtslage bei § 45 Abs. 3 BörsG – bereits aus den Gesetzesmaterialien zum Vierten Finanzmarktförderungsgesetz, wonach die §§ 37 b bs. 3, 37 c Abs. 3 eine gesetzliche Sonderregelung im Hinblick auf das Mitverschulden darstellen und daher ein Haftungsausschluss wegen grob fahrlässiger Unkenntnis nicht in Betracht kommen soll.[526]

b) Anwendbarkeit im Bereich des § 826 BGB

Einer Anwendung des § 254 Abs. 1 BGB im Rahmen einer Haftung nach § 826 BGB steht dagegen nichts im Wege. Bei Kenntnis des Anlegers von der Fehlinformation des Marktes kommt eine Quotelung des zu ersetzenden Differenzschadens in Betracht. Dies gilt grundsätzlich auch im Falle einer fahrlässigen Unkenntnis des Anlegers. In diesem Zusammenhang ist aber zu berücksichtigen, dass nach h.M. ein fahrlässiges Mitverschulden des Geschädigten gegenüber einem vorsätzlichen Verhalten des Schädigers in der Regel zurücktritt.[527] Dies gilt insbesondere im Hinblick auf eine vorsätzliche Schädigung nach § 826 BGB.[528] Nach alldem kommt auch im Hinblick auf die Haftung nach § 826 BGB nur ein Mitverschulden in Form der positiven Kenntnis von der Fehlinformation des Marktes in Betracht. Der einzige Unterschied zwischen der Geltendmachung eines solchen Mitverschuldens nach § 254 Abs. 1 BGB und der speziellen Regelung des Mitverschuldens in §§ 37 b Abs. 3, 37 c Abs. 3 WpHG besteht somit in der Möglichkeit der Schadensquotelung im Rahmen des § 254 Abs. 1 BGB.

---

526 Begründung des Regierungsentwurfs, BT-Drucks. 14 / 8017, S. 94.

527 BGHZ 98, 148 (158); BGH, NJW 1980, 1518 (1519); BAG, DB 1970, 500; Heinrichs in: Palandt, § 254, Rn. 53. Die Pflicht zur Schadensminderung nach § 254 Abs. 2 S. 1 BGB besteht indes auch gegenüber einem vorsätzlich handelnden Schädiger: RGZ 148, 48 (58); BGH, VersR 1964, 94 (95).

528 BGH, NJW 1992, 311; OLG Karlsruhe, NJW-RR 1992, 515; Heinrichs a.a.O.

II. Mitverschulden als Verstoß gegen die Pflicht zur Schadens- begrenzung und Schadensminderung

Zu erwägen ist schließlich, ob ein geschädigter Anleger dadurch, dass er die erworbenen Wertpapiere nach Kenntnis von seinem Anspruch bei weiter sinkenden Kursen nicht unverzüglich verkauft, gegen seine Schadensminderungspflicht verstößt. Im Rahmen der börsenrechtlichen Prospekthaftung wird ein solcher Einwand in der Literatur im Grundsatz vertreten.[529] Den Anleger soll eine Kursbeobachtungspflicht indes nur in Grenzen und je nach seinen persönlichen Verhältnissen treffen. Ihm soll in diesem Zusammenhang insbesondere ausreichend Zeit zur Entscheidung zugebilligt werden.[530]

Für die Haftung im Zusammenhang mit Ad-hoc-Meldungen scheint auch das LG Augsburg (3. Zivilkammer)[531] von einer grundsätzlich bestehenden Kursbeobachtungspflicht auszugehen, indem es dort heißt:

„Die Beklagten zu 2 und 3 können sich nicht auf ein Mitverschulden des Anlegers X berufen. Im Hinblick auf die weitere Ad-hoc-Meldung vom 30.8.1999, die den von der M.Com erteilten Auftrag über insgesamt 100.000 Surfstations incl. der dazugehörigen JNT-Lizenzen bestätigt, diejenige vom 13.9.1999, in der ein Großauftrag von der G.Com über JNT-Lizenzen und Surfstations im Wert von 55 Mio. DM bekannt gegeben wird, die vom 16.11.1999, in der ein weiterer JNT-Großauftrag aus Frankreich über JNT-Lizenzen und Surfstations im Wert von über 50 Mio. DM mitgeteilt wird und die erst am 22.8.2000 erfolgte Richtigstellung hat der Anleger X dadurch, dass er die Aktien nicht veräußerte, nicht gegen seine Schadensminderungspflicht verstoßen.“

In der Literatur wird eine Kursbeobachtungspflicht für die Haftung im Zusammenhang mit Ad-hoc-Meldungen des geschädigten Anlegers dagegen mit zahlreichen mehr oder weniger überzeugenden Argumenten abgelehnt.[532] So wird vertreten, eine Kursbeobachtungspflicht finde keine tragfähige Grundlage in § 254 Abs. 2 S. 1 BGB[533] und sei zudem nicht rechtssicher zu handhaben.[534] Auch könnten dem Anleger keine prophetischen Gaben hinsichtlich des künfti-

---

529 Hamann in: Schäfer, §§ 45, 46BörsG n.F., Rn. 63; Sittmann, NZG 1998, 490 (495).

530 Sittmann, a.a.O.

531 LG Augsburg (3. Zivilkammer), WM 2001, 1944 (1946) – „Infomatec II“-.

532 Fleischer/Kalss, AG 2002, 329 (334 f.); Rützel, AG 2003, 69 (78).

533 Fleischer/Kalss, a.a.O.; a.A. Rützel, a.a.O. unter Hinweis auf weitergehende Pflichten, die nach der Rechtsprechung in ähnlich gelagerten Fällen bestehen (so zB. Pflicht des Arbeitslosen, einen geeigneten Arbeitsplatz zu finden, Pflicht des Geschädigten zu Deckungskäufen).

534 Fleischer/Kalss, a.a.O.; Rützel, a.a.O.

gen Kursverlaufs abverlangt werden.[535] Darüber hinaus drohe bei kollektiver Befolgung durch die Anleger eine Beschleunigung des Kursverfalls und damit eine weitere Schadensvertiefung.[536] Schließlich führe eine beschleunigte Weiterveräußerung an Zweit- oder Dritterwerber lediglich zu einer Aufspaltung eines einheitlichen Gesamtschadensbetrages auf mehrere Geschädigte, was vor allem unter verfahrensrechtlichen Gesichtspunkten zu weiteren Erschwernissen führe.[537]

Die vorstehend zitierten Auffassungen beruhen allesamt auf der Annahme einer weitreichenden Haftung des Ersatzpflichtigen auch im Hinblick auf allgemeine Kurseinbrüche an der Börse, wie sie auch im Rahmen der Börsenprospekthaftung durch die dort statuierte Pflicht zum Ersatz des Erwerbspreises gegen Rückgabe der Wertapiere angeordnet ist („großer Differenzschaden"). Wie im vorstehenden Abschnitt dieses Kapitels indes ausführlich dargelegt wurde, kommt im Rahmen der Haftung wegen Verstößen gegen die Ad-hoc-Publizitätspflicht lediglich ein Ersatz der Kursdifferenz zwischen Erwerbspreis und dem Börsenkurs am Tag der Wertpapiertransaktion, wie er sich bei korrekter Information ergeben hätte, in Betracht („kleiner Differenzschaden"). Dieser Schaden realisiert sich aber bereits durch die mit dem Bekanntwerden der wahren Tatsachenlage einhergehende Kursreaktion und vertieft sich – unabhängig von einem allgemeinen Kurseinbruch an der Börse – nicht mehr weiter. Das Problem eines Mitverschuldens wegen Zuwartens mit der Weiterveräußerung der Wertpapiere stellt sich daher bei der Haftung in Zusammenhang mit Ad-hoc-Meldungen überhaupt nicht. Weitergehende Betrachtungen über das Für und Wider einer Kursbeobachtungspflicht erübrigen sich daher.[538]

D. Nachweis des Schadens

Die vorstehenden Ausführungen haben gezeigt, dass geschädigte Anleger sowohl nach §§ 37 b, c WpHG als auch nach § 826 BGB nur den Ersatz eines „kleinen Differenzschadens" verlangen können. Ausschlaggebend für die Berechnung dieses Schadens ist die Kursdifferenz zwischen dem konkreten Erwerbs- bzw. Veräußerungspreis und dem hypothetischen Preis, der sich am Tag der Transaktion bei korrekter Information des Marktes ergeben hätte. Für die Geltendmachung dieses Schadensersatzanspruchs bedarf es andererseits auch

---

535 Fleischer/Kalss, a.a.O.

536 Fleischer/Kalss, a.a.O.; Rützel, a.a.O.

537 Fleischer/Kalss, a.a.O; kritisch dagegen Rützel, a.a.O., der in diesem Zusammenhang einwendet, dass die pflichtwidrig nicht verbreitete Information spätestens im Zeitpunkt der Kenntniserlangung des Anlegers bereits umfassend im Markt verfügbar und deshalb bereits im aktuellen Börsenkurs enthalten sein dürfte.

538 Ähnlich: Rützel, a.a.O.

weder eines konkreten Vertrauens des geschädigten Anlegers in die Richtigkeit einer konkreten Information noch muss sich der Anleger sich bei der Durchführung seiner Transaktion überhaupt Vorstellungen irgendwelcher Art über die Ertragsaussichten des jeweiligen Wertpapiers gemacht haben. Es genügt das Vorliegen einer Transaktion zu Kursen, die durch die konkrete Fehlinformation beeinflusst wurden, d.h. der Anleger muss im Prozess nur diese Kursbeeinflussung in ihrer konkreten Höhe beweisen. Gerade dieser Nachweis einer konkreten Kursbeeinflussung dürfte sich aber in der Praxis als äußerst schwierig, wenn nicht gar als undurchführbar darstellen, da Schwankungen von Börsenkursen bekanntlich multikausal sind. Zwar stellt die moderne Kapitalmarktforschung hier durchaus Berechnungsmethoden zur Verfügung, mit deren Hilfe sich die auf eine konkrete Fehlinformation zurückzuführenden Kursveränderungen zumindest näherungsweise bestimmen lassen. Es fragt sich aber, wie sich derartige, im Wesentlichen auf der Berechnung von Wahrscheinlichkeiten basierende Berechnungsmethoden mit den Anforderungen des deutschen Verfahrensrechts und hier insbesondere mit dem Regelbeweismaß des § 286 ZPO vereinbaren lassen.

Im Folgenden soll zunächst untersucht werden, welche Berechnungsmethoden die moderne Kapitalmarktforschung überhaupt zur Berechnung von Kursschwankungen zur Verfügung stellt. Im Anschluss daran soll dann die Vereinbarkeit dieser Berechnungsmethoden mit dem deutschen Verfahrensrecht untersucht werden. Im Mittelpunkt steht dabei die Frage nach etwaigen Beweiserleichterungen für den beweisbelasteten Anleger.

I. Berechnungsmethoden der modernen Kapitalmarktforschung für Kursschwankungen

Im Bereich der Berechnung Anlegerschäden aufgrund einer Fehlinformation des Kapitalmarktes besteht die Aufgabe der modernen Kapitalmarktforschung darin, aus den gesamten Kursverlusten, welche ein Anleger im Anschluss an eine konkrete Transaktion erlitten hat, diejenigen herauszufiltern, die nicht auf die konkrete Fehlinformation zurückzuführen sind. Pionierarbeit hat hier erneut – wie so häufig im Zusammenhang mit der Materie des Kapitalmarktes – die US-amerikanische Wissenschaft geleistet. Ausgangspunkt der Bemühungen zur Berechnung informationsbedingter Kursschwankungen war die bereits dargestellte Rechtsprechung US-amerikanischer Gerichte, wonach an der Börse geschädigte Anleger als Schadensersatz in der Regel nur die Differenz zwischen dem Transaktionspreis und dem hypothetischen Börsenkurs unter Hinwegdenken der Fehlinformation verlangen können (*out-of-pocket-damages*). Verstärkt wurde diese Beschränkung auf den Ersatz des „kleinen Differenzschadens“ noch durch die Leitentscheidung des *Supreme Courts* in der Sache *Basic v. Levinson*, in welcher das Gericht der *fraud-on-the-market*-Theorie zu ihrem Durchbruch verholfen hatte. Zwar befasste sich diese Entscheidung bekanntermaßen zunächst nur mit der einer konkreten Schadensberechnung vorgelagerten Frage, ob die Geltendmachung eines Schadensersatzanspruchs ein Vertrauen des Anlegers in die Fehlinformation (*reliance*) voraussetzt. Die Verneinung dieser Frage durch das Gericht hatte aber auch einen maßgeblichen Einfluss auf die Berechnung des Anlegerschadens. Wenn sich nämlich die Kausalität des Informationsverhaltens für den erlittenen Anlegerschaden in vielen Fällen nicht über ein Vertrauen des Anlegers sondern einzig über eine Transaktion zu von der Fehlinformation beeinflussten Kursen vermittelte, so durften jedenfalls in diesen Fällen solche Kursschwankungen keine Berücksichtigung finden, welche nicht auf die konkrete Fehlinformation zurückzuführen waren. Die Kapitalmarktforschung war also spätestens seit dieser Entscheidung berufen, Methoden zu einer Herausrechnung derartiger, auf andere Faktoren zurückzuführenden Kursschwankungen zu entwickeln und hat sich dieser Aufgabe auch angenommen.[539]

Ziel der wissenschaftlichen Bemühungen war es dabei, für jeden Tag der Desinformationsphase dem realen Kurs des Wertpapiers, zu welchem die Anleger ihre konkreten Transaktionen tätigen, den hypothetischen Kurs des Wertpapiers, wie er sich bei korrekter Information am gleichen Tag ergeben hätte, gegenüberstellen zu können. Zur Veranschaulichung der Differenz zwischen dem realen Börsenkurs und dem hypothetischen Börsenkurs bedient man sich dabei in Anlehnung an die häufig zitierte Anregung des Bundesrichters *Sneed* in der Entscheidung *Green v. Occidental Petroleum Corp.*[540] eines Chartmodells mit einer Preis- und einer Zeitachse, auf welchem der reale und der hypothetische Preis eines Wertpapiers während der Dauer der Informationsphase einander als Linien gegenübergestellt werden.[541]

Wie errechnet sich aber nun der hypothetische Preis eines Wertpapiers zu einem bestimmten Zeitpunkt? Mehrheitlich scheint sich hier die Auffassung durchgesetzt zu haben, dass sich der hypothetische Preis eines Wertpapiers zu einem bestimmten Zeitpunkt nicht durch eine von der Wertung des Marktes unabhängige Bewertung von Aktiva oder Ertragsaussichten des jeweiligen Emittenten bewerkstelligen lässt, sondern dass vielmehr der Preis zu ermitteln ist, der sich

[539] Vgl. nur die folgenden Zeitschriftenbeiträge und Anmerkungen, jeweils mit zahlreichen w.N.: Cornell/Morgan, 37 UCLA L.Rev. 883 (1990); Easterbrook/Fischel, 52 U Chi.L.Rev. 611 (1985); Note (Leas), 26 Stan.L.Rev. 371 (1974).

[540] Green v. Occidental Petroleum Corp., 541 F.2d 1335, 1341 (1976).

[541] Die Linie, welche den realen Preis des Wertpapiers verkörpert, wird dabei als *price line* bezeichnet, während sich für die zu errechnende Linie des hypothetischen Preises bei korrekter Information die Bezeichnung *value line* eingebürgert hat. Vgl. dazu auch Cornell/Morgan, a.a.O., S. 887 ff.

am Markt bei korrekter Information gebildet hätte.[542] Dem ist uneingeschränkt beizupflichten. Der Schaden des Anlegers, der auf einem fehlinformierten Markt Wertpapiertransaktionen tätigt besteht nicht aus der Differenz zwischen dem von ihm gezahlten oder erhaltenen Preis und einem wie auch immer ermittelten „wahren Wert" des fraglichen Wertpapiers zu diesem Zeitpunkt, sondern zwischen dem Transaktionspreis und dem Preis, zu dem er am Markt hätte erwerben oder veräußern können. Die Wertung des Marktes, welcher die Summe der Transaktionsentscheidungen aller Anleger zu einem bestimmten Zeitpunkt verkörpert, braucht dabei mit dem abstrakt – etwa durch Gutachter - errechenbaren „wahren" Wert des Wertpapiers nicht übereinzustimmen.

Als Grundlage für die Ermittlung des hypothetischen Marktpreises während der Desinformationsphase wird von der Kapitalmarktforschung auf die Kursentwicklung des gesamten Marktes oder vergleichbarer Branchen in dem fraglichen Zeitraum zurückgegriffen und eine entsprechende Kursentwicklung des fraglichen Wertpapiers unter Hinwegdenken der Fehlinformation und ihrer späteren Berichtigung unterstellt (sog. *capital asset pricing*-Methode).[543] Für die Ermittlung des hypothetischen Börsenkurses bedient man sich allgemein eines Chartmodells für den gesamten Desinformationszeitraum. Ausgangspunkt der Berechnung ist dabei das Ende der Desinformationsphase, also der Zeitpunkt, in welchem die Fehlinformation des Marktes berichtigt wird, da im unmittelbaren Anschluss an dieses Ereignis der reale und der hypothetische Preis des Wertpapiers als Folge der berichtigenden Kursreaktion des Marktes einander wieder entsprechen. Von diesem Zeitpunkt wird nunmehr der hypothetische Wert des fraglichen Wertpapiers von Handelstag zu Handelstag bis zu dem Zeitpunkt der ursprünglichen Fehlinformation (Beginn der Desinformationsphase) unter Zugrundelegung der Kursentwicklung vergleichbarer Markt- bzw. Branchenindizes im Rahmen eines Abzinsungsmodells zurückgerechnet. Innerhalb dieser Berechnungsmethode unterscheidet man allerdings zwei Varianten:[544]

Teilweise wird das vorstehend beschriebene Verfahren uneingeschränkt für jeden Handelstag während der Desinformationsphase angewandt (sog. *comparable index approach*)[545]. Diese Vorgehensweise birgt indes das Risiko, dass jede Kursschwankung des Wertpapiers, welche nicht parallel zum allgemeinen

---

[542] Vgl. Cornell/Morgan, a.a.O., S. 888 m.w.N.

[543] Vgl. Cornell/Morgan, a.a.O., S. 888 ff.; Note (Leas), a.a.O. S. 386 ff. jeweils mit anschaulichen Rechenbeispielen.

[544] Vgl. zu diesen Varianten eingehend: Cornell/Morgan, a.a.O., S. 897 ff. m.w.N. Teilweise wird nicht ausdrücklich zwischen den beiden Varianten unterschieden. Vielmehr werden die nachfolgend aufzuzeigenden Vorteile und Defizite der beiden Varianten als Teil einer einheitlichen Berechnungsmethode behandelt, vgl. Note (Leas), a.a.O., S. 386 ff.

[545] Begriff bei Cornell/Morgan, a.a.O. S. 897.

Marktgeschehen verläuft, der Fehlinformation und zugerechnet wird und damit zu einem potentiell höheren Schadensersatzanspruch des Anlegers führt.[546] Außer Betracht bleibt bei dieser Vorgehensweise somit die Möglichkeit, dass an bestimmten Handelstagen auch wertpapierspezifische Faktoren, welche aber gleichwohl nicht auf die Fehlinformation zurückzuführen sind, zu einem vom allgemeinen Marktgeschehen abweichenden Kursverlauf geführt haben können.

Diesem Problem versucht man teilweise dadurch zu begegnen, dass man im Rahmen der Rückrechnung des hypothetischen Preises nur für solche Handelstage auf vergleichbare Markt- bzw. Branchenindizes zurückgreift, an denen es zu berichtigenden Informationen im Hinblick auf die vorangehende Fehlinformation gekommen ist (*event study approach*).[547] Dabei kann es sich um einen einzigen Handelstag handeln, wenn die Desinformationsphase etwa durch den Emittenten selber im Rahmen einer berichtigenden Unternehmensmeldung beendet wird. Es sind aber auch Fälle denkbar, in denen die wahre Tatsachenlage erst über einen längeren Zeitraum hinweg nach und nach „durchsickert". Hier muss an allen Tagen, an denen es zu berichtigenden Informationen gekommen ist bzw. gekommen sein könnte, auf die entsprechenden Markt- bzw. Brachenindizes abgestellt werden. Jedoch stößt auch diese Berechnungsmethode an ihre Grenzen. Zwar vermeidet sie überhöhte Schadensersatzansprüche durch die Beschränkung der Heranziehung allgemeiner Marktindizes auf informationsrelevante Handelstage. Sie läuft aber wiederum das Risiko, die Tage, an denen es zu berichtigenden Informationen gekommen ist, nicht vollständig erfassen zu können und damit zu einem zu geringen Schadensersatzanspruch zu führen.[548] Gerade im Falle eines „Durchsickerns" von Informationen über einen längeren Zeitraum hinweg dürfte die Bestimmung der informationsrelevanten Handelstage geradezu unmöglich sein. Das aufgezeigte Risiko lässt sich indes minimieren, wenn im Umfeld von Handelstagen, an denen es nachweislich zu berichtigenden Informationen gekommen ist, ein entsprechend großes Zeitfenster gewählt wird, in welchem – quasi aus Sicherheitsgründen – auch auf die allgemeinen Marktindizes zurückgegriffen werden sollte.[549]

II. Beweiserleichterungen

Im Schadensersatzprozess gilt grundsätzlich die allgemeine Beweislastregel, dass jede Partei die ihr günstigen Tatsachen zu beweisen hat. Neben der Pflicht-

---

546 Cornell/Morgan, a.a.O., S. 903; Note (Leas), S. 394; daran angelehnt zum deutschen Recht nunmehr auch Fleischer, BB 2002, 1869 (1873).

547 Begriff bei Cornell/Morgan, a.a.O., S. 899.

548 Cornell/Morgan, a.a.O., S. 903 f.; Note (Leas), a.a.O., S. 393 f. Für das deutsche Recht: Fleischer, a.a.O.

549 Cornell/Morgan, Leas, Fleischer, jeweils a.a.O.

verletzung und dem Verschulden handelt es sich dabei insbesondere auch um die Kausalität der Pflicht- bzw. Rechtsverletzung für den erlittenen Schaden. Die vorstehenden Ausführungen haben gezeigt, dass die moderne Kapitalmarktforschung - vor allem in den USA - konkrete Berechnungsmodelle zur Verfügung stellt, anhand derer sich der Einfluss von Fehlinformationen auf die Kurse von Wertpapieren nachweisen lässt. Dabei ist jedoch auch deutlich geworden, dass sich der kausale Zusammenhang zwischen Fehlinformationen und Kursschwankungen nur bis zu einem gewissen Grad an Wahrscheinlichkeit nachweisen lässt. Nach dem Regelbeweismaß des § 286 ZPO ist jedoch für den Nachweis einer behaupteten Tatsache erforderlich, dass das zur Entscheidung berufene Gericht diese „für wahr erachtet". Zwar ist bis heute umstritten, ob sich die richterliche Überzeugung dabei auf die abstrakte Wahrheit der Tatsachenbehauptung als solche oder auf eine sehr hohe Wahrscheinlichkeit beziehen muss.[550] Während die Rechtsprechung zumindest in letzter Zeit wieder die Überzeugung des Richters von der Wahrheit verlangt,[551] sieht die wohl h.M. in der Literatur die richterliche Überzeugung von der Wahrheit nur als einen Grenzwert für das Vorliegen eines sehr hohen Grades an Wahrscheinlichkeit an.[552] Der Streit ist aber bei näherer Betrachtung wohl eher von theoretischer Bedeutung, da jenseits aller Begrifflichkeiten auch die Rechtsprechung keine absolute Gewissheit und keinen Ausschluss sämtlicher Restzweifel verlangt und sich die Überzeugung des Richters von der Wahrheit in der Praxis letztlich immer als Überzeugung von einem – wenn auch sehr hohen – Grad an Wahrscheinlichkeit darstellen wird.[553] Selbst unter Zugrundelegung eines so definierten Beweismaßes dürften die vorstehend dargestellten Methoden der Berechnung von fehlinformationsbedingten Kursschäden aber kaum geeignet sein, einen derart hohen Grad an Wahrscheinlichkeit zu vermitteln. Es stellt sich damit zwangsläufig die Frage nach Beweiserleichterungen zugunsten der geschädigten Anleger.

1. § 287 ZPO

Von zentraler Bedeutung für den Nachweis von Schäden im Prozess ist § 287 ZPO. Nach Abs. 1 S. 1 der Vorschrift ist das Gericht befugt, über die Frage, ob

---

550 Vgl. dazu Prütting: in Müko, ZPO, § 286, Rn. 32 ff. m.w.W.

551 Nach BGHZ, 53, 245 (255 ff.) –„Anastasia" darf sich der Richter allerdings bei der Ermittlung der Wahrheit mit einem für das praktische Leben brauchbaren Grad von Sicherheit begnügen, der Zweifeln Einhalt gebietet, ohne sie völlig auszuschließen.

552 Musielak, ZZP 99, 217 (219); Prütting, Gegenwartsprobleme, S. 73 ff; Rosenberg/Schwab/Gottwald, § 15, II, 2; a.A. Greger in: Zöller, § 286, Rn. 18 ff., der in strenger Auslegung von BGHZ 53, 245 –„Anastasia" weiterhin eine Überzeugung von der Wahrheit selbst fordert, und ein Abstellen auf, wenn auch noch so hohe, Wahrscheinlichkeiten ablehnt.

553 So auch Prütting in: MüKo, ZPO, § 286, Rn. 34; Rosenberg/Schwab/Gottwald, a.a.O.

ein Schaden entstanden ist und wie hoch sich der Schaden beläuft, nach freier Überzeugung unter Würdigung aller Umstände zu entscheiden. Nach h.M. enthält die Vorschrift für den Nachweis der Schadensentstehung eine Absenkung des Regelbeweismaßes auf die überwiegende Wahrscheinlichkeit.[554]

a) Anwendbarkeit des § 287 ZPO auf den Nachweis der Kausalität

Es fragt sich aber, auf welche Teile des Haftungstatbestands die Beweismaßreduzierung des § 287 ZPO Anwendung findet. Einigkeit herrscht in diesem Zusammenhang naturgemäß nur darüber, dass der konkrete Haftungsgrund jedenfalls nicht dem Bereich der Schadensentstehung zugerechnet werden kann und damit auch nicht in den Anwendungsbereich des § 287 ZPO fällt. Bis heute nicht vollständig geklärt ist dagegen die Einordnung der Kausalität in dieses System. Gerade in diesem Bereich begegnen jedoch die geschädigten Kapitalanleger den größten Beweisschwierigkeiten. Während es diesen nämlich im Regelfall noch gelingen dürfte, ihren im Rahmen des jeweiligen Investments erlittenen Gesamtkursverlust nach dem strengen Beweismaß des § 286 ZPO nachzuweisen, bereitet der Nachweis, dass die erlittenen Kursverluste gerade auf das fehlerhafte Informationsverhalten des Ersatzpflichtigen zurückzuführen sind, bekanntermaßen die größten Schwierigkeiten. Hier stehen oftmals nur die vorstehend dargestellten Berechnungsmodelle mit der ihnen anhaftenden Ungenauigkeit zur Verfügung. Der Frage, ob die Kausalität dem Anwendungsbereich des § 286 oder dem des § 287 ZPO unterfällt, kommt daher gerade im Bereich der Haftung für Fehlinformationen an der Börse eine gesteigerte Bedeutung zu.

aa) Meinungsstand

Zur Einordnung der Kausalität in das System der §§ 286, 287 ZPO werden teilweise Extrempositionen vertreten. So soll die Kausalität entweder vollständig dem Anwendungsbereich des § 287 ZPO,[555] nach andere Auffassung dagegen dem Anwendungsbereich des § 286 ZPO unterfallen.[556] Die weit überwiegende Meinung in Rechtsprechung und Literatur trennt dagegen zwischen haftungsbegründener und haftungsausfüllender Kausalität. Während erstere als Teil des Haftungsgrundes § 286 ZPO zugeordnet wird, soll für letztere bereits § 287 ZPO zur Anwendung kommen.[557]

---

554 BGH; NJW 1992, 2694 (2695); Prütting in: MüKo, § 287, Rn. 17.

555 Prölss, S. 53 ff.

556 Gottwald, S. 78 ff.

557 BGHZ 4, 192 (196); BGH, NJW 1983, 998 (999); 1993, 3073 (3076); Leipold in: Stein/Jonas, § 287, Rn. 14 f.; Prütting in: MüKo ZPO, § 287, Rn. 9 ff.

Als schwierig gestaltet sich indes die Abgrenzung zwischen diesen beiden Teilelementen der Kausalität. Unproblematisch ist diese Abgrenzung nämlich nur in den Fällen der Verletzung eines absoluten Rechts im Sinne des § 823 Abs. 1 BGB. Hier kann der ursächliche Zusammenhang zwischen der Pflichtverletzung und der Erstschädigung in Form der Verletzung des betroffenen Rechts klar der haftungsbegründenden Kausalität zugeordnet werden, während die daraus folgende, weitere Schadensentwicklung bereits der haftungsausfüllenden Kausalität unterfällt. Betrachtet man sich diesen Sonderfall allerdings näher, liegt die Vermutung nahe, dass sich die dogmatische Unterscheidung zwischen haftungsbegründender und haftungsausfüllender Kausalität ausschließlich an diesem Tatbestand orientiert. Dagegen lässt sich eine ähnlich klare Trennung für die Rechtsnormen, die eine Haftung für sogenannte „reine“ Vermögensschäden anordnen, kaum durchführen. Dies erscheint umso misslicher, als es sich dabei um die ganz überwiegende Mehrheit der Haftungstatbestände handelt, welcher nicht nur die weiteren deliktischen Tatbestände der §§ 823 Abs. 2, 839 BGB sondern vor allem der praktisch äußerst bedeutsame Bereich der vertraglichen und quasivertraglichen Haftung zuzuordnen ist. Teilweise wird daher in der Literatur im Rahmen der Abgrenzung zwischen haftungsbegründender und haftungsausfüllender Kausalität zwischen den verschiedenen Haftungstatbeständen differenziert. Während bei sogenannten Eingriffsdelikten, bei denen der Schaden Ausfluss der Verletzung eines konkreten Rechts bzw. Rechtsgutes ist, die Verletzung dieses Rechtsgutes einen Teil des Haftungsgrundes darstellen soll, wird bei den sogenannten Verhaltenstatbeständen, welche lediglich die Verletzung einer Rechtspflicht sanktionieren, nur die Pflichtverletzung selbst dem Haftungsgrund zugeordnet.[558] Folgt man dieser Auffassung, würde bei letzteren Tatbeständen der gesamte Ursachenzusammenhang zwischen Pflichtverletzung und Schaden der haftungsausfüllenden Kausalität und damit dem Anwendungsbereich des § 287 ZPO zugeordnet. Eine haftungsbegründende Kausalität gäbe bei diesen Tatbeständen dagegen nicht.

Die Rechtsprechung und die überwiegende Literatur halten dagegen – unabhängig von einer Qualifizierung des jeweils zur Anwendung kommenden Haftungstatbestandes als Eingriffs- oder Verhaltenstatbestand - an der Trennung zwischen haftungsbegründender und haftungsausfüllender Kausalität fest. Als Abgrenzungsmerkmal zwischen diesen beiden Teilelementen der Kausalität stellen die Rechtsprechung und ihr folgend die Literatur bei Tatbeständen, die anders als § 823 Abs. 1 BGB keine Verletzung eines absoluten Rechts voraussetzen, auf das sogenannte „erste Betroffensein“ des Geschädigten ab.[559] Der Ursachenzusammenhang zwischen der Pflichtverletzung und diesem „ersten Betroffen-

[558] Arens, ZZP 88 (1975), 1, 20 ff.

[559] BGHZ 4, 192 (196), 58, 48 (55 f.); BGH, DB 59, 170; Leipold in: Stein/Jonas, § 287, Rn. 15; Prütting in MüKo ZPO, § 287, Rn. 10 f.

sein" des Geschädigten wird der der haftungsbegründenden Kausalität zugeordnet, die weitere Schadensentwicklung dagegen der haftungsausfüllenden Kausalität. Allerdings ist es weder der Rechtsprechung noch der Literatur bisher gelungen, dem Abgrenzungsmerkmal des „ersten Betroffenseins" irgendwelche festen Konturen zu verleihen. Vielmehr haben die Gerichte im Rahmen der konkreten Anwendung dieses Kriteriums in vielen Fällen bereits eine reine Schädigungsgefahr oder sogar die Pflichtverletzung selbst als „erstes Betroffensein" gewertet, wodurch dieses als Abgrenzungskriterium de facto entwertet wurde.[560]

bb) Stellungnahme

Die Lösungsansätze in Rechtsprechung und Literatur offenbaren die Schwierigkeiten, welche mit der Aufteilung eines einheitlichen Kausalverlaufes in zwei Teilelemente außerhalb des Anwendungsbereichs von § 823 Abs. 1 BGB zwangsläufig einhergehen müssen, da es hier an dem für die Abgrenzung dieser beiden Teilelemente erforderlichen Zwischenglied in Form der Verletzung eines absoluten Rechts fehlt. Trotz dieser Schwierigkeiten ist aber die Auffassung in der Literatur abzulehnen, die das Problem über eine Einteilung der in Frage kommenden Haftungstatbestände in Eingriffs- und Haftungstatbestände lösen möchte und bei letzteren die Existenz einer haftungsbegründenden Kausalität vollständig leugnet. Zwar ist dieser Auffassung die Erkenntnis zugute zu halten, dass die Frage, welche Elemente einer konkreten Haftungsnorm dem Haftungsgrund und welche der Rechtsfolge zuzuordnen sind, nur anhand des Schutzzwecks der jeweiligen Haftungsnorm ermittelt werden kann. Dies darf aber nicht anhand einer pauschalen Einteilung in zwei Arten von Haftungstatbeständen geschehen. Vielmehr dienen auch viele Verhaltenspflichten dem Schutz einer Rechtsposition des Geschädigten, nur dass diese anders als bei § 823 Abs. 1 BGB nicht universell, sondern lediglich vor einer bestimmten Art von Beeinträchtigungen geschützt ist. Auf der Hand liegt dies etwa bei vielen der im Rahmen des § 823 Abs. 2 BGB in Frage kommenden Schutzgesetze, welche oftmals die gleichen absoluten Rechte des Geschädigten schützen, die bereits in § 823 Abs. 1 BGB in Bezug genommen sind (vgl. etwa §§ 239, 242, 230 StGB). Dasselbe gilt auch für solche Nebenpflichten, die nach altem Recht dem Anwendungsbereich der pVV zuzuordnen waren und heute in § 280 Abs. 1 BGB universell als Pflichtverletzung mitgeregelt sind. Selbst wenn aber eine Verhaltenspflicht nicht dem Schutz eines der in § 823 Abs. 1 BGB aufgezählten absoluten Rechte dient, hat sie doch zumeist den Schutz einer ähnlich gearteten Rechtsposition zum Ziel. So ist zwar unbestritten, dass § 823 Abs. 1 BGB selbst nicht dem Schutz der allgemeinen Handlungsfreiheit dient. Andererseits wird diese in Form des wirtschaftlichen Selbstbestimmungsrechts gerade durch § 823 Abs. 2

---

[560] Vgl. BGHZ 58, 48 (55 f.); BGH, DB 59, 170. Vgl. auch die Kritik an dieser inkonsequenten Rechtsprechung bei Arens, ZZP, 88 (1975), 1, 20 ff. mit weiteren Beispielen.

BGB i.V.m. § 263 StGB bzw. durch die Vorschriften über die Vertrauenshaftung (insbesondere in Form des ehemaligen Rechtsinstituts der c.i.c., heute geregelt in § 280 BGB) geschützt. Ziel im Sinne einer Abgrenzung zwischen haftungsbegründender und haftungsausfüllender Kausalität muss es daher sein, im Rahmen der im konkreten Fall zur Anwendung kommenden Normen die Rechtsposition herauszuarbeiten, deren Schutz die jeweilige Norm zu dienen bestimmt ist. In diesem Zusammenhang gebührt der Rechtsprechung der Verdienst, mit dem Merkmal des „ersten Betroffenseins“ eine von § 823 Abs. 1 BGB losgelöste Definition dieser Rechtsposition entwickelt zu haben. Kritikwürdig ist aber die Inkonsequenz, welche die Rechtsprechung bei der Anwendung des von ihr selbst entwickelten Abgrenzungskriteriums im konkreten Einzelfall an den Tag legt. Das teilweise Abstellen auf die Schädigungsgefahr bzw. auf die Pflichtwidrigkeit selbst bedeutet in diesem Zusammenhang nichts anderes als eine – verfrühte – Kapitulation der Rechtsprechung vor einer schwierigen aber bei weitem nicht unlösbaren Aufgabe. Bis auf ganz wenige Spezialfälle lässt sich nämlich nahezu allen in Betracht kommenden Haftungstatbeständen durch Auslegung die von diesen geschützte Rechtsposition des Geschädigten entnehmen, welche dann als Abgrenzungskriterium zwischen haftungsbegründender und haftungsausfüllender Kausalität herangezogen werden kann.

b) Folgerungen für die Haftung wegen Verstößen gegen die Ad-hoc-Publizität

Auch für die Haftung wegen Verstößen gegen die Ad-hoc-Publizität stellt sich im Hinblick auf die Anwendbarkeit des § 287 ZPO die Frage, welche Teile der Kausalität der haftungsbegründenden, und welche der haftungsausfüllenden Kausalität zuzuordnen sind. Einen Fingerzeig scheint hier die h.M. zu dieser Abgrenzungsfrage im Rahmen der Prospekthaftung zu geben, wonach die Ursächlichkeit des falschen Prospekts für die Anlageentscheidung der haftungsbegründenden Kausalität, der daraus konkret entstehende Kursschaden dagegen der haftungsausfüllenden Kausalität zugeordnet werden soll.[561] Gleichwohl ist diese Rechtsprechung bei näherer Betrachtung nicht auf die Haftung wegen Verstößen gegen die Ad-hoc-Publizität übertragbar. Geschützte Rechtsposition bei der Prospekthaftung ist die Beeinträchtigung des wirtschaftlichen Selbstbestimmungsrechts des geschädigten Anlegers. Dies ergibt sich schon allein daraus, dass Rechtsprechung und Literatur im Rahmen des § 46 Abs. 2 Nr. 1 BörsG auch heute noch fordern, dass der geschädigte Anleger auf die Richtigkeit des Prospekts vertraut haben muss.[562] Allein die Beweislast soll in diesem Zusammenhang auf den Emittenten verlagert sein. Wie bereits an anderer Stelle dargelegt, besteht ein solches Verrauenserfordernis im Rahmen der Haftung für Ver-

---

[561] Vgl. BGH, WM 1991, 1543 (1545); Hamann in: Schäfer, §§ 45, 46 BörsG n.F., Rn. 29.

[562] Siehe dazu vorstehend unter: Siebter Teil, A. II. 3. b) bb).

stöße gegen die Ad-hoc-Publizität aber gerade nicht.[563] Der Anleger wird hier nicht vor einer Beeinträchtigung seines wirtschaftlichen Selbstbestimmungsrechts geschützt, sondern vielmehr vor Wertpapiertransaktionen auf einem von Fehlinformationen beeinflussten Markt. Auf die eigenen Vorstellungen des Anlegers über die Ertragsaussichten des von ihm erworbenen oder veräußerten Wertpapiers kommt es dabei nicht an. Damit steht aber auch fest, dass im Rahmen der Haftung für Verstöße gegen die Ad-hoc-Publizität nicht auf das Anlegervertrauen als Abgrenzungskriterium zwischen haftungsbegründender und haftungsausfüllender Kausalität im Sinne eines „ersten Betroffenseins" abgestellt werden kann.

Die Feststellung, dass im Rahmen der Haftung für fehlerhafte Ad-hoc-Meldungen anders als bei der Prospekthaftung nicht auf das Anlegervertrauen als „erstes Betroffensein" abgestellt werden kann, darf aber im Gegenzug auch nicht dazu verleiten, nunmehr, ähnlich wie dies die Rechtsprechung wiederholt getan hat, das „erste Betroffensein" auf die Pflichtverletzung, hier also den Verstoß gegen § 15 Abs. 1 WpHG, vorzuverlagern. Bei näherer Betrachtung lässt sich nämlich auch hier im Rahmen des auf den ersten Blick einheitlich anmutenden Kausalverlaufs ein erstes Teilelement ausmachen, welches – wenn auch nicht in zeitlicher so doch in logischer Hinsicht – von dem konkret erlittenen Kursschaden zu trennen ist. Wie bereits mehrfach hervorgehoben, ist Haftungsgrund der §§ 37 b, c WpHG bzw. der einer Haftung aus § 826 BGB zugrunde liegenden Sittenpflicht, der Schutz der Anleger vor Wertpapiertransaktionen zu Börsenkursen, welche durch den Verstoß gegen die Ad-hoc-Publizitätspflicht beeinflusst sind. Dieser Haftungsgrund ist aber bereits dann verwirklicht, wenn der Anleger nachweisen kann, dass der Börsenkurs des von ihm erworbenen oder veräußerten Wertpapiers zum Zeitpunkt der Transaktion durch das fehlerhafte Informationsverhalten des Ersatzpflichtigen irgendwie beeinflusst war, ohne dass es in diesem Zusammenhang bereits auf die konkrete Höhe der Kursbeeinflussung ankommt. Mithin ist auch nur der Nachweis einer irgendwie gearteten Kursbeeinflussung dem Bereich der haftungsbegründenden Kausalität und damit dem Anwendungsbereich des § 286 ZPO zuzuordnen, während der sich daraus ergebende konkrete Kursschaden bereits der haftungsausfüllenden Kausalität und damit auch dem Anwendungsbereich des § 287 ZPO unterfällt.

Die soeben entwickelte Lösung lässt sich nicht nur überzeugend aus dem Schutzzweck der für eine Haftung wegen Verstößen gegen die Ad-hoc-Publizität in Betracht kommenden Haftungsnormen herleiten, sie trägt vielmehr auch den prozessualen Bedürfnissen des geschädigten Anlegers nach Beweiserleichterungen in ausreichendem Maße Rechnung, ohne den Ersatzpflichtigen unverhältnismäßig zu belasten. So dürfte es dem Anleger in der Regel gelingen,

---

[563] Siehe dazu vorstehend unter: Siebter Teil, A. II. 3. b) cc).

mit Hilfe der modernen Kapitalmarktforschung den im Rahmen der haftungsbegründenden Kausalität erforderlichen Nachweis zu erbringen, dass das fehlerhafte Informationsverhalten des Ersatzpflichtigen den Börsenkurs des von ihm erworbenen oder veräußerten Wertpapiers in irgendeiner Weise beeinflusst hat. Trotz der zur Verfügung stehenden Berechnungsmethoden wird sich eine solche Aussage in den meisten Fällen mit der nach dem Regelbeweismaß des § 286 ZPO erforderlichen sehr hohen Wahrscheinlichkeit nachweisen lassen. An ihre Grenzen stoßen diese Berechnungsmethoden nämlich erst dann, wenn es um das konkrete Ausmaß der Kursbeeinflussung geht. Hier wirken sich die Ungenauigkeiten bei der Wahl der verschiedenen Ansatzpunkte aus, können kleine Verschiebungen bei der Wahl des richtigen Zeitfensters für die Berücksichtigung von Vergleichsindizes einen großen Einfluss auf die zu ermittelnde Kursbeeinflussung haben. Ein Nachweis nach dem Regelbeweismaß des § 286 ZPO wäre für die Anleger kaum zu erbringen. Gerade in diesem Bereich kommt dem Anleger aber durch die Zuordnung der konkreten Kursbeeinflussung zur haftungsausfüllenden Kausalität nach der hier vertretenen Auffassung das abgesenkte Beweismaß des § 287 Abs. 1 ZPO zugute, welches dem Richter ermöglicht, sich auch mit einer überwiegenden Wahrscheinlichkeit zufriedenzugeben. Die konkrete Höhe der Kursbeeinflussung und damit der durch den Anleger konkret erlittene Kursschaden lassen sich damit durch Einholung eines Sachverständigengutachtens nachweisen.

2. Beweislastumkehr?

Auch im Anwendungsbereich des § 287 ZPO kann es vorkommen, dass sich ein Anlegerschaden ganz oder teilweise auch durch ein Sachverständigengutachten nicht mit der erforderlichen überwiegenden Wahrscheinlichkeit nachweisen lässt. Kommt es in diesen Fällen zu einem *non liquet*, stellt sich die Frage, ob nicht der Ersatzpflichtige eher dazu berufen sein könnte, die Folgen der Unaufklärbarkeit des genauen Kausalverlaufs zu tragen, als der geschädigte Anleger.

a) Die Auffassung von Fleischer

Fleischer möchte dieser Erwägung durch eine Beweislastumkehr zugunsten des geschädigten Anlegers Rechnung tragen.[564] Dieser soll danach grundsätzlich den Ersatz der vollen Wertdifferenz zwischen dem Transaktionspreis und dem Preis des Wertpapiers nach dem Bekanntwerden der Fehlinformation des Marktes geltend machen können („großer Differenzschaden“). Dem Ersatzpflichtigen soll dagegen der Nachweis obliegen, dass der Kursverlust bzw. ein Teil desselben nicht auf das fehlerhafte Informationsverhalten zurückzuführen sind. Begründet wird diese Beweislastumkehr mit der Regelung des § 45 Abs. 2 Nr. 2 BörsG, der

[564] Fleischer, BB 2002, 1869 (1873).

für die börsenrechtliche Prospekthaftung eine ähnliche Beweislastumkehr vorsieht, sowie mit entprechenden Regelungsvorbildern im US-amerikanischen Kapitalmarktrecht.

b) Stellungnahme

Die Auffassung von Fleischer vermag nicht zu überzeugen. Wie die nachfolgende Untersuchung zeigen wird, kommt eine Beweislastumkehr weder in analoger Anwendung des § 45 Abs. 2 Nr. 2 BörsG noch unter sonstigen prozessualen Erwägungen in Betracht.

aa) Analoge Anwendung des § 45 Abs. 2 Nr. 2 BörsG

Die Herleitung einer Beweislastumkehr aus § 45 Abs. 2 Nr. BörsG erscheint aufgrund der sachlichen Nähe dieser Regelung zur Haftung wegen Verstößen gegen die Ad-hoc-Publizität auf den ersten Blick naheliegend. Erscheint es doch kaum vertretbar, die Haftung für Verstöße gegen kapitalmarktrechtliche Informationspflichten auf dem Sekundärmarkt anders zu behandeln als auf dem Primärmarkt. Für letzteren hat der Gesetzgeber mit § 45 Abs. 2 Nr. 2 BörsG aber in der Tat im Hinblick auf die Beweislast eine eindeutige Regelung getroffen, welche in Anlehnung an den allgemeinen Grundsatz einer Beweislastverteilung nach Gefahrenbereichen der Erwägung geschuldet ist, dass die Emittenten von Wertpapieren am ehesten über die Informationen verfügen sollen, die eine zutreffende Berechnung des Preises der Wertpapiere ermöglichen.[565] Zwar darf letztere Annahme durchaus bezweifelt werden. Es ist nämlich nicht einzusehen, warum ausgerechnet der Emittent bzw. der sonstige Ersatzpflichtige im Hinblick auf die Entwicklung von Börsenkursen über weitergehende Erkenntnisse verfügen sollte als etwa der geschädigte Anleger.[566] Vielmehr wird eine solche Sichtweise schon durch die Tatsache ad absurdum geführt, dass für den Nachweis des Einflusses von Informationen auf den Kurs eines Wertpapiers regelmäßig ein Sachverständigengutachten erforderlich sein wird. Gleichwohl ist aber zu akzeptieren, dass der Regelung des § 45 Abs. 2 Nr. 2 BörsG diese für falsch befundene gesetzgeberische Annahme zugrunde liegt.

Eine analoge Anwendung des § 45 Abs. 2 Nr. 2 BörsG kommt aber aus einem ganz anderen Grund nicht in Betracht. Voraussetzung für eine Analogie ist nämlich das Vorliegen einer Gesetzeslücke. Eine solche Lücke des Gesetzes liegt dabei nicht schon dann vor, wenn das Gesetz für eine bestimmte Fallgestaltung keine Regelung enthält, sondern sie ist vielmehr nur bei einer „planwidrigen“ Unvollständigkeit des Gesetzes gegeben. Im Hinblick auf die für eine Haftung

---

565 BR-Drucks. 605 / 97, S. 80

566 So zu Recht auch Rützel, AG 2003, 69 (77).

wegen Verstößen gegen die Ad-hoc-Publizität in Betracht kommenden Haftungstatbestände bedeutet dies, dass aus dem Fehlen einer § 45 Abs. 2 Nr. 2 BörsG vergleichbaren Regelung nicht ohne weiteres darauf geschlossen werden darf, der Gesetzgeber habe das dieser Regelung zugrundeliegende Beweisproblem bei jener Fallgestaltung irrtümlicherweise übersehen.

Im Anwendungsbereich der §§ 37 b, c WpHG spricht gegen diese Annahme schon die Tatsache, dass dem Gesetzgeber bei der Ausgestaltung dieser Vorschriften die ausdrückliche Beweislastregel des § 45 Abs. 2 Nr. 2 BörsG bekannt war. Hatte er diese doch erst kurz zuvor im Rahmen des Dritten Finanzmarktförderungsgesetzes neu in das Börsengesetz eingefügt. Von einer „planwidrigen Unvollständigkeit" kann daher keine Rede sein. Vielmehr liegt – im Gegenteil - die Vermutung nahe, dass der Gesetzgeber die Beweislastumkehr des § 45 Abs. 2 Nr. 2 BörsG für die neu zu regelnde Haftung wegen Verstößen gegen die Ad-hoc-Publizität bewusst nicht übernehmen wollte. Dafür sprechen auch wegen der für die Ersatzpflichtigen im Rahmen der beiden Haftungsregime bestehenden unterschiedlichen Risiken gute Gründe.[567] So beschränkt sich die Haftung des Emittenten im Rahmen der börsenrechtlichen Prospekthaftung auf den Ausgabepreis der Wertpapiere. Zudem besteht für den Emittenten nach wie vor die Möglichkeit, seine Haftung durch besondere Kennzeichnung auf die im Zusammenhang mit dem Börsenprospekt zugelassenen Wertpapiere zu beschränken. Schließlich ist die Veröffentlichung von Ad-hoc-Meldungen, welche schon nach dem Gesetz „unverzüglich" zu erfolgen hat, für den Ersatzpflichtigen mit ungleich höheren Risiken verbunden, als die Veröffentlichung eines Prospekts, für dessen Erstellung dem Emittenten ausreichend Zeit und die Unterstützung fachkundiger Emissionshelfer zur Verfügung stehen. Im Rahmen der §§ 37 b, c WpHG kommt damit eine analoge Anwendung der Beweislastregel des § 45 Abs. 2 Nr. 2 BörsG nicht in Betracht.

Auch soweit die Haftung wegen Verstößen gegen die Ad-hoc-Publizität aus § 826 BGB hergeleitet wird, kommt eine analoge Anwendung der Beweislastregel des § 45 Abs. 2 Nr. 2 BörsG nicht in Betracht. Dies ergibt sich schlicht daraus, dass für diesen speziellen Anwendungsbereich der Generalklausel des § 826 BGB die Vorschriften der §§ 37 b, c WpHG eine viel größere Sachnähe aufweisen als § 45 Abs. 2 Nr. 2 BörsG, da sie die Haftung wegen Verstößen gegen die Ad-hoc-Publizitätspflicht unmittelbar regeln. §§ 37 b, c WpHG sehen aber gerade keine Beweislastumkehr vor.

---

567 Vgl. zu diesen Risiken auch die vorstehenden Ausführungen unter: Siebter Teil, B. III. 2. b) aa) (1) (c).

bb) Beweislastverteilung nach Gefahrenbereichen

Auch aus dem allgemeinen Prinzip einer Beweislastverteilung nach Gefahrenbereichen[568] lässt sich eine Beweislastumkehr im vorliegenden Fall nicht herleiten. Zwar folgt die Rechtsprechung seit jeher im Rahmen der vertraglichen Haftung dem aus §§ 282, 285 BGB a.F. hergeleiteten Grundsatz, nach dem der Ersatzpflichtige entgegen der allgemeinen Beweislastverteilung die Beweislast für das Fehlen bestimmter Elemente des Haftungstatbestandes zu tragen hat, wenn sich die streitigen Vorgänge in seinen Gefahren- bzw. Verantwortungsbereich zugetragen haben.[569] Gegen eine aus diesem Prinzip hergeleitete Beweislastumkehr für die Kausalität im Rahmen der Haftung wegen Verstößen gegen die Ad-hoc-Publizität spricht aber, dass die Rechtsprechung eine Beweislastumkehr nach Gefahrenbereichen beinahe ausschließlich für den Nachweis des Verschuldens angenommen hat, für welchen eine derartige Beweislastumkehr nunmehr ohnehin in § 280 Abs. 1 S. 2 BGB umfassend geregelt ist. Nur ganz ausnahmsweise und in besonderen Fallkonstellationen soll eine Beweislastumkehr auch für den Nachweis der Pflichtverletzung selbst oder den Nachweis des Kausalzusammenhangs zwischen einer (nachgewiesenen) Pflichtverletzung und dem Schaden des Ersatzberechtigten in Betracht kommen.[570] Eine solche besondere Fallkonstellation ist aber im Zusammenhang mit der Haftung wegen Verstößen gegen die Ad-hoc-Publizität nicht ersichtlich.

In der Literatur ist eine Beweislastverteilung nach Gefahrenbereichen im Wege der Rechtsfortbildung ohnehin sehr umstritten. Während *Prölss* in der Beweislastverteilung nach Gefahrenbereichen ein „allgemeines rechtsethisches Prinzip und Gebot der Gerechtigkeit" sieht,[571] wird die Existenz eines solchen allgemeinen Rechtsprinzips von der heute h.L. abgelehnt.[572] Zur Begründung wird zum Einen geltend gemacht, dass sich die Beurteilung der Beweislast nach einem einzigen Prinzip schon wegen der Starrheit eines solchen Systems verbiete.[573]

[568] Vgl. zu diesem Prinzip die ausführliche Darstellung bei Prütting, S. 213 ff.

[569] RGZ 148, 148 (159); BGHZ 3, 162 (174); 64, 46 (51); 66, 51 (53).

[570] Hervorzuheben ist in diesem Zusammenhang die Rechtsprechung zur Haftung wegen ärztlicher Behandlungsfehler, wonach der Arzt im Falle eines nachgewiesenen groben Behandlungsfehlers, der geeignet ist, einen Schaden der eingetretenen Art herbeizuführen, die fehlende Ursächlichkeit des Behandlungsfehlers für diesen Schaden beweisen muss. Vgl. BGHZ 72, 132 (133 f.); NJW 1983, 2080 (2081 f.). Richtigerweise dürfte es sich hierbei allerdings eher um einen Anscheinsbeweis handeln.

[571] Prölss, S. 74 ff.

[572] Leipold in: Stein/Jonas, § 286, Rn. 50; Musielak, AcP 176, 465 (473 ff.) ; Prütting, S. 217 ff., ders. in MüKo, § 286, Rn. 119; Rosenberg/Schwab/Gottwald, § 117, II. 5. a); Stoll, FS v. Hippel, S. 517 (556 f.).

[573] Prütting, S. 227 ff.; Stoll, a.a.O., der insbesondere für das Deliktsrecht eine differenzierende Betrachtung fordert.

Auch wird die Leistungsfähigkeit einer solchen Beweisregel in Frage gestellt, soweit diese über eine schlichte Analogie zu bestehenden Beweislastnormen – wie etwa §§ 282, 285 BGB a.F. – hinausgeht. [574]Darüber hinaus wird die Abgrenzung räumlich-gegenständlicherVerantwortungsbereiche angesichts der Konturenlosigkeit des Begriffs „Gefahrenbereich" für undurchführbar gehalten.[575] Schließlich soll eine Aufteilung der Beweislast nach Gefahrenbereichen auch deshalb nicht in Betracht kommen, weil dadurch die rechtssatzmäßige Bindung zu sehr aufgegeben würde.[576] Vor allem aus letzterer Erwägung heraus wird eine Beweislastumkehr daher allenfalls im Rahmen einer Anknüpfung an konkrete Beweislastnormen im Wege der Analogie für möglich gehalten.[577] Als Anknüpfungspunkt für eine Analogie hinsichtlich des Kausalitätsnachweises kommt im Bereich der Haftung für Fehlinformationen des Kapitalmarktes allenfalls § 45 Abs. 2 Nr. BörsG in Betracht. Eine analoge Anwendung dieser Vorschrift auf die Haftung für Verstöße gegen die Ad-hoc-Publizitätspflicht gemäß § 15 WpHG scheitert aber aus den im letzten Abschnitt dieser Arbeit genannten Gründen.

---

[574] Musielak, AcP 176 (1976), 465 (473 f.), der eine Beweislastverteilung nach Gefahrenbereichen im Übrigen speziell für den Nachweis der Kausalität für ungeeignet hält, da die Anwendung eines solchen Verfahrensprinzips zunächst die Antwort auf die vorgelagerte Frage voraussetze, ob die Schadensursache im Gefahrenkreis des Gläubigers oder des Schuldners zu suchen sei (S. 478).

[575] Prütting, S. 217 ff.; Rosenberg/Schwab/Gottwald, a.a.O.

[576] Leipold in: Stein/Jonas, § 286, Rn. 50.

[577] Leipold, a.a.O.; Rosenberg/Schwab/Gottwald, a.a.O. Nach Prütting, S. 220, sollen sich unter Zugrundelegung der Gefahrenbereichslehre ohnehin keine anderen Ergebnisse erzielen lasen, als durch eine fallbezogene Analogie zu §§ 282, 285 BGB a.F. Dieser Auffassung kann indes nur mit Einschränkungen zugestimmt werden. Richtig ist zweifellos, dass in den meisten Fällen, in welchen die Rechtsprechung eine Beweislastumkehr im Bereich der vertraglichen Haftung mit dem Gefahrenbereichsgedanken begründet hat, ebenso eine Analogie zu §§ 282, 285 BGB a.F. in Betracht gekommen wäre. Dies gilt aber nicht für alle in Betracht kommenden Fallkonstellationen. So setzt eine Analogie stets das Vorhandensein einer planwidrigen Lücke voraus. Eine solche Lücke ließ sich für den gesetzlich bisher nicht geregelten Bereich des Verschuldensnachweises im Rahmen der pVV wohl noch ausmachen. Schon für den Nachweis der Kausalität dürfte ein Rückgriff auf §§ 282, 285 BGB a.F. (bzw. § 280 Abs. 1 S. 2 BGB n.F.) aber nicht mehr in Betracht kommen. Dies muss erst recht für den gesamten Bereich der außervertraglichen Haftung gelten. Wenn aber die Grenzen einer möglichen Analogie erreicht sind, kommt der Frage nach einer Beweislastumkehr unter Zugrundelegung allgemeiner Prinzipien sehr wohl eine eigenständige Bedeutung zu.

Achter Teil: Kollektive Anspruchsdurchsetzung

A. Bedürfnis für eine kollektive Durchsetzung von Anlegeransprüchen

Im Zusammenhang mit der Haftung wegen Fehlinformationen des Kapitalmarkts nach US-amerikanischen Recht war bereits darauf hingewiesen worden, welch hohe Bedeutung einer kollektiven Durchsetzung von Schadensersatzansprüchen in diesem Bereich zukommt. Dies gilt aber gleichermaßen für das deutsche Kapitalmarktrecht. Zum einen gibt es auch in Deutschland zahlreiche Gründe, die schon ganz allgemein eine kollektive Anspruchsdurchsetzung als vorteilhaft erscheinen lassen. Zum anderen eignen sich die nach deutschem Recht für eine Haftung wegen falscher oder unterlassener Ad-hoc-Meldungen in Betracht kommenden materiellrechtlichen Anspruchsgrundlagen in besonderer Weise für eine kollektive Anspruchsdurchsetzung.

I. Allgemeine Vorteile einer kollektiven Anspruchsdurchsetzung

Für eine kollektive Anspruchsdurchsetzung lassen sich im Wesentlichen drei allgemeine Gründe anführen, die zum Teil miteinander verknüpft sind. Zunächst wird sich eine individuelle Durchsetzung der Ansprüche für die einzelnen geschädigten Anleger auch in Deutschland wegen der insbesondere im Zusammenhang mit einer aufwendigen Beweiserhebung anfallenden Prozesskosten oftmals als ein unwirtschaftliches Unterfangen darstellen. Es droht das Phänomen der rationalen Apathie, d.h. viele Ansprüche werden gar nicht erst geltend gemacht.[578] Von dieser Situation profitiert in erster Linie der Schädiger, bei dem es sich zumeist um ein übermächtiges Wirtschaftsunternehmen handeln wird, dem der einzelne Geschädigte oftmals mangels Artikulationsfähigkeit und geübtem Umgang mit an sich zur Verfügung stehenden prozessualen Rechtsinstituten machtlos gegenübersteht.[579] Eine kollektive Anspruchsdurchsetzung und der damit verbundene Rationalisierungseffekt ermöglichen es dagegen den Geschädigten, durch Beauftragung hochspezialisierter Anwälte ein Kräftegleichgewicht gegenüber den Schädigern herzustellen.[580] Die kollektive Anspruchsdurchsetzung dient damit zunächst den Interessen des Einzelnen an der effektiven

---

578 Vgl. dazu schon vorstehend unter: Vierter Teil, C. II.

579 Kötz in: Homburger/Kötz, S. 69 (70 f.); ähnlich: Koch, JZ 1998, 801 (807), der dieses Phänomen aber im Zusammenhang mit der Schadensabwicklung von sogenannten Großschäden (Massenkarambolagen etc.) untersucht. Der Lösungsvorschlag von Koch bewegt sich im Rahmen der in Deutschland im Hinblick auf derartige Schadensereignisse üblichen außergerichtlichen Schadensabwicklung. Nach Auffassung von Koch sollen die Rechte der Geschädigten bei dieser Form der Abwicklung zur Herstellung eines Verhandlungsgleichgewichts mit den Schädigern durch einen besonderen Treuhänder gewahrt werden, dessen Funktion mit der eines Insolvenzverwalters vergleichbar ist.

580 Hess, AG 2003, 113 (114).

Durchsetzung seiner Rechte und ermöglicht diesem damit oft erst den Zugang zum Recht.[581]

Die Funktion einer kollektiven Anspruchsdurchsetzung erschöpft sich aber nicht in der Gewährleistung eines effektiven Rechtsschutzes für den Einzelnen. Vielmehr ist es vor dem Hintergrund der auch für das deutsche Recht im Grundsatz anzuerkennenden präventiven Funktion von Schadensersatzansprüchen wünschenswert, dass ein möglichst großer Teil der bestehenden Ansprüche auch tatsächlich gerichtlich geltend gemacht wird.[582]

Schließlich könnte eine kollektive Anspruchsdurchsetzung von Anlegeransprüchen auch zu einer Entlastung der Justiz beitragen, indem weniger Spruchkörper mit der juristischen Aufarbeitung der juristischen Folgen einheitlicher Schadensereignisse befasst werden müssten.[583]

II. Besondere Eignung der für eine Haftung wegen falscher oder unterlassener Ad-hoc-Meldungen in Betracht kommenden materiellen Anspruchsgrundlagen

Neben diese allgemeinen Vorteile einer kollektiven Anspruchsdurchsetzung tritt im Zusammenhang mit der Haftung für falsche oder unterlassene Ad-hoc-Meldungen nach deutschem Recht aber noch ein weiterer Aspekt, der eine kollektive Anspruchsdurchsetzung gerade in diesem Bereich als besonders wünschenswert erscheinen lässt. Der Effizienzvorteil einer kollektiven Anspruchsdurchsetzung kann nämlich nur in dem Ausmaß zur Geltung kommen, in dem das einer Haftung zugrunde liegende Recht an Tatsachen anknüpft, die für den gesamten Kreis der Geschädigten einheitlich zu ermitteln sind.[584] Diese Erwägung liegt auch Rule 23 (b) (3) für die US-amerikanische Gruppenklage (*class action)* zugrunde, wonach eine Zulassung des Rechtsstreits als *class action* nur dann in Betracht kommt, wenn die für alle Gruppenmitglieder gemeinsam zu klärenden Fragen gegenüber den für die einzelnen Gruppenmitgliedern besonders zu klärenden Fragen überwiegen.[585]

---

[581] Eichholtz, S. 1 f.; Hess, AG 2003, 113 (114). Der Zugang des Einzelnen zum Recht (access to justice) ist ein international anerkanntes Ziel des Prozessrechts, vgl. dazu Cappelletti, RabelsZ 40 (1976), 669 ff.

[582] Kötz in: Homburger/Kötz, S. 69 (72); Schäfer in: Basedow/Hopt/Kötz/Baetge, S. 67 (68 ff.).

[583] Hess, AG 2003, 113 (114).

[584] Hess, AG 2003, 113 (123).

[585] Siehe dazu vorstehend unter: Vierter Teil, C. IV.

Bei der Schädigung einer großen Personengruppe durch ein einzelnes Ereignis werden für eine einheitliche Ermittlung im Regelfall nur das schädigende Verhalten des Beklagten sowie dessen Verschulden in Betracht kommen. Bei dem Schaden des Einzelnen und der Kausalität des Schädigerverhaltens für diesen Schaden wird es sich dagegen in der Regel um Tatsachen handeln, die für jeden Geschädigten individuell festzustellen sind. Anders verhält es sich indes bei der Haftung wegen falscher oder unterlassener Ad-hoc-Meldungen nach §§ 37 b, c WpHG bzw. nach § 826 BGB. Nach der hier vertretenen Auffassung braucht der Einzelne im Rahmen dieser Vorschriften nur den Kauf bzw. Verkauf einer bestimmten Anzahl von Wertpapieren während der Desinformationsphase des Marktes nachzuweisen.[586] Der Nachweis eines individuellen Vertrauens auf die Richtigkeit der Information ist dagegen nicht erforderlich. Auch bedarf es keiner individuellen Schadensberechnung. Vielmehr ergibt sich der durch den einzelnen Anleger erlittene Kursschaden aus der Anzahl der erworbenen bzw. verkauften Wertpapiere multipliziert mit der auf die Fehlinformation zurückzuführenden Kursdifferenz, die während der gesamten Phase der Desinformation gleich bleibt und damit ebenfalls einheitlich ermittelt werden kann. Schadensersatzansprüche wegen falscher oder unterlassener Ad-hoc-Meldungen sind damit im besonderen Maße geeignet für eine kollektive Anspruchsdurchsetzung.[587]

III. Fazit

Festzuhalten bleibt damit, dass auch in Deutschland und hier insbesondere im Bereich der Haftung für falsche oder unterlassene Ad-hoc-Meldungen ein starkes Bedürfnis für eine kollektive Anspruchsdurchsetzung besteht. Im Folgenden soll daher der Frage nachgegangen werden, welche Möglichkeiten das deutsche Prozessrecht hierfür bereithält. In einem weiteren Schritt sollen Reformvorschläge dargestellt und einer kritischen Betrachtung unterzogen werden.

B. Möglichkeiten kollektiver Anspruchsdurchsetzung in Deutschland

I. Fehlen eines mit der US-amerikanischen Gruppenklage (class action) vergleichbaren Rechtsinstituts

Anders als in den USA stellen sich die Möglichkeiten einer kollektiven Durchsetzung von Schadensersatzansprüchen im deutschen Prozessrecht als äußerst begrenzt dar. Es fehlt insbesondere an einem Rechtsinstitut, welches mit der US-amerikanischen Gruppenklage (*class action*) vergleichbar wäre. Zwar kennt das

---

586 Siehe dazu die vorstehenden Ausführungen zu Fragen des Schadens und der Kausalität im Siebten Teil dieser Arbeit.

587 Offenlassend für §§ 37 b, c WpHG: Hess, AG 2003, 113 (124, dort insbesondere: FN 185).

deutsche Recht für den Bereich des vorbeugenden Rechtsschutzes traditionell das Rechtsinstitut der Verbandsklage, welche es Verbraucherverbänden ermöglicht, die Unterlassung bestimmter wettbewerbswidriger oder verbraucherschädigender Verhaltensweisen durchzusetzen (§ 13 Abs. 2 Nr. 2 UWG, 13 Abs. 2 Nr. 2 AGBG). In Umsetzung der EG-Richtlinie über Unterlassungsklagen zum Schutz von Verbraucherinteressen aus dem Jahr 1998 wurde der Anwendungsbereich der Verbandsklage durch das Gesetz über Fernabsatzverträge und andere Fragen des Verbraucherschutzes vom 20. Juni 2000 sogar noch wesentlich ausgeweitet und erstreckt sich nun generell auf Belange des Verbraucherschutzes (§ 22 Abs. 3 Nr. 2, 6 AGBG). Mit der Verbandsklage können aber nach wie vor nur Unterlassungsansprüche geltend gemacht werden, wobei die maßgeblichen Gesetze dem Verband jeweils im öffentlichen Interesse einen eigenen Unterlassungsanspruch einräumen.[588] Eine Klageform, welche die kollektive Geltendmachung eines subjektiven Rechts einzelner Personen auf Schadensersatz ermöglicht, kennt das deutsche Zivilprozessrecht dagegen bisher nicht.[589] Schadensersatzansprüche, wie z.B. Ansprüche geschädigter Anleger aus §§ 37 b, c WpHG bzw. § 826 BGB lassen sich somit nur im Wege des Individualprozesses einklagen. Auch hier stellt sich aber die Frage einer Anspruchsbündelung, um Klagen sowohl im Interesse der einzelnen geschädigten Anleger als auch im Interesse der Schadensprävention wirtschaftlicher zu machen.

II. Gerichtliche Geltendmachung eines einzelnen Anspruchs im Rahmen eines Musterprozesses

Für eine wirtschaftlichere Gestaltung der Rechtsdurchsetzung im Hinblick auf eine große Anzahl Geschädigter kommt zunächst ein Musterprozess in Frage.[590] Darunter versteht man einen Prozess, dem die Parteien oder Dritte über den Einzelfall hinaus Bedeutung für die Klärung weiterer, mit dem Einzelfall in rechtlicher oder tatsächlicher Hinsicht verbundener Sachverhalte zumessen. Es wäre also im Zusammenhang mit falschen oder unterlassenen Ad-hoc-Meldungen daran zu denken, dass zunächst nur einzelne geschädigte Anleger, ggf. organisiert durch einen Anlegerschutzverband, über ihre eigenen Ansprüche einen Prozess führen. Der Effizienz einer solchen Vorgehensweise steht aber entgegen, dass die Entscheidung in einem Musterprozess nach § 325 Abs. 1 ZPO nur zwischen den Parteien des Musterprozesses Rechtskraft entfaltet. Eine Rechtskrafterstreckung auf die nicht im Rahmen des Musterprozesses eingeklagten

---

588 BGH, ZIP 1990, 511; Eichholtz, S. 231; Gottwald, ZZP 1978, 1 (20 f.); Greiner, S. 126 f.; Kötz in: Homburger/Kötz, S. 69 (92 f.); Vollkommer in: Zöller, vor § 50, Rn. 58.

589 Eichholtz, S. 233; Greiner, S. 127; Hopt/Baetge in: Basedow/Hopt/Kötz/Baetge, S. 11 (23); Wunderlich, DB 1993, 2269.

590 Eichholtz, S. 234 ff.; Greiner, S. 136 ff.; Lindacher, JA 1984, 404 ff.; Kötz in: Homburger/Kötz, S. 69 (91 f.); Wunderlich, DB 2269 (2270).

Fälle scheidet dagegen aus.[591] Erreicht werden kann aber immerhin eine faktische Präzedenzwirkung der Entscheidung, die sich vor allem aus der Autorität des entscheidenden Spruchkörpers und der Überzeugungskraft der Urteilsbegründung ergibt.[592] Um eine möglichst starke Präzedenzwirkung zu erreichen, wird es daher erforderlich sein, den Musterprozess bis in eine möglichst hohe Instanz zu führen.[593] Dem stehen aber häufig zwei Hindernisse entgegen.

Zum einen ist die Führung eines Rechtsstreites in höheren Instanzen an die Erreichung eines bestimmten Streitwerts und weitere Voraussetzungen gebunden.[594] In diesem Zusammenhang kann es zB. erforderlich sein, auch für den Musterprozess die Ansprüche verschiedener Geschädigter zu bündeln, was ein hohes Maß an Organisation erfordert, welches häufig nur von entsprechenden Verbänden zu erbringen sein wird. Zum anderen droht mit zunehmender Dauer eines Verfahrens über mehrere Instanzen die zwischenzeitliche Verjährung der restlichen Ansprüche, da die Einleitung eines Musterprozess nicht geeignet ist, die Verjährung bezüglich der nicht streitgegenständlichen Ansprüche nach § 204 Abs. 1 Nr. 1 BGB zu hemmen.[595] Gerade im Hinblick auf die einjährige Verjährungsfrist bei Ansprüche aus §§ 37 b, c WpHG dürfte daher für derartige Ansprüche die Möglichkeit eines Musterprozesse faktisch nicht in Betracht kommen.

Die soeben geschilderten Schwierigkeiten der Anspruchsdurchsetzung im Rahmen eines Musterprozesses könnten nur dadurch vermieden werden, dass die Parteien im Vorfeld des Prozesses eine sogenannte Musterprozessabrede treffen.[596] Es handelt sich dabei um einen Vertrag materiellen Rechts zwischen dem Schädiger und den Geschädigten mit dem Inhalt, dass zunächst nur der Schaden eines einzelnen Geschädigten in einem Musterprozess eingeklagt wird, und die Ansprüche der übrigen Geschädigten im Sinne der Entscheidung dieses Musterprozesses geregelt werden. Zwar kann auch mittels einer solchen Abrede keine Rechtskrafterstreckung des Urteils aus dem Musterprozess auf die restlichen Ansprüche erreicht werden, weil die Rechtskraft nicht zur Disposition der Par-

---

591 Eicholtz, S. 234; Greiner, S. 137; Wunderlich, DB 1993, 2269 (2270).

592 Eichholtz, S. 235; Lindacher, JA, 1984, 404 (405); Greiner, S. 137, der zu Recht darauf hinweist, dass es sich hierbei schon deshalb um eine rein „faktische" Präzedenzwirkung handelt, weil dem deutschen Prozessrecht im Gegensatz zum anglo-amerikanischen Prozessrecht eine rechtliche Bindung an vorhergehende Entscheidungen fremd ist.

593 Eichholtz, a.a.O.

594 Vgl. zu diesem Problem, Eichholtz, S. 235 ff.

595 Hopt/Baetge in: Basedow/Hopt/Kötz/Baetge, S. 11 (56 f.); Wunderlich, DB 1993, 2269 (2270).

596 Zu dieser Möglichkeit vgl. Wunderlich, DB 1993, 2269 (2270).

teien steht.[597] Eine ähnliche Wirkung ließe sich aber erreichen, wenn sich die Parteien im Rahmen der Musterprozessabrede dazu verpflichten würden, auf der Grundlage der Entscheidung des Musterprozesses einen entsprechenden materiellrechtlichen Vergleich nach § 779 BGB zu schließen.[598] Möglich wäre ferner die Vereinbarung eines sogenannten Stillhalteabkommens (*pactum de non petendo*), um eine Hemmung der Verjährung nach § 205 BGB zu erreichen.[599] Die Erfahrung lehrt indes, dass Musterprozessabreden in Anlegerschutzkonflikten sehr selten sind, da derartige Abreden das Kostenrisiko der Anleger minimieren, während den Beklagten gerade daran gelegen sein wird, das Prozessieren für die geschädigten Anleger so mühevoll und teuer wie möglich zu gestalten.[600]

III. Gerichtliche Geltendmachung einer Vielzahl von Ansprüchen

Als Hauptprobleme eines Musterprozesses wurden vorstehend die fehlende Rechtskrafterstreckung einer Entscheidung sowie die drohende Verjährung der nicht eingeklagten Ansprüche ausgemacht. Eine Musterprozessabrede, welche diese Probleme beseitigen würde, setzt dagegen die Kooperation der Beklagten voraus und wird daher in der Praxis kaum jemals in Betracht kommen. Es ist mithin nach weiteren Rechtsinstituten des deutschen Prozessrechts zu suchen, welche die kostengünstige Entscheidung über einen Großteil der Ansprüche unter gleichzeitiger Vermeidung der Nachteile der Musterprozessabrede ermöglichen. In Betracht kommen hier sowohl die Geltendmachung einer Vielzahl von Ansprüchen durch einen Dritten im Rahmen einer gewillkürten Prozessstandschaft bzw. einer treuhänderischen Abtretung als auch die gemeinschaftliche Klageerhebung durch mehrere geschädigte Anleger als Streitgenossen.[601]

Sämtliche dieser Möglichkeiten verringern gegenüber einer individuellen Rechtsdurchsetzung das Kostenrisiko der Anleger. So bedarf es, wie auch im Rahmen eines Musterprozesses, im Hinblick auf gemeinsame Tatsachen, welche für alle geltend gemachten Ansprüche entscheidungserheblich sind, nur einer einzigen Beweiserhebung. Auch werden nach § 5 ZPO die Ansprüche der Kläger zur Ermittlung des Gebührenstreitwerts zusammengerechnet, was sich wiederum über § 12 Abs. 1 GKG bzw. § 8 Abs. 1 BRAGO auf die Höhe der Ge-

---

597 Eichholtz, S. 234; Greiner, S. 138; Leipold in: Stein/Jonas, § 325, Rn. 9; Lindacher, JA 1984, 404, (405); Vollkommer in: Zöller, § 325, Rn. 43 a; Wunderlich, DB 1993, 2269 (2270).

598 Eichholtz, S. 234; Lindacher, JA 1984, 404, 405; Rosenberg/Schwab/Gottwald, § 156 IV; Wunderlich, DB 1993, 2269 (2270).

599 Eichholtz, S. 234; Lindacher, JA 1984, 404, 406 ff.; Wunderlich, DB 1993, 2269 (2270).

600 Wunderlich, DB 1993, 2269 (2270).

601 Vgl. zu diesen Möglichkeiten: Greiner, S. 128 ff.; Wunderlich, DB 1993, 2269 (270 ff.).

richts- und Anwaltskosten auswirkt.[602] Im Gegensatz zur Möglichkeit eines Musterprozesses weisen die dargestellten Rechtsinstitute zudem den Vorteil auf, dass die Verjährung für alle gerichtlich geltend gemachten Ansprüche gehemmt wird und sich die Rechtskraft einer Entscheidung auf alle diese Ansprüche erstreckt.

Die einzelnen Rechtsinstitute sind aber jeweils an eigene Voraussetzungen gebunden und weisen zudem spezifische Besonderheiten auf, die nachfolgend dargestellt werden sollen.

1. Geltendmachung durch einen Dritten

a) Gewillkürte Prozessstandschaft

Unter Prozessstandschaft versteht man die gerichtliche Geltendmachung eines fremden Rechts in eigenem Namen. Sie setzt die Prozessführungsbefugnis des Prozess- standschafters voraus. Träger der Prozessführungsbefugnis ist aber grundsätzlich der Inhaber des geltend gemachten Rechts. Prozessführungsbefugnis und Aktivlegitimation fallen mithin im Regelfall zusammen.[603] Nur ausnahmsweise gestattet das deutsche Zivilprozessrechtrecht auch Dritten die Geltendmachung fremder Rechte im eigenen Namen. Die Befugnis hierfür ergibt sich dabei entweder aus dem Gesetz oder aus einer individuellen Vereinbarung zwischen Prozessstandschafter und Rechtsinhaber. In letzterem Fall spricht man von einer gewillkürten Prozessstandschaft.[604]

aa) Ermächtigung nach § 185 BGB

Voraussetzung für eine gewillkürte Prozessstandschaft ist zunächst das Vorliegen einer prozessualen Ermächtigung des Klägers durch den Rechtsinhaber entsprechend § 185 BGB, nach welcher dem Kläger die klageweise Geltendmachung des fremden Rechts in eigenem Namen erlaubt ist.[605] Diese Vereinbarung darf zudem nicht rechtsmissbräuchlich gemäß § 138 Abs. 1 BGB sein. Ein Rechtsmissbrauch wird in diesem Zusammenhang regelmäßig dann angenommen, wenn die klageweise Geltendmachung eines fremden Rechts durch eine vermögenslose Person nur zu dem Zwecke erfolgt, die Prozesskostenerstattung an den Prozessgegner zu vereiteln. Zur Vermeidung einer Nichtigkeit der Ermächtigung ist nach der Rechtsprechung des BGH erforderlich, die klagende Person mit ausreichenden Mitteln auszustatten, um die Erstattung der im Unter-

---

[602] Wunderlich, DB 1993, 2269 (2273).

[603] Bork in: Stein/Jonas, vor § 50 IV, Rn. 24.

[604] Zum Begriff: Rosenberg/Schwab/Gottwald, § 46 III 1.

[605] Vgl. Vollkommer in: Zöller, vor § 50, Rn. 45.

liegensfalle dem Prozessgegner zu erstattenden Prozesskosten sicherzustellen, oder eine Bankbürgschaft in entsprechender Höhe beizubringen.[606] Die voraussichtlichen Prozesskosten wird man dabei wohl auf der Basis sämtlicher in Frage kommender Instanzen berechnen müssen.[607]

bb) Eigenes rechtliches Interesse des Prozessstandschafters an der Geltendmachung eines fremden Rechts

Ferner ist in prozessualer Hinsicht ein eigenes rechtliches – nicht nur wirtschaftliches – Interesse des Prozessstandschafters an der Geltendmachung des fremden Rechts erforderlich.[608] Ein Interesse des Rechtsinhabers an einer erleichterten Durchsetzung seines Anspruchs reicht hierfür nach h.M. nicht aus. Die Rechtslage des Prozessstandschafters selbst wird aber durch die Geltendmachung des fremden Rechts nicht verbessert, so dass ein eigenes Interesse des Prozessstandschafters im Regelfall ausscheiden dürfte. Eine Ausnahme soll aber für den Fall bestehen, dass verbraucher- bzw. anlegerschützender Verband die Ansprüche seiner Mitglieder gerichtlich geltend macht, wenn die Rechtsverfolgung zugunsten der Mitglieder zu den satzungsmäßigen Aufgaben des klagenden Verbandes gehört. Allerdings haben derartige Verbände in der Regel nur sehr wenige Mitglieder, bei denen es sich zumeist nicht um die potentiell geschädigten Anleger sondern vielmehr um besonders exponierte natürliche und juristische Personen, wie zB. Kirchen, Gewerkschaften, politische Parteien etc. handelt. Fälle, in denen eine Prozessstandschaft in Betracht kommt, dürften daher schon aus diesem Grund eher selten sein.

cc) Verstoß gegen das Rechtsberatungsgesetz

Ein Problem der gerichtlichen Geltendmachung fremder Forderungen durch Verbände liegt aber in einem drohenden Verstoß gegen das Rechtsberatungsgesetz begründet.[609] Art. 1 § 1 Abs. 1 RBerG verbietet die geschäftsmäßige Besorgung fremder Rechtsangelegenheiten ohne Genehmigung. Eine Besorgung fremder Rechtsangelegenheiten stellt auch die Einziehung fremder oder zu Einziehungszwecken abgetretener Forderungen dar. Zwar besteht für Inkassounternehmen und für Verbraucherverbände nach Art. 1 § 1 Abs. 1 S. 2 Nr. 5 RBerG grundsätzlich die Möglichkeit einer Teilgenehmigung. Dies gilt aber nur auf die außergerichtliche Einziehung von Forderungen.

---

606 BGH NJW 1990, 1117.

607 Wunderlich, DB, 1993, 2269 (2271 f.).

608 BGHZ 92, 151 (154); Bork in: Stein/Jonas, vor § 50 IV, Rn. 42; Rosenberg/Schwab/Gottwald, § 46, III. 1.; Vollkommer in: Zöller, vor § 50, Rn. 44.

609 Vgl. zu diesem Problemkreis: Greiner, S. 133; Hess, AG 2003, 113 (122 f.); Hopt/Baetge in: Basedow/Hopt/Kötz/Baetge, S. 11 (55 f.); Wunderlich, DB 1993, 2269 (2272).

Für das weitere Merkmal der Geschäftsmäßigkeit ist es zunächst nicht erforderlich, dass die Rechtsbesorgung gegen Entgelt ausgeübt wird.[610] Vielmehr soll eine Geschäftsmäßigkeit der Rechtsbesorgung schon dann vorliegen, wenn es sich dabei um eine Tätigkeit handelt, bei der der Handelnde beabsichtigt sie – sei es auch nur bei sich bietender Gelegenheit - in gleicher Weise zu wiederholen und sie dadurch zu einem dauernden und wiederkehrenden Bestandteil seiner Beschäftigung zu machen.[611] Da eine Geltendmachung von Ansprüchen durch Verbände im Wege der Prozessstandschaft nur dann in Betracht kommt, wenn die Geltendmachung zu den satzungsmäßigen Aufgaben des Verbandes gehört, und dies wiederum eine wiederholte Besorgung fremder Rechtsangelegenheiten indiziert, würde eine solches Vorgehen mithin gegen das Rechtsberatungsgesetz verstoßen.[612]

b) Treuhänderische Abtretung

Als weitere Möglichkeit kommt eine treuhänderische Abtretung in Betracht.[613] In materieller Hinsicht ist hierfür erforderlich, dass die geschädigten Anleger einem Dritten die ihnen gegen die Beklagten zustehenden Schadensersatzansprüche nach § 398 BGB zum Zwecke der gerichtlichen Geltendmachung abtreten. Auch in diesem Zusammenhang stellt sich das Problem des Rechtsmissbrauchs und der Nichtigkeit der Abtretung nach § 138 Abs. 1 BGB, die nur durch Hinterlegung der voraussichtlichen Prozesskosten bzw. durch Stellung einer entsprechenden Bankbürgschaft vermieden werden kann.[614] Dagegen ist die treuhänderische Abtretung anders als die gewillkürte Prozessstandschaft an keine weiteren prozessualen Voraussetzungen geknüpft. Da der Treuhänder aus eigenem Recht klagt und damit selbst sachlegitimiert ist, bedarf es insbesondere keines besonderen Interesses an der Geltendmachung der Anlegeransprüche. Anders als bei der Geltendmachung fremder Rechte im Wege der gesetzlichen Prozessstandschaft kommen damit als Treuhänder neben Verbänden auch andere natürliche oder juristische Personen in Betracht.

---

[610] BGH, NJW 1977, 808; Rennen/Caliebe, Art. 1 § 1, Rn. 39; Wunderlich, DB 1993, 2269 (2272).

[611] OLG Düsseldorf, ZIP 1993, 347 (348) –„Girmes“-; Rennen/Caliebe, Art. 1 § 1, Rn. 39; Wunderlich, DB 1993, 2269 (2272).

[612] So auch Wunderlich, DB 2269 (2272). Die weitergehende Frage, ob Verbände ggf. als berufsständische Vereinigung gem. Art. 1 § 7 RBerG einzuordnen sind und als solche einer Erlaubnis nach dem RBerG nicht bedürfen, verneinen mit überzeugenden Argumenten: OLG Düsseldorf, ZIP 1993, 347 (348) -“Girmes“-; und Prütting/Weth, ZIP 1994, 424 (428 ff.).

[613] Vgl. zu dieser Möglichkeit: Greiner, S. 131 ff.; Hopt/Baetge in: Basedow/Hopt/Kötz/Baetge, S. 11 (55 f.); Wunderlich, DB 1993, 2269 (2271).

[614] Wunderlich, DB 1993, 2269 (2271).

Es droht indes auch hier ein Verstoß gegen das Rechtsberatungsgesetz, wenn die Rechtsdurchsetzung durch einen Verband erfolgen soll.[615] Anders dürfte sich die Rechtslage aber bei einem eigens zur Rechtsdurchsetzung in einem Einzelfall gegründeten Ad-hoc-Verein, bzw. einer Ad-hoc-Gesellschaft darstellen. Zwar verdient in diesem Zusammenhang die Auffassung von *Hess* keine Zustimmung, wonach es in diesen Fällen schon an der Geltendmachung eines fremden Rechts fehlen soll, da es sich bei den von den Gesellschaftern in das Gesellschaftsvermögen eingebrachten Rechten um „eigene Rechte" der Gesellschaft handele.[616] Vielmehr handelt es sich auch bei dem Einbringungsvorgang um eine Abtretung zur Einziehungszwecken nach Art. 1 § 1 Abs. 1 RBerG. Würde man dies anders sehen, so wäre Umgehungsmöglichkeiten Tür und Tor geöffnet. Eine Geschäftsmäßigkeit ist im Zusammenhang mit der Rechtsdurchsetzung durch eine Ad-hoc-Gesellschaft aber deshalb nicht gegeben, weil es hier an der für die Geschäftsmäßigkeit erforderlichen Wiederholungs- absicht fehlt.[617]

Möglich ist ferner in jedem Fall die treuhänderische Abtretung der Ansprüche an einen Rechtsanwalt, da dessen Tätigkeit ohnehin nach Art. 1 § 3 Nr. 2 RBerG nicht unter das Rechtsberatungsgesetz fallen.[618]

2. Gemeinschaftliche Klage im Wege der Streitgenossenschaft

Die Durchsetzung der Schadensersatzansprüche kann auch im Wege einer gemeinschaftlichen Klageerhebung oder einer nachträglichen Verbindung durch das Gericht gem. § 147 ZPO erfolgen.[619] In einem solchen Fall sind die geschädigten Anleger im Gegensatz zur Rechtsverfolgung durch einen gewillkürten Prozessstandschafter oder einen Treuhänder selbst als Streitgenossen Parteien des Rechtsstreites. Eine gemeinschaftliche Klageerhebung setzt nach § 60 ZPO lediglich voraus, dass die geltend gemachten Ansprüche auf einem im Wesentlichen gleichartigen tatsächlichen und rechtlichen Grunde beruhen. Bei Ansprüchen geschädigter Kapitalanleger, die auf einer einzelnen Informationspflichtverletzung zurückzuführen sind, ist diese Voraussetzung unproblematisch gegeben. Als Nachteil einer gemeinschaftlichen Klageerhebung könnte sich erweisen, dass sämtliche Kläger im Rubrum aufgeführt werden müssen, was bei einer großen Zahl von geschädigten Anlegern ein technisches Problem darstellen

---

615 Wunderlich, DB 1993, 2269 (2272).

616 Hess, AG 2003, 113 (123).

617 Hess, AG 2003, 113 (123); Prütting/Weth, ZIP 1994, 424 (431), Wunderlich, DB 1993, 2269 (2272).

618 Wunderlich, DB 1993, 2269 (2272), a.A. Greiner, S. 133.

619 Vgl. zu dieser Möglichkeit: Hopt/Baetge in: Basedow/Hopt/Kötz/Baetge, S. 11 (54 f.); Wunderlich, DB 1993, 2269 (2272).

dürfte.[620] Hier empfiehlt sich eine Aufteilung auf mehrere Klagen. Im Übrigen hat die gemeinschaftliche Klageerhebung aber gegenüber der gewillkürten Prozessstandschaft und der treuhänderischen Abtretung den Vorteil, dass es keiner Ermächtigung oder Abtretung an einen Dritten nicht bedarf, so dass in diesem Zusammenhang auch das Problem des Rechtsmissbrauchs keine Bedeutung zukommt.[621] Eine Prozesskostensicherheit ist daher nicht erforderlich. Auch ein Verstoß gegen das Rechtsberatungsgesetz kommt hier mangels einer Geltendmachung fremder Rechte nicht in Betracht.[622]

IV. Fazit

Festhalten lässt sich nach alldem, dass schon das jetzige deutsche Verfahrensrecht in begrenztem Maße Möglichkeiten für eine kollektive Anspruchsdurchsetzung zu Verfügung stellt. Die meisten dieser Möglichkeiten sind aber bei näherem Hinsehen mit Nachteilen behaftet, die ihre Praktikabilität in vielen Fällen als zweifelhaft erscheinen lassen. So macht ein Musterprozess wegen der fehlenden Rechtskrafterstreckung auf die nicht eingeklagten Ansprüche und der drohenden Verjährung dieser Ansprüche nur dann Sinn, wenn gleichzeitig mit den Beklagten eine Musterprozessabrede getroffen wird. Dazu werden sich die Beklagten aber regelmäßig nicht bereit finden. Eine Alternative zu einem Musterprozess stellt die gerichtliche Geltendmachung sämtlicher in Betracht kommender Ansprüche dar. Die Durchführung dieses Verfahrens durch einen Dritten im Wege der gewillkürten Prozessstandschaft scheidet jedoch bereits wegen eines drohenden Verstoßes gegen das Rechtsberatungsgesetz aus, während bei einer treuhänderischen Abtretung zur Vermeidung einer Nichtigkeit nach § 138 BGB eine Prozesskostensicherheit zu leisten ist. Als gangbarster Weg scheint sich in diesem Zusammenhang noch die gemeinschaftliche Klageerhebung durch die geschädigten Anleger darzustellen. Bei einer größeren Anzahl von geschädigten Anlegern empfiehlt sich allerdings die Aufteilung auf mehrere Klagen.

C. Reformvorschläge

Im Rahmen der juristischen Diskussion um eine Verbesserung des zivilrechtlichen Anlegerschutzes in Deutschland ist von verschiedener Seite auf die Unzulänglichkeiten im Hinblick auf die im deutschen Zivilprozessrecht für eine kollektive Anspruchsdurchsetzung zur Verfügung stehenden Rechtsinstitute hinge-

---

620 So auch Wunderlich, DB 1993, 2269 (2273), der dieses Problem aber für vernachlässigenswert hält.

621 Wunderlich, a.a.O.

622 Wunderlich, a.a.O.

wiesen worden. Es wurden in diesem Zusammenhang Reformvorschläge unterbreitet, die im Folgenden dargestellt werden sollen.

I. Vorschlag des 64. Deutschen Juristentages - Einführung einer bereichsspezifischen Gruppenklage

Die wirtschaftsrechtliche Abteilung des 64. Deutschen Juristentages hat mit deutlicher Mehrheit (35:20:5) die Einführung einer zivilprozessualen Anspruchsbündelung in Form einer bereichsspezifischen Gruppenklage empfohlen.[623] Eine nähere Spezifizierung, wie diese Gruppenklage ausgestaltet werden soll, enthält der sehr pauschal gehaltene Vorschlag allerdings nicht. Mangels weiterer Anhaltspunkte muss aber wohl davon ausgegangen werden, dass sich das empfohlene Modell an dem bereits an anderer Stelle dargestellten Regelungsmodell der US-amerikanischen *class action* orientieren soll. Dafür spricht auch, dass gerade die Option einer Gruppenklage nach US-amerikanischem Vorbild Gegenstand des von *Fleischer* zur Vorbereitung des 64. Deutschen Juristentages erstellten kapitalmarktrechtlichen Teilgutachtens war.[624]

II. Vorschlag der Corporate-Governance-Kommission - Anspruchsdurchsetzung durch einen gemeinsamen Vertreter

Ein alternativer Reformvorschlag der Corporate-Governance-Kommission sieht vor, die Ansprüche der geschädigten Anleger künftig durch einen auf Antrag eines Anlegers vom zuständigen Gericht bestellten gemeinsamen Vertreter als Partei kraft Amtes durchsetzen zu lassen.[625] Die Vertretung soll auf freiwilliger Basis erfolgen, d.h. der einzelne Geschädigte muss ausdrücklich für eine Durchsetzung seiner Ansprüche durch den gemeinsamen Vertreter optiert haben (sog. *opt-in*-Modell). Die Rechtsfigur des gemeinsamen Vertreters ist dabei dem Aktien- und Umwandlungsrecht (insbesondere §§ 26, 206 UmwG) entnommen, welche bereits heute in bestimmten Konstellationen die kollektive Rechtsdurch-

---

623 Beschlüsse des 64. Deutschen Juristentages Berlin 2002, Wirtschaftsrecht, abgedruckt in: DB 2002, 2037, Beschluss Nr. 1 g) 1.15.

624 Fleischer, Gutachten zum 64. DJT, F 117. Der Beschluss des Juristentages weicht indes von der entgegengesetzten Empfehlung des Gutachtens ab, in welchem die Einführung einer Gruppenklage US-amerikanischer Prägung abgelehnt wird. Nach Auffassung von Fleischer ist die US-amerikanische *class action* im hohen Maße von den Besonderheiten des dortigen Prozessrechts geprägt, so dass deren Einführung in Deutschland als „legal transplant" zwangsläufig zu Abstoßungsreaktionen führen müsse. Aus ähnlichen Erwägungen heraus hatte sich auch die Corporate-Governance-Kommission bereits gegen die Einführung einer Gruppenklage ausgesprochen und einen weniger weitgehenden eigenen Vorschlag unterbreitet, welcher sogleich unter II. erörtert wird.

625 Bericht der Regierungskommission, Rn. 190.

setzung durch einen gemeinsamen Vertreter vorsehen.[626] Das von der Kommission vorgeschlagene Verfahren soll sich wie folgt gestalten: Es wird eine ausschließliche Zuständigkeit des Landgerichts am Sitz des Emittenten begründet. Die Ernennung des gemeinsamen Vertreter erfolgt durch das Gericht auf Antrag eines Anlegers, der seinen Anspruch glaubhaft gemacht hat. Der Vertreter hat sodann seine Bestellung in den Gesellschaftsblättern bekanntzumachen und darauf hinzuweisen, dass geschädigte Anleger ihre Ansprüche durch ihn gerichtlich geltend machen lassen können. Hierzu ist den Anlegern eine angemessene Frist von mindestens einem Monat einzuräumen. Der Vertreter klagt sodann die angemeldeten Ansprüche als Partei kraft Amtes ein. Der dabei erzielte Betrag wird bei erfolgreicher Klage an die vertretenen Anleger verteilt. Für seine Tätigkeit hat der gemeinsame Vertreter Anspruch auf Vergütung und Ersatz seiner baren Auslagen, welche jeweils durch das Gericht festgesetzt werden, und im Falle des Obsiegens direkt von dem an die Anleger zu verteilenden Erlös abgezogen werden. Neben der kollektiven Anspruchsdurchsetzung soll eine individuelle Durchsetzung durch einzelne geschädigte Anleger weiterhin möglich sein. Der Vorschlag der Corporate-Governance-Kommission weicht insoweit von dem Modell der §§ 25, 26 UmwG ab, wonach die Geschädigten ihren Anspruch verlieren, wenn sie ihn nicht rechtzeitig bei dem gemeinsamen Vertreter anmelden. Eine solche Regelung würde aber nach Auffassung der Kommission wegen ihres faktischen Zwangscharakters nicht dem vorgeschlagenen *opt-in*-Modell entsprechen und soll daher nicht in Betracht kommen.[627] Die kollektive Anspruchsdurchsetzung soll allerdings durch eine Regelung gefördert werden, nach der das Gericht nach seinem Ermessen einen Einzelkläger unabhängig vom Ausgang des jeweiligen Verfahrens mit den gesamten Kosten des Verfahrens zu belasten kann.

III. Maßnahmenkatalog der Bundesregierung – Auswahl einer Klage zur Führung eines Musterverfahrens

Einen dritten Reformvorschlag hat jüngst die Bundesregierung als Teil ihres Maßnahmekatalogs zur Stärkung des Anlegerschutzes unterbreitet.[628] Der Vorschlag beinhaltet einen Ausbau der bisherigen prozessualen Instrumente kollektiver Anspruchsdurchsetzung. Ebenso wie im Rahmen des Vorschlags der Corporate-Governance-Kommission soll ein ausschließlicher Gerichtsstand am Sitz des Unternehmens eingeführt werden. Zentraler Bestandteil der geplanten Neuregelung ist aber die Möglichkeit des Gerichts, eine einzelne Klage zur Führung eines Musterprozesses auszuwählen um in diesem Musterverfahren die für alle klagenden Anleger wichtige Frage zu klären, ob tatsächlich eine falsche oder

---

[626] Vgl. Bericht der Regierungskommission, Rn. 89 mit Beispielen.

[627] Bericht der Regierungskommission, Rn. 189 f.

[628] Abrufbar im Internet unter: www.bmj.bund.de/ger/service/gesetzgebungsvorhaben.

unterlassene Ad-hoc-Meldung vorliegt. Die übrigen Verfahren sollen zwischenzeitlich ausgesetzt werden können. Darüber hinaus ist eine Veröffentlichung der Tatsache des Musterverfahrens vorgesehen, damit andere Anleger ebenfalls Klagen erheben können.

D. Diskussion

Nachfolgend sollen die vorstehend dargestellten Reformansätze einer kritischen Betrachtung unterzogen werden.

I. Bereichsspezifische Gruppenklage

1. Argument für die Einführung einer Gruppenklage: Abschreckung durch Geltendmachung eines größtmöglichen Teils des entstandenen Schadens

Wesentliches Argument für die Einführung einer bereichsspezifischen Gruppenklage ist, dass sie wie kein anderes Rechtsinstitut die effektive Geltendmachung von Streuschäden fördert, deren Geltendmachung andernfalls infolge des Phänomens der rationalen Apathie unterbleiben würde. Zwar wird teilweise gerade im Zusammenhang mit der kollektiven Anspruchsdurchsetzung im Rahmen von Gruppenklagen auf das bereits an anderer Stelle erwähnte Problem der Überabschreckung im Hinblick auf die Geltendmachung reiner Vermögensschäden hingewiesen.[629] Das Prozessrecht ist aber nicht der geeignete Ort für derartige Erwägungen. Vielmehr dient es der Durchsetzung bestehender materieller Rechte und nicht der Verhinderung ihrer Durchsetzung. Eine materielle Haftungsregelung, die nur dann als tragbar erscheint, wenn die Möglichkeit ihrer prozessualen Durchsetzung unter bewusster Ausnutzung des Phänomens der rationalen Apathie im Zusammenhang mit Streuschäden möglichst ineffektiv ausgestaltet ist, sollte für sich genommen hinterfragt und ggf. anders ausgestaltet werden. Mögliche Stellschrauben, um dem Problem der Überabschreckung im materiellen Recht zu begegnen sind etwa Regelungen im Hinblick auf den erforderlichen Verschuldensgrad oder die Art des zu ersetzenden Schadens.

Außerhalb derartiger, im Rahmen des materiellen Rechts anzustellender Überlegungen kann dagegen kaum bezweifelt werden, dass sich eine Gruppenklage US-amerikanischer Prägung als äußerst effektive Maßnahme zur Durchsetzung von Streuschäden darstellt. Durch die Wahrnehmung der Prozessführung im Hinblick auf sämtliche Ansprüche durch den Repräsentanten der Gruppe werden aufwendige Koordinationsmaßnahmen zur Bündelung von Einzelansprüchen, wie etwa die Gründung von Interessenereinigungen und Ad-hoc-Gesellschaften,

---

[629] Schäfer, in Basedow/Hopt/Kötz/Baetge, S. 67 (93 f.).

nahezu überflüssig. Das dem Regelungsmodell immanente *opt-out*-Modell führt zudem dazu, dass nur diejenigen Einzelansprüche von der kollektiven Anspruchsdurchsetzung nicht erfasst werden, deren Inhaber der Einbeziehung ihrer Ansprüche in das Verfahren ausdrücklich widersprochen haben, und gewährleistet auf diese Weise die Durchsetzung eines größtmöglichen Teils des infolge eines bestimmten schädigenden Ereignisses entstandenen Gesamtschadens.

2. Argumente gegen die Einführung einer Gruppenklage

Gegen die Einführung einer bereichsspezifischen Gruppenklage nach US-amerikanischen Vorbild sind gleich mehrere Einwände denkbar. Zunächst könnte das dem Rechtsinstitut der Gruppenklage immante *opt-out*-Modell, wonach sich die Rechtskraft des Urteils auf alle Gruppenmitglieder erstreckt, die der Einbeziehung ihrer Ansprüche nicht ausdrücklich widersprochen haben, verfassungsrechtlichen Bedenken begegnen. Ferner stellt sich die Frage, ob eine Gruppenklage mit dem Recht der Kostenerstattung nach der ZPO zu vereinbaren ist. Schließlich könnte die Einführung einer Gruppenklage ihm Hinblick auf die Berechnung eines Gesamtschadens für einen unbestimmten Personenkreis zu Friktionen mit den Grundprinzipien des deutschen Schadensrechts führen.

a) Fehlende Vereinbarkeit mit verfassungsrechtlichen Grundsätzen

Nach dem als Vorbild für die Einführung einer Gruppenklage in Deutschland in Betracht kommenden US-amerikanischen Regelung in Rule 23 (c)(2) der *Rules of Civil Procedure* müssen alle Gruppenmitglieder, die mit angemessenem Aufwand identifiziert werden können, von dem Verfahren und ihrer Möglichkeit, aus dem Verfahren auszutreten (*opting-out*), benachrichtigt werden. Haben der Repräsentant der Gruppe bzw. dessen Prozessvertretung diese Bedingung erfüllt, werden jedoch auch die Ansprüche derjenigen Gruppenmitglieder von der Rechtskraft des Urteils erfasst, die mangels Identifikation nicht benachrichtigt werden konnten. Die Einführung einer derartigen Regelung in Deutschland könnte gleich in mehrfacher Hinsicht auf verfassungsrechtliche Bedenken stoßen.

aa) Vereinbarkeit mit Art. 103 Abs. 1 GG (Anspruch auf rechtliches Gehör)?

Es stellt sich zunächst die Frage, ob die Einführung einer Gruppenklage nach US-amerikanischem Vorbild wegen der fehlenden, faktischen Beteiligungsmöglichkeit der nicht benachrichtigten Gruppenmitglieder mit dem in Art. 103 GG verankerten Recht auf rechtliches Gehör vereinbar wäre.[630] Verbürgt ist im

---

[630] Vgl. zu dieser Frage: Gottwald, ZZP 91 (1978), 1 (7 ff.); Greiner, S. 170 ff.

Rahmen dieses Prozessgrundrechts das Recht auf Information, auf Stellungnahme des Betroffenen und auf die Berücksichtigung dieser Stellungnahme durch das Gericht.[631]

Fraglich ist hier zunächst, ob es sich bei den nicht klagenden Gruppenmitgliedern überhaupt um Betroffenen im Sinne des Art.103 Abs. 1 GG handelt, da es sich nur der Repräsentant der Gruppe, dessen Rolle wohl am ehesten mit der eines Prozessstandschafters verglichen werden kann,[632]direkt am Verfahren beteiligt ist. Es ist jedoch anerkannt, das sich das Grundrecht auf rechtliches Gehör nicht nur auf die förmlich am Verfahren beteiligten Personen bezieht, sondern vielmehr auch zugunsten von Personen eingreift, auf die die Entscheidung einen unmittelbaren rechtlichen Einfluss hat.[633] Indem die Ansprüche der nicht klagenden Gruppenmitglieder von der Rechtskraftwirkung erfasst werden, sind die ihnen im Rahmen einer Gruppenklage US-amerikanischer Prägung eingeräumten Beteiligungsrechte mithin an Art. 103 Abs. 1 GG zu messen.

Für die Frage, ob ein Verstoß gegen Art. 103 Abs. 1 GG vorliegt, kommt es nicht etwa darauf an, ob sich der Berechtigte tatsächlich geäußert hat. Entscheidend ist vielmehr, dass dem Berechtigten die Möglichkeit zur Äußerung eingeräumt wurde, was wiederum voraussetzt, dass dieser zuvor über den wesentlichen Inhalt des anhängigen Verfahrens informiert worden ist.[634] Das Verfahren nach Rule 23 (c) (2) könnte hier im Hinblick auf die Tatsache Bedenken ausgesetzt sein, dass die Rechtskraft eines Urteils auch die Rechtsverhältnisse solcher Gruppenmitglieder umfasst, die mangels Identifizierbarkeit überhaupt nicht persönlich sondern allenfalls über öffentliche Publikationsorgane benachrichtigt werden konnten. *Zeuner* hält eine solche Form der Benachrichtigung im Hinblick auf Art. 103 Abs. 1 GG für nicht ausreichend.[635] Zutreffend weist indes *Gottwald* darauf hin, dass auch das deutsche Zivilprozessrecht in §§ 203 ff. ZPO eine öffentliche Zustellung kennt und an der Verfassungsmäßigkeit dieser Vorschriften bisher noch niemand gezweifelt hat.[636] Ein Verstoß der Einführung ei-

---

[631] Schmitt-Assmann in: Maunz/Dürig, Art. 103, Rn. 69 ff.; Jarass/Pieroth, Art. 103, Rn. 11 ff.

[632] So zu Recht Gottwald, ZZP 1978, 1 (9); Koch, S. 127; a.A. Greiner, S. 175.

[633] BVerfGE 89, 381 (390 f.); Greiner, S. 176; Schlosser, JZ 1967, 431 (432); Zeuner, FS Nipperdey, Bd. I, S. 1013 (1038). Ähnlich: Grunsky, S. 198 f., der in Anlehnung an den Rechtsgedanken des § 823 Abs. 2 BGB darauf abstellen möchte, ob die Rechtssätze, die das streitige Rechtsverhältnis regeln, auch dem Dritten zu dienen bestimmt sind.

[634] BVerfGE 67, 154 (155); Greiner, S. 178; Rosenberg/Schwab/Gottwald, § 85 Rn. 2, Rüpping in: BK, § 103 Abs. 1, Rn. 24; Pieroth in: Jarass/Pieroth, Art. 103, Rn. 11.

[635] Zeuner in: Homburger/Kötz, S. 104.

[636] Gottwald, ZZP 1978, 1 (9); zustimmend: Greiner, S. 179, der in Anlehnung an BVerfG, NJW 1988, 2361 die Zustellungsfiktion der öffentlichen Bekanntmachung dann für gerechtfertigt hält, wenn eine andere Art der Zustellung aus sachlichen Gründen, wegen der

ner Gruppenklage US-amerikanischer Prägung mit dem Anspruch auf rechtliches Gehör ist daher nicht zu besorgen.

bb) Vereinbarkeit mit der in Art. 2 Abs. 1 GG verankerten Dispositionsmaxime?

Problematischer könnte sich aber die dem Rechtsinstitut der Gruppenklage innewohnende Rechtskrafterstreckung auf die nicht klagenden Gruppenmitglieder vor dem Hintergrund der im deutschen Zivilprozessecht geltenden Dispositionsmaxime darstellen.[637] Die Dispositionsmaxime beinhaltet die prozessuale Verfügungsbefugnis der Parteien über den Streitgegenstand, welche ihren Ursprung wiederum in der materiellen Verfügungsbefugnis über private Rechte (Privatautonomie) und damit letztlich in der allgemeinen Handlungsfreiheit des Art. 2 Abs. 1 GG hat. Ausdruck der prozessualen Verfügungsbefugnis ist das Recht eines jeden Bürgers, selbst über das „Ob" und „Worüber" einer gerichtlichen Geltendmachung ihm zustehender Rechte zu entscheiden.[638] Durch die bei der Gruppenklage US-amerikanischer Prägung vorgesehene Rechtskrafterstreckung auf die nicht klagenden Gruppenmitglieder können diese indes von ihrer Verfügungsbefugnis nur in äußerst eingeschränktem Maße im Rahmen des ihnen zustehenden *opting-out*-Rechts Gebrauch machen, von welchem sie mangels Identifizierbarkeit in vielen Fällen überhaupt keine Kenntnis haben werden. Für den Fall, dass der Repräsentant mit seiner Klage unterliegt, drohen daher zahlreiche Gruppenmitglieder ihrer materiellen Rechte verlustig zu gehen, ohne dass sie in irgendeiner Weise Einfluss auf das „Ob" und „Worüber" einer gerichtlichen Geltendmachung dieser Rechte entscheiden konnten. Dieses Phänomen allein ist jedoch noch kein Beleg dafür, dass die Einführung einer Gruppenklage US-amerikanischer Prägung einen Verstoß gegen Art. 2 GG darstellen würde. Vielmehr kann Art. 2 Abs. 1 GG selbst durch die allgemeinen Gesetze eingeschränkt werden.

Gottwald hält Einschränkungen der Dispositionsbefugnis in den Fällen für möglich, wo es lediglich um die Geltendmachung rein objektiver Rechte geht, so etwa bei Verbandsklagen im Rahmen verbraucher- oder wettbewerbschützender Gesetze.[639] Ein subjektives Recht der Betroffenen gebe es in diesen Konstellationen ohnehin nicht, weil die persönliche Betroffenheit des Einzelnen von diesen Gesetzen als zu gering angesehen werde. Vielmehr würden die Gesetze lediglich als objektives Ordnungsrecht begriffen, dass den Verbraucher nur faktisch

---

Vielzahl und Unüberschaubarkeit des Kreises der Betroffenen, nicht oder nur schwer durchführbar ist.

637 Vgl. zu diesem Aspekt: Gottwald, ZZP 91 (1978), 1 (19 ff.); Greiner, S. 185 ff.

638 So treffend: Greiner, S. 185.

639 Gottwald, ZZP 1978, 1 (20 f.).

schütze. Das Grundgesetz verwehre dem Gesetzgeber aber nicht, für Ansprüche, die er im öffentlichen Interesse neu verleiht auch ein neuartiges kollektives Rechtsschutzmittel zur Verfügung zu stellen.

Wenn dieser Ansatz auch für objektive Rechte durchaus erwägenswert ist, so kann er doch, wie *Gottwald* selbst einräumt, keine Geltung für die Dispositionsbefugnis in den Bereichen beanspruchen, wo der Kernbereich klassischer subjektiver Rechte betroffen ist.[640] Hier ist das Interesse des einzelnen an der privatautonomen Disposition über seine Rechte vielmehr mit den für eine kollektive Rechtsdurchsetzung streitenden Interessen abzuwägen. Hilfreich ist dabei ein Blick auf die bereits bestehenden Regelungen zur Einschränkung der Dispositionsmaxime im deutschen Prozessrecht. Zu nennen sind in diesem Zusammenhang insbesondere die Fälle der gesetzlichen Prozessstandschaft, Veranschaulicht man sich die Fälle, in denen das Gesetz dieses Rechtsinstitut vorsieht, so wird deutlich, dass die Geltendmachung eines fremden Rechts im eigenen Namen stets ein besonderes öffentliches oder privates Interesse an der Rechtsverfolgung durch die dazu legitimierte Person voraussetzt. Dieses Interesse kann sich zum einen aus einer Teilberechtigung des Prozessstandschafters an dem eingeklagten Recht herleiten, wie etwa im Falle der eigenen Klagebefugnis des Miteigentümers oder des Mitinhabers an einer Forderung nach §§ 1001, 432 BGB. Es kann sich dabei aber auch um fremde öffentliche oder private Interessen an der Rechtsverfolgung durch eine Dritten handeln. So geht die gesetzliche Prozessstandschaft des Insolvenzverwalters als Partei kraft Amtes Hand in Hand mit den zugunsten der Gläubigergemeinschaft bestehenden Verfügungsbeschränkungen des Gemeinschuldners.

Für eine bereichsspezifische Gruppenklage zur Durchsetzung kapitalmarktrechtlicher Schadensersatzansprüche lässt sich indes kein ähnlich gelagertes privates oder öffentliches Interesse ausmachen. Zu denken wäre allenfalls an das öffentliche Interesse, über den verhaltenssteuernden Effekt von Schadensersatzleitungen eine wirksame Prävention von fehlerhaftem Informationsverhalten am Kapitalmarkt zu erreichen. Ein solches Interesse ist jedoch kaum geeignet, die Geltendmachung fremder Rechte in eigenem Namen in der gleichen Weise zu rechtfertigen wie etwa das Interesse der Insolvenzgläubiger an der Realisierung ihrer gegen den Gemeinschuldner bestehenden Forderungen. Vielmehr würde sich die Einführung einer Gruppenklage als Bevormundung der am Prozess nicht beteiligten Anspruchsinhaber und demzufolge als Verstoß gegen Art. 2 Abs. 1 GG darstellen.

640 Gottwald, a.a.O.

b) Bedenken im Hinblick auf die Verteilung des Prozessrisikos nach deutschem Kostenrecht

aa) Problem

Bedenken gegen die Einführung einer Gruppenklage in Deutschland könnten sich auch im Hinblick auf die in §§ 91 ff. ZPO vorgesehene Verteilung des Prozessrisikos ergeben, wonach in der Regel die unterlegene Partei mit sämtlichen Kosten des Rechtsstreits belastet wird.[641] Hierbei handelt es sich im Wesentlichen um die Gerichtskosten sowie die Anwaltskosten des Prozessgegners, die im Unterliegensfall der Repräsentant der Gruppe zu tragen hätte. Angesichts des hohen Streitwerts der eingeklagten Schadenssumme würde dies für den Repräsentanten der Gruppe ein untragbares Risiko bedeuten, was wiederum dazu führen dürfte, dass viele Prozesse überhaupt nicht geführt würden. Andererseits erscheint es aber auch kaum vorstellbar, jedes einzelne Gruppenmitglied mit dem finanziellen Risiko eines Unterliegens im Prozess zu belasten.[642] Neben der Tatsache, dass spätestens mit der Einführung einer Kostentragungspflicht nicht am Verfahren beteiligter Gruppenmitglieder die Grenze zur Verfassungswidrigkeit im Hinblick auf Art. 2 Abs. 1 GG überschritten sein dürfte, würde ein solche Regelung auch auf unüberwindbare technische Schwierigkeiten stoßen. Diese ergeben sich meist schon daraus, dass die Gruppenmitglieder, soweit sie überhaupt identifiziert werden können, oftmals über das ganze Land oder die ganze Welt verstreut leben, was erhebliche Kommunikationsprobleme mit sich bringen würde. Gerade im Bereich von Streuschäden, für die das Rechtsinstitut der Gruppenklage im besonderen Maße geeignet scheint, käme die Einführung einer Gruppenklage US-amerikanischer Prägung in Deutschland - zumindest bei Beibehaltung der jetzigen Verteilung des Prozessrisikos nach §§ 91 ff. ZPO – damit kaum in Betracht.

bb) Lösung des Problems durch Zulassung anwaltlicher Erfolgshonorare?

Zur Vermeidung der soeben aufgezeigten Schwierigkeiten im Zusammenhang mit der Verteilung des Prozessrisikos im deutschen Kostenrecht könnte sich anbieten, nach US-amerikanischem Vorbild die Vereinbarungen von Erfolgshonoraren für die den Rechtsstreit führenden Anwälte zuzulassen.[643] Bei dieser in den

---

641 Vgl. zu diesem Problem: Gottwald, ZZP 1978, 1 (24 ff.); Hopt/Baetge in: Basedow/Hopt/Kötz/Baetge, S. 11 (26 f.); Kötz: in Homburger/Kötz, S. 69 (72 ff.).

642 Hopt/Baetge in: Basedow/Hopt/Kötz/Baetge, S. 11 (26 f.).

643 So die Erwägung von Gottwald, ZZP 91 (1978), 1 (26 f.). Auch Hopt/Baetge in: Basedow/Hopt/Kötz/Baetge, S. 11 (26 f.) ziehen die Zulassung eines Erfolgshonorars als eine von mehreren Alternativen in Betracht.

USA nicht nur im Zusammenhang mit Gruppenklagen üblichen Art der Anwaltshonorierung trägt letztlich der Anwalt das Prozessrisiko. Nur das starke finanzielle Eigeninteresse des Anwalts am Ausgang der Klage und die damit einhergehende Bereitschaft zur Übernahme des Prozessrisikos macht dort letztlich die Durchführung einer Gruppenklage möglich. Gruppenklage und die Zulässigkeit von anwaltlichen Erfolgshonoraren scheinen sich mithin gegenseitig zu bedingen. Einen Fingerzeig in diese Richtung gibt auch die Tatsache, dass die meisten der Staaten, die zwischenzeitlich eine Gruppenklage eingeführt haben, diesen Schritt mit der Zulassung von Erfolgshonoraren verbunden haben.[644]

cc) Gegenanzeigen

Gegen die Zulassung von anwaltlichen Erfolgshonoraren in Deutschland ließen sich aber auch Bedenken anführen. Zum einen könnte die mit der Vereinbarung eines Erfolgshonorars einhergehende Stellung des Anwalts als Prozessunternehmer im Widerspruch zum beruflichen Selbstverständnis der deutschen Anwaltschaft nach dem einschlägigen Standesrecht stehen.[645] Zum anderen könnte die Übernahme der US-amerikanischen Regelung Gefahr laufen, sämtliche Missstände zu importieren, die dort gerade im Zusammenhang mit der unternehmerischen Stellung des Anwalts zu Tage getreten sind.

(1) Kollision mit dem anwaltlichen Standesrecht in Deutschland

In Deutschland ist die Vereinbarung von Erfolgshonoraren derzeit nicht möglich. Zwar schweigt die BRAGO als eigentlicher Regelungsort des anwaltlichen Gebührenrechts zu diesem Thema. Ein ausdrückliches Verbot von Erfolgshonoraren findet sich jedoch in § 49 Abs. 2 BRAO. Die Regelung trägt dem in § 1 BRAO festgeschriebenen Berufsbild des Rechtsanwalts als unabhängiges Organ der Rechtspflege Rechnung. Der Rechtsanwalt ist in diesem Zusammenhang nicht allein der Vertreter privater Interessen, sondern er wirkt darüber hinaus an der Seite des Gerichts an der Rechtspflege mit. Mit dieser herausgehobenen und unabhängigen Stellung des Rechtsanwalts wäre die mit der Vereinbarung von Erfolgshonoraren einhergehende einseitige Verquickung seiner eigenen Vermögensinteressen mit dem Interesse der Partei an einem ihr günstigen Ausgang des Verfahrens *de lege lata* kaum zu vereinbaren. Aus diesem Grund bescheinigt auch der BGH derartigen Abreden zwischen Anwalt und Mandant in ständiger Rechtsprechung die Nichtigkeit nach § 138 Abs. 2 BGB.[646] Zu berücksichtigen ist jedoch, dass es sich bei der soeben konstatierten Unvereinbarkeit von Erfolgshonoraren mit dem anwaltlichen Standesrecht und den guten Sitten um eine

---

644 Vgl. Hopt/Baetge, a.a.O. S. 11 (26).

645 So Gottwald, ZZP 91 (1978), 1 (26).

646 BGH, NJW 1981, 998 (999); BGH, NJW 1987, 3203 (3204).

Momentaufnahme handelt. Dem Gesetzgeber ist es *de lege ferenda* nicht verwehrt, eine derartige Vergütungsform dort, wo er sie etwa zur Ergänzung einer bereichsspezifischen Gruppenklage für erforderlich hält, durch Änderung der einschlägigen Gesetze ausdrücklich zuzulassen. Dies würde aber u.a. eine sehr weitreichende Reform des anwaltlichen Standesrechts voraussetzen. Es stellt sich in diesem Zusammenhang – insbesondere im Hinblick auf die in den USA im Zusammenhang mit der Stellung des Anwalts als Prozessunternehmer aufgetretenen Missstände – die Frage, ob eine solche durchgreifende Änderung des anwaltlichen Berufsbildes für Deutschland wünschenswert ist. Darauf ist sogleich einzugehen.

(2) Missbrauchsgefahr im Zusammenhang mit der Stellung des Anwalts als Prozessunternehmer

Es wurde bereits mehrfach erwähnt, dass der wesentlicher Initiator und Akteur einer Gruppenklage US-amerikanischer Prägung nicht das einzelne Gruppenmitglied und auch nicht der formell klagende Repräsentant der Gruppe ist, sondern einzig der den Prozess auf eigenes wirtschaftliches Risiko betreibende Klägeranwalt, dem sich in diesem Zusammenhang zahlreiche Missbrauchsmöglichkeiten eröffnen.[647] Zum einen wird dem Anwalt durch die mit der Erhebung einer Gruppenklage verbundene negative Öffentlichkeitswirkung einerseits und die niedrigen Voraussetzungen an die Darlegungslast andererseits der Anreiz gegeben, auch in aussichtslosen Fällen den Beklagten durch Erhebung einer Klage zu einem Vergleichsschluss zu zwingen (*strike suits*). Zum anderen birgt die fehlende Kotrolle der Gruppenmitglieder gegenüber ihrem Anwalt die Gefahr, dass letzterer aus sachfremden Erwägungen heraus, die insbesondere mit seiner eigenen Kostenbilanz verknüpft sind, zu verfrühten Vergleichen tendiert, und damit in aussichtsreichen Fällen die Interessen der Gruppe schädigt. Die aufgezeigten Missbräuche des Rechtsinstituts der Gruppenklage durch am Erfolg des Verfahrens wirtschaftlich beteiligte Rechtsanwälte lassen die Einführung der Gruppenklage bei gleichzeitiger Zulassung von Erfolgshonoraren auch unabhängig von der derzeit in Deutschland bestehenden Rechtslage nicht als wünschenswert erscheinen. Vielmehr steht zu befürchten, dass ein verbreitetes Auftreten der in den USA bereits zu Tage getretenen Missstände auch in Deutschland dem Ansehen des Anwaltsberufs erheblichen Schaden zufügen würde. Die Zulassung von anwaltlichen Erfolgshonoraren stellt sich damit nicht als geeignetes Mittel dar, die Friktionen des Rechtsinstituts der Gruppenklage mit dem derzeitigen deutschen Kostenrecht zu beheben.[648]

---

[647] Siehe dazu vorstehend unter: Vierter Teil, C. V.

[648] So auch Kötz in: Homburger/Kötz, S. 87 (dort auch FN 11); AA. dagegen Gottwald, ZZP 1978, 1 (26 f.), der zwar auch die Zulassung von Erfolgshonoraren ablehnt, stattdessen

c) Unvereinbarkeit mit den Grundlagen des deutschen Schadensrechts

Bedenken könnte sich die Einführung einer Gruppenklage nach US-amerikanischem Vorbild im Hinblick auf das dort vorgesehene Verfahren der Schadensberechnung und -verteilung ausgesetzt sehen. Wie bereits erwähnt, vollzieht sich dieses Verfahren in zwei Schritten. Zunächst wird der insgesamt zu zahlende Gesamtschaden berechnet. In einem zweiten Schritt erfolgt sodann die Verteilung der durch den Schädiger hinterlegten Schadensersatzsumme auf die zu diesem Zeitpunkt identifizierbaren Gruppenmitglieder. In diesem Zusammenhang wurde aber ebenfalls bereits darauf hingewiesen, dass die Berechnung des durch die einzelnen Gruppenmitglieder erlittenen Schadens mit zahlreichen Schwierigkeiten verbunden ist, die sich schon daraus ergeben, dass es oftmals nicht möglich ist, jedes einzelne Gruppenmitglied zu identifizieren.[649] Die US-amerikanische Rechtsprechung behilft sich in diesen Fällen in der Regel mit der Berechnung eines Gesamtschadens, dessen Ansatzpunkte nicht der individuelle Verlust der Betroffenen sondern die Abschöpfung eines unrechtmäßigen Gewinns des Schädigers oder aber statistische Erwägungen sind.

aa) Verstoß gegen den Grundsatz der Totalreparation

Eine solche Methode der Schadensberechnung ist indes nicht vereinbar mit den Grundprinzipien des deutschen Schadensrechts. So stellt sich die von dem Nachweis individueller Schädigung losgelöste Berechnung eines Gesamtschadens als Verstoß gegen das schadensrechtliche Prinzip der Totalreparation dar, wonach ein nach den Regeln der jeweiligen Anspruchsgrundlage zurechenbarer Schaden (eingeschränkt durch ein etwaiges Mitverschulden des Geschädigten) in voller Höhe zu ersetzen ist. Zwar wird vor dem Hintergrund immer komplexerer Sozialbeziehungen und der damit einhergehenden Schadensverlagerungen heute auch in Deutschland zunehmend die Frage aufgeworfen, ob das Prinzip der Totalreparation nicht durch eine Wahrscheinlichkeit oder eine auf statistisch errechnete Markt- oder Umweltbeeinträchtigung gegründete Teilhaftung abgelöst werden sollte.[650] Allerdings wäre in diesem Zusammenhang der Gesetzgeber gefordert, derartige Angleichungen des materiellen Schadensrechts vorzunehmen. Ohne gleichzeitige Änderungen des materiellen Schadensrechts ist eine Abkehr vom Prinzip der Totalreparation auf dem Umweg über die Einführung eines prozessualen Rechtsinstituts kaum möglich.

---

aber für eine Übernahme der Gerichtskosten durch den Staat plädiert, wenn die Geltendmachung der Ansprüche im öffentlichen Interesse erfolgt ist.

649 Siehe dazu vorstehend unter: Vierter Teil, C. IV.

650 Vgl. zu dieser Diskussion Mertens in: Soergel, vor § 249, Rn. 1, 17 m.w.N.

bb) Fehlende individuelle Zuordnung des Gesamtschadens

Noch schwerwiegenderen Bedenken begegnet die dem Rechtsinstitut der Gruppenklage immanente Methode der Schadensberechnung aber im Hinblick auf die fehlende Individualisierbarkeit eines Teils der Gruppenmitglieder. Die Geltendmachung von Schadensersatz setzt nach §§ 249 ff. BGB die Schädigung eines Individuums voraus. Anspruchsinhaber ist damit gerade der Geschädigte. Daran ändert sich auch dann nichts, wenn der Anspruch des Geschädigten von einem Dritten im eigenen Namen eingeklagt wird. Wenn aber die Existenz eines Schadensersatzanspruches an das Vorhandensein eines individuell Geschädigten geknüpft ist, kann auch die Berechnung eines Gesamtschadens im Rahmen einer Gruppenklage nicht losgelöst von der Kenntnis der konkreten Anzahl individuell geschädigter Personen erfolgen.[651] Zwar kann sich das Gericht im Hinblick auf die Schadenshöhe und Fragen der Kausalität der in diesem Zusammenhang vorgesehenen prozessualen Beweiserleichterungen, wie zB. der Herabsetzung des Beweismaßes nach § 287 ZPO bedienen. *Hopt/Baetge* verweisen denn auch für den Fall der Einführung sowohl einer Verbandsklage als auch einer Gruppenklage durch den Gesetzgeber auf diese Vorschrift.[652] Die Beweismaßreduzierung des § 287 ZPO kann aber nur dort ansetzen, wo die Höhe bzw. die Verursachung des Schadens einer individualisierbaren Person in Frage steht. Keinesfalls lassen sich dagegen durch einen Rückgriff auf die Beweisvorschrift des § 287 ZPO die materiellen Voraussetzungen einer als subjektives Recht ausgestalteten Haftungsnorm, wie sie sowohl §§ 37 b, c WpHG als auch § 826 BGB darstellen, ersetzen. Kollektive Ansprüche eines anonymen Personenkreises sieht das deutsche Haftungsrecht nicht vor. Sie können daher auch prozessual nicht durchgesetzt werden.

II. Modell der Anspruchsdurchsetzung durch einen gemeinsamen Vertreter

1. Argumente für das vorgeschlagene Modell

Ebenso wie das Rechtsinstitut der Gruppenklage ist auch das Modell einer Anspruchsdurchsetzung durch einen gemeinsamen Vertreter dazu geeignet, dem Phänomen der rationalen Apathie entgegenzuwirken, indem die Ansprüche gebündelt und dadurch die Prozesskosten für den einzelnen gesenkt werden. Die prozessuale Durchsetzung der Anlegeransprüche durch den gerichtlich bestellten Vertreter macht – ähnlich wie die Gruppenklage US-amerikanischer Prägung –

---

651 A.A. Gottwald, ZZP, 91 (1978) 1 (29), der für das Recht des gewerblichen Rechtschutzes auf die dort übliche normative Berechnung des Schadens nach dem Verletzergewinn hinweist.

652 Hopt/Baetge in: Basedow/Hopt/Kötz/Baetge, S. 11 (46).

aufwendige Koordinationsmaßnahmen geschädigter Anleger zur Bündelung ihrer Ansprüche überflüssig.

Das Modell der Anspruchsdurchsetzung durch einen gemeinsamen Vertreter weist dabei jedoch weitaus weniger Brüche mit den Grundprinzipien des deutschen Verfassungs- und Zivilprozessrechts auf als eine bereichsspezifische Gruppenklage.

So bestehen wegen des dem Verfahren zugrunde liegenden *opt-in*-Modells kaum Bedenken im Hinblick auf die Vereinbarkeit mit Art. 2 Abs. 1 GG und der daraus hergeleiteten Dispositiosmaxime. Eine Rechtskrafterstreckung auf Gruppenmitglieder, die nicht ausdrücklich der Einbeziehung ihrer Ansprüche in das Verfahren zugestimmt haben, ist nicht vorgesehen. Als Problem könnte sich lediglich der Teil der Regelung darstellen, nach dem einem Anleger, der seinen Anspruch individuell durchsetzen möchte, nach dem Ermessen des Gerichts auch im Obsiegensfalle abweichend von § 91 ff. ZPO die Kosten des Verfahrens auferlegt werden können. So sehr das hinter diesem Regelungsvorschlag stehende Ziel einer Entlastung der Gerichte im Grundsatz zu begrüßen ist, liegt doch in der Umkehr der Kostentragungslast eine empfindliche Beschneidung der Dispositionsfreiheit des geschädigten Anlegers über seinen materiellen Anspruch. Er wäre letztlich vor die Wahl gestellt, entweder der Einbeziehung seiner Ansprüche in das kollektive Verfahren zuzustimmen oder seinen materiellen Anspruch in der Weise zu entwerten, dass sich dessen Durchsetzung angesichts des außerordentlichen Kostenrisikos als unwirtschaftlich darstellt. Noch gravierender würde sich diese Konsequenz auf diejenigen Anleger auswirken, die trotz der öffentlichen Bekanntmachung keine Kenntnis von der Durchführung des Verfahrens erlangt haben. Das vorgeschlagene Verfahren zur Anspruchsdurchsetzung durch einen gemeinsamen Vertreter ist also nur mit der Maßgabe umzusetzen, dass von der vorgeschlagenen Teilregelung über die außerordentliche Kostentragungspflicht des Einzelklägers abgesehen wird.

Im Gegensatz zur Gruppenklage nach US-amerikanischen Vorbild passt sich das neue Verfahren auch gut in die Regelungen des Kostenrechts nach §§ 91 ff. ZPO ein. Kläger ist im Hinblick auf sämtliche in das Verfahren einbezogene Ansprüche der gemeinsame Vertreter, der die Ansprüche als Partei kraft Amtes im eigenen Namen geltend macht. Primär trifft die Kostentragungslast im Unterliegensfalle daher den gemeinsamen Vertreter, dem die entstandenen Kosten allerdings im Rahmen des vorgesehenen Aufwendungsersatzes von den Anlegern zurückerstattet werden. Im Gegensatz zur Gruppenklage bestehen hier keine Bedenken gegen die Beteiligung der Anleger an den Kosten des Verfahrens, da die Einbeziehung ihrer Ansprüche im Rahmen des vorgeschlagenen *opt-in*-Modells auf freiwilliger Basis erfolgt.

Schließlich steht die Anspruchsdurchsetzung durch einen gemeinsamen Vertreter auch nicht im Widerspruch zu den Grundprinzipien des deutschen Schadensrechts. Das *opt-in*-Modell gewährleistet vielmehr, dass nur solche Schäden eingeklagt werden, die einer bestimmten Person zugeordnet werden können. Das Problem der Berechnung eines Gesamtschadens im Hinblick auf einen anonymen Personenkreis stellt sich hier im Gegensatz zu Gruppenklage nicht.

2. Argumente gegen das vorgeschlagene Modell

Als wesentliche Stärke des Modells der Anspruchsdurchsetzung durch einen gemeinsamen Vertreter wurde soeben die Vereinbarkeit der diesem Reformmodell immanten *opt-in*-Lösung mit den Grundprinzipien des deutschen Rechts herausgestellt. Andererseits bedingt gerade die *opt-in*-Lösung auch den einzigen wesentlichen Kritikpunkt an diesem Modell. Indem nämlich das Verfahren auf die Ansprüche derjenigen Geschädigten beschränkt wird, die ausdrücklich für die Durchführung dieses Verfahrens votiert haben, kann nicht die Durchsetzung eines größtmöglichen Anteils des infolge eines bestimmten schädigenden Ereignisses entstandenen Gesamtschadens gewährleistet werden. Im Hinblick auf das Ziel der Prävention von Fehlinformationen am Kapitalmarkt unter Ausnutzung der verhaltenssteuernden Wirkung von Schadensersatzzahlungen stellt sich das Modell der Anspruchsdurchsetzung durch einen gemeinsamen Vertreter daher – gegenüber dem Modell der Gruppenklage – als weniger effektiv dar.

III. Auswahl eines Verfahrens zur Führung eines Musterprozesses

1. Argumente für das vorgeschlagene Modell

Ebenso wie das Modell der Anspruchsdurchsetzung durch einen gemeinsamen Vertreter führt auch die im Maßnahmenkatalog der Bundesregierung vorgesehene Vorabentscheidung über das Vorliegen bestimmter Tatbestandsvoraussetzungen in einem Musterprozess nicht zu Friktionen mit wesentlichen Elementen des deutschen Rechtssystems. Eine Anspruchsdurchsetzung durch Dritte mit Rechtskrafterstreckung auf nicht am Verfahren beteiligte Anspruchsinhaber ist nicht vorgesehen, so dass verfassungsrechtliche Bedenken hier nicht bestehen. Indem das zuständige Gericht nur über die Ansprüche der direkt am Verfahren beteiligten Anspruchsinhaber entscheiden muss, stellen sich auch weder das verfahrensrechtliche Problem der Kostentragung noch das schadensrechtliche Problem bei der Berechnung des Gesamtschadens eines nicht näher individualisierbaren Personenkreises.

2. Argumente gegen das vorgeschlagene Modell

Wie schon das Modell der Anspruchsdurchsetzung durch einen gemeinsamen Vertreter stellt sich auch das Modell des Musterprozesses im Hinblick auf die erstrebte Durchsetzung eines größtmöglichen Teils des entstandenen Gesamtschadens im Vergleich zur Gruppenklage US-amerikanischer Prägung als weniger effektiv dar. Dies ergibt sich daraus, dass die geschädigten Anleger auch bei diesem Modell positiv darüber zu befinden haben, ob ihre Ansprüche von dem gerichtlichen Verfahren erfasst werden sollen oder nicht, während bei der Gruppenklage US-amerikanischer Prägung nur die Ansprüche nicht erfasst werden, deren Inhaber der Einbeziehung ihrer Ansprüche ausdrücklich widersprochen haben.

Das Problem der geringeren Effizienz stellt sich bei dem Modell des Musterprozesses sogar in verschärfter Form, da eine Koordination der Anspruchsdurchsetzung, wie sie im Modell des gemeinsamen Vertreters vorgesehen ist, hier gänzlich fehlt, ohne dass diesem Nachteil ein verfahrensrechtliches Äquivalent entgegengesetzt wird. Die dem Gericht an die Hand gegeben Möglichkeit, unter allen anhängig gemachten Verfahren ein einzelnes Verfahren zum Musterprozess zu deklarieren und die anderen Verfahren auszusetzen, stellt sich nur scheinbar als ein solches Äquivalent dar. Ziel eines Musterprozesses ist es, im Wege der klageweisen Geltendmachung eines einzelnen Anspruchs bestimmte für sämtliche Ansprüche präjudizielle Tatsachen- und Rechtsfragen vorab zu klären und dadurch das Prozessrisiko für die anderen Anspruchsinhaber zu minimieren. Wesentliches Problem bei Musterprozessen herkömmlicher Art ist dabei die drohende zwischenzeitliche Verjährung der zunächst nicht eingeklagten Ansprüche. Gerade in dieser Hinsicht stellt der Reformvorschlag der Bundesregierung aber keine Verbesserung dar, weil von der Vorabklärung von Einzelfragen in einem Musterprozess nur diejenigen Anleger profitieren sollen, die ihre Ansprüche bereits anhängig gemacht haben bzw. dem Verfahren nach Information von der Tatsache des Musterprozesses beigetreten sind. Die Klageerhebung begründet für diese Anleger aber bereits das volle Prozessrisiko. Für die nicht klagenden Anleger stellt sich dagegen – in Ermangelung einer Regelung im Reformvorschlag der Bundesregierung – auch weiterhin das Problem der zwischenzeitlichen Verjährung ihrer Ansprüche.

Als unbefriedigend stellt es sich zudem dar, dass sich die Möglichkeit der Vorabentscheidung in einem Musterverfahren nur auf die Teilfrage beschränken soll, ob es zu einem Verstoß gegen die Ad-hoc-Publizitätspflicht gekommen ist. Für die im Hinblick auf die Beweisaufnahme viel kostenintensivere Frage, ob und in welcher Höhe die Fehlinformation zu einer konkreten Kursbeeinflussung geführt hat, ist die Vorabklärung in einem Musterprozess dagegen nicht vorgesehen, obwohl sich gerade diese Frage besonders gut für eine einheitliche Klärung eignet.

IV. Fazit

Nach Abwägung der mit den einzelnen Reformmodellen verbundenen Vor- und Nachteile stellt sich das Modell der Anspruchsdurchsetzung durch einen gemeinsamen Vertreter als gegenüber den beiden anderen Modellen überlegen dar.

Zwar stellt sich die Gruppenklage US-amerikanischer Prägung als die effektivste Form der Anspruchsdurchsetzung dar, indem die Ansprüche aller Geschädigten von dem Verfahren erfasst werden, die der Einbeziehung nicht ausdrücklich widersprochen haben. Andererseits würde die Einführung einer Gruppenklage zu zahlreichen Friktionen mit dem deutschen Rechtsystem führen, die kaum hinnehmbar sind. So würde sich das der Gruppenklage immanente opt-out-Modell als Durchbrechung der im deutschen Zivilprozessecht geltenden Dispositionsmaxime und damit als Verstoß gegen Art. 2 Abs. 1 GG darstellen. Ungeklärt bliebe ferner das Problem der Kostentragung im Unterliegensfalle. Während eine anteilige Kostentragung durch die nicht am Verfahren beteiligten Gruppenmitglieder nach §§ 91 ff. ZPO kaum zumutbar währe und sich im Übrigen wegen der fehlenden Individualisierbarkeit eines Teils der Mitglieder auch als technisch undurchführbar erweisen würde, begegnet die Alternative einer Zulassung von Erfolgshonoraren wegen der mit dieser Vergütungsform einhergehenden Missbrauchsgefahr erheblichen Bedenken. Schließlich ist die im Rahmen der Gruppenklage übliche Berechnung eines Gesamtschadens für einen anonymen Kreis von Anspruchsinhabern mit den Grundprinzipien des deutschen Schadensrechts nicht vereinbar. Zwar ließe sich ein Teil der aufgezeigten Friktionen mit hohem Reformaufwand im Hinblick auf eine Umgestaltung des materiellen Schadensrechts, des Prozessrechts und des anwaltlichen Standesrechts beheben. Dies wäre indes mit einem Verzicht auf im Übrigen bewährte Rechtsinstitute verbunden, für welchen – gerade auch angesichts der fortbestehenden verfassungsrechtlichen Bedenken - solange keine Notwendigkeit besteht, als alternative Möglichkeiten einer kollektiven Anspruchsdurchsetzung in Betracht kommen.

Von den verbleibenden Modellen stellt aber nur das Modell der Anspruchsdurchsetzung durch einen gemeinsamen Vertreter eine solche Alternative dar. Zwar vermeiden beide verbleibenden Modelle gleichermaßen die für die Gruppenklage US-amerikanischer Prägung konstatierten Friktionen mit wesentlichen Grundlagen des deutschen Rechtssystems.[653] Allein das Modell der Anspruchs-

653 Für das Modell der Anspruchsdurchsetzung durch einen gemeinsamen Vertreter gilt dies aber mit dem Vorbehalt, dass die dort vorgeschlagene Teilregelung hinsichtlich des ge-

durchsetzung durch einen gemeinsamen Vertreter führt aber gegenüber den im bisherigen deutschen Prozessrecht bestehenden Möglichkeiten einer kollektiven Anspruchsdurchsetzung zu einer spürbaren Effizienzsteigerung, indem durch die vorgeschlagene Figur des gemeinsamen Vertreters die Koordination der Anspruchsdurchsetzung weiter verbessert wird. Kaum wesentliche Neuerungen bringt dagegen das von der Bundesregierung vorgeschlagene Modell der Vorabklärung von präjudiziellen Fragen im Rahmen eines Musterprozesses mit sich, da die Hauptprobleme, welche mit diesem Rechtsinstitut schon nach geltendem Recht einhergehen, wie insbesondere das Problem der drohenden Verjährung der nicht eingeklagten Ansprüche, weiterhin ungelöst bleiben.

Nach alldem stellt sich mithin das von der Corporate-Governance-Kommission vorgeschlagene Modell der Anspruchsdurchsetzung durch einen gemeinsamen Vertreter als beste Alternative dar. Friktionen mit dem bestehenden deutschen Rechtsystem sind mit Ausnahme der außerordentlichen Kostentragungslast des Einzelklägers nicht ersichtlich. Mit der Maßgabe der Streichung der Teilregelung empfiehlt sich daher eine Umsetzung dieses Reformmodells durch den Gesetzgeber.

Neunter Teil: Zusammenfassung des Ergebnisses der Arbeit und Schlussbetrachtung

Im Hinblick auf die Gewährleistung der Funktionsfähigkeit der Kapitalmärkte besteht ein starkes Bedürfnis, Verstößen gegen die Ad-hoc-Publizität gemäß § 15 WpHG auch im Wege der zivilrechtlichen Haftung vorzubeugen. Die Möglichkeiten einer zivilrechtlichen Inanspruchnahme der Emittenten und Organmitglieder stellten sich jedoch vor dem Inkrafttreten des Vierten Finanzmarktförderungsgesetzes als äußerst begrenzt dar. So verhinderte die Sperrfunktion des § 15 Abs. 6 S. 1 WpHG die direkte Herleitung einer zivilrechtlichen Haftung aus der Verpflichtung des Emittenten zur Ad-hoc-Publizität selbst. Als alternative Anspruchsgrundlage kam letztlich nur § 826 BGB ernsthaft in Betracht. Die Vorschrift verlangte jedoch nicht nur eine vorsätzliche Falschinformation durch den Emittenten, sondern sie stellte die Anleger zusätzlich im Hinblick auf den Nachweis des Schädigungsvorsatzes vor nahezu unlösbare Beweisprobleme.

Durch das Inkrafttreten des Vierten Finanzmarktförderungsgesetzes hat sich die Lage für die geschädigten Anleger deutlich verbessert. Mit den neugeschaffenen §§ 37 b, c WpHG stehen erstmals konkrete Anspruchsgrundlagen für eine Haf-

---

steigerten Prozesskostenrisikos des Einzelklägers gestrichen wird. Vgl. dazu bereits die vorstehenden Ausführungen unter: Achter Teil, D, II. 1.

tung des Emittenten wegen Verstößen gegen die Ad-hoc-Publizität zur Verfügung, wobei sich die Herabsenkung des Verschuldenserfordernisses auf grobfahrlässige Verstöße und die diesbezügliche Beweislastumkehr für die Anleger äußerst positiv auswirken. Zu kritisieren ist aber, dass §§ 37 b, c WpHG nur eine Haftung des Emittenten und nicht auch eine Haftung der für die konkrete Fehlinformation verantwortlichen Organmitglieder vorsehen, wodurch die Anleger auch weiterhin mit dem Insolvenzrisiko des Emittenten belastet sind.

Zu bemängeln ist ferner, dass die Neureglung nur Verstöße gegen die Ad-hoc-Publizitätspflicht erfasst. Wünschenswert wäre dagegen eine weitgefasste Haftungsnorm gewesen, welche auch sonstige Fehlinformationen des Kapitalmarktes, wie etwa Verstöße gegen die Zwischenberichtspublizität oder freiwillige Fehlinformationen im Rahmen von Pressekonferenzen und Analystengesprächen erfasst.

Unklar bleiben auch nach der gesetzlichen Neuregelung die Rechtsfolgen einer zivilrechtlichen Haftung wegen Verstößen gegen die Ad-hoc-Publizitätspflicht. Angesichts der zahlreichen Probleme, die sich hier gerade im Zusammenhang mit Fragen der Kausalität und des Umfangs des zu ersetzenden Kursschadens stellen, hätte eine detailliertere Regelung nahegelegen. Die Probleme lassen sich jedoch auch ohne eine solche Regelung unter Zugrundelegung der allgemeinen Grundsätze des Haftungs- und Schadensrechts in den Griff bekommen, wobei das Regelungsvorbild des US-amerikanischen Kapitalmarktrechts den Blick für die wesentlichen Problemstellungen schärft und brauchbare Lösungsansätze liefert.

Gänzlich ungeregelt geblieben ist schließlich die Frage nach Erleichterungen für eine kollektive Durchsetzung von Anlegeransprüchen im Prozess. Generell dient die Bündelung von Einzelansprüchen dazu, dem Problem der rationalen Apathie im Zusammenhang mit Streuschäden entgegenzuwirken und eine effektive Prävention von Gesetzesverstößen zu gewährleisten. Das Kapitalmarktrecht stellt dabei geradezu ein klassisches Anwendungsfeld für eine kollektive Anspruchsdurchsetzung dar. Zudem sind die in Betracht kommenden Anspruchsgrundlagen nach dem hier vertretenen Haftungsmodell, wonach nur der sog. „kleine Diffrenzschaden" zu ersetzen ist, in besonderem Maße zur gemeinsamen gerichtlichen Verhandlung geeignet, da der gesamte Komplex der Schadensermittlung für sämtliche Geschädigte einheitlich erfolgen kann.

Das deutsche Prozessrecht stellt zur Zeit keine ausreichenden Rechtsinstitute für eine kollektive Anspruchsdurchsetzung zur Verfügung. Von den bisher vorgeschlagenen Reformmodellen ist das Modell der Anspruchsdurchsetzung durch einen gemeinsamen Vertreter am besten zur Umsetzung durch den Gesetzgeber geeignet. Gegenüber dem Modell der Erweiterung des Musterverfahrens stellt sich dieses Modell als effizienter dar; gegenüber der Einführung einer Gruppenklage US-amerikanischer Prägung weist die Anspruchsdurchsetzung durch einen gemeinamen Vertreter eine deutlich bessere Verträglichkeit mit den Grundprinzipien des deutschen Verfassungs-, Prozess- und Schadensrechts auf.

Nachtrag

Nach Fertigstellung der Arbeit hat die Bundesregierung ihre bislang eher vagen Reformbemühungen im Bereich der kollektiven Anspruchsdurchsetzung von Anlegeransprüchen vorangetrieben. Dies manifestiert sich in dem Entwurf eines Gesetzes zur Einführung von Kapitalanleger-Musterverfahren (Kapitalanleger-Musterverfahrensgesetz – KapMuG) vom 17. November 2004.[654] Nach § 1 Abs. 1 KapMuG-E kann seitens eines Klägers durch Musterfeststellungsantrag in einem erstinstanzlichen Verfahren, in dem ein Schadenersatzanspruch u.a. wegen falscher, irreführender oderunterlassener öffentlicher Kapitalmarktsinformationen geltend gemacht wird, Feststellung des Vorliegens oder Nichtvorliegens einer anspruchsbegründenden oder anspruchsausschließenden Voraussetzung begehrt werden, wenn die Entscheidung des Rechtsstreits hiervon abhängt und bestimmte weitere Voraussetzungen vorliegen. Zuständig für die Durchführung des Musterverfahrens wäre nach dem Willen des Gesetzgebers das Oberlandesgericht. Die anderen Kläger sollen in diesem Verfahren beigeladen werden. Auf diese Weise soll der beschwerdefähige Musterentscheid Bindungswirkung nicht nur zwischen den Parteien des Musterverfahrens sondern auch hinsichtlich aller beigeladenen Kläger aus anderen Verfahren entfalten.

Auf die Details der vorgeschlagenen Regelung soll an dieser Stelle nicht mehr näher eingegangen werden. Zu begrüßen ist an der beabsichtigten Neuregelung zumindest die Aussicht, dass im Falle der Verabschiedung des Entwurfs durch den Gesetzgeber erstmalig für den Bereich des Anlegerschutzes ein gesetzlich geregeltes Rechtsinstitut zur gebündelten Durchsetzung von Anlegeransprüchen zur Verfügung stehen würde. Als unbefriedigend erscheint es dagegen, dass das Musterverfahren offensichtlich nur zur Klärung der Frage des Bestehens von Tatbestandsvoraussetzungen der maßgeblichen Haftungsnormen vorgesehen ist, während die Klärung des ersatzfähigen Schadens wohl nach dem Willen der Bundesregierung nach wie vor den jeweiligen Einzelverfahren vorbehalten bleiben soll. Eine solche Beschränkung ist jedoch schon deshalb nicht zielführend, weil – wie bereits an anderer Stelle ausgeführt - die Frage der fehlinformationsbedingten Kursbeeinflussung in besonderem Maße zur einheitlichen Verhandlung geeignet ist. Darüber hinaus stellt sich gerade die Klärung dieser Frage als besonders kostenintensiv dar, da die Kursbeeinflussung nur durch ein umfangreiches Sachverständigengutachten belegt werden kann. Sollte es im Hinblick

[654] Abrufbar unter www.bmj.bund.de/Gesetzentwürfe/Handels- und Wirtschaftsrecht

auf diese Frage bei der getrennten Verhandlung bleiben, stünde daher zu befürchten, dass viele geschädigte Anleger wegen des hohen Kostenrisikos auch in Zukunft von der Durchsetzung ihrer Ansprüche Abstand nehmen würden. Das gesetzgeberische Reformziel einer effektiveren Durchsetzbarkeit von Streuschäden würde in diesem Falle verfehlt.

Literaturverzeichnis

Arens, Peter
Dogmatik und Praxis der Schadensschätzung, ZZP 88 (1975), 1.

Assmann, Heinz-Dieter
Prospekthaftung als Haftung für die Verletzung kapitalmarktbezogener Informationsverkehrspflichten nach deutschem und US-amerikanischem Recht, Köln, Berlin, Bonn, München, 1985.

ders.
Das künftige deutsche Insiderrecht (II), AG 1994, 237.

ders.
Der Inhalt des Schadensersatzanspruchs fehlerhaft informierter Kapitalanleger, in: Festschrift für Hermann Lange, Stuttgart, Berlin, Köln, 1992.

Assmann, Heinz-Dieter / Schneider, Uwe H. (Hrsg.)
Wertpapierhandelsgesetz, Kommentar, 2. Auflage, Köln 1999
(zitiert: Bearbeiter in: Assmann/Schneider)

Assmann, Heinz-Dieter / Schütze, Rolf A.
Handbuch des Kapitalanlagerechts, 2. Aufl., München, 1996
(zitiert: Bearbeiter in: Assmann/Schütze).

Baetge, Dietmar / Wöbke, Jörn
Die Class Action im US-amerikanischen Börsenrecht, in: *Basedow, Jürgen / Hopt, Klaus / Kötz, Hein / Baetge, Dietmar*: Die Bündelung gleichgerichteter Interessen im Prozeß – Verbandsklage und Gruppenklage, Tübingen, 1999
(zitiert: Baetge/Wöbke in: Basedow/Hopt/Kötz/Baetge).

Barnert, Thomas
Deliktischer Schadensersatz bei Kursmanipulation de lege lata und de lege ferenda – Zugleich eine Besprechung zu den Urteilen LG Augsburg vom 24.9.2001 = WM 2001, 1944 und LG Augsburg vom 9.1.2002 = WM 2002, 592 -, WM 2002, 1474.

Basedow, Jürgen / Hopt, Klaus / Kötz, Hein / Baetge, Dietmar
Die Bündelung gleichgerichteter Interessen im Prozeß – Verbandsklage und Gruppenklage, Tübingen, 1999
(zitiert: Bearbeiter in: Basedow/Hopt/Kötz/Baetge).

Baumbach, Adolf / Hopt, Klaus
Handelsgesetzbuch, Kommentar, 30. Aufl., München, 2000
(zitiert: Bearbeiter in: Baumbach/Hopt).

Black, Barbara
Fraud on the Market: A criticism of dispensing with reliance requirements in certain open market transactions, 62 N.C.L.Rev. 435 (1984).

Bonner Kommentar zum Grundgesetz
Hamburg/Heidelberg, 1950 ff., Bd. II
(zitiert: Bearbeiter in BK).

Brondics, Klaus / Mark, Jürgen
Die Verletzung von Informationspflichten im amtlichen Markt nach der Reform des Börsengesetzes, AG 1989, 339.

Burgard, Ulrich
Ad-hoc-Publizität bei gestreckten Sachverhalten und mehrstufigen Entscheidungsprozessen, ZHR 162 (1998), 51.

Bydlinsky, Franz
Juristische Methodenlehre und Rechtsbegriff, Wien, New York, 1982.

Cahn, Andreas
Grenzen des Markt- und Anlegerschutzes durch das WpHG, ZHR 162 (1998), 1.

Canaris, Claus-Wilhelm
Bankvertragsrecht, 2. Aufl, Berlin, New York, 1981.

ders.
Leistungsstörungen beim Unternehmenskauf, ZGR 11 (1982), 395.

Cappelletti, Mauro
Access to Justice, RabelsZ 40 (1976), 669.

Claussen, Carsten Peter
Dem neuen Markt eine zweite Chance, BB 2002, 105.

Cornell, Bradford / Morgan, R. Gregory
Using Finance Theory to measure damages in Fraud on the Market cases, 37 UCLA 883 (1990).

Dankmeyer, Udo
Steuerersparnis aus Abschreibungsverlusten als gewerblicher Gewinn?, DB 1984, 365.

Dreyling, Georg / Schäfer, Frank
Insiderrecht und Ad-hoc-Publizität – Praxis und Entwicklungstendenzen, Köln 2001.

Easterbrook, F.H. / Fischel, D.R.
Optimal damages in securities cases, 52 U. Chi. L. Rev. 611 (1985).

Eichholtz, Stephanie
Die US-amerikanische Class Action und ihre deutschen Funktionsäquivalente, Tübingen, 2002.

Eidenmüller, Horst
Effizienz als Rechtsprinzip: Möglichkeiten und Grenzen der ökonomischen Analyse des Rechts, Tübingen, 1995.

Fezer, Karl-Heinz
Aspekte einer Rechtskritik an der economic analysis of law und am property rights approach, JZ 1986, 817.

Fleischer, Holger
Empfiehlt es sich im Interesse des Anlegerschutzes und zur Förderung des Finanzplatzes Deutschland das Kapitalmarkt- und Börsenrecht neu zu regeln? Gutachten für den 64. Deutschen Juristentag, kapitalmarktrechtliches Teilgutachten, München 2002.

ders.
Konkurrenzprobleme um die culpa in contrahendo: Fahrlässige Irreführung versus arglistige Täuschung – zugleich eine Besprechung von BGH, Urteil vom 26.9.1997 – V ZR 29/96, NJW 1998, 302, AcP 2000, 91.

ders.
Kapitalmarktrechtliche Schadensersatzhaftung und Kurseinbrüche an der Börse, AG 2002, 329.

ders.
Das Vierte Finanzmarktförderungsgesetz, NJW 2002, 2977.

ders.
Der Inhalt des Schadensersatzanspruchs wegen unwahrer oder unterlassener unverzüglicher Ad-hoc-Mitteilungen, BB 2002, 1869.

Fürhoff, Jens
Kapitalmarktrechtliche Ad-hoc-Publizität zur Vermeidung von Insiderkriminalität – Die Notwendigkeit einer kapitalmarktrechtlichen Ad-hoc-Publizitätsnorm zur Legitimation eines strafrechtlichen Insiderhandelsverbots, Frankfurt am Main, Berlin, Bern, Brüssel, New York, Oxford, Wien 2000.

Fürhoff, Jens / Wölk, Armin
Aktuelle Fragen zur Ad-hoc-Publizität, WM 1997, 449.

Gehrke, Wolfgang / Steiner, Manfred
Handwörterbuch des Bank- und Finanzwesens, 3. Aufl., Stuttgart, 2001
(zitiert: Bearbeiter in: Gehrke/Steiner).

Gehrt, John Alexander
Die neue Ad-hoc-Publizität nach § 15 Wertpapierhandelsgesetz: eine kritische Betrachtung im Vergleich zur französischen und angloamerikanischen Regelung, Baden-Baden, 1997.

Geibel, Stefan / Süssmann, Rainer
Wertpapiererwerbs- und Übernahmegesetz, Kommentar, München, 2002
(zitiert: Bearbeiter in: Geibel/Süssmann)

Geßler, Ernst / Hefermehl, Wolfgang / Eckardt, Ulrich / Kropff, Buno u.a.
Aktiengesetz, Kommentar, München, 1973 ff.
Bd. VI, §§ 291 – 410, Stand: 1994
(zitiert: Bearbeiter in: Geßler/Hefermehl)

Gottwald, Peter
Class Actions auf Leistung von Schadensersatz nach amerikanischem Vorbild im deutschen Zivilprozeß? ZZP 91 (1978), 1.

ders.
Schadenszurechnung und Schadensschätzung, München, 1997.

Greiner, Christoph
Die Class Action im amerikanischen Recht und deutscher Ordre Public, Frankfurt a.M., Berlin, Bern, New York, Paris, Wien, 1998.

Grigoleit, Hans Christoph
Neuere Tendenzen zur schadensrechtlichen Vertragsaufhebung, NJW 1999, 900.

Groß, Wolfgang
Kapitalmarktrecht, Kommentar zum Börsengesetz, Börsenzulassungs-Verordnung, zum Verkaufsprospektgesetz und zur Verkaufsprospektverordnung, 2. Aufl., München, 2003.

ders.
Haftung für fehlerhafte oder fehlende Regel- oder Ad-hoc-Publizität, WM 2002, 477.

Großkommentar zum Aktiengesetz, Berlin New York
3. Aufl., 1970 ff., Bd. 4, §§ 291 – 410, Stand: 1975
4. Aufl., 1992 ff., Einleitung, Stand: 1992
(zitiert: Bearbeiter in: Großkommentar).

Großmann, Klaus
Praxisrelevante Änderungen des Wertpapierhandelsgesetzes – Die Auswirkungen des Vierten Finanzmarktförderungsgesetzes, DB 2002, 2031.

Grundmann, Stefan
Methodenpluralismus als Aufgabe – Zur Legalität von ökonomischen und rechtsethischen Argumenten in Auslegung und Rechtsanwendung, RabelsZ 61 (1997), 425.

Grunsky, Wolfgang
Grundlagen des Verfahrensrechts, Bielefeld, 1970.

Gruson, Michael / Wiegman, William J.
Die Ad-hoc-Publizitätspflicht nach amerikanischem Recht und die Auslegung von § 15 WpHG, AG 1995, 173.

Happ, Wilhelm
Zum Regierungsentwurf eines Wertpapierhandelsgesetzes, JZ 1994, 240.

Heck,Philipp
Grundriß des Schuldrechts, Tübingen, 1929.

Heidmeier, Heiner
Die Ad-hoc-Publizität gemäß § 44 a BörsG im System der Berichtspflichten für börsennotierte Aktiengesellschaften, AG 1992, 110.

Hess, Burkhard
Sammelklagen im Kapitalmarktrecht, AG 2003, 113.

Hirte, Heribert
Die Ad-hoc-Publizität im System des Aktien- und Börsenrechts, in: Hadding, Walther / Hopt, Klaus / Schimansky, Herbert (Hrsg.), Das Zweite Finanzmarktförderungsgesetz in der praktischen Umsetzung, berlin, New York, 1996, S. 47.

Homburger, Adolf / Kötz, Hein
Klagen Privater im öffentlichen Interesse, Frankfurt a.M., 1975
(zitiert: Bearbeiter in: Homburger/Kötz).

Hopt, Klaus
Kapitalmarktrecht im Recht der Banken, München, 1975.

ders.
Grundsatz- und Praxisprobleme nach dem Wertpapierhandelsgesetz – insbesondere Insidergeschäfte und Ad-hoc-Publizität, ZHR 159 (1995), 135.

Hopt, Klaus / Baetge, Dietmar
Rechtsvergleichung und Reform des deutschen Rechts – Verbandsklage und Gruppenklage in: *Basedow, Jürgen / Hopt, Klaus / Kötz, Hein / Baetge, Dietmar*: Die Bündelung gleichgerichteter Interessen im Prozeß – Verbandsklage und Gruppenklage, Tübingen, 1999
(zitiert: Hopt/Baetge in: Basedow/Hopt/Kötz/Baetge).

Horn, Norbert
Zur ökonomischen Rationalität des Privatrechts – Die privatrechtstheoretische Verwertbarkeit der „Economic Analysis of Law", AcP 176 (1976), 307.

Hüffer, Uwe
Aktiengesetz, Kommentar, 5. Aufl., München, 2002.

Jacobs, Arnold S.
The measure of damages in Rule 10 b 5 cases, 65 Geo L.J. 1093 (1977).

Jarass, Hans / Pieroth, Bodo
Grundgesetz für die Bundesrepublik Deutschland, Kommentar, 5. Aufl., München, 2000
(zitiert: Bearbeiter in: Jarass/Pieroth)

Kästner, Karin
Aktienrechtliche Probleme der D&O-Versicherung, AG 2000, 113.

Kalss, Susanne
Anlegerinteressen – Der Anleger im Handlungsdreieck von Vertrag, Verband und Markt, Wien, New York, 2001.

dies.
Die rechtliche Grundlage kapitalmarktbezogener Haftungsansprüche, ÖBA 2000, 641.

Kiem, Roger / Kotthoff, Jobst
Ad-hoc-Publizität bei mehrstufigen Entscheidungsprozessen, DB 1995, 1999.

von Klitzing, Joachim
Die Ad-hoc-Publizität – Zwischen europäischer Vorgabe und nationaler Umsetzung und zwischen Kapitalmarktrecht und Gesellschaftsrecht, Köln, Berlin, Bonn, München 1999.

Knöpfle, Robert
Zur Problematik der Beurteilung einer Norm als Schutzgesetz im Sinne des § 823 Abs. 2 BGB, NJW 1967, 697.

Koch, Harald
Haftung für Massenschäden – Recht, Handlungspraxis, rechtspolitischer Handlungsbedarf, JZ 1998, 801.

Kölner Kommentar
Aktiengesetz, (hier noch 1. Aufl.), Köln, 1970/1984)
Bd. 3, §§ 291 – 410, Stand: 1984
(zitiert: Bearbeiter in KK)

Köndgen, Johannes
Zur Theorie der Prospekthaftung (I), AG 1983, 85.

Kötz, Hein
Deliktsrecht, 8. Aufl., Neuwied, Kriftel, Berlin, 1998.

ders.
Ziele des Haftungsrechts, in: Festschrift für Ernst Steindorff, Berlin, New York, 1990, S. 643.

ders.
Klagen Privater im öffentlichen Interesse, in: *Homburger, Adolf / Kötz, Hein*, Klagen Privater im öffentlichen Interesse, Frankfurt a.M., 1975, S. 69.
(zitiert: Kötz in: Homburger/Kötz)

Kopp, Ferdinand / Schenke, Wolf-Rüdiger
Verwaltungsgerichtsordnung, Kommentar, 12. Aufl., München, 2000.

Lange, Hermann / Schiemann, Gottfried
Schadensersatz, 3. Auflage, Tübingen, 2003.

Larenz, Karl
Lehrbuch des Schuldrechts, Bd. I, Allgemeiner Teil, 14. Aufl., München, 1987.

ders.
Methodenlehre der Rechtswissenschaft, 6. Aufl., Berlin, Heidelberg, New York. London, Paris, Tokio, Hongkong, Barcelona, Budapest, 1991.

Larenz, Karl / Canaris, Claus-Wilhelm
Lehrbuch des Schuldrechts, Bd. II, Hbd. 2, Besonderer Teil, 13. Aufl., München, 1994.

Lieb, Martin
Vertragsaufhebung oder Geldersatz? – Überlegungen über die Rechtsfolgen der culpa in contrahendo, in: Festschrift der rechtswissenschaftlichen Fakultät zur 600-Jahr-Feier der Universität zu Köln, Köln, Berlin, Bonn, München, 1988.

Lindacher, Walter
Konfliktregelung durch Musterprozeß, JA 1998, 404.

Loesche, Marco
Die Erheblichkeit der Kursbeeinflussung in den Insiderhandelsverboten des Wertpapierhandelsgesetzes, WM 1998, 1849.

Löwe, Henning
Der Gedanke der Prävention im deutschen Schadensersatzrecht – die Flucht in den Geldersatz immaterieller Schäden – zugleich eine Besprechung der Caroline-Urteile des Bundesgerichtshofs und des Draehmpaehl-Urteils des Europäischen Gerichtshofs, Frankfurt, Berlin, Bern, Brüssel, New York, Oxford, Wien, 2000.

Lorenz, Stephan
Vertragsaufhebung wegen culpa in contrahendo: Schutz der Entscheidungsfreiheit oder des Vermögens – Eine Besprechung des Urteils des Bundesgerichtshofs vom 26. September 1997, ZIP 1998, 1053.

Loss, Louis / Seligmann, Joel
Fundamentals of Securities Regulation, 4 th ed., Gaithersburg, New York, 2001.

Maier-Reimer, Georg / Webering, Annabel
Ad-hoc-Publizität und Schadensersatzhaftung – Die neuen Haftungsvorschriften des Wertpapierhandelsgesetzes, WM 2002, 1857.

Maunz, Theodor / Dürig, Günther / Herzog, Roman
Grundgesetz, Kommentar, München, 1958 ff., Bd. V, Art. 91 a – 146
(zitiert: Bearbeiter in: Maunz-Dürig)

Maurer, Hartmut
Allgemeines Verwaltungsrecht, 13. Aufl., München, 2000.

Medicus, Dieter
Grenzen der Haftung für culpa in contrahendo, JuS 1965, 209.

Meyer-Cording, Ulrich
Die Börsenprospekthaftung heute?, BB 1984, 2092.

Möllers, Thomas M. J.
Anlegerschutz durch Aktien- und Kapitalmarktrecht, ZGR 1997, 334.

Möllers, Thomas M. J. / Leisch, Franz Clemens
Haftung von Vorständen gegenüber Anlegern wegen fehlerhafter Ad-Hoc-Meldungen nach § 826 BGB, WM 2001, 1648.

Münchner Kommentar zum Bürgerlichen Gesetzbuch
3. Aufl., Bd. 5, §§ 705 – 853, München, 1997
4. Aufl., Bd. 2, §§ 249 – 432, München, 2001
(zitiert: Bearbeiter in: MüKo)

Münchner Kommentar zur Zivilprozessordnung
2. Auflage, München, 2000
Bd. 1, §§ 1 – 354
(zitiert: Bearbeiter in: MüKo ZPO)

Münchner Kommentar zum Handelsgesetzbuch
München, 1996 ff.
Bd. 4, §§ 238 – 342a (Stand: 2001)
(zitiert: Bearbeiter in: MüKo HGB)

Mühlbert, Peter
Aktiengesellschaft, Unternehmensgruppe und Kapitalmarkt – Die Aktionärsrechte bei Bildung und Umbildung einer Unternehmensgruppe zwischen Verbands- und Anlegerschutzrecht, München, 1995.

Musielak, Hans-Joachim (Hrsg.)
Kommentar zur Zivilprozessordnung, 3. Aufl., München, 2002
(zitiert: Bearbeiter in: Musielak).

ders.
Beweislastverteilung nach Gefahrenbereichen – Eine kritische Betrachtung der Gefahrenkreistheorie des Bundesgerichtshofs, AcP 176, 465.

Note (Leas)
The measure of damages in Rule 10b-5 cases involving actively traded securities, 26 Stan. L.Rev. 371 (1974).

Otto, Harro
Aktienstrafrecht, Erläuterungen zu den §§ 399 – 410 AktG, Sonderausgabe zum Großkommentar AktG, Berlin, New York, 1997.

Palandt, Otto (Begr.)
Bürgerliches Gesetzbuch, Kommentar, 62. Aufl., München, 2003.
(zitiert: Bearbeiter in: Palandt)

Pellens, Bernhard / Fülbier, Rolf-Uwe
Publizitätspflichten nach dem WpHG, DB 1994, 1381.

Pleyer, Klemens / Hegel, Thomas
Die Bedeutung des neuen § 264 a StGB für die zivilrechtliche Prospekthaftung bei der Publikums-KG, ZIP 1987, 79.

Pluskat, Sorika
Der Schutz des Anlegerpublikums bei Veröffentlichung unwahrer Tatsachen, Finanz Betrieb 2002, 235.

Poetzsch, Thorsten
Das dritte Finanzmarktförderungsgesetz, WM 1998, 949.

Posner, Richard A.
Economic Analysis of Law, 5th ed., New York, 1998.

Prölss, Jürgen
Beweiserleichterungen im Schadensersatzprozeß, Karlsruhe, 1966.

Prütting, Hanns
Gegenwartsprobleme der Beweislast - Eine Untersuchung moderner Beweislasttheorien und ihrer Anwendung insbesondere im Arbeitsrecht, München, 1983.

Prütting, Hanns / Weth, Stephan
Der Fall Girmes als ein Problem des Rechtsberatungsgesetzes, ZIP 1994, 424.

Ratner, David L.
Securities Regulation in a nutshell, 4th ed., St. Paul, MN, 1992.

Reichert, Jochem / Weller, Marc-Philippe
Haftung von Kontrollorganen – Die Reform der aktien- und kapitalmarktrechtlichen Haftung, ZRP 2002, 49.

Rennen Günther / Caliebe, Gabriele
Rechtsberatungsgesetz, Kommentar, 3. Aufl. München, 2001.

Rieckers, Oliver
Haftung des Vorstands für fehlerhafte Ad-hoc-Meldungen de lege lata und de lege ferenda, BB 2002, 1213.

Rodewald, Jörg / Siems / Matthias
Haftung für die „frohe Botschaft“ – Rechtsfolgen falscher Ad-Hoc-Mitteilungen, BB 2001, 2437.

Rössner, Michael-Christian
Beweisprobleme für die Kursrelevanz fehlerhafter Unternehmensmeldungen, AG-Report 2003 R 16.

ders.
Beweisnot im Zivilprozeß und Strafverfahren wegen Kursmanipualtion nach § 88 BörsG, AG-Report 2003, R 17.

Rössner, Michael-Christian / Bolkart, Johannes
Schadensersatz bei Verstoß gegen Ad-Hoc-Publizitätspflichten nach dem 4. Finanzmarktförderungsgesetz, ZIP 2002, 1471.

Rosenberg, Leo / Schwab, Karl-Heinz / Gottwald, Peter
Zivilprozessrecht, 15. Aufl., München 1993.

Rützel, Stefan
Der aktuelle Stand der Rechtsprechung zur Haftung bei Ad-hoc-Meldungen, AG 2003, 69.

Schäfer, Hans-Bernd
Anreizwirkungen bei der Class Action und der Verbandsklage in: *Basedow, Jürgen / Hopt, Klaus / Kötz, Hein / Baetge, Dietmar,* Die Bündelung gleichgerichteter Interessen im Prozeß – Verbandsklage und Gruppenklage, Tübingen, 1999
(zitiert: Schäfer in: Basedow/Hopt/Kötz/Baetge).

Schäfer, Hans-Bernd / Ott, Claus
Lehrbuch der ökonomischen Analyse des Zivilrechts, 3. Aufl., Berlin, Heidelberg, New York, Barcelona, Hongkong, London, Mailand, Paris, Singapur, Tokio, 2000.

Schander, Albert A. / Lucas, Johannes H.
Die Ad-hoc-Publizität im Rahmen von Übernahmevorhaben, DB 1997, 2109.

Scherzberg, Arno
Grundlagen und Typologie des subjektiv-öffentlichen Rechts, DVBl. 1988, 129.

Schlitt, Michael
Die neuen Marktsegmente der Frankfurter Wertpapierbörse – Struktur, Zulassungsvoraussetzungen und Folgepflichten, AG 2003, 57.

Schlosser, Peter
Urteilswirkungen und rechtliches Gehör, JZ 1967, 431.

Schmiedel, Burkhard
Deliktsobligationen nach deutschem Kartellrecht – Zivilrechtsdogmatische Grundlegung: Untersuchungen zu § 823 Abs. 2 BGB, Tübingen, 1974.

Schmitt Glaeser, Walter
Verwaltungsprozeßrecht, 14. Aufl., Stuttgart, München, Hannover, Berlin, Weimar, Dresden, 1997.

Schöneberger, Andreas
Ökonomische Analyse der Notwendigkeit und Effizienz des börsengesetzlichen Haftungsregimes, Baden-Baden, 2000.

Schönke, Adolf (Begr.) / Schröder, Horst
Strafgesetzbuch, Kommentar, 26. Aufl., München, 2001
(zitiert: Bearbeiter in: Schönke/Schröder)

Schwark, Eberhard
Anlegerschutz durch Wirtschaftsrecht, Entwicklungslinien, Prinzipien, und Fortbildung des Anlegerschutzes, zugleich ein Beitrag zur Überlagerung bürgerlich-rechtlicher Regelung und gewerbepolizeilicher Überwachung durch Wirtschaftsrecht, München, 1979.

Sittmann, Jörg W.
Die Prospekthaftung nach dem Dritten Finanzmarktförderungsgesetz, NZG 1998, 490.

Soergel, Hs.Th. (Begr.)
Bürgerliches Gesetzbuch mit Einführungsgesetz und Nebengesetzen, Kommentar, 12. Aufl., Stuttgart, Berlin, Köln, 1987 ff.
Bd. 2, §§ 241 – 432, Stand: 1990
Bd. 5/2, §§ 823 – 853, Stand: 1998
(zitiert: Bearbeiter in: Soergel)

Staudinger, J. von (Begr.)
J. von Staudingers Kommentar zum Bürgerlichen Gesetzbuch mit Einführungsgesetz und Nebengesetzen, 13. Aufl., Berlin, 1998
Buch 2, Recht der Schuldverhältnisse, §§ 249 – 254
(zitiert: Bearbeiter in: Staudinger)

Stein, Friedrich / Jonas, Martin (Begr.)
Kommentar zur Zivilprozessordnung, 21. Aufl., Tübingen
Bd. 1, §§ 1 – 90, Stand: 1993
Bd. 3, §§ 253 – 299a, Stand: 1997
(zitiert: Bearbeiter in: Stein/Jonas).

Stickelbrock, Barbara
Inhalt und Grenzen richterlichen Ermessens im Zivilprozeß, Köln, 2002.

Stimpel, Walter
Anlegerschutz durch Gesellschaftsrecht in der Publikums-Kommanditgesellschaft, in: Festschrift für Robert Fischer, Berlin, New York, 1979, S. 771.

Stoll, Hans
Die Beweislastverteilung bei positiven Vertragsverletzungen, Festschrift für Fritz v. Hippel, Tübingen, 1967, S. 517.

ders.
Haftungsfolgen fehlerhafter Erklärungen bei Vertragsschluß, in: Festschrift für Stefan Riesenfeld, Heidelberg, 1983.

Stout, Lynn A.
The unimportance of being efficient: An economic analysis of stock market pricing and securities regulation, 87 Mich L. Rev. 613 (1988).

Streinz, Rudolf
Europarecht, 4. Aufl., Heidelberg, 1999.

Thompson, Robert B.
The measure of recovery under Rule 10 b 5, 37 Vand.L.R. 349 (1984).

Tröndle,Herbert / Fischer, Thomas
Strafgesetzbuch, Kommentar, 51. Aufl., München, 2003
(zitiert: Bearbeiter in: Tröndle/Fischer)

Vetter, Eberhard
Aktienrechtliche Probleme der D&O-Versicherung, AG 2000, 453.

Wessels, Johannes / Beulke, Werner
Strafrecht, Allgemeiner Teil, 31. Aufl., Heidelberg, 2001.

Wiedemann, Herbert
Gesellschaftsrecht – Ein Lehrbuch des Unternehmens- und Verbandsrechts, München, 1980.

ders.
Anmerkung zu BGH, Urteil vom 26. 9. 1997 – V ZR 29 / 96, JZ 1988, 1176.

Wolf, Martin
Der Ersatzberechtigte bei Tatbeständen der sittenwidrigen Schädigung, NJW 1967, 709.

Wunderlich, Wolfgang
Zivilprozessuale Möglichkeiten für ein gemeinschaftliches Vorgehen geschädigter Kapitalanleger, DB 1993, 2269.

Zeuner, Albrecht
Der Anspruch auf rechtliches Gehör, Festschrift für Hans-Carl Nipperdey, Bd. I, Berlin, 1965, S. 1013.

Zöller, Richard
Zivilprozessordnung, Kommentar, 23. Aufl., Köln, 2002 (zitiert: Bearbeiter in: Zöller).

Peter Lang · Europäischer Verlag der Wissenschaften

Stefan Hahn

Neue Ansätze im Anlegerschutz durch die Ad-hoc-Publizität des § 15 WpHG

Frankfurt am Main, Berlin, Bern, Bruxelles, New York, Oxford, Wien, 2004.
LXXIX, 255 S., 5 Abb.
Saarbrücker Studien zum Privat- und Wirtschaftsrecht. Herausgegeben von Johann Paul Bauer, Michael Martinek und Helmut Rüßmann. Bd. 45
ISBN 3-631-52745-4 · br. € 56.50*

Der Autor nimmt unter der Prämisse eines wirksamen Anlegerschutzes eine Neukonzeptionierung des Anlegerbegriffes und eine Neuverortung der Ad-hoc-Publizität im Rahmen der Unternehmenspublizität vor. Auf dieser Grundlage entwickelt er Grundsätze ordnungsgemäßer Ad-hoc-Publizität, die als dogmatischer Überbau zu § 15 WpHG den systemischen Schwächen der Ad-hoc-Publizität des § 15 WpHG entgegentreten sollen. Anhand dieser Grundsätze ordnungsgemäßer Ad-hoc-Publizität erfolgt eine umfassende Evaluation des § 15 WpHG und des Enforcements im Bereich der Ad-hoc-Publizität. Im Vordergrund stehen dabei die Anwendbarkeit des § 15 WpHG auf ökonomische Sachverhalte wie die Pro-Forma-Kennzahlen, das Enforcement durch die BAFin und die Möglichkeit einer externen Prüfung der Ad-hoc-Publizität.

Aus dem Inhalt: Terminologie und ökonomische Begründung der Ad-hoc-Publizität · Kapitalmarktrechtliches Unternehmenspublizitätssystem · Verortung der Ad-hoc-Publizität im Koordinatensystem der informationellen Teilsysteme der Unternehmenspublizität · Exkurs: Ad-hoc-Publizität in den USA · Grundsätze ordnungsgemäßer Ad-hoc-Publizität (GoAhP) · Evaluation des Ad-hoc-Publizität-Tatbestands in § 15 WpHG · Durchsetzung der GoAhP mit Hilfe des Sanktions- und Haftungsrechts · Prüfung der Ad-hoc-Publizität durch externe Prüfer

www.fsc.org
MIX
Papier | Fördert gute Waldnutzung
FSC® C083411

Kolibri 360 GmbH
Ferdinand-Jühlke-Straße 7
99095 Erfurt, Deutschland
produktsicherheit@kolibri360.de

Druck:
CPI Druckdienstleistungen GmbH
im Auftrag der
Kolibri 360 GmbH
Ferdinand-Jühlke-Str. 7
99095 Erfurt